CHILDREN'S ART

아동미술

제5판

이소은
권기남

YANGSEOWON
양서원

머 리 말

인간은 자신의 감정과 생각을 다양한 방식으로 표출하려는 욕구를 지닌다. 미술은 이러한 인간의 느낌이나 사고를 종이와 연필, 물감, 자연물 등의 다양한 매체를 통해 표현하는 활동이다. 아동 또한 활발한 표현의 욕구가 있으며, 여러 가지 방식으로 창작과 미술활동을 즐긴다.

아동미술은 다양한 이유로 일반적인 미술과는 다른 특징을 갖는다. 아동미술의 주체인 아동은 신체적 · 인지적 · 사회적으로 발달 중에 있으며, 표현하고자 하는 욕구에 더욱 충실하려는 경향을 보이므로 성인과는 다른 표현양상을 보인다. 영아기 아동의 그림에서는 정감적인 부분이 많이 나타나고 성장해 가면서 지적인 면모가 더해 가는 모습에서 이러한 아동미술의 성격을 엿볼 수 있다.

아동을 대상으로 미술을 지도하기 위해서는 먼저 아동기 미술의 특징에 대한 기본적인 이해가 선행되어야 하며, 이를 바탕으로 효율적인 미술지도를 위한 적용 및 실제 현장에서의 미술지도 방법이 모색되어야 한다. 이에 따라 본 교재는 다음과 같은 세 부분으로 구성되었다.

- **아동미술의 이해:**

아동미술의 의의와 목적, 아동미술의 역사, 아동미술 관련 이론, 아동미술의 발달단계, 아동미술의 특성, 아동미술의 표현유형

- **아동미술의 적용:**

아동미술과 미술치료, 아동미술지도와 표준보육과정 및 누리과정, 미술지도교사의 자질과 역할, 아동미술의 교수방법, 아동미술을 위한 환경구성, 미술감상

- **아동미술지도의 실제:**

탐색활동, 표현활동, 감상활동

오늘날 미술의 중요성은 아동교육 전반에 걸쳐 강조되고 있다. 많은 교육자와 부모가 미술교육에 관심을 갖지만, 아동미술의 참된 의의에 대한 이해가 부족하여 단지 작품의 외형을 통해 나타나는 기술의 향상에만 관심을 두거나, 상급 학교 진학에 있어 크게 중요하지 않은 과목이라고 생각해 미술교육을 소홀히 다루기도 한다. 아동은 신체, 인지, 언어, 사회성 등 다양한 영역의 발달을 통해 성숙한다. 아동의 미술활동은 이러한 발달영역과 직접적으로 연관을 맺고 있으므로 미술교육은 아동의 전반적인 발달과 긴밀히 연결되어 있다. 미술활동을 통해 아동은 창의성과 인성을 기르고, 머리와 감성 그리고 손의 원활한 발달과 협력을 이룸으로써 전인적인 인간발달을 위한 기초를 형성하게 된다. 궁극적인 교육활동의 목표를 건강한 자아개념의 확립을 통한 인간성의 발견이라고 볼 때, 아동미술은 이러한 교육의 목표를 이뤄 나가는 중요한 교육적 활동이 될 수 있도록 구성하고 지도해야 한다.

이 책은 표준보육과정과 누리과정에 근거해 아동들에게 미술활동이 즐거운 것이라는 것을 알려줌과 동시에 자연이나 주변 환경, 일상생활 속에서 미술을 즐기고 이해할 수 있는 소양을 기르는 데 초점을 두고 있다. 모쪼록 이 책의 내용이 학부과정에서 아동미술을 공부하는 학생들뿐 아니라, 현장에서 아동을 지도하는 교사들과 아동미술지도에 관심이 있는 독자들에게 미술활동 지도를 위한 이론적 · 실천적 지침이 되기를 기대해 본다.

2025년 8월

저자 이소은, 권기남

목 차

1

아동미술의 의의와 목적

학습개요

인간은 여러 가지 방식으로 자신의 정서와 사고를 표현한다. 다양한 표현활동 중 인간이 자신의 감각기관을 통하여 경험한 느낌이나 자신의 사고 등을 종이와 물감 같은 외부 매체를 통해 표현하는 활동이 바로 미술이다. 아동 또한 이러한 표현의 욕구가 있으며 다양한 방식의 창작과 미술활동을 즐기는데, 이를 아동미술이라고 정의할 수 있다. 이 장에서는 아동미술의 정의와 그 특징을 알아보고, 아동미술이 갖는 의의 및 효과, 즉 그 필요성과 목적에 대해 살펴본다.

학습목표

1. 아동미술의 정의를 안다.
2. 아동미술의 기본 성격을 이해한다.
3. 아동미술의 필요성과 목적을 이해한다.

주요용어

1. 아동미술 : 아동이 자신의 감정과 느낌, 사고 등 자신이 표현하고자 하는 바를 다양한 매체를 통해 시각적 · 공간적으로 표현하는 활동
2. 창의성 : 어떤 목적을 달성하기 위해 적절한 아이디어를 도출하는 능력으로, 아동은 미술활동을 통해 창의성을 향상시킬 수 있음.
3. 심미적 놀이 : 미와 재미를 동시에 추구하는 것으로, 아동은 미술활동을 통해 자신의 생각과 느낌을 표현하는 한편 즐거움과 재미를 느낌.

1. 아동미술의 정의 및 기본 성격

> 미술이란 내면의 정서, 느낌, 사고와 관찰한 대상 등 자신이 드러내고자 하는 바를 외부의 매체를 통해 다양한 방식으로 새롭게 표현해 내는 과정이다. 아동은 잡을 수 있는 능력이 생기기 시작하면서 무엇인가를 끼적거리면서 기본적인 표현의 욕구를 드러내기 시작하는데, 여기에서 아동의 미술활동이 시작된다.

1) 아동미술의 정의

'미술이 무엇인가' 하는 것은 매우 본질적인 문제로 미술에 대해 정의하는 것은 쉬운 일이 아니다. 사전적 정의에 의하면 미술이란 미를 공간 및 시각적으로 표현하는 회화, 조각, 건축 등을 말한다(브리태니커 백과사전, 1993). 그러나 미술활동의 본질은 일반적인 미술재료와 형식을 통해서 이루어지는 것뿐 아니라 인간이 행하는 모든 활동과 대상에 미술적 의미가 숨어 있다(김길권, 오치영, 2006)고 볼 수 있다. 따라서 미술은 감각기관을 통하여 보고 느낀 것을 그림으로 형상화하고 주변 환경에 있는 다양한 요소들을 새롭게 의미 있는 전체로 표현하는 과정(오연주, 2005)이라고도 정의할 수 있다. 이와 같이 미술은 본래 조형예술만을 뜻하는 것이 아닌 넓은 의미를 가지며, 시대와 장소, 상황, 사회현상에 따라 그 의미가 다소 달라진다.

일반적으로 개인에게 있어 미술의 출발점은 아동기의 낙서라고 볼 수 있다. 무엇인가 그릴 수 있는 도구를 손에 들고 바닥이나 벽면에 그리는 행위는 미술활동의 시작이라 할 수 있다. 이와 같이 아동기는 미술활동을 시작하는 시기이며, 특히 언어적 의사소통이 활발하지 못한 아동에게 있어 미술활동은 의사소통 수단으로서도 중요한 의미를 지닌다. 따라서 아동미술을 이해하기 위해서는 일반 미술과 구분하여 아동미술의 특성과 발달 양상에 대해 살펴볼 필요가 있다.

미술의 일반적 정의와 속성을 아동과 연결하여 볼 때 아동미술은 유·아동들이 자신의 감정과 느낌, 사고 등 자신이 표현하고자 하는 바를 다양한 매체를 통해 시각적·공간적으로 표현하는 활동으로 정의할 수 있다.

아동미술을 바라보는 관점에는 여러 학자들의 견해가 있다. 그중 구디너프(Goodenough, 1958)와 해리스(Harris, 1963)는 아동미술을 개념형성과 일반적인 지적 능력의 지표가 된다고 보았다. 그림 그리는 활동이 넓은 의미에서 인지적 활동이라는 것이다. 이들은 취학 전 아동들의 그림을 분석하여 그림과 지능 사이에 상당한 관계가 있다고 결론을 내리고, 아동의 개념 획득 수준이 자신이 그린 그림에 반영된다고 보았다. 한편 로웬펠드(Lowenfeld, 1964)는 아동의 발달특성을 이해하여 자연스런 아이들의 표현에 대해 성인이 간섭하지 말아야 한다고 지적했다. 그는 개별 아동이 창의적인 표현을 할 수 있는 능력을 갖고 있다고 믿었고, 미술이 아동의 감수성을 계발하고 협동을 조성하며 창의적인 능력을 키우는 교육적 도구라고 보았다.

2) 아동미술의 기본 성격

아동미술은 다양한 이유로 일반적인 미술과 다른 특징을 갖는다. 아동미술의 주체인 아동은 신체적, 인지적, 사회적 발달 중에 있으며, 표현하고자 하는 욕구에 충실하려는 경향을 보이므로 성인과는 다른 표현양상을 보인다. 영아기 아동의 그림에서 특히 정감적인 부분이 많이 나타나고, 취학기를 지나면서 지적 특성이 더해 가는 모습에서 아동미술의 성격을 엿볼 수 있다. 아동미술과 관련하여 가드너(Gardner, 1973)는 '예술과 인간발달'이라는 연구에서 아동의 미적 표현발달 특성을 통합적으로 분석·정리하였고, 아이스너(Eisner, 1995)는 아동미술에 대한 연구를 종합하여 아동미술의 기본 성격을 17가지로 일반화하였다. 다음에서는 지금까지 알려져 있는 경험적인 연구결과들을 종합·정리하여 아동미술의 기본 성격을 14가지 정도로 나누어 살펴보기로 한다.

① 아동미술의 표현특성과 기법은 나이에 따라 다른 특징을 갖는다.

아동미술에서 아동이 사용하는 기법은 나이가 들어감에 따라 체계적인 양식으로 자연스럽게 발달하고 점차 발달의 법칙성 같은 것을 찾아볼 수 있게 된다. 따라서 같은 연령의 아동은 대개 같은 주제를 유사한 방식으로 표현하는 것을 발견할 수 있다.

② 아동미술에서 복잡성의 정도는 아동이 성숙함에 따라 증가한다.

아동은 어렸을 때에는 단순하게 표현하다가 나이가 들어가면서 지능이나 시지각의 발달에 따라 대상의 세밀한 부분까지 이해하게 되고, 손의 기능도 발달하면서 점점 복잡하게 표현할 수 있게 된다.

그림 1-1 연령에 따른 그림의 복잡성 차이

'우리 가족'을 만 3세(왼쪽)와 만 5세(오른쪽)가 그린 그림

③ 아동이 성숙함에 따라 전체적인 구성력에 대한 감각이 향상된다.

아이스너(Eisner)는 그림 전체의 유기적인 성격을 '응집성'이라고도 표현하였는데, 이것은 동일한 사물을 표현할 때 질서정연하게 통일된 공간을 표현하는 것을 말한다. 아동은 세상을 점차 사실적으로 지각하게 되면서 사물과 사물 간의 '관계'를 보는 눈이 발달하여 미술작품에서도 점차적으로 통일감을 보이게 된다. 하나의 화면 공간이 제대로 통일되는 것은 '원근법'을 통해 가능해지는데, 아동의 경우 초등학교 고학년 시기에 원근법을 성취하게 되며, 이를 통해 합리적이고 사실적인 표현이 가능해진다.

④ 아동은 자신에게 가장 의미 있는 것을 과장하여 표현한다.

아동은 자신이 중요하게 생각하는 형태를 크게 그리거나 강렬한 색을 사용하여 강조하는 경향이 있다. 이러한 특징은 3~4세부터 초등학교 저학년에 이르기까지 나타나는 발달의 일반적 특징인데, 아동들이 자신이 중요하게 여기거나 또는 강한 정서적인 경험을 주었던 대상을 먼저 그리는 경향과 관련이 있다. 아동은 자신의 주관적인 판단에 의해 중요하다고 여겨지는 것은 크게 중앙에, 강렬한 색채로 표현한다.

⑤ 유아들의 난화는 근육운동과 지각적, 시각적 만족에 의해 자극된다.

2~4세 정도의 어린 유아들은 도화지나 찰흙에 나타나는 행위의 결과물, 즉 낙서 형태의 표현을 발견하고 이것에 자극을 받는다. 이러한 활동을 통해 유아들은 팔운동의 패턴이나 빠르기의 변화를 경험하고 자극을 다양하게 하기 위해서 여러 가지 변형된 형태를 창조해 낸다. 이 시기 어린 유아들은 그리는 활동 중에 자신의 그림을 그리고 있는 도화지를 보지 않고 다른 곳을 보며 그림의 전체적인 형태보다는 팔, 손목, 손가락이 움직이는 근육운동의 경험을 더 중요하게 생각한다.

⑥ 유아들이 표현하는 시각 패턴은 나이에 따라 질서 있게 발달한다.

리드(Reed), 켈로그(Kellogg)의 연구에서처럼 원은 사각형보다 먼저 나타나고 사각형은 마름모보다 먼저 나타난다. 그들은 이러한 인류 공통의 표현발달의 특징에 대해 '공통적 인간성(common humanity)' 또는 인간의 '집단무의식'이라고 설명한다. 아동이 점, 선, 원, 사각형, 다이아몬드형 등으로 단순한 형태에서 복잡한 형태의 순서로 그리는 이유는 복잡한 이미지를 표현하기 위해서는 경험과 시간이 필요하기 때문이라고 볼 수 있다.

⑦ 아동화에서 나타나는 섬세함, 즉 '분화(differentiation)'의 정도는 '개념의 성숙'과 관련된다.

구디너프(Goodenough)와 해리스(Harris)의 '인물화 검사(Draw a Person: DAP)'는 아동의 그림 속에 나타난 세부묘사의 정도가 아동의 개념형성 정도를 나타낸다는 것을 보여 준다. 그에 의하면 아동은 나이가 많아질수록, 지능이 높을수록 그림이 세밀하게 분화되어 대상의 구체적인 부분들까지 표현할 수 있게 된다.

⑧ 아동이 사용하는 형태, 색채, 구도 등은 그들의 개성 및 사회성 발달과 관련이 깊다.

알슐러(Alschuler)와 해트윅(Hattwick)에 의하면, 아동은 형태, 색채, 구도 등을 우연히 아무렇게나 구사하는 것이 아니라 자신이나 환경에 대한 감정에서 우러나오는 생각을 일정한 방식에 의해서 나타낸다. 따라서 아동의 그림을 보고 내용과 형식을 분석하여 유아의 정서를 추론할 수 있는데, 특히 미술치료 분야에서 많이 활용된다.

⑨ 아동의 표현은 문화적 성격에 따라 영향을 받는다.

서로 다른 문화권에 있는 아동의 미술작품을 비교해 보면 어린 시기에는 매우 유사하지만 아동이 성장하면서 유사성이 줄어드는 것을 알 수 있다. 이는 아동들이 생활하는 사회문화적 환경에 노출되어 학습한 결과 문화적 영향이 나타나기 때문이라고 볼 수 있다. 예를 들어 프랑스 아동은 얄미울 정도로 통제된 '이지적인' 그림을 그리고, 일본 아동은 예쁘고 섬세하게 '장식적인' 그림을 그리며, 미국의 아동은 천진난만하고 자유분방한 '자유화'를 그린다.

그림 1-2 문화에 따른 표현의 차이

일본(왼쪽)과 미국(오른쪽)의 11세가 그린 그림

➤ 출처: 김정(1993). 『세계의 미술교육』. 서울: 예경.

⑩ 아동이 가장 즐겨 다루는 미술의 주제는 얼굴(인물)이다.

호로비츠(Horowitz) 등에 의하면, 아동은 색이나 표현기법보다도 '무엇'을 표현했나 하는 '주제'에 대해 가장 관심이 높은데, 그중에서도 가장 좋아하는 대상은 인물과 동물이다. 이는 아동들이 자신에게 친숙하고 중요한 것을 그리기 때문이라고 추측할 수 있는데, 여기서 아동의 관심이 대상의 '생존'과 관련이 깊다는 것을 알 수 있다. 이러한 관심은 시지각이 발달하고 세련되어짐에 따라 점차 변화하게 된다. 처음에는 인물에만 관심을 갖게 되다가 풍경에 흥미를 두게 되고, 풍경을 묘사할 수 있는 기술을 습득하게 된 후에는 인물묘사가 줄어들고 풍경이 점차 작품의 주제로 등장하게 된다.

⑪ 아동이 미술을 표현하는 기능은 대체로 청소년기에 고정된다.

로웬펠드(Lowenfeld), 구디너프, 해리스 등에 의하면, 아동의 그리기 능력은 청소년기 후에는 각별한 연구나 교육이 없는 한 더 이상 뚜렷이 발전하지 않는다고 한다. 이것은 4, 5학년 아동의 그림과 고등학생의 그림을 섞어 놓고 다시 골라내는 일이 지극히 어려웠다는 실험에서 잘 증명되고 있다. 다시 말해 그리기 기능은 어린 시절에는 자연적인 성숙을 통해 발달하지만 청소년기 이후의 미적 표현은 매우 복잡하고 어려운 기능에 속하기 때문에 아동미술교육과는 달리 좀 더 체계적이고 기능적인 훈련이 필요하다는 것을 의미한다.

⑫ 아동은 그려지는 형태의 부분적인 특성에 집중한다.

대체로 초등학교 이하의 아동은 대상 화면의 부분적인 특성에 매달리는데, 아른하임(Arnheim)은 이를 '국부적 문제 해결(local solution)'이라고 언급했다. 예를 들어 새로운 집에 가구를 배치할 때 공간배치에 적당하지 않은 가구를 선택한다거나 생일축하 카드를 쓸 때 마지막에 자신의 이름을 쓸 공간을 남겨두지 않아 곤란한 것과 같은 일상적인 경험을 하게 된다. 아동의 이러한 부분 집착적인 경향은 중앙원근법적 공간관계를 의식하면서부터 점차 개선되어 좀 더 넓은 맥락을 고려하고, 주어진 시야 전체 내에서 관심대상의 위치와 특성에 대해 배려하고 반응할 수 있게 된다.

⑬ 아동의 미술표현의 기능 면에서 성차는 크게 나타나지 않는다.

아이스너에 의하면 중학교 때부터는 여학생이 남학생에 비해 미술에 대해 흥미가 많고 미술에 대한 지식이나 감각이 앞선다고 한다. 그러나 초등학교 전까지는 주제에 있어서 약간의 차이가 있을 뿐(남자는 남자를, 여자는 여자를 주제로 표현하는 경향이 있음) 주제를 다루는 기능과 표현에서는 의미 있는 차이가 나타나지 않는다.

⑭ 아동은 애매하고 추상적인 표현보다 선명하고 사실적인 표현을 선호한다.

루이스(Louis)에 의하면 초등학교 단계까지의 아동은 실제로 그들이 표현할 수 있는 것보다 다소 명확하고 사실적인 그림을 좋아한다고 한다. 아이스너에 의하면 이것은 아동의 시각적인 기준이 대상 자체보다는 그것과 관련된 경험적인 또는 지적인 관련을 중요시하기 때문이다. 즉 아동이 분명한 형태를 선호하는 것은 아동이 시각적인 표현을 내용(주제) 중심으로 생각하지, 표현 기능적·조형적으로 받아들이지는 않는다는 것을 말해 준다고 볼 수 있다.

이상에서 살펴본 아동미술의 기본적 성격을 바탕으로 아동미술에 대해 개괄적이고 통합적으로 이해하려는 노력이 요구된다.

2. 아동미술의 의의와 효과

오늘날 아동미술의 중요성은 아동교육 전반에 걸쳐 강조되고 있다. 많은 교육자들과 부모들이 미술교육에 관심을 갖지만, 아동미술의 참된 의의에 대한 이해가 부족하여 미술교육을 단지 작품의 외형을 통해 나타나는 기술의 향상에만 관심을 두거나 대학 진학에 있어서 크게 중요하지 않은 과목이라고 생각하기도 한다. 따라서 아동미술의 의미와 중요성에 대해 올바르게 이해하려는 노력이 필요하다.

1) 아동미술의 의의

아동은 신체, 인지, 언어, 사회성 등 다양한 영역의 발달을 통해 성숙한다. 아동의 미술활동은 이러한 발달 영역과 직접적으로 연관을 맺고 있으므로 아동미술은 아동의 전반적인 발달과 긴밀히 연결되어 있다고 볼 수 있다. 예를 들어 아동이 평면에 그림을 그린다고 할 때, 단순한 손동작뿐만 아니라 활동 자체에 주의를 기울여야 하는 집중력과 손과 눈의 협응력, 색과 재료들을 선택하는 능력, 3차원의 세계를 평면으로 표상해 내야 하는 인지적 능력 등이 모두 포함되어 있다. 즉, 아동은 미술활동을 통해 총체적인 발달을 이뤄 나가게 된다.

또한 궁극적인 교육활동의 목표를 건강한 자아개념의 확립을 통한 인간성의 발견이라고 볼 때, 아동미술은 이러한 교육의 목표를 이뤄 나가는 중요한 교육적 활동이 된다. 아동미술은 인간의 내면세계를 주체화하고 미를 추구하는 교육활동이다. 따라서 아동은 미술활동을 통해 미감을 발달시킬 뿐 아니라 지적 능력과 정서를 균형 있게 발달시켜 나간다. 허버트 리드(H. Reed, 1981)는 미술활동이 성장을 돕고 성장의 법칙을 발견해 나가는 진보의 과정이라고 했으며, 자크 마리탱(J. Maritan)은 미술활동이 정신을 자유롭게 하며 창조적 통찰을 표현하게 하여 지식, 가치 훈련 등 내면적 통일을 가져오게 한다고 하였다(권상구, 1999에서 재인용). 또한 로다 켈로그(R. Kellogg, 1992)는 자발적인 아동의 창작 표현활동은 읽기를 성공적으로 이끌 수 있도록 지적으로 자극하며 그러한 미술활동을 함께 했을 때 학교생활이 생동감 있고 학습이 향상되었다고 보도했다.

따라서 아동미술은 아동의 근본적인 표현욕구를 충족시키며 아동의 내면과 사고를 드러내고 발달시키는 본연의 의의를 가질 뿐 아니라 이를 통해 인지적, 언어적 발달을 수반하는 부가적인 의의도 갖는 중요한 교육적 활동이라고 할 수 있다.

2) 아동미술의 효과 및 필요성

아이들은 자신의 오감을 통해 경험한 것을 미술로 표현한다. 표현을 위해 주변의 사물이나 환경을 세심히 관찰하고 그 특징을 세밀하게 나타내기도 한다. 이와 같이 아동은 미술활동을 통해 근본적인 표현의 욕구를 충족함과 동시에 언어적, 인지적, 사회적, 신체적, 창의적, 심리적 발달 등을 이룰 수 있다. 또한 미술활동은 아동의 다중지능 개발에 도움을 주기 때문에 미술활동을 통해 아동에게 잠재되어 있는 다양한 재능을 일깨울 수도 있다(김판희, 박춘희, 2003). 이와 같은 아동미술의 효과 및 필요성을 구체적으로 살펴보면 다음과 같다.

① 미술은 아동이 자신을 표현하는 중요한 방식의 하나다.

미술활동은 아동에게 자신의 생각, 정서, 느낌, 상상, 개성을 표현할 수 있는 기회를 제공한다. 즉 미술은 아동이 보고 느끼고 경험하며 상상한 모든 것들의 반영이다. 미술을 통한 자기 반영은 언어발달이 아직 충분히 이루어지지 않은 아동들에게 더욱 중요한 의미를 갖는다. 아직 언어로 자신을 표현하는 능력이 부족한 아동들은 미술활동을 통해 자신의 의사와 생각, 느낌, 사고를 표현한다. 이와 같은 사실 때문에 이탈리아 레지오 에밀리아에서는 아동의 미술활동이 아이들의 수많은 언어를 표현하는 것이라고 보았다(Gandini, 1993).

로웬펠드(1993)는 미술활동을 통한 아동의 자아표현을 강조하였는데 그는 미술활동을 조화로운 인간형성의 한 방법으로 보았다. 더불어 외부로부터의 간섭이 없는 자유로운 자기표현을 통해 아동이 마음껏 자신의 내면을 표현하는 것을 중요하게 여겼다.

② 미술은 아동의 창의성과 개성을 발달시킨다.

창의성이란 어떤 목적을 달성하기 위해 적절한 아이디어를 도출하는 능력이다. 이것은 인간 모두에게 잠재된 보편적인 능력과 특성을 의미하는 것으로 일상생활에서 만나는 제반 문제들을 새롭고 특이한 방식으로 해결해 나가는 활동을 의미한다(김정, 1989). 창의성은 인간 내부에 내재하는 상상, 사고, 느낌 등을 외부로 표출함으로써 드러날 수 있는데 미술활동은 자신을 능동적으로 표현하는 활동이므로 아동미술은 여타의 인지중심 학습보다 창의성을 향상시키는 중요한 교육활동이다(오연주, 2005).

또한 미술활동을 통해 아동은 많은 개인차를 수용 받는 경험을 하게 된다. 미술은 아무도 낙제하지 않는 과목이다(서울교육대학교 미술교육연구회, 1997). 미술의 속성 자체가 새로움을 지속적으로 추구하는 것이기 때문에 거기에는 절대적인 선이나 정답이 없다. 이러한 이유로 아동은 미술활동을 통해 개개인의 기질이나 성품에 따른 창의성과 개성을 발달시킬 수 있다.

③ 미술은 아동의 심미감을 발달시킨다.

미술은 궁극적으로 다양한 요소들 간의 조화와 통일을 추구하는 질서 있는 인간 활동이다. 표현의 주제와 표현매체, 표현기법의 선택과 표현과정에는 많은 자유가 있지만, 표현하고자 하는 바를 향해 가는 과정에서는 미적 질서를 추구하게 된다(서울교육대학교 미술교육연구회, 1997). 이러한 심미적 질서에 대한 추구는 인간이 본질적인 욕구에서 비롯되는 것이다. 따라서 아동은 미술활동을 통해 삶의 부분과 조각들을 질서 있는 하나의 미적 구조로 만드는 과정을 경험하게 된다. 색, 선, 형, 공간과 질감을 질서 있게 배열하고 조화롭게 구성하는 미술활동을 통해 아동은 자연스럽게 심미감을 발달시키게 된다.

미술경험은 아동이 자신의 미적인 감각을 발달시키는 기회가 된다. 아동이 그리는 대상과 자신이 사용하는 재료에 대해 민감해질수록 그들의 미적 감각 또한 예민해지고 환경에 대해서도 보다 섬세해진다. 미술활동을 통해 아동은 주변의 요구에 대해 보다 나은 미적 판단을 할 수 있게 된다(오종숙, 1998).

④ 미술은 아동의 표현욕구와 창조의 즐거움을 충족시킨다.

아동은 여러 가지 매체를 통해 자신의 내면과 경험을 표현하는 미술활동을 즐기는데, 이를 통해 인간 본연의 표현욕구를 충족시키며 창조의 즐거움을 맛보게 된다. 쉴러(Schiller)는 미술을 '심미적 놀이'라고 주장하였다. 그는 인간의 성향을 신체적 성질인 감성적 본능과 지적 성질인 형식적 본능으로 구분하고 미술을 통해 지성과 감성의 자연스런 조화를 이뤄야 한다고 하였다. 심미적 놀이라는 말은 미와 재미를 동시에 추구하는 것을 표현한 것이다. 미술활동을 통해 아동은 스스로 자유롭게 자신의 생각과 느낌을 표현할 수 있는 기회를 갖게 되는데, 이것이 아동에게 즐거움과 재미를 주게 된다.

⑤ 미술은 아동의 시지각과 공간적 지능을 발달시킨다.

우리가 외부로부터 받아들이는 대부분의 정보는 시지각을 통한 것이라고 볼 수 있는데, 미술활동은 이러한 시각과 관련되어 있다. 시각은 빛의 감각 및 그에 따른 공간의 감각이며 인간은 이를 통해 외부 물체의 크기, 형태, 빛, 밝기 등을 알 수 있다. 시지각은 시각에 의한 지각을 말하며 대상을 구조적으로 파악하는 인간 나름의 독특한 힘이다. 아동은 미술활동을 통해 이러한 시지각을 발달시킬 수 있으며, 시지각의 발달은 다시 관찰력의 발달을 도울 수 있다.

3. 아동미술의 목적

아동미술의 목적은 미술활동을 통해 아동이 창의성과 인성을 기르고 머리와 감성 그리고 손의 원활한 발달과 협력을 도움으로써 총체적인 인간을 위한 기초교육의 역할을 하는 것이다. 교육학자 로슨(Lawson)은 미술교육의 목적이 작품을 만들어 내는 데 있는 것이 아니고 아동의 성장 발달을 돕는 데 있다고 했다. 기계적이고 도구적인 관점에서 벗어나 미술을 통한 인간형성을 이루게 함이 미술의 근본 목적이라는 것이다. 이러한 아동미술의 목적을 발달의 영역별로 나누어 살펴보면 다음과 같다.

1) 신체발달: 시지각, 손의 기능 발달

신체발달과 관련한 아동미술의 목적은 시지각과 손의 기능 발달이다. 아동의 발달은 외부세계에 대한 충분한 지각 경험을 바탕으로 이루어지는데 미술활동은 특히 시지각의 발달과 관찰력의 발달을 촉진시킨다. 감상활동, 그리기, 꾸미기, 만들기 등의 미술활동은 시지각과 관찰력의 발달을 촉진시킬 수 있는 중요한 활동이다.

또한 미술활동을 통해 아동은 손의 기능을 발달시키게 된다. 영아기에는 눈과 손의 협응이 제대로 이루어지지 않으며 손의 움직임을 스스로 조절하기가 어렵다. 영아기에 나타나는 난화 그리기 활동은 손의 운동 능력을 향상시키며 점차로 눈과 손의 협응이 이루어져 직선과 곡선의 형태를 그리고 운필력 또한 길러 준다.

2) 인지발달: 주의집중력, 언어발달

미술활동은 아동의 인지발달을 돕는다. 지적 능력은 외부세계에 대한 지각 경험을 바탕으로 이루어진다(김춘일, 김성구, 1998). 아동은 자신이 경험한 세계를 여러 가지 매체를 통해 표현해 내는 미술활동을 통해 인지발달을 이룰 수 있다. 도화지 위에 크레파스로 그림을 그리는 매우 간단한 미술활동에도 선과 색의 배치, 그림의 구성, 3차원을 2차원 평면으로 변환하는 사고 등 많은 인지적 능력이 요구된다. 따라서 아동은 꾸준한 미술활동을 통해 자신의 인지 능력을 계속해서 신장시킬 수 있다.

또한 미술활동을 통해 아동의 주의집중력이 신장될 수 있다. 무엇을 어떻게 그려내고 만들 것인지에 대한 목표를 세우고, 이에 대해 사고하고 대화하고 탐색하고 그리고 만드는 일련의 과정을 통해 아동은 지속적인 주의집중의 과정을 경험하게 된다. 이러한 주의집중력은 아동의 학력 신장에 매우 중요한 요인이며 많은 일의 성패를 좌우하는 요소이다.

미술활동을 통해 아동은 언어를 발달시킬 수 있다. 아동은 말하면서 사고하고, 생각하면서 말하기 때문에 미술활동을 하는 동안 다양하고 섬세한 언어표현들을 경험할 수 있게 된다.

이처럼 아동의 미술활동은 아동의 주의집중력과 언어발달과 같은 아동의 인지발달을 촉진하는 것을 목적으로 한다. 즉 아동미술은 아동의 사고와 인지의 반영이자 사고와 인지발달의 촉진자라고 할 수 있다.

3) 창의성 발달

창의성 발달은 아동미술의 중요한 목적 중 하나이다. 창의성은 크게 사고의 능력에 속하는 것이지만 여러 독특한 요소들이 그 중심 특징을 이루므로 여타의 지적 능력과는 다소 다른 것으로 간주되기도 한다. 창의성은 독창성, 유연성, 유창성, 개방성, 정교성 등의 요소로 이루어지는데 미술활동은 획일적인 방식을 지양하며 다양한 매체와 방식을 통해 궁극적으로 새로움을 추구하는 활동이므로 이러한 창의성을 증진하는 데 매우 중요한 활동이라 할 수 있다. 미술활동은 단일한 판단 기준과 하나의 답을 추구하기보다 작품을 표현하는 주체의 주관이 중요한 활동이다. 즉 아동은 자신이 주도적으로 상상하고, 생각하고, 계획하고, 매체를 선택하고, 표현 방식을 결정하는 과정을 통해 확산적인 사고를 경험하며 이것은 다양한 문제 해결 능력, 즉 창의력을 증진시키게 된다.

권상구(1997)는 아동이 미술활동을 통해 창조적 표현 능력을 향상시키기 위한 방법으로 다음과 같은 것들을 제안하였다.

① 아동 개개인의 독창적 아이디어에 중점을 둔다.

② 모든 생활경험을 다양하고 풍부하게 한다.

③ 표현의 유형, 재료, 기법 등을 다양하게 경험한다.

④ 하나의 과정에서 얻어지는 지식을 다음 과정에서 응용한다.

⑤ 창의적인 교사와 상호작용한다.

4) 정서발달: 심미감, 긍정적 정서의 발달

미술은 기본적으로 아름다움을 추구하며 미를 창조하는 활동이다. 아동은 미술활동을 통해 미적 질서와 같은 아름다움을 경험하며 이를 통해 미적 감각을 기르게 된다. 또한 미술활동은 아동의 정서를 안정시키고 순화시키며 보다 아름다운 것을 추구하게 함으로써 아동의 긍정적 정서의 발달을 돕는다. 아동은 미술활동을 통해 통일과 조화의 아름다움을 느끼게 되고 미적 질서를 직접 체험하는데, 이러한 미술활동을 통해 아동은 미적 가치와 조형에 대한 감각을 느끼며 심미감에 대한 감동과 기쁨을 맛보게 된다.

이러한 미적 감동은 아동의 긍정적 자아개념의 형성에도 도움을 준다. 아동은 꾸미기, 만들기, 그리기 등을 통해 자신의 생각을 표현하는 즐거움을 느낀다. 또 이런 미술활동 과정 동안 자신의 사고나 느낌을 구체적인 작품으로 표현했을 때의 기쁨을 맛보게 된다. 이것은 결과적으로 자신에 대해 긍정적인 의식과 성취감을 갖게 하고, 이것이 반복되면 긍정적 자아개념의 형성을 돕는다.

5) 유아의 욕구 충족

인간은 누구나 자유로이 자신의 내면과 사고를 표현하고자 하는 욕구가 있다. 이러한 자기 표현의 욕구는 아직 언어적 발달이 완전히 이루어지지 않은 유아와 아동에게 있어 더욱 절실한 존재적 욕구라 할 수 있다. 실제로 많은 아이들은 손에 물건을 쥘 수 있는 힘이 생기기 시작하면서부터 벽이나 바닥 종이에 끼적거림을 시작으로 영·유아기 동안 수많은 그림을 그린다. 크레파스나 색연필로 그리기, 종이로 접어 붙이기, 물감으로 뿌리고 그리기, 다양한 매체를 통한 입체적 조형 등 유아들은 여러 가지 미술활동을 통해 자신의 내면과 사고를 표현한다. 또한 좀 더 나이가 든 아동들의 경우에도 미술활동을 통해 자신의 무의식적 억압이나 억눌린 욕구와 같이 직접적으로 표현하기 힘든 내재되어 있는 감정이나 잠재된 바람들을 분출하고 드러낼 수 있게 된다.

이상의 아동 미술활동의 의의 및 중요성과 목적을 살펴볼 때 아동의 미술활동은 인지, 정서, 사회성, 언어, 신체, 창의성, 심미감 등의 발달과 관련되어 다양한 영향을 주고받는다.

요약 및 정리

- 인간은 여러 가지 방식으로 자신의 정서와 사고를 표현하며, 아동 또한 이러한 표현의 욕구를 가지고 다양한 방식의 창작과 미술활동을 즐긴다. 아동미술이란 아동이 자신의 감정과 느낌, 사고 등 자신이 표현하고자 하는 바를 다양한 매체를 통해 시각적 · 공간적으로 표현하는 활동이라고 할 수 있다.

- 아동미술의 주체인 아동은 신체적 · 인지적 · 사회적 발달 중에 있으며, 표현하고자 하는 욕구에 충실하고자 하므로 아동미술은 일반적인 미술과는 다른 특징을 갖는다. 아동미술에서 나타나는 기본 성격은 14가지로 일반화할 수 있는데, 먼저 아동미술의 표현특성과 기법은 연령에 따라 달라지며, 아동이 성숙함에 따라 복잡성의 정도가 증가하고 전체적인 구성력에 대한 감각이 향상된다. 아동미술에서 아동은 자신에게 가장 의미 있는 것을 과장하여 표현하며, 아동이 표현하는 시각 패턴은 연령에 따라 질서 있게 발달한다. 또한 아동의 난화는 근육운동과 지각적 · 시각적 만족을 통해 자극을 받으며, 아동화에서 나타나는 섬세함, 즉 '분화'의 정도는 '개념의 성숙'과 관련된다. 뿐만 아니라 아동이 사용하는 형태, 색채, 구도 등은 그들의 개성 및 사회성 발달과 깊게 관련되며, 문화적 성격에 따라서도 영향을 받는다. 아동이 가장 즐겨 다루는 미술 주제는 인물이며, 아동은 애매하고 추상적인 표현보다 선명하고 사실적인 표현을 선호한다. 아동은 그려지는 형태의 부분적인 특성에 집중하며, 표현기능에서 성차는 크게 나타나지 않고, 표현기능은 일반적으로 청소년기에 고정되는 모습을 보인다.

- 아동미술은 아동의 근본적인 표현욕구를 충족시키고, 아동의 내면과 사고를 드러내고 발달시키며, 더불어 인지적 · 언어적 능력을 발달시킨다는 점에서 그 의의를 찾을 수 있다. 아동미술을 통해 아동은 스스로의 생각과 정서, 느낌, 상상 등을 표현할 수 있고, 이를 통해 표현의 욕구와 창조의 즐거움을 충족시킬 수 있다. 또한 아동은 미술을 통해 창의성과 개성, 심미감을 발달시키고, 시지각과 공간적 지능을 발달시킬 수 있다. 따라서 아동미술의 목적은 미술활동을 통해 아동의 신체, 인지, 창의성 및 정서 발달을 도우며 아동의 욕구를 충족시키는 것이라고 볼 수 있다.

| 참고문헌 |

권상구(1999). **아동미술교육**. 서울: 미진사.

김길권, 오치영(2006). **아동미술의 이해와 지도**. 경기 파주: 양서원.

김정(1989). **아동의 미술교육 연구**. 서울: 창지사.

김판희, 박춘희(2003). 다중지능이론에 기초한 미술 프로그램의 유아미술능력에 대한 효과. **미래유아교육학회지, 10**(1).

브리태니커 백과사전.

서울교육대학교 미술교육연구회(1997). **유아미술 교육학**. 서울: 학문사.

이영주(1989). 어린이 미술 교육과 현대 미술의 연관성에 대한 비교 연구. 서울대학교 대학원 석사학위 논문.

오연주(2005). **유아미술교육**. 서울: 창지사.

오종숙(1998). **유아 미술의 이론과 실제**. 경기 파주: 양서원.

정미경(1999). 미적 요소에 기초한 활동 중심 통합 미술프로그램이 유아의 미술표현 능력 및 미술 감상 능력에 미치는 영향. 중앙대학교 대학원 박사학위 논문.

차주희(2004). **현대 유아 미술 교육의 이론과 실제**. 대전: 대경.

최윤재(1993). 로웬펠드와 아이스너의 미술교육 사상 및 방법론에 관한 비교연구. 한국교원대학교 석사학위 논문.

Church, E. B. et al.(1991). *Learning through play art*. New York: Scholastic Inc.

Eisner, E. W. 서울교육대학교 미술교육연구회 역(1995). **새로운 눈으로 보는 미술교육**. 서울: 예경.

Goodenough, F.(1958). *Measurement of intelligence by drawings*. N.Y.: Harcourt, Brace and World, Inc.

Harris, D. B.(1963). *Children's drawing as measures of intellectual maturity*. N.Y.: Harcourt, Brace and World, Inc.

Kellogg, R.(1992). *Analyzing children's art*. California: National Press Books.

Lowenfeld, V. & Brittain, L.(1964). *Creative and mental growth*. N.Y.: The Macmillan Co. Inc.

Read, H., 김진욱 역(1981). **미술의 역사**. 서울: 범조사.

2

아동미술의 역사

학습개요

아동미술교육의 목적과 방향을 결정하기 위해서는 그동안의 아동미술의 역사를 살펴볼 필요가 있다. 과거의 미술교육의 흐름과 이를 형성시킨 사회문화적 배경, 주된 미술교육학자와 다양한 미술교육운동에 대해 정확하고 체계적으로 정리하고 검토하여 현재 아동미술교육이 나아가야 할 바람직한 방향을 모색할 필요가 있다. 이 장에서는 서구와 한국의 미술교육의 역사에 대해 살펴보고, 현대 아동미술의 주된 흐름이라고 할 수 있는 표현기능 중심, 창의성 중심, 이해 중심 미술교육의 구체적 내용에 대해 알아본다.

학습목표

1. 서구의 아동미술교육의 역사를 이해한다.
2. 한국의 아동미술교육의 역사를 이해한다.
3. 현대 아동미술의 흐름을 설명한다.

주요용어

1. 표현기능 중심 미술교육 : 미술을 가르쳐 표현능력을 향상시키고 사회에서 필요한 화가, 조각가, 디자이너, 공예가 등을 기르고자 하는 미술교육
2. 창의성 중심 미술교육 : 자유로운 자기표현에 의한 미술교육을 강조하는 흐름으로 미술을 통해 교육에서 목표로 하는 인간 정신, 즉 창의성을 육성하고자 하는 미술교육
3. 이해 중심 미술교육 : 창의성 중심 미술교육에 대한 대안으로 미술의 이해를 중시하는 미술교육

1. 서구의 아동미술 교육의 역사

현재의 시각예술에 대한 많은 태도들은 오늘날 갑자기 얻어진 것이 아니라 고대 그리스인들의 예술에 대한 태도와 교육에 대한 입장에서 출발한 것이라고 볼 수 있다. 다른 문명에서도 예술과 교육에 관한 논의가 있었으나 플라톤과 아리스토텔레스 등 서구 사회의 미술에 대한 관점은 현재 미술교육에 상당한 영향을 미치고 있다. 따라서 다음에서는 서구의 미술교육 역사를 고대 및 중세, 르네상스기, 산업혁명기, 현대사회 등으로 나누어서 살펴본다.

1) 고대 및 중세사회

플라톤(Platon, BC 428/7~BC 348/7)과 아리스토텔레스(Aristoteles, BC 384~BC 322)는 예술과 교육이 집단 문화를 지속시키고 공동체 존속에 영향을 준다고 인식했기 때문에, 이들의 저술에는 예술과 교육이 언급되고 있다. 그러나 아테네의 노예 경제사회에서 장인과 기예가들은 미천한 지위에 있었기 때문에 예술가라는 직업은 높은 평판을 얻지 못했다. 또한 당시 미술은 시각예술의 아름다움보다는 인식적 지식 형태라는 이유로 문학이나 음악과 달리 일반 교육에서도 제외되었다. 이러한 전통은 중세로 이어져 시각예술 훈련은 단지 노동으로 간주되거나 종교적 참회로 인식되었고, 결과적으로 많은 귀족 출신 수도사들이 시각예술에 종사하게 되었다.

아리스토텔레스는 미술이 인간으로 하여금 미에 대한 판단을 가지게 하는 것으로 여겨 매우 가치 있는 것으로 생각하였지만 긴 세월 동안 미술은 학교 정규 교과로 받아들여지지 않았다. 대신 미술가를 기르기 위해 도제제도에 의한 전문적 기능교육이 미술교육을 대신하였다. 특히 조각, 석공, 화공(畵工), 목수, 화공(靴工), 의학, 요리 등은 아버지가 아들에게 전문적 기능의 비법을 전달해 주는 식으로 그저 모방과 훈련의 반복에 의해 면면이 이어져 내려갔다.

2) 르네상스기의 미술교육

르네상스의 시작과 더불어 이전과 달리 예술가를 천재로 여기는 근본적으로 새로운 생각이 등장하였다. 인간의 개성을 존중하는 르네상스의 본질적인 특징으로 미술교육은 종래의 교육 사상 및 교육 실제의 모든 면에 있어서 큰 변화를 가져오게 되었다. 예술가들이 그들 분야의 이론적인 측면을 연구할 수 있는 예술원 개념이 싹텄으며, 미술 그 자체가 여러 면에서 문학과 동등한 이론적인 학문 분야로 간주되었다. 르네상스 시대 내내 예술가들은 예술원에서 이론적인 훈련을 받고, 작업장에서 계속해서 실기 훈련을 쌓았다.

르네상스 시대의 대표적 인간상이라고 할 수 있는 레오나르도 다빈치(Leonardo da Vinci, 1452~1519)는 인간 중심의 개성을 존중하는 교육을 강조하였고, 교사의 소묘를 모방하게 하거나, 비례에 맞게 자연을 소묘하는 학생들 자신에 의한 미술표현을 중시하였다. 1550년경에는 로렌조(Lorenzo)가 베르톨로 공방을 설립하여 근대적 화가교육을 실시하였고, 코메니우스(Comenius, 1592~1670)는 그의 저서 『대교수학(大教授學)』에서 습자를 한 후에 소묘를 학습하는 것이 좋다고 하면서 모든 지식은 오관을 통과한다고 주장하였다. 그는 아동의 감각적 경험의 중요성을 강조하였으며, 어린이의 내부감각을 발달시키는 하나의 방법으로 미술을 지지하였다. 같은 시대의 경험적 실학주의자 로크(Locke, 1632~1704)는 감상을 통한 교육, 과학적 지식을 인간의 복리를 위해 활용할 수 있는 능력을 중시하였다.

17세기에 들어 프랑스 등에 회화나 조각 아카데미가 세워져 평면연습을 통하여 인체를 묘사하고 조각을 단계적으로 연습하였는데, 프랑스 예술원은 특히 순수 미술의 실습과 교육을 강조하였고, 이는 유럽 전체에 폭넓게 영향을 미쳤다.

그림 2-1 아고스티노 베네지아노의 '바치오 반디넬리 예술원(1531년작)'

➤ 출처: 아더 에프랜드(1996). 박정애 역. 『미술교육의 역사』 서울: 예경.

3) 산업혁명기의 변화

산업혁명으로 인해 대량 생산과 분화 작업이 가능해지면서 보다 좋은 모양의 상품에 대해 요구가 높아지고, 상품 디자인을 전문으로 하는 사람이 필요하게 되었다. 그러나 19세기 유럽에서 순수 미술을 위한 예술원은 산업 현장의 전문인을 양성하기에는 여러모로 역부족이었다. 따라서 학교에서 미술을 가르쳐야 한다는 주장이 많이 대두되었다.

한편으로 루소 이후 아동을 존중하게 됨에 따라 아동의 발달에 미술이 필요함을 알고 미술을 감각과 실물을 중시하는 실제적 실물교육의 한 방법으로 도입하게 되었다. 루소(Rousseau, 1712~1778)는 어린이의 본성을 중시하고 성장해 가는 아동발달의 여러 단계에 교육이 부합해야 한다고 보아 아동의 정서적 측면을 강조하고 손과 눈에 의한 공작활동도 강조하였다. 페스탈로찌(Pestalozzi, 1746~1827)는 눈과 손의 감각 훈련을 통해 관념을 명확하게 하고 형태에 대한 지식을 획득할 수 있다고 보고 아동의 체험을 존중하며 자연물의 사생에 의한 소묘 교육과 찰흙에 의한 만들기 교육, 손의 기능 습득을 중시하였다. 프뢰벨(Fröbel, 1782~1852)도 아동에게 놀이와 노작이 자기활동의 원리이며 인간형성의 양면이라면서 기하도형이나 여러 실물에 의한 교육을 중시하였다.

결국 산업혁명으로 인한 산업적 필요와 아동중심 교육자들의 교육철학에 따라 미술교육은 학교 교육과정에 편입되기 시작하였다. 유럽의 아카데미를 중심으로 미술을 전문으로 가르치는 기관이 많았으나 교과의 하나로 초등이나 중등에서 가르치기 시작한 것은 대체로 1820~30년대이다. 1827년 푸월(Fowle)이 미국의 보스턴 영어고등학교에 소묘를 선택교과의 하나로 도입하였고, 1830년대에 미국의 학교에서 미술을 가르치기 시작하였다. 1833년에는 프랑스, 1834년에는 영국이 초등교육에 국가의 재정을 지원하는 법률을 공포하였고, 런던국제박람회를 계기로 1835년에는 영국에 미술공업조사위원회가 조직되어 미술과 디자인 원리에 관한 지식을 학생들에게 가르치는 최상의 방법을 검토하게 되었다. 1837년에는 국립 디자인 학교를 전국적으로 설치하였고, 그 해 독일에서는 프뢰벨이 최초로 유치원을 설립하여 놀이의 교육적 역할을 제시하고, 신의 개념을 기하학과 찰흙 등으로 단계적으로 지도하였다.

4) 현대사회

현대사회에서 미술교육은 산업사회의 특별한 필요성을 반영하면서 점차 다양성을 나타내기 시작하였다. 먼저 19세기 말 이래 2차 세계대전이 끝날 때까지(1945)의 미술교육은 주로 '표현기능'의 지도가 교육과정의 중심이었다. 산업사회가 요구하는 좋은 디자인을 위해 표현의 요소와 원리를 습득하는 데 중점을 두고 미술교육이 이루어졌다.

그 후 20년인 1965년까지는 두 가지 경향이 두드러지게 나타났는데, 하나는 '창의성 중심'이고 나머지는 '학문 중심'이라고 할 수 있다. '창의성 중심'은 아동과 학생 '누구나에게 잠재하는 창의적 소질'을 계발하기 위하여, 특히 예술교육이 주도적으로 기여해야 한다는 사조였다. 이는 오늘날에도 광범위하게 퍼져 있는 미술교육의 이론적 바탕으로 현대사회 초기의 미술교육과 차별화된 발전을 이룬 중요한 동향이었다. 한편 '학문중심(discipline based)' 교육과정은 1960년대 브루너(Bruner)를 시작으로 발전된 사조인데, 미술교육과정에서는 아이스너(Eisner)가 새로운 미술교육과정 모형을 제시하였다. 아이스너는 미술교육이 다른 교과와 다른 고유한 독자성을 회복해야 한다고 보았고, 이로 인해 '미술교육학'에 대한 이론과 관련된 많은 연구들이 있었다.

이후 20여 년간 미술교육의 주된 흐름은 '합리적' 접근과 '미학적' 접근이었다. 합리적 미술교육은 학문중심 교육과정에 기초한 것으로 새로운 교육과정의 개발, 수업모형의 보급, 평가도구 및 방법의 연구·개발 등 미술교육의 효율성을 제고하고자 하는 노력이었다. 그리고 미학적 접근은 소위 '미적 교육(aesthetic education)'의 연구 및 실천방안으로서, 미술의 형식적 측면보다는 미학적 의식, 가치관, 태도, 감각을 기르는 데에 초점을 두었고, 미술 외의 다른 교과 및 생활과의 연관성을 확대하고자 노력하였다.

2. 한국의 아동미술교육의 역사

우리나라에서 근대적 의미의 미술교육이 이루어진 것은 갑오개혁 이후 1895년 고종이 공포한 소학교령에 도화, 습자 과목이 공시되면서부터라고 볼 수 있다. 그러나 비록 교육제도는 갖추어지지 않았다 하더라도 갑오개혁 이전 삼국시대부터 시작된 자연물이나 인물 모사와 같은 미술교육이 존속되었으며, 이러한 부분은 근대적 미술교육과 함께 우리나라의 미술교육 역사의 중요한 부분이라 할 수 있다. 따라서 이 부분에서는 갑오개혁을 기준으로 이전과 이후의 한국 아동미술교육의 동향에 대해 살펴본다.

1) 갑오개혁 이전의 미술교육

갑오개혁 이전의 미술교육에 대해서 상세하게 전해지는 바는 없지만 서구 고대 및 중세사회에서와 마찬가지로 도제형식의 미술교육이 이루어졌으리라 추정할 수 있다. 특히 신라의 경우 말기에 채전을 설치하여 회화의 발전을 꾀하였는데, 이는 고려시대의 도화원, 조선시대의 도화서로 이어져 발전하였다. 고려의 도화원은 지방관청의 하나로 설치되었고 그림 그리는 일을 담당했으며, 조선시대에 와서 도화서로 개칭되었다. 조선시대 미술교육이 이루어졌던 기관은 크게 세 가지로 구분할 수 있는데, 첫 번째는 국가기관인 도화서, 두 번째는 소수의 관료양성기관이며 고등교육과 중등교육이 이루어졌던 성균관과 사학을 포함한 학교, 서당 등의 일반교육기관, 세 번째가 사대부나 그림, 글씨, 공예 등에 뛰어난 화가나 장인들의 문하에서 사적으로 행해지던 도제교육이라고 할 수 있다. 그 내용은 화본을 이용한 보고 그리기나 직접 실물을 보고 그리는 실물, 풍경 사생형식의 교육이 이루어졌다. 민화에서 보여 주는 것처럼 다양한 재료나 소재들이 시도되었고 조선 후기 실학사상의 영향으로 그림에 있어서도 어떤 독자적인 영역에 대한 지향도 나타나기 시작했다.

2) 이식기(1894~1910)

1894년 갑오경장을 계기로 정부는 국가제도의 근본적인 개혁에 나서서 새로운 관제를 발표하고 모든 학교제도를 재편성하였다. 고종은 '교육소서'에서 근대적 국가 수립에 있어 교육의 중요함을 강조하고 1895년 한성사범학교 관제와 소학교령, 보통학교령을 차례로 공포하였다. 여기에서 미술이 도화라는 교과명으로 교과과정에 처음 등장하면서 본격적인 미술교육 시대가 시작되었다. 그러나 이러한 새로운 학제는 서구의 법령을 그대로 도입한 것이 대부분으로, 당시의 국정에 적합하지 못한 사항이 많았고 이를 실천할 교사도 부족했기 때문에 실효를 거두지 못했다. 다만 새로운 교육제도의 필요성에 의해 전혀 새로운 학교교육 체계가 시도되었다는 점과 그와 함께 미술교육이 도입되었다는 점에서 그 의의를 찾을 수 있다.

3) 침체기(1910~1945)

1905년 한일협약에 의해 조선이 일본의 보호정치 아래 들어가고, 1910년 조선총독부가 설치되어 일본의 지배하에 놓이면서 한국의 근대 미술교육은 다시 침체기를 맞이하게 된다. 1906년 8월에 보통학교령이 공포되었는데 당시 미술교육은 임화(명화들을 모아놓은 화집 따위를 보고 그대로 본떠서 그림을 그리는 일 또는 그 그림) 위주의 수업이었고, 1908년 제작된 최초의 교과서인 도화임본을 통하여 연필이나 모필로 하는 사실주의적 미술교육이 실시되었다. 저학년은 생활과 관련된 자유로운 표현, 고학년은 생활을 중심으로 한 제재 외에 군함, 군인, 전자 등 군국주의와 황국신민사상 고취를 위한 도구적인 제재들이 부각되었다. 또한 전시체제하의 미술교육은 실리적인 만들기와 모형항공기 제작, 기계조작 등 공장의 중요성이 현저히 강조되고 정신 함양을 위한 전통적인 모필화 교육도 부각되었다.

4) 전환기(1945~1963)

일본이 패전하고 연합군에 의해 해방되면서 침체기의 모방주의적 미술교육은 새로운 전환기를 맞게 된다. 1948년 대한민국 정부수립을 전후하여 민주주의 교육이 도입되면서 서울대학에 미술대학이 설립되고 국전이 개최되며 중학생 미술전이 열리는 등 미술에 대한 일반 대중의 관심이 높아지며 미술교육이 활발히 진행되는 듯했다. 하지만 아쉽게도 한국전쟁이 일어나면서 모든 교육활동이 중단되었다. 정상적인 수업이 어려운 가운데 교사가 부족하여 미술교육은 아동의 창의성과 자유표현을 중시하였지만, 미술품의 창조보다는 실용성을 강조하는 공작실기 위주의 미술활동이 주가 되었다.

1953년 휴전 후 한국사회가 점차 국력을 회복해 나갈 즈음 1956년 10월 미국의 피바디(Peabody) 교육사절단이 내한하여 약 6년간 머물면서 한국의 미술교육 발전에 크게 기여하였다. 이들은 우리나라의 교원 양성과 교원교육 분야에 관한 원조사업에 참가하고, 사범학교 교사들과 사범대학 교수들을 대상으로 미술과 공예활동을 전개하였다. 또한 한국과 미국 학생들의 작품전시회나 교류전을 주선하는 등 미술 국제교류에도 기여하였으며 새로운 교육과정을 전파하는 등 교육 전반에 큰 영향을 미쳤다. 그리하여 정착기에 속하는 1963년부터 약 20년간 1차 교육과정부터 현재의 교육과정에 이르게 되었다.

5) 정착기(1963~1985)

1965년 이후부터 1985년까지의 20년간은 정착기로서 미술교육이 제도적으로 뿌리를 내리고, 그간 사회나 학교에서의 미술교육의 효과가 눈에 띄게 나타나는 시기였다. 예컨대, 1960년대 후반부터 붐을 일으킨 '사생 실기대회'를 비롯해서 미술학원의 활성화, 미술교사 양성기관의 재편과 활성화, 미술교육관련 교재·교구·재료 개발사업의 번영, 전국 교원 연구대회의 실시, 교육대학원 미술교육과의 개설 등이다.

이 시기에는 두 차례에 걸친 교육과정 개정이 있었는데, 1973년의 제3차 교육과정은 미적 정서 함양, 창조적 표현능력 신장, 조형의 생활 활용 태도 육성, 조형 재료용구 사용기능, 국내외 조형품 감상 및 애호의 태도 함양 등 다섯 가지를 교과 목표로 정했다. 또한 1981년의 제4차 교육과정은 3차까지의 교육과정을 대폭 개편한 것으로 목표는 미적 정서와 창의성을 기르는 일과, 미술의 감상태도를 함양하는 일에 초점을 두고, 자신의 느낌과 생각을 창의적으로 표현하는 능력과 자연 및 조형품을 감상하고 애호하는 태도를 기르기 위한 두 개의 목표를 제시하였다. 특히 이 제4차 교육과정은 과거의 문교부가 아닌 한국교육개발원에 의해 편성되어 이전까지의 일본적 모방 색채를 벗어나, 창의적이고 생활에 접근한 미술활동을 주축으로 하였다.

6) 성장기(1985~현재)

1984년 한국조형교육학회 설립은 이후 현재까지 미술교육 분야를 학문적으로 정립시키는 데 큰 역할을 했다. 더불어 미술교육 관련 박사학위 취득 전문가들의 등장, 교육대학 및 미술대학 사범대학 출신의 초·중등 미술교사의 확보, 제반 수업 여건의 개선, 학부모나 사회의 지원능력 등 여러 가지 여건도 계속적으로 개선되었다. 그러나 입시 위주, 중요과목 위주의 왜곡된 교육제도로 인해 전반적으로 미술교과에 대한 무시와 약화 현상이 나타나기 시작했다. 또한 오랜 역사와 문화적 전통에도 불구하고 미술교육의 교육학적 연구분석에 대한 노력이 결여되어 있었기에 이 시기 동안 미술교육은 크게 더 발전하는 모습을 보이지는 못했다.

3. 현대 아동미술의 흐름

현대 아동미술교육은 19세기 말부터 산업사회의 특별한 요구를 반영하면서 다양하게 전개되어 왔는데, 크게 표현기능 중심, 창의성 중심, 이해 중심의 미술교육으로 구분할 수 있다. 다음에서는 각각의 사회문화적 배경과 주요 특징, 대표적 미술교육운동가 등에 대해 살펴본다.

1) 표현기능 중심 미술교육

표현기능 중심 미술교육은 '미술의 교육(Art of Education)'으로 대변할 수 있다. 즉 교육에서 미술을 가르쳐 표현 능력을 향상시키고 결국은 사회에서 필요한 화가, 조각가, 디자이너, 공예가 등을 기르고자 하는 미술교육이다. 미술교육을 우리 생활에 필요한 물건이나 미술작품을 만들 수 있는 표현기능을 향상시키는 것으로 받아들이는 것이다. 이러한 사상은 16세기 이후 산업이 발달하면서 19세기에 이르기까지 미술교육에 대한 일반적인 견해였으며, 지금까지도 미술교육 현장의 일부에서는 잠재적으로 적용되고 있다.

(1) 사회문화적 배경

① 산업혁명으로 인한 산업의 발달

18세기 중엽부터 영국에서 시작된 산업혁명은 사회 전반에 많은 변화를 가져왔다. 산업구조의 무게중심이 농업에서 공업으로 이동되면서 종래 수공업 형태로 이어지던 물품의 생산은 공장의 대량생산으로 침체되기 시작하였다. 그러나 대량생산된 물품들이 미적으로 질이 떨어져 산업계에 종사하던 자본가들은 산업에 필요한 미술가와 디자이너의 육성을 강력히 주장했다. 그 결과, 유럽 각국에서는 직업학교 및 기술학교, 미술학교가 많이 설립되어 미술에 관련된 교육을 실시하였다. 이에 따라 유럽 여러 나라에서는 산업에 필요한 미술의 교육을 논의하게 되었고 이 부분에 대한 국가적 지원을 하였다.

② 미술 아카데미의 전통

르네상스 이후 예술원과 함께 발달하기 시작한 미술 아카데미는 유럽 미술 발달에 중추적 역할을 하였는데, 여기서는 주로 미술가를 기르기 위한 도제형식의 교육이 이루어졌다. 이러한 아카데미에서는 표현기법, 미술 해부학 등을 가르치고, 특히 정확한 시각교육에 중점을 두었다. 또한 미술기법뿐만 아니라 미술의 원리나 정신적인 측면까지 가르쳤으며 조형요소나 데생 등을 지도하였다. 산업혁명이 진행되면서 미술 아카데미가 산업에 필요한 미술 인력 양성과 맞물려 표현기능 중심의 미술교육이 자연스럽게 사회 전반에 조장되고 발전될 수 있었다.

(2) 주요 특징

① 전문 미술인력의 양성

표현기능 중심 미술교육에서는 사회에 필요한 미술가나 건축가, 디자이너, 공예가 등을 양성하기 위해 표현 능력 육성에 중점을 두었다.

② 반복적인 훈련을 통한 교육

표현기능 중심 미술교육에서는 반복적인 훈련을 통하여 미술가가 되기 위해 필요한 미술적 능력을 향상하는 데 중점을 두었다. 한편 바우하우스의 경우에는 훌륭한 미술가가 되는 데 필요한 정신과 표현 능력의 종합적인 발달을 꾀하였다.

③ 기본요소와 체계적인 실기지도

미술에 관한 기본요소와 체계적인 구조에 의한 지도가 강조되어, 미술의 기본적인 요소나 구조를 파악하여 체계적으로 실기지도를 하려는 시도가 많이 있었다.

(3) 대표적 미술교육자와 운동

① 유럽과 미국의 초기 흐름

르네상스 이후 유럽의 미술은 이탈리아와 프랑스를 비롯한 미술 아카데미를 중심으로 발전해 왔다. 프랑스는 길드 체제의 도제제도에서 시작한 장식 미술학교를 통해 산업에서 요구하는 디자이너 양성에 적합한 훈련교육을 발전시켰으며, 독일은 무역학교에서 모사 훈련에 기초한 자유로운 화법의 드로잉과 수학과 물리학을 포함하는 기술적인 학습을 통해 장인을 양성하고자 하였다. 영국 또한 주변국의 제품 디자인의 질을 따라잡기 위해 1837년 디자인 사범학교를 만들어 전문인력 양성을 위한 제도를 마련하고자 하였으나 응용미술보다는 순수미술에 중점을 둔 사회문화적 배경에 부딪혀 크게 발전하지는 못했다.

한편 미국은 유럽에 비해 전통은 짧지만 프랭클린, 푸월, 미니피 등 주요 미술운동가들의 영향으로 공립학교 미술교육의 기틀을 마련하고자 하였다. 벤쟈민 프랭클린(B. Franklin, 1706~1790)은 미국에서 처음으로 미술교육의 도입을 주장한 사람으로, 미술을 유용성과 물질적인 가치를 가진 것으로 보고, 미술은 삶에 필요한 공예품의 질과 전문기능을 향상시키는 수단이라고 생각하였다.

미술지도에 대한 보다 체계적인 접근의 발달은 보스턴의 푸월(Fowle)과 필라델피아의 윌리엄 미니피(William Minifie)의 연구에 의해 이루어졌다. 푸월은 보스턴 영어학교에서 미술을 선택교과로 도입하여 체계적인 미술교육을 실시하였고 모니터 제도를 처음으로 도입하였다. 미니피는 19세기 미술교육에 중요한 기여를 한 사람으로 미술을 작품제작이 아닌 과학으로서 가르쳐야 한다고 주장하였다. 미니피는 체계적인 '과학적' 접근과 더불어 직접 미술을 지도하였으며, 푸월과 같이 미술이 장식적이기보다는 유용해야 한다는 입장이었다. 미니피는 그림을 배우는 것이 쓰는 능력을 향상시키는 데 기여할 뿐만 아니라 생활인의 기호를 개선하고 산업의 발전에도 간접적으로 도움이 된다고 믿었다.

② 바우하우스 미술교육

바우하우스는 1919년 발터 그로피우스(Walter Gropius)를 중심으로 독일 바이마르에 세워진 조형학교로, 모든 예술을 건축에 종합하고자 했던 미술교육 운동이다. 그로피우스는 모든 조형미술의 궁극적인 목표가 건축에 있다고 보고 실용미술과 순수미술의 구분을 없애고, 조각과 회화, 공예 등을 모두 건축으로 통합하고자 했다. 또한 모든 수준의 건축가와 화가, 조각가들을 그들의 능력에 따라 교육시켜 유능한 공예가와 독자적인 창의적 미술가를 위한 작업 공동체를 형성하고자 하였다.

그림 2-2 독일의 바이마르에 있는 바우하우스 박물관

➤ 출처: http://100.naver.com/100/nhn?docid=848330

바우하우스에서는 미술은 결국 공예이기 때문에 교육이 가능하며 이는 철저한 단계적 훈련에 의해 가능한 것으로 보고, 교사와 제자가 아닌 마이스터, 직인, 도제로 구분하여 교육을 실시하였다. 바우하우스의 미술교육은 건축과 회화, 조각의 세 부분으로 나누어 이 모든 분야에서 공예교육을 강조하였고, 공예실습, 소묘와 회화, 과학과 이론교육의 단계로 교육을 진행하였다.

바우하우스에서는 예술의 정신적이고 내면적 측면을 강조하기도 하였지만 기본적으로 분석적이고 조직적인 탐구방식에 의한 문제 해결적 접근을 강조하였다. 즉 독특한 표현보다는 기초 표현기능을 강조한 것으로 전통 아카데미적 발상을 계승한 것이라고 해석할 수 있다.

(4) 평가

표현기능 중심 미술교육으로 미술교육이 학교교육의 한 부분으로 자리하게 되었고, 다양한 미술교육의 시발점이 되었다는 점, 시지각과 손의 협응력을 체계적이고 합리적으로 지도하고자 하였고, 사회의 요구에 의해 미술교육이 사회에 공헌했다는 점에서 시사하는 바가 크다고 하겠다. 그러나 한편으로는 사회의 요구에는 충실하지만 학습자의 입장은 고려하지 않은 점과, 산업 발전의 매체로서 학생을 바라보았다는 점, 학교 생활을 미래를 대비하기 위한 준비과정으로 보고 그에 따른 희생과 훈련을 강조한 점, 특정한 방법과 법칙을 통하여 작품을 완성하려고 한 점 등은 그 한계점이라고 할 수 있다.

2) 창의성 중심 미술교육

창의성 중심 미술교육은 치젝(Cizek)이 아동의 자유로운 자기표현에 의한 미술교육을 주창한 후 세계적으로 급속하게 보급된 미술교육 흐름이다. 이는 허버트 리드(H. Reed)가 주창한 미술을 통한 교육과 연결되는데, 미술을 통해 교육에서 목표로 삼고 있는 인간 정신, 즉 창의성을 육성하고자 한 것이다.

(1) 사회문화적 배경

① 아동중심의 교육

루소에 의해 교육의 중심이 성인에서 아동으로 옮겨지고, 이후 코메니우스(Comenius), 페스탈로찌(Pestalozzi), 프뢰벨(Fröbel), 헤르바르트(Herbart) 등 많은 교육학자들에 의해 아동의 흥미와 감각, 직접적인 경험을 중시하는 교육이 중시되면서 미술도 학교교육에서 실시하게 되었다. 즉, 미술을 통한 창의성, 아동의 자유표현에 대한 교육이 시작된 것이다.

아동중심 교육을 세계적으로 보급시키는 데 가장 큰 역할을 한 사람은 듀이(Dewey)다. 듀이의 견해에 바탕을 두고 미술교육은 아동중심, 경험중심, 생활중심, 과정중심, 창의성 중심, 통합중심의 성격을 가지게 되었고, 치젝은 이러한 듀이의 이론을 실제 미술교육에서 실천하는 역할을 하였다. 미술에서 아동으로 미술교육의 무게중심을 옮겨놓은 두 사람은 그동안 미술의 기능에 중점을 두고 도제식으로 이루어졌던 미술교육이 자기표현과 미적 경험을 통해 아동의 창의성과 조화로운 성장에 기여하는 방향으로 실시되어야 한다고 주장했다.

듀이의 이러한 진보주의적 미술교육은 홀(Hall) 등의 아동연구운동과 연결되어 아동에게 보다 창의적인 자유표현을 강조하는 방향으로 전개되었으며, 1940년대에 들어서 로웬펠드(Lowenfeld)와 허버트 리드 등이 주축이 된 아동의 창의성과 표현발달과정을 강조하는 흐름으로 이어지게 된다.

② 심리학의 발달

19세기에 들어서면서 마음이나 정신에 대한 연구가 활발하게 연구되기 시작하였고, 연구의 일환으로 아동의 직접적 심리의 표현이라고 할 수 있는 그림에 관심을 기울이게 되었다. 아동에 대한 관심과 더불어 아동화에 대한 연구도 활발하여 루켄스(Lukens), 케르켄쉬타이너(Kerchensteiner), 헬가 엥(Helga Eng), 시릴 버트(Cyril Burt) 등은 아동화의 연구방법과 아동화 분석작업을 연구하였다. 이러한 심리학의 영향은 치젝이나 로웬펠드, 허버트 리드 등에게까지 이어졌다.

특히 프로이드(Freud)의 심리학은 미술교육에 많은 영향을 미쳤다고 할 수 있다. 프로이드는 미술에서의 자아표현을 내부 욕구표현의 일종으로 보았으며, 미술을 통합된 인격을 발달시키는 것으로 보았다. 창의성 중심의 미술교육은 심리학 연구에서 밝혀진 것들을 미술교육에 적용한 것으로 아동 누구에게나 창의성이 내재해 있고 반드시 일정한 과정을 거쳐 발달한다고 보는 흐름이다.

③ 표현주의 미술의 등장

주로 독일과 오스트리아를 중심으로 전개된 표현주의는 작가 개인의 내부 생명, 즉 자아나 혼의 주관적 표현을 추구하는 감정표출의 예술이다. 창의성 중심 미술교육의 대표적 교육자인 치젝과 로웬펠드 모두 젊은 시절에 표현주의 화가로 활동했던 사람으로 아동의 내면을 자유롭게 표현하도록 하는 미술교육을 강조하였다. 특히 로웬펠드는 사실적으로 묘사하는 시각형보다 내면의 감정이나 정서에 따라 자유롭게 표현하는 촉각형을 강조하였는데, 이 촉각형이 표현주의 미술과 비슷한 형태라고 할 수 있다.

(2) 주요 특징

① 자유로운 자기표현

자유로운 자기표현은 아동의 미술이 어른의 미술과는 다르다는 생각에서 출발한다. 즉 아동의 표현은 어른의 표현과 다를 수밖에 없으며, 아동에게 있어 미술은 자신을 드러내는 하나의 자기표현 방법이 된다. 그러므로 아동의 표현과정에는 어른들의 간섭이 있어서는 안 된다. 결국 아동의 미술표현에서 가장 중요한 점은 표현이 자발적이어야 하며, 성인들의 관점에서 바라보는 간섭이 배제되어야 한다는 점이다. 따라서 이 흐름에서 교사나 학부모는 아동이 자유롭게 자신과 환경을 표현할 수 있도록 격려해 주고 동기를 유발하는 촉매자의 역할을 해야 한다.

② 미술을 통한 창의성 개발

창의성 중심의 미술교육은 미술을 인간의 조화로운 성장을 돕고 잠재력을 계발시켜 주는 도구로 생각한다. 창의성을 중심으로 하는 미술교육에서는 확산적 사고를 촉진하며 감수성과 유창성, 융통성, 독창성 등을 발달시킨다. 또한 미술교육을 통해 길러진 창의성은 다른 모든 교과에 전이되고 사회생활 곳곳에서 활용될 수 있다고 강조한다.

③ 표현과정의 중시

창의성 중심 미술교육자들은 미술을 통하여 아동의 감수성을 육성하고 이기심을 줄여 협동심을 기르며 궁극적으로는 창의적인 능력을 개발하고자 하였다. 이때 창의성을 위한 자유로운 자기표현은 표현결과에 중점을 두는 것이 아니라 표현과정에 중점을 두어야 하며, 최종작품이 어떠한지보다는 아동이 어떻게 표현해 나가는지에 관심을 기울여야 한다고 주장한다. 또한 미술과 미술교육을 구분하여 미술교육은 아동의 표현과정을 중시하는 반면, 미술은 만들어진 최종작품에 관심을 두는 것이라고 보았다.

(3) 대표적 미술교육자와 운동

창의성 중심의 대표적인 미술교육학자로는 세 사람을 들 수 있다.

① 치젝

치젝(F. Cizek, 1865~1946)은 미술을 통해 아동의 조화로운 발달을 꾀하고자 하였다. 아동이 나름의 독특한 방법으로 표현하는 것을 주의 깊게 관찰한 뒤, 아동에게 어른의 그림 그리는 방법을 가르치는 것은 잘못된 일이라고 생각하고 모든 아동이 가지고 있는 창의력이 '자연 법칙' 그대로 꽃필 수 있도록 하는 것을 목적으로 삼았다. 아동은 무의식적으로 창조하기 때문에 아동의 작품은 예술적 창조의 최초의 것이고 가장 순수한 것이라고 보았다. 따라서 아동의 작품에 손을 대거나 간섭하는 것을 극도로 경계하였고, 심지어 아동이 표현할 때 그 앞에 서 있는 것도 아동에게 영향을 준다고 생각하였다.

치젝은 아동에게 그려야 하는 구체적인 대상을 제시하지 않고 대신 아동의 미술을 관찰함으로써 그들을 성장시키기 위한 내적 법칙을 알아내고자 노력하였고, 자율적인 표현을 최대한 보장하기 위해 목탄, 연필, 물감, 석고, 목조, 동판 등의 다양한 표현 재료를 자유롭게 선택하여 표현할 수 있도록 배려하였다.

② 로웬펠드

로웬펠드(V. Lowenfeld, 1903~1960)는 진보주의와 심리학 등의 영향을 받아 창의성 중심 미술교육의 이론과 실천을 모두 겸비하고 이를 전파시킨 사람이다. 그는 아동의 자발적인 표현과 자연스러운 성장에 관심을 가졌고, 미술이 아동의 감수성과 협동심을 길러 이기심을 줄이고 결국 창의적인 능력을 개발하는 교육적 도구라고 생각하였다. 따라서 미술교사는 이런 아동의 잠재력이 실현될 조건을 마련해 주고 아동의 미술적 발달의 자연스럽지만 단계적인 과정을 간섭하지 않고 촉진시켜야 한다고 보았다.

특히 아동의 표현은 어른의 표현과는 다르다는 것을 강조하여 인지발달 단계를 기초로 하여 아동의 미술표현의 발달단계를 연구하여 과학적인 교수이론을 제시한 점에서 창의성 중심 미술교육을 집대성했다고 평가할 수 있다.

③ 리드

리드(H. Read, 1893~1968)는 감각과 본능에 기초한 유기론적 예술론을 전개하고 예술교육에서 개인의 자발적 창조력의 억압을 지양하고 인간의 본래적인 창조력을 도야하며 분열 없는 조화로운 인격의 완성을 실현하고자 하였다.

리드의 예술교육은 '예술을 통한 교육(Education through Art, 1945)'으로 요약할 수 있는데, 정리하면 인간이 가지고 있는 자발적 창조능력의 억압으로 인간사회의 병리현상이 나타난다고 보았다. 그러므로 예술 표현을 통해 그러한 욕구를 충족시켜 이성과 감성의 조화를 꾀하고 예술적 인간을 길러 아름답고 조화된 사회를 이루어야 한다고 주장하였다.

(4) 평가

창의성 중심 미술교육은 미술활동의 주체를 어른에서 어린이로 전환시켰다는 점, 미술교육을 인간이나 교육에 있어서 중요한 위치로 격상시켰다는 점, 미술교육에 있어서 표현과정과 발달과정의 중요성을 재인식시켰다는 점에서 긍정적인 평가를 받을 수 있다. 한편 창의성 중심 미술교육은 아동의 특성을 지나치게 강조한 나머지, 자유로운 자기표현과 과도한 창의성 중시로 미술활동에 있어서의 기초 기능 부족을 초래했다는 점, 아동과 심리학 측면의 지나친 강조로 인해 미술의 본질과 사회적 요구를 무시하는 경향을 띠었다는 점, 미술교육에 있어서 교사 역할의 극소화를 꾀했다는 한계점을 가진다.

3) 이해 중심 미술교육

이해 중심 미술교육은 창의성 중심 미술교육에 대한 대안으로 미술에 대한 이해를 중시하는 미술교육을 말한다. 1960년대 초 미술교육자들은 창의성의 개념에 의문을 제기하면서 DBAE(Discipline-Based Art Education: 학문에 기초한 미술교육), 미적 교육(Aesthetic Education), 사회중심 미술교육, 미술치료(Art Therapy), 다문화 미술교육 등 미술교육의 가능성을 다양하게 모색하기 시작했다.

(1) 사회문화적 배경

① 학문 중심 교육과정의 영향

이해 중심 미술교육은 1957년 구소련의 인공위성인 스푸트니크가 미국에 앞서 발사되자 그동안의 진보주의 교육과정에 대한 비판의 소리와 함께 등장한 학문 중심 교육과정의 영향을 받았다. 학문 중심 교육과정은 학생들이 학문의 기본적인 구조와 요점을 이해하게 되면 다른 여러 문제에 직면했을 때도 해결할 수 있다는 전제로 시작하여, 가르칠 기본적인 지식의 구조와 개념, 원리 등을 중시하였다. 이 이론을 바탕으로 미술을 하나의 문화적인 자원이나 하나의 지식의 체계로 보는 시각이 싹트기 시작하였고 학자들은 미술 속에 인류 문화의 핵심적 경험이 담겨 있다고 보았다. 이런 맥락에서 미술학습의 원리를 끌어내고 미술학습의 영역을 확장시킨 것이 이해 중심 미술교육이다. 아이스너(Eisner)나 DBAE, 미적 교육 모두 미술을 하나의 학문으로 보거나 문화유산으로 보아 미술을 이해시키고 미술문화를 통한 교육을 강조하고 있다. 이와 같이 이해 중심 미술교육은 학문 중심 미술교육과 본질주의 교육철학의 영향을 받아 미술을 하나의 학문 체계나 구조로 보고 기본지식이나 구조에 대한 이해를 강조하며 교육과정과 교사의 역할을 강조하고 있다.

② 지각 심리학의 영향

이해 중심 미술교육은 지각 심리학의 발달과 깊은 관련을 맺고 있다. 아른하임(Arnheim)을 비롯한 지각 심리학자들은 사람이 대상들의 특징들을 지각하고 비교, 대조할 수 있는 과정을

'지각의 분화'라고 부르며, 아동의 지각능력은 학습에 따라 발달하고 경험에 의해 영향을 받는다고 보았다. 이 입장에서는 아동보다 어른의 지각이 더 복잡하며, 아동의 미술표현이 이러한 시지각 능력의 범위 안에서 발달한다고 주장하였다. 즉 교사가 아동에게 산의 초록색이 단순한 초록이 아니라 다양한 초록 계통의 색을 광범위하게 포함하고 있음을 가르쳐주지 않으면, 아동은 산의 여러 가지 색을 지각하지 못한다고 보았다. 따라서 지각의 분화를 촉진시키고 시지각을 발달시키기 위해서는 특정 분야에 대한 지식의 습득이 요청된다고 보았다.

③ 현대미술의 다양한 전개

이해 중심 미술교육은 미술문화의 이해를 강조하기 때문에 현재 진행되고 있는 미술에 대한 이해도 중시하였다. 이들은 학생들이 앞으로 직면할 다양한 미술문화에 대한 예비지식을 갖출 필요성을 강조했기 때문에 현대미술의 흐름에 민감할 수밖에 없었다. 현대미술의 주 흐름이었던 모더니즘과 그 이후 팝아트, 포스트모더니즘 등 현대미술의 다양한 측면을 미술교육에 반영하려고 노력하였으며 그런 생각은 미술교육에 미술제작뿐만 아니라 미술비평, 미술사, 미학 등을 가르쳐야 한다는 관점에 반영되어 있다.

(2) 주요 특징

① 미술 교과의 독자성 강조

이해 중심 미술교육은 미술교육이 학생들을 성장시키는 데 공헌할 수 있는 특별한 요소를 가지고 있다고 보고 미술 교과의 본질적인 가치가 다른 과목의 일반적 목표보다 중요하다고 주장한다. 아이스너는 미술이 하나의 독립된 교과이며, 문화에서 중요한 자원이므로 학교 교육과정에 없어서는 안 될 교과라고 보았다. 미술 교과는 성격 치료나 창의성 개발, 표현기능 개발 등의 수단을 위한 교과가 아니라, 인간경험과 문화의 독특한 하나의 영역으로 고유한 성격을 갖는다고 생각했다. 미술은 인간이 상상의 세계를 표현하는 것을 도와 감수성을 계발하고, 인간의 의식을 상호 이해할 수 있게 하는 문화적 자원이다. 아이스너는 이러한 미술의 본질적 기능을 강조하는 미술교육을 주장하였다.

② 미술의 이해와 감상 강조

이해 중심 미술교육은 미술의 본질적 가치를 다룰 때 미술에 대한 이해와 미술작품의 감상을 강조한다. 아이스너는 미술학습의 결과는 자연적 성숙의 결과가 아니라고 보고, 미술교육의 영역을 미술제작, 미술비평, 미술사와 문화 등의 세 가지 영역으로 구분하였다. 즉 미술학습은 아동이 작품을 만들고, 작품의 미적 요소와 특징을 이야기하며, 작품을 통해서 인류의 문화와 역사를 이해하는 복합적인 활동으로 구성된다고 볼 수 있다. 그러므로 이해 중심 미술교육에서 교사는 미술 실기능력뿐 아니라 미술비평과 미술사·문화 등에 관한 전문적인 지식을 지니고 있어야 한다.

③ 교육과정과 교사의 중시

이해 중심 미술교육은 문서화된 교육과정을 중시하며 적극적인 교사의 역할과 수업을 미술교육의 핵심으로 여긴다. 아이스너는 교육과정을 '학생들에게 교육적 경험을 제공하기 위해 의도적으로 개발된 연속적인 활동'이라고 정의하고, 교육활동은 계열화되고 계속되는 과정이어야 한다고 주장한다. 또한 이해 중심 미술교육에서는 교사의 역할과 수업의 중요성을 강조하여, 교사의 적극성과 체계적인 지도를 매우 중요시하며 수업을 교육의 핵심으로 생각한다. 학생들에게 미술문화를 이해시키고 표현과 비평을 가능하게 하기 위해서는 교사가 주어진 교육과정을 나름대로 해석하여 체계적으로 가르치는 일이 중요하다.

(3) 대표적 미술교육자와 운동

이해 중심 미술교육의 흐름에 포함되는 미술교육학자들은 다양하다. 아이스너(Eisner), 펠드만(Feldman), 멕피(Mcfee), 액커(Ecker), 하우스만(Hausman), 호퍼(Hoffer), 그리어(Greer) 등이 있다. 이들 중 가장 대표적인 학자는 아이스너이며, 그 외의 학자들은 DBAE와 미적 교육의 흐름에 포함시켜 살펴보기로 한다.

① 아이스너

아이스너(Elliot W. Eisner)는 당시 지배적인 교육풍토였던 주지주의를 비판하면서 회화나 조각이 필수교과가 아니라 정서를 함양하는 하나의 자료나 수단으로 활용되는 것에 이의를 제기하였다. 미술작품을 인식하는 과정은 자연과학의 실험계획과 같은 탐구과정이므로 미술도 지성의 훈련을 필요로 한다고 강조하였다. 미술은 지성을 변화시키는 경험이며, 그러한 변화를 위한 중요한 수단이 교육과정이므로 미술의 발견과 표현, 기록, 전달의 기능들을 과소평가하는 것은 학생들에게 해를 끼치는 것이라고 주장했다.

아이스너는 미술의 세 가지 기초 영역을 미술제작, 미술비평, 미술사와 문화 등으로 구분하였는데, 첫 번째 미술제작에서는 기능(skill)을 중요한 요소로 보고 재료를 다루고, 형태를 지각하고, 형태를 발견하고, 공간·미적·표현 질서를 창조하는 등의 네 가지 기능을 강조하였다. 두 번째 미술비평에서는 미술형태에 대한 지각력을 기르며, 세 번째 미술사와 문화 영역에서는 미술작품을 통하여 미술가들의 노력과 관점, 문화를 이해하는 활동이 포함된다.

아이스너는 미술의 독자성이 강조되어야 하고, 인간 정신의 위대한 표현결과인 미술품을 이해해야 하며, 학생들에게 미술표현뿐만 아니라 미술을 지각하고 이해하며 생각하는 법을 가르쳐야 한다고 강조하였다. 또한 교육과정과 교사, 수업을 매우 중요하게 강조하였다.

② 학문에 기초한 미술교육(DBAE)

DBAE는 학문에 기초한 미술교육으로, 미국미술교육협회(NAEA)와 아이스너, 그리어(Greer) 등 이해 중심 미술교육을 주장하는 학자들의 접근을 통칭하는 용어이다. 이들은 미술이 문화유산의 보고이므로 미술연구는 인간의 경험과 문화의 전수적 가치를 이해하게 하는 중요한 것이며 미술이해 교육이야말로 진정한 미술교육이라고 보았다. 이 접근은 미술 교육과정 조직 면에서 전체적인 접근과 변화를 시도하고 있는데, 이런 특징이 반영된 학습경험은 미술의 역사와 문화의 이해, 미술작품의 미적 특징 및 인위적 환경의 이해, 시각적 이미지의 분석·설명·해석, 미술작품의 창조 등이다.

DBAE에서는 인간발달 과정에 관련되며 아동에게 의미 있는 내용을 교육과정으로 구성함을 전제한다. 미술교육의 목표는 미술제작, 미술비평, 미술사, 미학 등의 영역에서 나오는 것으로 간주하며, 기본적으로 수업을 통한 학습을 강조한다. 학습에는 미술을 지각·창조·이해·판단하는 활동들이 포함되고, 아동은 훈련을 통해 각 영역의 기초적인 것, 즉 지식의 구조를 학습한다. 그러므로 이 교육과정의 아동은 시각적 이미지를 창조할 수 있는 기능을 획득하며, 미술문화를 통하여 형태에 대한 미술적 관계를 이해할 수 있고, 미술작품에 관하여 이야기할 수 있으며, 이러한 이해력을 바탕으로 미술가가 만든 작품을 판단하고 설명할 수 있다.

③ 미적 교육

미적 교육(Aesthetic education)은 세계를 미적으로 경험하는 능력을 길러 주는 교육이며 미적 경험은 직접적인 감각으로 현상을 이해하는 경험을 말한다. 미적 교육의 목적은 학생들이 개념을 통하지 않고 직접적인 감각에 의해 대상을 경험할 수 있는 능력을 길러 주는 것이다. 미적 교육에서는 직접적인 감각에 최대한 관심을 기울이고, 교육과정에서 추상적이고 개념적인 사고의 발달뿐 아니라 구체적이고 감각적인 사고의 발달을 추구한다. 학생들은 미적 교육에서 소리를 내고 색칠을 하며 조형을 하고 움직여야 하며 접촉해야 한다. 미적 교육은 예술의 근원적이고 통합적인 것에 의한 교육이므로 미술교육과 약간의 차이가 있으며 색깔과 형태, 소리, 움직임, 맛, 냄새, 감촉 등의 모든 직접적인 감각으로 학생들이 세계를 직접 경험하는 문제를 다룬다.

미적 교육은 미학에 그 기반을 두고 있으며 예술의 전반에서 기본적인 경험을 추출하여 미적 경험을 통하여 미적 지각과 미적 인식, 미적 반응 능력 등을 육성하고자 하는 흐름이다. 이러한 흐름에서는 미술이 예술로 확대되는 보다 근원적이고 통합적인 교육을 강조하므로 미술이해를 강조하는 흐름에 속한다고 볼 수 있다.

(4) 평가

이해 중심 미술은 이전의 창의성 중심 미술교육이 가지고 있는 문제들을 해결하고 새로운 미술문화를 이해하여 능동적으로 대처할 수 있다는 점에서 시사하는 바가 크다. 또한 학교 교과로서 미술의 위치를 확고히 하는 계기를 마련하였으며, 미술의 학문적 체계를 확립하는 데도 일조하였다. 그러나 한편으로 미술교육을 미술에 대한 지식의 전달로 흐르게 할 가능성이 있으며, 구체적인 교육과정이나 지도방법에 대한 제시가 미흡하고, 교사의 능력을 무한히 요구한다는 점에서 현장에서 적용하는 데 많은 한계점을 가진다.

요약 및 정리

- 오늘날 아동미술에 대한 많은 태도들은 갑자기 얻어진 것이 아니라 고대 그리스인들의 예술에 대한 태도와 교육에 대한 입장에서 출발한 것이다. 고대의 플라톤과 아리스토텔레스는 예술과 교육이 집단문화를 지속시키고 공동체 존속에 영향을 준다고 인식하였으나, 아테네의 노예 경제사회와 중세시대를 지나면서 장인과 기예가들에 대한 낮은 사회적 지위로 인해 미술은 정규교과로 받아들여지지 못하고, 도제제도에 의한 전문 기능교육을 통해 명맥을 유지하였다. 르네상스기를 맞아 인본주의 사상의 전파와 함께 미술교육에 큰 변화가 생기고 순수미술을 위한 예술원이 등장하였으며, 산업혁명을 거치면서 디자인 전공자에 대한 사회적 필요와 아동 중심 교육철학에 따라 미술교육이 학교교육과정에 편입되기 시작하였다.
- 우리나라에서는 갑오개혁 이전에는 서구와 마찬가지로 도제형식의 미술교육이 이루어졌으며, 갑오개혁 이후 1895년 고종이 공포한 소학교령에 도화와 습자 과목이 공시되면서부터 근대적 의미의 미술교육이 시작되었다. 그러나 일본 통치라는 사회적 배경에서 다시 침체기를 맞게 되며, 1948년 대한민국 정부수립을 전후하여 민주주의 교육이 도입되면서 미술교육이 활발히 진행되는 듯했으나 6 · 25전쟁 발발과 함께 교육활동이 중단되고 다시 위기를 맞았다. 휴전 후 한국을 방문한 미국의 교육사절단의 영향을 받으면서 미술교육이 제도적으로 뿌리를 내리고 발전할 수 있었다.
- 아동미술교육은 19세기 말부터 산업사회의 특별한 요구를 반영하면서 다양하게 전개되어 왔는데, 아동미술의 흐름은 크게 표현기능 중심, 창의성 중심, 이해 중심의 미술교육으로 구분할 수 있다. 표현기능 중심 미술교육은 교육에서 미술을 가르쳐 표현능력을 향상시키고 결국 사회에서 필요한 화가, 조각가, 디자이너, 공예가 등을 기르는 것을 목적으로 하며, 창의성 중심 미술교육은 아동의 자유로운 자기표현에 의한 미술교육을 주장하며, 미술을 통해 교육에서 목표로 삼고 있는 인간 정신, 즉 창의성을 육성하고자 한다. 이해 중심 미술교육은 미술에 대한 이해를 중시하는 미술교육으로 DBAE, 미적 교육, 사회 중심 미술교육, 미술치료, 다문화 미술교육 등 미술교육의 가능성을 다양하게 모색하고자 하는 흐름이다.

| 참고문헌 |

권명광(1986). **바우하우스**. 서울: 미진사.

김정(1993). **세계의 미술교육**. 서울: 예경.

김정, 조정숙(2006). **유아미술교육**. 서울: 한국방송통신대학교.

김춘일, 윤정방(2007). **아동미술교육 이론과 실제**. 서울: 미진사.

니콜라우스 페브스너(1992). **미술 아카데미의 역사**. 서울: 도서출판 다민.

서울교육대학교 미술교육연구회(1994). **미술교육학 개론**. 경기 파주: 교육과학사.

최윤재(1993). 로웬펠드와 아이스너의 미술교육 사상 및 방법론에 관한 비교연구. 한국교원대학교 석사학위 논문.

한국미술교과교육학회(2009). **미술교육 이론의 탐색**. 서울: 예경.

Efland, A. D. 박정애 역(1996). **미술교육의 역사**. 서울: 예경.

Eisner, E. W. 서울교육대학교 미술교육연구회 역(1995). **새로운 눈으로 보는 미술교육**. 서울: 예경.

Lowenfeld, V. & Brittain, L. 서울교육대학교 미술교육연구회 역(1995). **인간을 위한 미술교육**. 서울: 미진사.

3

아동미술 관련 이론

학습개요

아동미술을 보는 관점은 학자에 따라 다양하다. 따라서 아동미술을 보는 대표적인 이론적 경향을 살펴보는 것은 아동미술에 대한 이해의 폭을 넓혀 줄 것이다. 아동미술을 보는 관점은 인지발달이론, 개성표현이론, 지각발달이론, 발생반복이론의 네 가지로 나누어 볼 수 있다. 이 장에서는 각 이론의 대표적 학자인 구디너프, 알슐러, 아른하임, 켈로그의 이론을 중심으로 살펴본다.

학습목표

1. 아동미술을 보는 네 가지 대표적인 관점을 알아보고 정리해 본다.
2. 아동미술에 대한 각 이론별 관점의 차이를 비교해 본다.

주요용어

1. 인지발달이론 : 자신이 아는 것을 그린다고 보는 관점
2. 개성표현이론 : 자신이 느낀 것을 그림으로 표현한다고 보는 관점
3. 지각발달이론 : 자신이 본 것을 그린다고 보는 관점
4. 발생반복이론 : 미술표현발달이 인류의 발달과정에서 나타나는 표현양식의 발달과정과 유사한 단계를 거친다고 보는 관점
5. 인물화 검사 : 인물을 그린 그림을 이용하여 지능을 측정하는 검사 방법

1. 아동미술을 보는 관점에 따른 구분

> 성인들이 아동미술을 어떠한 관점으로 보느냐에 따라서 지도방법의 차이뿐만 아니라 결과가 달라질 수 있으므로 아동미술을 보는 관점은 중요하다. 아동미술을 보는 관점은 학자들에 따라 다양하게 나타난다. 아동미술을 관점에 따라 구분한 연구들은 다음과 같이 크게 네 가지로 나누어 볼 수 있다. 첫째, 유아들은 자신들이 아는 것을 그린다고 보는 관점으로 인지발달이론이 있다. 둘째, 유아들이 자신들이 느낀 것을 그린다고 보는 관점인 개성표현이론이 있다. 셋째, 유아들은 자신들이 본 것을 그린다고 보는 관점인 지각발달이론이 있다. 마지막으로 유아들은 전형적인 이미지를 반복하여 그린다는 관점인 발생반복이론이 있다. 각 이론들의 특징을 간단히 살펴보면 다음과 같다.

성인들이 아동미술을 어떠한 관점으로 보느냐에 따라 지도방법의 차이뿐만 아니라 결과가 달라질 수 있으므로 아동미술을 보는 관점은 중요하다. 아동미술을 보는 관점은 학자들에 따라 다양하게 나타난다. 아동미술을 관점에 따라 구분한 연구들은 다음과 같이 크게 네 가지로 나누어 볼 수 있다. 첫째, 아동은 자신이 아는 것을 그린다고 보는 관점으로 인지발달이론이 있다. 둘째, 아동은 자신이 느낀 것을 그린다고 보는 관점인 개성표현이론이 있다. 셋째, 아동은 자신이 본 것을 그린다고 보는 관점인 지각발달이론이 있다. 넷째, 아동은 전형적인 이미지를 반복하여 그린다는 관점인 발생반복이론이 있다. 여기서는 여러 이론의 특징을 간단히 살펴본다.

인지발달이론의 대표적인 학자는 구디너프(Goodenough)로, 아동은 자신이 알고 있는 것을 그리기 때문에 자신이 스스로 알지 못하거나 개념화할 수 없는 것은 그릴 수 없다고 주장한다. 구디너프와 해리스(Harris)는 이러한 논리를 근거로 하여 아동의 그림을 지능의 성숙을 나타내는 척도로 사용하여 분석하는 표준화 검사를 개발하고 적용하였다.

아동미술에 관한 또 다른 관점인 개성표현이론은 미술표현이 잠재의식의 시각적 재현으로 나타나는 것으로 보고 있으며, 이를 근거로 아동이 표현한 색, 형태, 표현위치와 아동심리의 관계를 밝히려는 많은 시도가 진행되고 있다. 개성표현이론의 배경이 되는 이론적 근거는 프로이트(Freud) 이론이며, 개성표현이론을 대표하는 학자로는 알슐러(Alschuler)를 들 수 있다.

한편 지각발달이론은 아동의 그림은 아동이 세계를 지각하는 방법을 그대로 표현하고 있다고 보는 관점으로, 아동은 사물을 자신이 본 대로 그린다고 생각한다. 지각발달이론에 의하면 아동의 미술작품을 통하여 아동이 세계를 지각하는 방법을 볼 수 있다고 한다. 이러한 관점의 대표적인 학자는 아른하임(Arnheim)이며, 그는 아동이 성장하면서 점차적으로 시각적인 세부를 더욱더 구체적으로 지각하게 된다고 주장한다.

마지막으로 발생반복이론에서는 아동의 미술표현 발달과정이 인류의 발달과정에서 나타나는 미술적 표현과 유사한 단계를 거쳐서 나타난다고 주장한다. 발생반복이론은 융(Jung)의 인간의식의 보편성 연구에 기반하고 있으며, 개체발생은 종 발달의 역사를 반복한다는 진화생물학이론과 동일한 맥락이다. 아동미술에 대해 이러한 관점으로 해석하는 대표적인 학자로는 켈로그(Kellogg)를 들 수 있다.

이 장에서는 이와 같이 아동미술을 분석하는 주요한 네 가지 관점을 중심으로 여러 학자들의 견해를 비교하여 살펴보고자 한다.

1) 인지발달이론

아동의 그림을 보면 피카소의 추상화와 같이 엉뚱한 형태로 표현하는 것을 볼 수 있다. 아동은 왜 성인과 다른 형태로 표현하는 것일까? 이에 대한 가장 오래되고 지배적인 답을 제시하는 관점이 인지발달이론이다. 인지발달이론은 아동의 미술표현이 인지발달에 따른 결과이므로 아동은 자신이 아는 것을 표현한다고 보는 관점이다.

인지발달이론에 의하면 아동이 사물 내부가 투명하게 보이는 투시적인 그림을 그리거나 현실적이지 않은 시점으로 그림을 그리는 이유는 보이는 대로 그리는 것이 아니라 자신이 아는 대로 그리기 때문이라고 설명한다. 인지발달이론은 아동발달을 인지적 발달에 중점을 두고 살펴보는 피아제(Piaget)의 연구와 일치하는 측면이 많다. 이 이론은 아동이 자신이 아는 것만 그릴 수 있다고 보고 있으며, 따라서 그들이 알지 못하거나 개념화할 수 없는 것을 그린다는 것은 불가능한 일로 간주한다. 그리고 아동이 알고 있는 것과 아는 것을 조작하여 표상하는 방법은 발달단계별로 뚜렷하게 나타나는 특성이므로, 그림에서 나타나는 발달 정도와 방향성은 아동이 거치는 발달단계에 의해 예측 가능한 것으로 본다. 즉 아동은 처음에 마구 휘둘러서 그리는 단계를 거쳐 나이가 들고 경험이 증가함에 따라 대상을 구체적으로 표상할 수 있게 되어 사실적으로 인식할 수 있는 그림을 그릴 수 있게 되는 단계를 거치게 된다는 것이다. 인지적 능력이 발달할수록 더욱 풍부하게 세부적인 묘사를 할 수 있으며, 어떤 대상에 대해 개념이 정확하게 형성되지 않거나 인지적 능력이 부족한 경우 묘사된 이미지가 치밀하지 않고 연속적으로 반복되는 형태를 보인다고 한다.

구디너프는 지능과 그림 사이에 관련이 없다고 본 일련의 주장은 그림을 판단하는 데 미적인 측면을 포함하였기 때문이라고 지적하며, 주관적 성격이 강한 미적인 요소를 제외하면 지능과 그림 간에 높은 상관관계가 나온다고 하였다. 구디너프는 1926년에 아동의 그림을 지능적인 성숙을 측정할 수 있는 척도로 사용하는 인물화 검사(Draw-A Person Test)를 개발하였다.

그 이후 1963년 해리스는 구디너프의 검사와 관련 자료들을 종합 정리하여 개정하였다. 인물화 검사에서는 아동의 인지능력이 발달할수록 보다 자연적이고 풍부한 요소들을 묘사해 낼 수 있으나, 반대로 어떤 대상에 대한 개념이 덜 형성된 경우나 지적 성숙이 미숙한 아동은 묘사된 이미지가 엉성하며 치밀하지 못하고 연속적으로 반복된 형태를 되풀이하는 경향이 있다고 본다. 인물화 검사에서 사람그림을 측정도구로 선정한 이유는 집그림은 아동이 접한 문화적 배경에 따라 다양하게 그려질 수 있는 반면에, 사람이라는 주제는 모든 아동에게 매우 보편적인 형태로 나타나며 동시에 가장 좋아하는 주제이기 때문이다.

이와 같이 문화적인 편견을 최소화한 대상에 대한 비언어적 방법인 그림을 통한 묘사는 아동의 개념발달을 그대로 나타낸다. 따라서 각 대상을 묘사하는 세밀함의 내용과 그 정도에 따라 점수화할 수 있다고 본다. 인물화 검사에서는 아동에게 남자 또는 여자를 그리라고 한 후 그림에 나타난 눈, 코, 귀, 단추, 신발 등과 같은 세부요소와 그림을 그리는 방식, 사람의 비례 및 위치 관계에 따라 평가기준에 의해 객관화된 점수를 주어 채점한다.

구체적인 평가항목은 표 3-1 과 표 3-2 와 같이 남자를 그린 그림과 여자를 그린 그림에 각각 다른 평가기준이 적용된다(변창진·최진승·문명혜, 2002). 남녀의 인물화 그림에서 나타나는 특징이 나타나 있으면 1점, 없으면 0점을 주어 채점하는 방식이다. 그러나 그림에 나타나는 연필에 힘주기, 그림의 위치, 크기, 지우개를 사용하여 지운 흔적 등과 같은 질적인 측면은 채점되지 않는다.

구디너프와 해리스에 의해 발전된 인물화 검사는 1967년에 우리나라 아동을 대상으로 표준화되어 인물화 검사(Draw-A Person Test)로 사용되고 있다(김재은, 1967). 그 후에는 정상아와 정신박약아(지적장애아동) 모두에게 적용 가능한 인물화를 사용한 간편 지능검사기준이 마련되어 사용되고 있다(김재은 · 김동극 · 여광응, 1973). 이와 같은 그림을 이용한 지능검사방법은 아동이 사람을 그린 그림 속에 나타난 세부묘사들은 아동이 획득한 지적인 성숙을 나타내는 지표가 된다는 것을 가정하고 있다. 우리나라의 아동을 대상으로 한 인물화 검사로 측정한 지능점수와 일반 지능을 측정하는 방법인 웩슬러 지능검사도구를 사용한 지능검사결과를 비교해 보았을 때 서로 유의한 관련이 검증되어 그 타당성을 인정받고 있다(황순택 · 전영순 · 노은정 · 조윤진 · 여상우, 2007). 인물화 검사는 주로 3~12세 아동에게 적용 가능하며, 집단검사 또는 개별검사가 모두 가능하다. 검사시간에 제한은 없으나 10~30분 정도 소요된다.

인물화 검사를 통한 지능측정은 검사방법인 인물화 그리기 방법 자체가 아동의 흥미를 끌 수 있으며, 검사시간이 자유롭고 검사자의 지시가 번거롭지 않아서 아동이 검사자에 의해 방해받지 않고 그림 그리기에 몰두할 수 있다는 장점이 있다. 또 언어를 사용하는 다른 지능검사와 비교할 때, 인물화 검사는 그림을 사용하므로 글자를 읽고 말하기 어려운 취학 전 아동이나 언어적 장애가 있는 아동에게 적용할 수 있다는 장점이 있다. 또한 아동이 검사자의 설명을 듣고 대답하는 형식의 문답식 구조가 아니기 때문에 청각장애아동이나 오랜 시간 집중하기 어려운 아동의 지능을 측정하는 데 용이한 방법이다.

그러나 인물화 검사는 점수를 부여하는 기준이 무엇에 근거한 것인지 애매하다. 뿐만 아니라 학습을 통해 사람의 모습을 세부적으로 묘사하는 방법을 습득한 아동의 경우 인물화 검사에 의한 지능지수가 학습경험에 의한 것인지를 판단할 수 없다는 단점이 있다. 또한 켈로그(Kellogg, 1969)는 주어진 시간에 그린 아동화로 지능을 측정하는 테스트는 자발적으로 그린 그림보다 지적 능력을 나타낼 만한 지표가 될 수는 없다고 하였다. 그리고 지각발달이론에 근거한 아른하임(Arnheim)의 주장과 같이 코 위에 입술을 그린 아동은 입이 코 위에 있다고 알고 있어서 그렇게 그린 것으로 보아야 하는가에 대한 명확한 대답을 하지 못하는 한계가 있다.

표 3-1 인물화 검사 인지능력 척도 1 – 남자를 그린 경우

1 머리	27 엄지손가락의 분화	52 비율: 팔
2 목	28 손	53 비율: 다리와 동체
3 목: 이차원적	29 손목 또는 발목	54 비율: 이차원적인 팔과 다리
4 눈	30 팔	55 옷 I
5 눈의 세부: 눈썹	31 어깨 I	56 옷 II
6 눈의 세부: 눈동자	32 어깨 II	57 옷 III
7 눈의 세부: 비율	33 옆으로 내리거나 운동하고 있는 팔	58 옷 IV
8 눈의 세부: 응시	34 팔꿈치	59 옷 V
9 코	35 다리	60 측면도 I
10 코: 이차원적	36 엉덩이 I (가랑이)	61 측면도 II
11 입	37 엉덩이 II	62 정면도
12 입술: 이차원적	38 무릎관절	63 운동조정: 선
13 코와 입술: 이차원적	39 발 I	64 운동조정: 연결
14 턱과 이마	40 발 II: 비율	65 우수한 운동조정
15 턱의 돌출	41 발 III: 뒤꿈치	66 세련된 선과 형태: 머리 윤곽
16 턱의 선	42 발 IV: 원근법	67 세련된 선과 비율: 동체
17 콧날	43 발 V: 세부	68 세련된 선과 형태: 팔, 다리
18 머리카락 I	44 팔다리의 부착 I	69 세련된 선과 비율: 얼굴의 모양
19 머리카락 II	45 팔다리의 부착 II	70 sketch하는 기술
20 머리카락 III	46 동체	71 실체감 표현의 기술
21 머리카락 IV	47 동체의 비율: 이차원적	72 팔의 운동
22 귀	48 비율: 머리와 동체 I	73 다리의 운동
23 귀: 비율과 위치	49 비율: 머리와 동체 II	
24 손가락	50 비율: 얼굴	
25 정확한 수의 손가락	51 비율: 팔과 동체	
26 손가락의 정밀한 세부		

➤ 출처: 변창진, 최진승, 문명혜(2002). 『한국판 인물화 그림 검사』. 서울: 학지사.

표 3-2 인물화 검사 인지능력 척도 2 – 여자를 그린 경우

1. 머리	27. 팔꿈치	51. 옷을 통해 비춰 보이지 않음
2. 목	28. 손가락	52. 여성적인 옷
3. 목: 이차원	29. 정확한 수의 손가락	53. 완전히 조화 이룬 의상
4. 눈	30. 손가락의 정확한 세부	54. 일정한 형의 의상
5. 눈의 세부: 눈썹	31. 엄지손가락의 분화	55. 동체
6. 눈의 세부: 눈동자	32. 손	56. 동체 비율: 이차원적
7. 눈의 세부: 비율	33. 다리	57. 머리와 동체의 비율
8. 뺨	34. 엉덩이	58. 머리: 비율
9. 코	35. 발 I	59. 팔다리: 비율
10. 코: 이차원	36. 발 II : 비율	60. 팔과 동체의 비율
11. 콧날	37. 발 III : 세부	61. 허리의 위치
12. 콧구멍	38. 신발 I : 여성적	62. 복장의 영역
13. 입	39. 신발 II : 모양	63. 운동조정: 연결
14. 입술: 이차원적	40. 그림에 적합한 발의 방향	64. 운동조정: 선
15. 화장한 입술	41. 팔다리의 부착	65. 우수한 운동조정
16. 코와 입술: 이차원적	42. 팔다리의 부착	66. 세련된 선과 형태: 머리 윤곽
17. 턱과 이마	43. 옷	67. 세련된 선과 형태: 가슴
18. 턱의 선	44. 소매 I	68. 세련된 선과 형태: 엉덩이
19. 머리카락 I	45. 소매 II	69. 세련된 선과 형태: 팔
20. 머리카락 II	46. 목둘레 I	70. 세련된 선과 형태: 넓적 다리
21. 머리카락 III	47. 목둘레 II	71. 세련된 선과 형태: 얼굴의 모양
22. 머리카락 IV	48. 허리 I	
23. 목걸이나 귀걸이	49. 허리 II	
24. 팔	50. 주름이나 옷감을 묘사한 치마	
25. 어깨		
26. 옆으로 내리거나 운동하고 있는 팔		

➤ 출처: 변창진, 최진승, 문명혜(2002). 『한국판 인물화 그림 검사』. 서울: 학지사.

2) 개성표현이론

개성표현이론에서는 아동은 강한 정서를 구체화하여 그림으로 표현하므로 아동의 심리적·인성적 특징이 그림을 통하여 나타난다고 본다. 이 관점에서는 미술을 프로이트의 잠재의식의 표현으로 간주하며, 미술을 정서를 시각적으로 재현하는 형태로 보고 있다. 즉 아동의 미술작품은 그 표현을 통해 정서와 개성을 나타내고 있으며, 작품이 포함하는 정서와 개성을 중심으로 파악되어야 한다는 것이다. 따라서 정서표현의 결과물인 미술작품을 평가한다는 것은 적절하지 않다고 본다. 이러한 개성표현이론의 관점은 미술치료나 심리적 진단을 위한 하나의 자료로 미술작품을 활용하는 시도들과 관련이 있다. 아동미술작품을 분석하여 심리를 파악하기 위하여 색과 아동의 심리, 형태와 아동의 심리, 표현위치와 아동의 심리관계를 분석하기도 한다.

알슐러(Alschuler)와 해트윅(Hattwick)은 아동의 그림을 분석하여 아동의 그림은 우연적으로 나타나는 것이 아니라 그림이라는 사회적 행동으로 표출된 아동의 심리상태라고 가정하고 그 관계를 살펴보았다. 그들은 아동이 성숙함에 따라 처음에는 그림 속에서 정서를 표현하는 데 관심을 갖다가 이후 점차 문자와 같은 언어적인 표현으로 변화한다고 가정하였다. 또 아동이 사용한 재료의 유형이 표현유형에도 영향을 미친다고 보았다. 예를 들면, 크레파스는 형태를 명확하게 그리기가 용이하므로 아동의 생각을 표현하는 데 적합하고, 물감은 흘러내리는 특성이 있으므로 감정을 표현하는 데 더 적합하다는 것이다. 더 나아가 아동이 그림의 공간을 어떻게 사용하고 처리하는지 알아보고, 여러 가지 색을 겹쳐서 사용하는 것과 같은 채색과정분석을 통해 배경표현방법과 주변 환경에 대한 아동반응과의 관련성을 알아보았다. 또한 크기, 색의 사용, 공간 처리, 구도 배치는 아동의 개별적인 특성인 성격과 관련이 있음을 밝혔다. 구체적으로 살펴보면 아동의 자유화에 나타난 색채 선호를 분석한 결과, 어린 유아들은 충동과 감정을 나타내는 따뜻한 색을 선호하는 경향이 있으나 5세경에 이르면 질서와 억제를 나타내는 차가운 색의 선호로 바뀌고 있다는 사실을 발견하였다. 그 이유는 이전의 자유분방한 행동에서 점차 사회적 규칙을 준수해야 한다는 통제감을 느끼게 되는 시기이기 때문이라고 한다. 개성표현이론가들은 아동미술지도에서 성인들은 정형화된 형태로 표현하기를 강요하는 측면이 있으므로, 아동이 창의적 매체인 그림을 통해 자신을 표현하는 기회를 가질 수 있게 격려하도록 제안하고 있다.

알슐러와 해트윅의 색채에 관한 분석을 더 자세히 살펴보면 표 3-3 과 같다.

표 3-3 알슐러와 해트윅의 색채 사용에 따른 심리분석

색명	색채 사용에 의한 심리분석
빨강	느낀 대로 행동하는 자유로운 성격이며 주위의 관계와 협동적이고 교우관계가 원만하다. 욕구불만이나 고집스러운 성격일 때도 사용한다.
파랑	이지적이고 이상적인 아동으로 냉철한 사고력을 가지며 어른들의 규칙에 맞추려고 한다. 불안이나 공포심을 품고 있을 때 잘 나타난다.
노랑	과잉보호에서 자란 아동이 많으며 의존적이지만 명랑하고 밝다. 지나치게 사용하면 의심이 많거나 과시욕이 있는 아동도 있다.
초록	스스로 확신을 갖고 신중한 편이며 질서의식과 이해심이 많고 자기 억제적이다. 감정의 결여와 도피적인 경향이 있으며 엄격한 가정의 아동이 많이 사용한다.
검정	감정이 결여된 상태나 공포, 불안, 압박의 반영이며 대인관계가 원만하지 않고 내성적이거나 열등감이 있는 아동이다.
주황	주위 환경에 잘 순응하고 즐겁고 명랑한 아동이 자주 사용하며 지나치게 사용하면 이기적이거나 경박하다.
고동	청결한 습관을 강요받거나 지나치게 간섭하는 가정의 아동들이 많이 사용하며 현실 적응력이 부족하다.
보라	불행한 느낌과 관계가 있으며 친구들과 고립된 상태일 수 있고 자기 감정을 잘 표현하지 않는다.
흰색	유아기를 벗어나서 주로 사용하며 자기를 남에서 과시할 때, 두렵고 무기력할 때 사용한다.

이와 같은 색채의 특성뿐만 아니라 색을 사용하는 방법도 심리상태와 관련이 있다. 예를 들면, 색을 이중으로 칠할 때 밑에 칠한 색은 마음속 본래의 감정을 의미하고 위에 칠한 색은 행동의 양식을 표현한다. 이는 자기의 진짜 정서를 외부에 표현하지 않으려는 이중적 심리를 내

포한다고 본다. 반대로 색을 분리하여 칠하는 것은 관심을 외부로 향하게 하여 주위의 기대에 부응하려고 하는 갈등의 심리성향을 의미한다. 또 색을 섞어(혼색하여) 칠하는 경우는 적극적인 성격을 가지고 있고 자신의 감정을 자유롭게 표현하려는 성향을 나타낸다고 본다. 색을 계획성 없이 난잡하게 칠하는 것은 언제나 유아 같은 감정에 머무르려는 퇴행적 욕구의 표현을 반영하거나 또는 반대로 적절한 적응이 결핍된 거친 행동의 반영이라고 볼 수 있다.

그림에 나타난 구도 역시 아동의 심리적 특성과 관련지어 생각해 볼 수 있다. 구도가 중앙에 위치할 때는 주체적·긍정적 행동의 성격을 나타내며, 왼쪽으로 치우친 때는 강박적인 행동, 자기의 욕구와 충동에 의한 직접적이고 정서적인 만족을 추구하는 경향을 보인다. 이와 대조적으로 구도가 오른쪽으로 치우친 때는 안정적·통제적인 행동을 하여 욕구와 충동을 절제할 수 있으며 지적 만족을 추구하는 내향적 성격의 특징을 보인다. 그림의 구도가 위로 치우친 때는 노력형·공상형이며 초연하고 지적인 반면, 아래로 치우친 때는 우울, 침착, 열등감의 표현이라고 볼 수 있다.

그림의 크기에 따라서도 성격 특징을 구분할 수 있는데, 주제가 되는 대상을 적절한 크기로 표현하는 것은 원만하고 지적이며 조직적이고 안정된 성격과 행동경향을 나타낸다. 반면 주제를 지나치게 작게 그리는 아동은 열등감, 불안, 자기억제와 같은 특성을 암시한다고 보았다. 이와 같이 그림에 나타난 색채와 구도, 주제의 크기 등에 관한 분석을 통해 그림이 개인의 심리적 측면을 반영한다는 근거를 찾아볼 수 있으며, 이러한 주장은 예술가뿐만 아니라 미술치료 분야에도 영향을 미치고 있다.

아사리(淺利)는 아동의 표현과 신체의 이상이 더욱 직접적인 대응관계가 있다고 보고 「아동화의 비밀」(1956)을 통해 아동화의 특징과 정신질환의 관계를 분석하였다. 아사리는 정신과 신체가 상호 관련되어 있다는 것을 전제로 미술작품에 표현된 색채는 인간 내면의 의식과 무의식을 알아볼 수 있는 지표가 된다고 보았다. 아사리가 분석한 색채가 갖는 심리적 또는 생리적 의미는 표 3-4 와 같다. 또 색은 다양한 조합이 가능하나 그중에서 30종의 조합이 내포하는 의미를 제시하였다. 예를 들면, 흰색은 경계심과 실패감을 나타내고, 보라색은 질병과 관계가 있는 지표가 된다는 것이다. 또 색채의 조합과 관련하여 빨간색과 녹색을 대비하여 사용하는 경우는 정상이 아닌 성적 관심으로 해석될 수 있다.

표 3-4 아사리의 무조건 테스트에 나타난 색채의 상징

구분	색명	심리적, 생리적 의미
색채의 의미	흰색	경계심, 실패감
	검정	공포심, 부모의 히스테리
	빨강	불만, 비판, 공격
	주황	애정의 극도결핍
	노랑	애정의 요구
	고동	욕구, 식욕, 물욕
	초록	허약, 피로, 슬픔
	파랑	의무감, 복종, 순종
	보라	질병의 상해와 그 영향
	분홍	아픈 마음
	회색	불안, 검은색 대용으로 사용
색채 조합에 따른 의미	검정, 빨강	어머니의 꾸지람, 사망
	검정, 노랑	아버지의 꾸지람, 사망
	검정, 고동	극도의 애정부족, 도벽
	검정, 파랑	체념, 심술
	검정, 초록	학대, 계모
	검정, 보라	어머니의 병적 히스테리
	검정, 흰색	공포심
	빨강, 파랑	질투심, 부러움
	빨강, 초록	성적 관심
	파랑, 주황	불결, 우둔
	파랑, 노랑	걱정근심
	보라, 흰색	부상, 실패감
	보라, 빨강	출혈, 월경
	보라, 노랑	질병, 상해 시의 고독감

3) 지각발달이론

지각발달이론은 아동들이 사물을 본 대로 그린다고 생각하는 관점이다. 즉 아동들의 그림은 그들이 시각적 세계를 지각하는 방법을 그대로 묘사하므로 아동들의 작품을 통해 그들이 어떻게 시각적 세계를 지각하는지 구체적으로 알 수 있다는 것이다. 이 주장은 아동이 아는 것을 그린다는 인지발달이론과 대비되는 관점이다. 예를 들어, 그림 3-1 에 제시된 것과 같이 아동이 나무 그림에서 나무를 둥근 원형과 긴 네모 형태로 표현한 경우, 인지발달이론가들은 아동이 가지고 있는 나무에 대한 개념이 구체적이지 않아 이와 같이 추상적인 형태로 그렸다고 해석한다. 반면 지각발달이론가들은 아동이 대상의 구조만을 지각하기 때문에 이와 같은 형태로 표현하였다고 보며, 지각은 성장하면서 분화되고 복잡해진다고 주장한다.

지각발달이론의 대표적 학자인 아른하임(Arnheim)은 아동은 분화되지 않은 전체를 먼저 지각한 다음 세부를 식별한다고 보고 있다. 따라서 아동이 대상을 지각한다는 것은 대상의 구조

그림 3-1 인지발달이론과 지각발달이론 비교

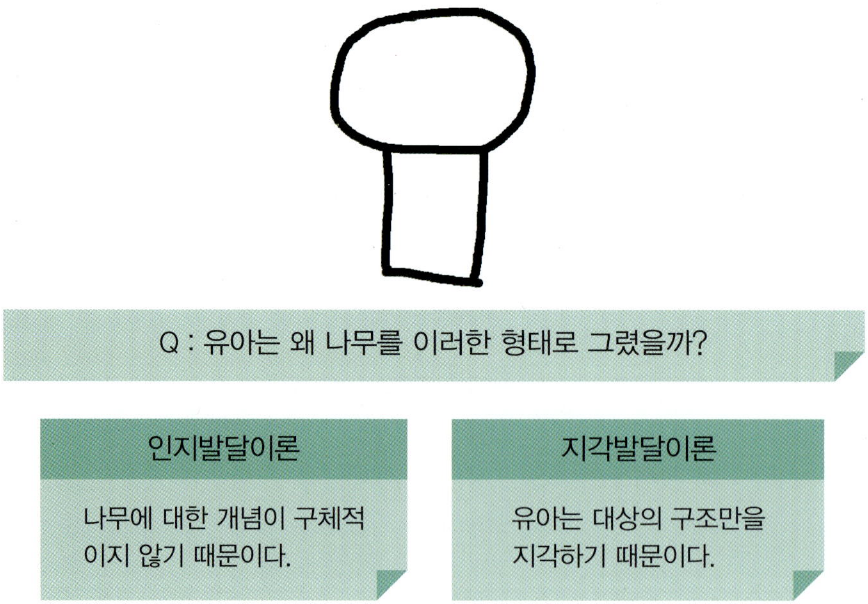

를 지각하는 것으로, 사람의 경우에는 머리와 몸통, 팔·다리로, 나무의 경우에는 둥근 원형의 나뭇잎 부분과 긴 네모 형태의 나무둥치로 지각한다는 것이다. 이러한 개략적 지각은 아동이 성장하면서 분화되고 정교화되어 세부적 특징을 지각할 수 있게 발달해 간다.

아동은 자신이 지각한 대상의 외형적인 개략적 특성을 감각적 수준에서 묘사한다. 예를 들어, 대부분의 아동은 사람 그림을 그릴 때 손가락을 그리지 않고 손을 한 덩어리로 동그랗게 그리는데, 이는 아동이 미분화된 지각능력으로 인해 손을 분리되지 않은 한 덩어리로 둥글게 지각하기 때문이다. 아동기에는 세부를 자세히 표현하는 것을 중요하게 여기지 않으며 그럴 수 있는 능력도 부족하다. 이러한 맥락에서 아동의 초기 그림에 나타나는 동그라미 형태의 사물들은 인지발달이론가들이 주장하는 것처럼, 아동이 사물이 둥근 형태라고 알고 있다는 것을 의미하는 것이 아니라 어떤 사물을 이해한 개략적인 지각 이미지를 재현해서 표현하는 것이라고 해석된다. 따라서 미술발달 초기에 나타나는 아동들의 추상적 그림과 성인들의 추상화는 형태적 유사성은 있지만, 성인들이 그린 추상화는 대상의 본질을 표현하기 위해 재구성했다는 의도를 가지고 있으므로 아동이 그린 세부묘사가 생략된 형태의 추상적인 그림과는 다른 의미를 갖는다.

지각은 성장하면서 분화과정을 거쳐 전체에서 부분으로 발달해 간다. 지각의 분화(perceptual differentiation), 즉 '아동들이 처음에는 분화되지 않은 전체를 지각한 후 이후에 세부를 지각하게 되는 과정, 그리고 대상의 특징을 인식하고 비교하고 대조할 수 있게 되는 과정'은 아동의 학습과 경험에 의하여 촉진될 수 있다. 따라서 지각발달이론에서는 아동보다 성인의 지각이 더 복잡하다고 보며, 아동의 미술표현능력은 지각의 분화 정도에 비례하여 발달해 간다고 보고 있다. 지각 분화의 예는 '나뭇잎의 색깔에 대한 지각능력이 점점 발달하는 것'에서 볼 수 있는데, 이런 지각의 분화는 아동이 어떤 영역에서 심층적인 이해를 함에 따라 점차 복잡하고 세련되어 간다. 즉 아동이 나뭇잎을 볼 때 초기에는 자신이 가지고 있는 색채에 대한 개념 및 지식의 영향을 받아서 다양한 색으로 이루어진 실제 나뭇잎의 색깔을 보지 못하고 자신이 알고 있는 나뭇잎을 나타내는 단 한 가지의 초록색을 선택해서 그리게 되나, 성장하면서 지각의 분화와 더불어 나뭇잎을 구성하는 다양한 초록색의 스펙트럼을 인식하고 이를 표현할 수 있게 된다는 것이다. 따라서 아른하임은 아동미술에 대한 인지발달이론의 입장은 아동의 미분화된 지각에 의한 표현방식을 인지적인 수준을 나타내는 산출물로 해석하는 오류를 범하였다고 반박하였다.

이러한 지각발달이론은 게슈탈트 심리학에 근거를 두고 있다. 독일어로 게슈탈트(Gestalt)란 '전체적인 형태'를 의미한다. 게슈탈트 심리학은 대상을 볼 때 전체 모습을 보려고 하며 "모든 통합체는 그것을 이루는 각 부분의 단순한 합보다 크다"라는 원칙을 갖고 있다. 따라서 어떤 대상의 전체는 부분의 단순한 총합이 아닌 역동적인 체계와 질서가 있는 총체적 성격으로 파악해야 한다고 주장한다. 따라서 게슈탈트 심리학에서는 전체적인 형태가 개별적 요소보다 우선시되어야 한다고 보고 있다.

게슈탈트 이론은 사람들이 성숙하고 경험이 쌓여 감에 따라 외부 환경을 구성하는 여러 특성을 구별하는 능력이 증가하며, 따라서 성인은 아동보다 더 복잡하고 난해한 특질들과 개별 요소들 간의 관계를 지각할 수 있다고 본다. 이러한 특질들을 지각하고 비교하고 대조할 수 있는 과정이 바로 지각의 분화이며, 이러한 과정은 일반인들과 달리 매우 미묘한 것들까지 식별해 내는 전문가나 감정가의 능력에서 분명하게 드러난다는 것이다. 전문가들의 경우 특정 분야에서의 축적된 경험과 연구가 그들의 지각능력을 발달시키는 것처럼, 아동들이 어떤 특성을 지각하는 능력도 아동들이 처해진 환경, 학습 그리고 경험에 의해 분화되어 간다는 것이 게슈탈트 이론의 입장이다.

4) 발생반복이론

발생반복이론은 미술표현 발달과정이 인류의 발달과정에서 나타나는 일반적 표현양식의 발달과 유사한 단계를 거친다고 보는 관점이다. 발생반복이론은 개체발생이 계통발생을 반복한다는 19세기 진화생물학 이론에 그 기반을 두고 있다. 진화생물학의 발생반복이론은 하나의 개체가 생성되어 성장하는 개체발생은 그 종이 출현하여 현재까지 거쳐 온 진화의 과정인 계통발생을 반복하고 있으며, 개체발생은 종 발달을 반복하고 있다고 보는 관점이다. 따라서 발생반복이론의 관점에서는 아동의 미술발달과정은 원시미술의 표현과정에서 나타나는 변화들을 단축하여 반복적으로 보여 주고 있다고 본다. 예를 들면, 원시미술과 아동미술은 공통적으로 사물을 상징하는 선이나 형태를 그리며 자신에게 의미 있는 부분을 과장하고 의미 없는 부분을 생략하는 기법을 볼 수 있다. 그림 3-2 와 같이 기원전에 제작된 이집트 벽화 속 사람의 경우 몸은 앞을 향해 있지만 발은 옆을 향해 있고, 얼굴은 옆모습을 그리고 눈은 정면에서 본 것처럼 그린 특징을 발견할 수 있다. 이러한 자세를 실제 사람이 취한다는 것은 매우 어려운 일이다. 벽화 속 인물의 모습은 실제 사람의 형상을 그대로 그린 것이 아니라 코가 높다는 것을 표현하기 위해 얼굴 중 코는 옆에서 본 모습을 그린 것이다. 아동들의 그림 역시 이집트 벽화에서 나타나는 특징과 유사하게 평면상에 사물의 정면과 측면이 동시에 그려지는 신크로니즘(synchronism) 현상이 나타난다. 아동의 그림 역시 대상의 실제 형태보다는 자신이 표현하고자 하는 의도나 개념이 잘 드러나도록 묘사하는 특징을 찾아볼 수 있다.

그림 3-2 헤지라의 초상(기원전 2778 ~ 기원전 2723년경, 카이로 이집트 박물관 소장)

발생반복이론은 상징을 보편적으로 지각하고 특정 이미지를 묘사하는 것은 인간의식의 보편성에 기초한다는 융(Jung)의 이론에 기반한다. 융은 무의식적인 것으로부터 상징적인 의미의 정보를 이해하는 것이 각 개인에게 중요한 과정이라고 보았다. 따라서 꿈의 해석과 미술표현과 같은 예술적 과정을 각 개인에게 의미하는 것이 무엇인지를 이해하기 위한 방법으로 활용하였다.

발생반복이론의 대표적인 학자는 켈로그(Kellogg)로, 그는 아동미술작품 100만여 장을 연구하여 기본 패턴을 추출하였고 성인들과 다른 아동미술의 특징을 정리하였다. 켈로그에 의하면 아동은 성인과는 다른 미적 관심을 가지고 있으며 인류가 거쳐 온 전형적인 집단의식을 표현하고, 아동이 자유롭게 표현하도록 자연스러운 상태로 두면 스스로 미적 감각을 키워 갈 수 있기 때문에 자유롭게 표현하는 과정을 통해 스스로 미적 감각과 창의성을 키울 수 있다고 제안하였다. 그리고 아동미술을 평가하기 위한 기준으로 아동이 자신의 활동에서 얼마나 즐거움을 얻고 있는지를 고려해야 한다고 하였다.

요약 및 정리

- 아동미술을 보는 대표적인 이론은 크게 인지발달이론, 개성표현이론, 지각발달이론, 발생반복이론의 네 가지로 나누어 볼 수 있다. 인지발달이론은 구디너프와 해리스가 주장하는 이론으로, 아동은 자신이 알고 있는 것을 그리기 때문에 자신이 스스로 알지 못하거나 개념화할 수 없는 것은 그릴 수 없다고 보는 관점이다. 또한 아동의 표상방법의 발달 정도와 방향성은 발달단계별로 뚜렷하게 구분되는 것으로 보아, 인물화 검사와 같이 그림을 통해 지능의 성숙을 평가하고 분석하는 표준화 검사를 개발하고 적용하였다.

- 개성표현이론은 미술표현을 잠재의식의 시각적 재현으로 간주한다. 즉 아동은 강한 정서를 구체화하여 그림으로 표현하기 때문에 그림을 통하여 아동의 심리적 · 인성적 특징을 확인할 수 있다고 보는 관점이다. 이러한 관점에서는 프로이트 이론을 근거로 하며, 알슐러와 해트윅의 색채 사용에 따른 심리분석과 같이 아동이 표현한 색, 형태, 표현위치와 아동심리의 관계를 밝히려는 많은 시도가 진행되고 있다.

- 지각발달이론은 아동의 그림은 아동이 세계를 지각하는 방법을 그대로 표현하고 있다고 보는 관점으로, 아동은 사물을 자신이 본 대로 그린다고 생각한다. 지각발달이론에 의하면 아동의 미술작품을 통하여 아동이 세계를 지각하는 방법을 볼 수 있다고 한다. 이러한 관점의 대표적인 학자는 아른하임(Arnheim)이며, 그는 아동이 성장하면서 점차적으로 친숙한 대상의 세부적인 변화를 더욱더 구체적으로 지각하게 된다고 주장한다.

- 발생반복이론에서는 아동의 미술표현 발달과정이 인류의 발달과정에서 나타나는 일반적 표현양식의 발달과 유사한 단계를 거친다고 주장한다. 따라서 이 관점에서는 아동의 미술발달 과정은 원시미술의 표현과정에서 나타나는 변화들을 단축하여 반복적으로 보여 주고 있다고 본다. 이러한 관점은 융(Jung)의 인간의식의 보편성 연구에 기반하고 있으며, 개체발생은 종 발달의 역사를 반복한다는 진화생물학이론과 같은 맥락으로 볼 수 있다. 발생반복이론의 대표적 학자인 켈로그(Kellogg)는 아동미술작품을 토대로 반복되는 기본 패턴을 추출하여 정리하였다.

| 참고문헌 |

김재은, 김동극, 여광응(1973). **인물화에 의한 간편지능검사**. 경기 파주: 교육과학사.

김재은(1967). **인물화에 의한 지능검사**. 서울: 배영사.

김정(1989). **아동회화의 이해**. 서울: 창지사.

김춘일, 윤정방(2007). **아동미술교육 이론과 실제**. 서울: 미진사.

변창진, 최진승, 문명혜(2002). **한국판 인물화 그림 검사**. 서울: 학지사.

신민섭(2002). **그림을 통한 아동의 진단과 이해**. 서울: 학지사.

황순택, 전영순, 노은정, 조윤진, 여상우(2007). 인물화 지능검사의 타당도: 아동용 웩슬러 지능검사와의 비교. **한국심리학회지: 임상, 26**(3), 793–803.

Goodenough, F.(1926). *Measurement of intelligence by drawings*. New York: Harcourt, Brace, & World.

Harris, D. B.(1963). *Children's drawings as measures of intellectual maturity: A revision and extension of the Goodenough Draw–a–Man Test*, N.Y.: Harcourt, Brace, & World Inc.

Kellogg, R.(1969). *Analyzing children's art*, Palo Alto, California: Mayfield Publishing Co.

Read, H.(1966). *Art and society*. New York: Schocken Books.

Read, H.(2007). 황향숙, 김성숙, 김지균, 김향미, 김황기 역. **예술을 통한 교육**. 서울: 학지사.

4

아동미술의 발달단계

학습개요

아동미술이 어떠한 단계를 거쳐서 발달하는지에 관한 연구는 아동기 미술활동의 특징을 정확히 파악하여 발달단계에 적합한 교육 프로그램을 제시하는 데 있어서 반드시 필요한 부분이다. 아동미술의 발달단계는 아동의 개인차, 관심사, 흥미의 정도에 따라 다르게 나타나며 학자들에 따라 견해가 다양하다. 이 장에서는 평면미술의 발달단계를 중심으로 로웬펠드, 켈로그, 김정의 연구를 비교하여 살펴본다.

학습목표

1. 아동의 미술표현 발달단계를 비교하여 정리해 본다.

주요용어

1. 난화 : '마구 그린다'는 뜻으로, 유아기에 끄적거리듯 표현한 선과 형태로 이루어진 그림
2. 기저선(base line) : 공간을 구분하는 기본이 되는 선
3. 만다라 : 둥근 원형을 뜻하는 산스크리트어
4. 도식 : 사물의 형태적 특성과 같은 전체적인 구조를 파악하는 사고의 틀

1. 아동미술의 발달단계

유아들은 다양한 도구를 사용하여 그리고 색칠하고 오리고 붙이는 활동을 하면서 자신의 생각과 감정을 표현한다. 유아의 미술표현은 색연필이나 크레파스 등 주변의 쓸 것 등을 잡고 팔을 마구 휘두르며 그림을 그리는 것으로부터 시작된다. 유아의 미술표현이 어떠한 단계를 거쳐서 발달하는지에 관한 연구는 유아를 이해하고 미술활동의 특징을 정확히 파악하여 발달단계에 적합한 교육 프로그램을 제시하는 데 있어서 필요한 부분이다. 아동미술의 발달단계는 아동의 개인차, 관심사, 흥미의 정도에 따라 다르게 나타나며 학자들에 따라 견해가 다양하다. 이들의 연구를 종합하면 다음과 같은 세 가지 단계로 분류할 수 있다. 첫 번째 단계는 유아들이 마음대로 탐색하면서 재료를 다루는 단계이다. 이 시기를 거쳐 자신이 작업한 결과에 이름을 붙일 때까지 재료를 다루는 솜씨가 점차 조직화된다. 둘째 단계는 상징적 단계이다. 이 시기의 유아는 생활 속에서 경험한 대상을 나타내는 다양한 상징을 표현하게 된다. 셋째 단계는 사춘기로 이 시기에는 자신의 작품에 대해 비평적이 되며 자아의식을 가지고 스스로 표현할 수 있게 된다. 여기서는 평면미술의 발달을 중심으로 아동미술 발달단계에 대한 로웬펠드, 켈로그, 김정의 연구를 비교해 본다.

1단계: 재료를 자유롭게 탐색하며 점차 재료를 마음대로 다룰 수 있게 되는 단계

↓

2단계: 경험했던 대상을 표현할 수 있는 상징적 단계

↓

3단계: 자아의식을 가지고 스스로 표현하는 단계

1) 로웬펠드

로웬펠드(Lowenfeld)는 유아의 미술이 발달단계별로 분명한 특성과 차이가 있으며, 유아의 미술표현도 단계적으로 발달하게 되므로 교사들이 자연스럽고 적절한 아동미술 표현의 발달과

정에 대해 지나치게 간섭하지 않아야 한다고 주장하였다. 교사의 임무는 아동의 잠재적 능력이 실현되도록 적절한 환경적 조건을 만들어 주는 것이므로 교사나 부모가 유아들에게 단순한 색칠하기 그림책을 제공하거나 그대로 따라 그리도록 하면 유아들의 창의적 능력을 억누르게 된다고 생각하였다. 이러한 로웬펠드의 발달단계이론은 '전인적 아동'이라는 진보주의자의 생각에 근거하고 있으며 유아의 그림에 담겨 있는 형식과 내용은 유아의 사회발달단계에 의해 영향을 받는다고 보았다.

로웬펠드는 각 유아의 다양성에 의한 차이뿐만 아니라 발달속도의 차이에도 불구하고 미술발달의 전체적인 양식과 발달의 진행은 매우 유사하다고 보았다. 그리고 어떤 한 단계의 발달과정을 수행할 수 있기 위해서는 그 전 단계를 통과하여야 한다는 것을 가정하고 있다. 그는 유아가 태어나서 성장하면서 일정한 발달단계를 거쳐 순차적으로 발달하는 것이 중요하다고 생각하였다. 따라서 유아의 발달단계를 정확하게 파악하여 수준에 맞게 주제, 동기부여, 재료 등이 주어져야 한다고 주장하였다. 동시에 발달단계를 기본으로 하는 접근과 개인적 차이를 고려하는 접근도 이루어져야 한다고 보았다. 결국 발달단계에 대한 이해는 각 유아의 개별적인 차이를 인식하기 위한 출발점으로 개별 유아에게 적절한 지도를 하기 위해서 필요한 것이라 할 수 있다. 로웬펠드는 이와 같은 관점에 근거하여 『창의성과 정신적인 성장(Creative and mental growth, 1952)』에서 아동미술 발달단계를 다음과 같이 제시하였다.

표 4-1 로웬펠드의 발달단계에 따른 구분 및 주요 특징

발달단계	연령	특징
난화기	2~4세	자아표현의 시작
전도식기	4~7세	재현의 첫 시도
도식기	7~9세	사물에 대한 개념 형성
여명기	9~11세	형태에 대한 사실적인 표현에 관심
의사실기	11~13세	사실적이고 합리적 표현
사춘기	13~16세	창의적 활동

(1) 난화기[1] (the scribbling stage: 2~4세)

난화란 마구 그린다는 뜻으로 유아가 아무 의미 없이 마구 끼적거리면서 낙서하는 것을 뜻한다. 유아가 그려놓은 무의미한 선은 무엇인가를 그린다는 목적보다는 연필이나 크레파스를 움켜쥐거나 손에 들고 손과 팔이 움직이는 대로 그려지는 무질서한 선으로 나타난다. 이때 유아들은 근육운동 자체의 움직임에 흥미를 느끼게 된다.

성인들에게는 유아의 난화가 선들이 마구 뒤얽힌 상태로 보일지 모르지만 유아에게 있어서 난화는 무엇인가를 표현하는 방법일 수 있다. 유아는 그림뿐만 아니라 난화를 그리면서 나타나는 자신의 언어와 몸짓을 통해 자신을 표현하는 새로운 능력을 발달시키는 과정으로 보아야 한다. 예를 들어 난화는 유아가 인식한 주변 환경을 종이 위에 선과 형태로 표현한 것일 수 있다. 유아가 그려놓은 불규칙한 선들은 어떤 사물의 형태를 정확히 묘사한 것은 아니지만 자동차가 달리는 모습이나 나뭇잎이 바람에 흔들리는 모습 등 움직임을 상징화한 모습을 그린 것일 수 있는 것이다. 따라서 이 시기 유아들은 난화를 통하여 충분한 만족감을 얻을 수 있도록 격려되어야 한다. 그리고 난화는 특정형태를 표현하거나 상징을 가진 의도를 표현하는 것이 아니므로 성인의 관점으로 해석하여 관찰하는 것은 적절하지 않고 형태 그 자체로 이해하는 것이 필요하다.

그림 4-1 방바닥에 난화를 그리고 있는 유아

1) 난화란 '끼적거리기(scribble)'라는 의미를 가지고 있는 것으로 미분화 내지 유아의 단계에서 볼 수 있는 그림을 말한다. 이는 나움버그(Naumburg)가 개발한 기법으로, 그림을 그린 사람의 무의식에 내재되어 있는 상상을 표현하게 하는 데 도움을 줄 수 있는 미술치료의 수단이다.

| 난화의 발달 |

난화기는 2~4세경에 해당하는 시기로 이 시기는 아무런 목적의식이 없는 손의 근육운동과 그 결과로 생긴 선들을 발견하고 즐기는 자기표현의 첫 단계이다. 유아들이 낙서(scribbling)를 그리는 시기는 마구 그리는 초기 난화기, 조절이 가능한 중기 난화기, 명명이 가능한 후기 난화기의 세 단계로 다시 구분된다. 초기에는 무질서한 근육운동으로 손놀림이 조절되지 않으며, 손에서 이어지는 선들의 형태들이 연결되지 않고 뚝뚝 끊어지며, 크레파스나 사인펜, 연필 등으로 손에 잡히는 대로 아무 곳에나 방향감각 없이 끼적거려 놓는 낙서를 즐긴다. 중기에 와서는 낙서를 하면서 아동 자신의 손의 움직임과 그림의 모양이 일치함을 알게 된다. 긋기 단계에서 목적 없이 불규칙하게 그어진 선은 차츰 수평, 수직, 혼합형, 원형의 순으로 순차적으로 발전한다. 후기로 접어들면서 단순한 근육운동으로 이루어지던 난화가 점차로 생각할 수 있는 이미지(image) 표현으로 의미를 부여하려는 상상적 활동을 시작하게 되어 이름을 붙이기 시작한다.

① 초기 난화기

초기 난화기는 유아가 주변 환경과 접촉하면서 반응하는 감각적 경험을 팔 휘두르기와 같은 신체움직임을 통해 그림으로 표현하기 시작하는 시기로 동작을 적절하게 통제하지 못하며 무의식적으로 표현한다. 무분별한 끼적거리기의 시작은 대략 생후 18개월에 시작되며 2세나 2세 반까지 지속된다. 이 시기는 무질서한 난화기로 말할 수 있으며 종이 위 또는 방바닥과 같은 아무 곳에나 방향감각이 없이 끼적거려 놓으며, 무엇인가를 그린다는 목적 없이 신체운동의 결과로 무질서한 선을 그리게 된다. 이때 유아는 자신의 신체운동의 결과로 생긴 선들을 발견하고 즐거움을 느끼게 된다.

그림 4-2 마구 그린 난화(초기 난화기)

② 중기 난화기

중기 난화기는 초기 끼적거리는 무질서한 난화기가 시작되어 약 6개월 정도 지난 시기로 2세 후반에서 3세 후반경에 해당한다. 아동이 자신의 움직임과 종이 위에 그려진 흔적들 사이에 관련이 있음을 발견하고 조절을 시작하는 시기이다. 이 시기는 유아 스스로 근육운동의 경험을 시각적으로 인식하게 되는 중요한 단계이다. 동작이 반복되며 시각과 근육활동 간의 협응이 이루어지기 시작하여, 점이나 작고 불규칙한 선 대신에 팔의 움직임을 조절하여 규칙적인 방향과 반복되는 원, 수직, 수평 운동이 나타난다. 끼적거림의 양상이 더욱 다양해져 좀 더 복잡한 형태의 소용돌이 모양, 고리 모양 등이 나타난다. 이러한 조절능력은 단추를 채우거나 보다 정교한 조작이 가능한 소근육 발달과 밀접한 관련이 있다. 이 시기의 유아들이 무엇을 그렸는지 알 수 없어도 성인들이 유아의 그림에 관심을 보이고 벽이나 바닥에 낙서를 하더라도 야단치지 않고 마음껏 그림을 그릴 수 있는 환경을 제공해 주고 격려하는 것이 중요하다.

그림 4-3 3세 후반 남아의 조절된 난화(중기 난화기)

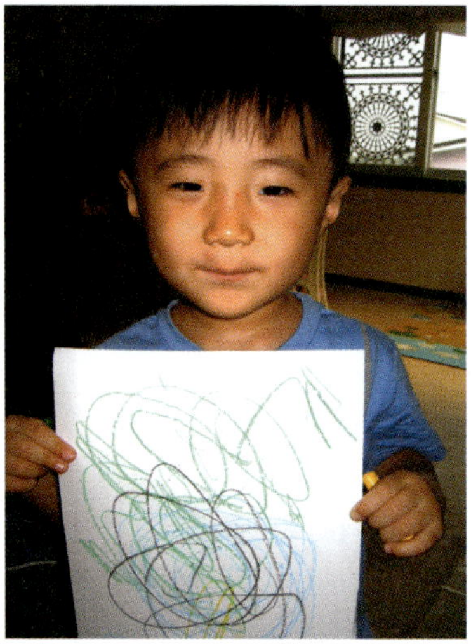

③ 말기 난화기

말기 난화기는 3세 후반에서 4세경의 시기로 무의식적인 행동이 점차 의식적인 접근이 되어 자신의 움직임을 주위의 사물과 연관시켜 생각할 수 있게 된다. 따라서 자신이 그려놓은 난화에 이름을 붙이기 시작하며 그림을 통한 창조적 사고가 시작된다. 그러나 둥근 원을 그리고 싶으나 비뚤어진 원을 그리게 되어 명칭과 그림이 유사하지 않는 경우가 많으며 명칭도 자주 바뀐다. 따라서 성인의 시각으로 난화를 관찰한다면 아동이 말한 것과 비슷한 것을 그림에서 찾아보기 어려울 것이다. 이 시기의 표현은 시각적 사고와 관련을 가지므로 교사는 유아의 새로운 사고에 대해 칭찬을 하며 자신감을 갖도록 도움을 주는 것이 중요하다. 예를 들어 유아가 그린 엄마 얼굴에 눈, 코, 입이 빠져 있다고 지적하면서 보충해서 그리라고 하는 것은 유아에게 혼란과 당혹감을 주며 도움이 되지 않는다. 이 시기에는 자신이 그린 그림에 대해서 유아가 말해 주는 이야기들을 존중하고 잘 들어주는 것이 필요하다.

그림 4-4 4세 여아의 이름 붙이는 난화: "우리 엄마예요."(말기 난화기)

(2) 전도식기(4~7세)

이 단계는 난화기의 마지막 단계를 벗어나는 시기로 무의식적인 표현과정이었던 난화기를 지나 의식적인 표현과정을 시도하는 첫 단계이다. 자신이 그리는 그림과 자신의 경험이 어떤 관계를 형성한다는 것을 알게 되는 창조적 성장의 시기로 그려진 것과 실제의 관련성을 발견하는 시기이다. 이전 단계에서 사용했던 선과 원을 가지고 어떤 구체적 형태를 그리기 시작한다. 그러나 연필이나 크레파스와 같은 도구를 다루는 소근육 발달이 완전하지 않고 협응 능력이 부족하여 완전한 형태를 그리지는 못한다. 이 시기 유아들은 자신이 표현한 것과 대상과의 관계를 발견하기 시작하며 자신의 환경에서 관심 있는 것들을 그린다. 이 시기의 가장 중요한 발달은 개구리 초기 모습과 비슷하여 올챙이라 불리는 최초의 사람형태가 출현한다는 점이다. 이러한 사람을 표현하는 올챙이 형태는 원은 머리를 나타내고 원으로부터 나온 두 개의 선으로 두 개의 다리를 표현하고 원 바깥쪽에 있는 두 개의 선으로 작은 팔을 표현하는 형태인 두족인의 모습이다. 아른하임(Arnheim)은 이러한 형태의 표현을 아동이 사람으로 인식할 수 있는 가장 간단한 형태를 그리는 것이라고 하였다. 그림 4-5 와 같이 인체에서 머리를 나타내는 원은 크게 그리고 머리에 세로선 2개를 아래쪽으로 그려서 다리를 표현한다. 그러다가 점차 팔, 몸통, 손가락, 발가락, 옷, 머리와 같은 세부적인 묘사가 가능하게 된다.

그림 4-5 3세 후반 남아의 조절된 난화(중기 난화기)

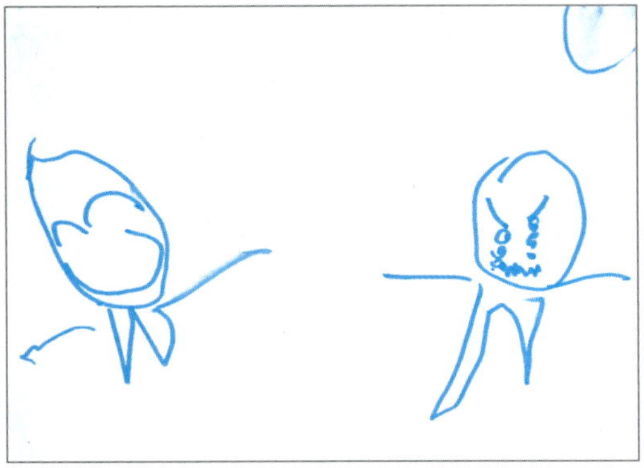

이 시기의 유아들은 실제 특성과 관계없이 자신의 감정과 정서를 더 중요하게 생각하므로 자신의 마음에 드는 색깔을 주관적으로 선택하는 경우가 많다. 그 예로 사람을 그릴 때 한쪽 팔은 파란색으로 다른 쪽 팔은 빨간색으로 표현하는 것도 볼 수 있다. 그리고 사물의 내부가 보이는 것 같은 투시적 형태로 외부와 내부를 함께 그리는 그림(X-Ray drawing)을 그린다. 그림 4-6에서는 비가 오는 날 집 밖에 서 있는 사람과 집 안에 있는 엄마의 모습이 동시에 보이고 있다.

그림 4-6 집의 외부와 내부가 동시에 보이는 투시적 그림

전도식기 유아들의 이와 같은 자유롭고 융통성 있는 사고는 창의력 발달에 필요한 요소이다. 따라서 유아가 즐거움을 느끼는 색과 형태를 마음껏 사용할 수 있도록 충분한 기회를 제공하는 것이 필요하다. 인물뿐만 아니라 나무, 해, 산 등을 주로 그리며 모든 것을 자기중심적으로 표현한다. 그림 4-7 에서는 해와 달이 동시에 그려진 모습을 볼 수 있다. 이는 자기가 본 대상을 사실적으로 묘사하는 것이 아니라 지각한 대로 묘사하는 발달적 특성을 보여 주는 특징이다. 이 시기 성인들이 공간개념을 가르치면 유아를 혼동시킬 뿐만 아니라 자신감을 해칠 수 있으므로 유의해야 한다.

그림 4-7 해와 달의 동시 표현

전도식기는 난화기의 무의식적인 표현과정으로부터 점차 의식적인 표현과정으로 옮겨지는 상징적 도식 표현의 기초 단계로서 2차원적인 그림을 그리기 시작하는 단계이다. 이 시기의 그림은 상징적이며 눈에 반영되는 세상을 표현한다기보다는 이미 알고 있는 내용을 상징적으로 그린다. 대상을 주로 사람의 모습을 많이 그리며, 그림 4-8 의 형태와 같이 사람의 모습을 대개 머리는 원으로 팔과 다리는 긴 선으로 표현한다. 공간적인 표현에는 질서가 없으나, 색채로 구별할 줄 알며 감정적으로 좋아하는 색을 택하기 시작한다. 이때 대상의 색채와는 무관한 주관적인 색채로 칠하며 자기중심적인 그림이 나타난다.

그림 4-8 내가 웃고 있는 모습

이 시기의 특징을 살펴보면 표현의욕은 왕성해지고 표현하는 그 자체에 즐거움을 가지게 되지만 객관성이 없고 자기중심적

인 개인차가 크다. 따라서 본 것보다는 아는 것을 표현하려고 하는 점이 특징이다.

(3) 도식기(7~9세)

이 시기는 형태 개념을 습득하는 시기로 사물에 대한 개념이 형성된다. 사물을 표현하는 독자적인 표현방법이 나타나 자신만의 일정한 표현도식을 형성한다. 도식은 기하학적인 형태로 원, 삼각형, 사각형 등으로 이루어지며 어떤 사물에 대한 도식은 유아가 가지고 있는 개념을 나타낸다. 예를 들어 유아가 자동차를 그리는 모습을 살펴보면 유아는 오래 생각하지 않고 쓱쓱 자동차를 그린다. 이런 표현도식은 유아의 성격이나 사물에 대한 개념에 따라 다르게 나타나고 특별한 의미를 가진 경험에 따라 중요한 부분을 확대하거나 과장하여 그리고, 중요하지 않은 부분은 축소하거나 생략하기도 하며 주관적인 인물과 공간개념을 표현한다. 예를 들어 그림 4-9 에서는 유아는 자신을 강조하기 위해서 그림 속의 집보다 자신을 더 크게 그렸다. 그리고 그림 4-10, 그림 4-11 과 같이 친구의 모습 중 자신이 의도하는 특정한 부분을 강조하여 표현한 것을 볼 수 있다. 예를 들어 공을 던지는 사람을 그릴 때 보통 사람보다 공을 던지는 팔의 길이를 더 길게 그리는 것은 이런 유형에 해당한다.

그림 4-9 집보다 크게 그린 사람

그림 4-10 친구가 돼지놀이 하면서 웃길 때가 좋아요

그림 4-11 친구가 손으로 머리를 때리면 싫어요

그림 4-12 기저선의 표현

이 시기는 공간개념이 형성되기 시작하여 최초로 기저선(base line)이 나타난다. 이러한 기저선은 2개가 되기도 하고 없어지기도 하면서 공간표현에 있어서 새로운 특징을 가져온다. 공간의 상호관계를 이해하고 기저선으로 땅과 하늘을 구별하며, 그림 4-12 와 같이 기저선을 중심으로 그 위에 사물을 배치하여 공간관계에 대한 질서를 인식함을 보여 주게 된다. 또한 색에 대한 도식이 형성되어 이 시기 아동은 전도식기 아동과는 달리 사물의 색을 결정할 때 자신의 느낌이나 주관만으로 선택하지 않게 된다. 예를 들면, 나무줄기는 무조건 갈색, 나뭇잎은 똑같은 초록색으로 그리는 것을 고집한다. 교사는 이 시기 아동의 인물표현에서 나타나는 잘못된 비례에 대해 수정하거나 지적하지 않고 이해하는 자세를 가져야 한다.

도식적인 표현으로 특정한 의미를 나타내며 사물의 특징을 뚜렷하게 표현하고 자기주관을 강조한다. 인물이나 사물에 대한 개념이 부족하여 이를 반복하여 그리기를 즐긴다. 그림 4-13 에서는 화면에 등장하는 인물 10명의 모습이 동일한 형태로 표현되어 있으며 축구 골대를 표현하는 독

그림 4-13 동일한 형태의 인물도식과 독특한 공간표현

그림 4-14 인물의 머리카락을 강조해서 그린 그림

특한 공간 표현방식을 볼 수 있다. 그리고 그림 4-14 와 같이 자신이 중요하다고 느끼는 부분인 인물의 머리카락은 확대·강조하고 그렇지 않은 부분은 축소·생략한다.

(4) 여명기(9~11세)

이 시기 유아들은 또래들과 어울리며 자신을 인식하고 또래집단의 의사를 존중하게 되는 시기로 형태에 대한 사실적인 표현에 많은 관심을 갖는다. 기저선이나 주관적인 공간표현에서 벗어나 사물이 겹쳐 있는 중첩과 기저선 사이의 공간을 인식한 표현이 가능하며 위에서 내려다본 모습을 표현할 수 있다. 유아들은 더 이상 기저선을 그리지 않는다. 대신 거리감이 있게 땅과 하늘을 그리고, 자연스럽게 더 적당한 색을 선택하여 사용하게 된다. 예를 들어 나뭇잎은 초록색 한 가지 색으로 색칠하기보다는 여러 다른 색깔을 선택하여 표현할 수 있다. 사람의 모습은 더 세부적으로 그리고 성적 특징에 따라 다르게 표현하는데, 특히 머리카락, 옷, 골격을 더 세부적으로 묘사한다.

여명기는 심리적으로 성장욕구가 강한 시기로 심리적·사회적 독립을 요구하는 때이며, 외부세계에 대한 관심과 지식이 늘어 감에 따라 복잡한 형체를 의식하면서 그것을 표현하고 싶어 하고, 도식적이고 기하학적인 선을 그리기도 하는 시기이다. 사회에 대한 관심이 높아지고 그로 인해 사실적 경험이 쌓이게 되어 또래 친구와의 관계가 형성되며 그들과 더불어 사회적인 활동을 한다. 이 시기의 특징을 살펴보면 사회적인 독립성을 발견하는 때이며, 그룹 속에서의 활동의 의의를 느끼고 공동작업에 대한 의욕이 활발해지며, 도식적인 표현에서 사실적이며 객관적인 표현으로 변해 가는 것을 들 수 있다. 그러나 지금까지의 자연스러운 표현발달과 표현의 만족스러운 상태가 정지되고, 유아기부터 지니고 있던 활기찬 표현력이 뜻대로 이루어지지 않아 표현의욕이 소멸되며 대담성이 줄어들게 되는 시기이기도 하다.

(5) 의사실기(11~13세)

이 시기에는 사실적으로 표현하려고 애쓰며 이전 시기인 상징기에 형성된 개념적 표현 사이에서 고심하고 혼란을 느끼기도 한다. 배경과 원근감, 비례 등을 표현한다. 이 시기의 아동들은 자기가 본 것을 주로 표현하려는 시각형 아동과 느끼는 내용을 주로 표현하려는 비시각형 아동으로 나누어 볼 수 있다. 시각적으로 보는 것에 관심이 있는 아동은 그리는 대상에 전체적으로 관심을 두는 반면, 시각적으로 보는 것이 미숙한 아동은 흥미 있는 부분만 자세히 관찰하고 과장되게 그린다. 이 시기에 이르러 그림에 대한 애착을 갖고 소질을 키워 가는 아동이 있는가 하면 그림을 포기하는 아동이 점점 많아지는 현상이 일어나기도 한다. 특징을 보면 관찰력이 증대하여 사물을 객관적으로 보는 경향이 강하다. 또한 성별에 따라 기호나 표현형식과 기법이 점차 달라진다. 발상에 대하여 상상을 세우고 계획적으로 일을 추진해 나아갈 수 있게 되며 비판력도 증대되고 감상이나 평가도 할 수 있게 된다.

(6) 사춘기(13~16세)

공간적 사실기라고도 하며 자아인식 능력과 함께 환경에 대한 인식능력이 급격하게 발달하는 시기이다. 환경에 대한 인식능력이 발달함에 따라 미술표현에 있어서 형태에 대한 사실적 표현뿐만 아니라 입체적 공간의 크기, 색채, 명암, 원근 등을 민감하게 표현하려고 노력한다. 환경을 창의적으로 받아들이며 표현유형이 촉각형, 시각형, 중간형으로 뚜렷하게 구분된다. 시각형은 외부의 현상을 눈에 보이는 대로 묘사하여 객관적이며 인식적이고 분석적인 표현이 강하게 나타난다. 촉각형은 온몸의 감각을 통해 촉각적 표현을 하여 주관적이며 정서적이고 충동적인 표현이 강하게 나타난다. 중간형은 시각형과 촉각형 표현의 절충적인 성격의 표현이 나타난다. 대부분의 사람들이 중간형의 표현유형을 보이는데 중간형의 특징적인 표현은 가까운 것은 진하게 먼 것은 연하게 표현하는 색채의 원근표현이나 3차원적 명암, 공간표현을 사용하여 묘사하는 것이다.

2) 켈로그

켈로그(Kellogg, 1969)는 아동미술의 분석에서 미국을 비롯한 30여 개국의 아동그림 백만 점 이상을 20여 년 동안 수집하여 아동 그림의 발달단계를 연구하였다. 켈로그는 초기 끼적거림에서 인물 모습이 나타나기까지의 발달과정을 중심으로 초보적인 낙서를 20여 종류로 구분하고 끼적거림을 구성별로 분류하여, 초보적인 낙서를 바탕으로 이루어지는 기하학적인 형태로 십자형(+), 대각선 십자(×), 원, 사각형, 삼각형과 불규칙하고 다양한 폐곡선을 합한 여섯 가지로 기본도형을 분류했다. 이 기본도형들이 모여 발전된 형태로 만들어지는 과정을 거쳐 인물표현이 나타나는데, 이는 어느 지역을 막론하고 아동들은 같은 연령대에서 같은 것을 같은 방식으로 그리는 일반적이고 보편적인 발달단계를 거친다고 한다. 켈로그는 아동의 그림형태를 분석한 결과를 토대로 아동미술의 발달단계를 다음과 같이 제시하였다.

표 4-2 켈로그의 아동미술 발달단계

발달단계	세부단계
난화기(1~2세)	기본적인 난화
	난화의 배치
도형의 출현(2~3세)	초기 도형 형태
	기본도형
도형의 정교화 (3~4세)	콤바인(combine)
	에그리게이트(aggregate)
	만다라형(mandara)
	태양형
	방사형
	사람 그림
초기회화(4~5세)	

(1) 난화기(1~2세)

① 기본적인 난화

그림의 기본형태 단계(pattern stage)가 나타나는 시기로 1~2세에 해당한다. 유아가 2세 전후 시기가 되면 낙서형태가 나타나는데 이 시기 유아의 그림에서는 끼적거리기와 함께 간단한 형태부터 복잡한 형태까지 기본적인 선형이 발견된다. 유아가 표현하는 실험적인 끼적거림의 종류는 대체로 선형과 도형으로 이루어진다.

켈로그는 이러한 난화를 표 4-3 과 같이 20가지 종류의 패턴으로 분류하였다. 이와 같은 기본적인 난화는 기본적인 선으로 이루어진 구성이므로 어떤 그림에서나 찾아볼 수 있어 유아들의 작품을 세밀하고 포괄적으로 설명해 주는 데 그 의미가 있다. 이 중에서 크레파스나 손가락을 이용하여 가장 쉽게 그릴 수 있는 것은 6번 반복된 수직선, 7번 반복된 수평선, 8번 반복된 사선, 9번 반복된 곡선에 해당하는 난화이며 이들은 손을 빨리 움직이는 것을 반복하여 이루어지는 복선형에 해당한다.

표 4-3 켈로그의 기본적인 20가지 난화 패턴 구분

1		점	11		폐곡선
2		수직선	12		피로선
3		수평선	13		고리선
4		사선	14		반복된 고리선
5		곡선	15		달팽이 선
6	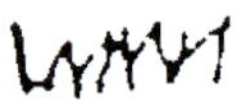	반복된 수직선	16		반복되어 덮인 원
7	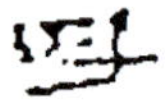	반복된 수평선	17		반복된 원
8		반복된 사선	18	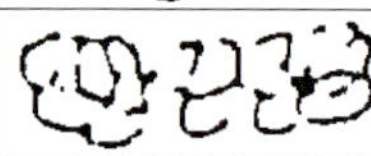	펼친 원
9		반복된 곡선	19	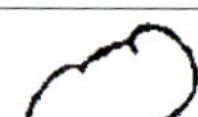	교차된 원
10		개곡선	20		불완전한 원

② 난화의 배치

난화의 배치는 우선 눈으로 볼 수 있어야 하고, 눈과 손의 협응이 이루어져야 구성이 가능하다. 일반적으로 유아들이 선긋기와 같은 난화작업에 열중하다 보면 전체적인 배치나 구도를 생각하지 않게 될 것이라고 생각하지만 켈로그는 유아들이 얽혀 있는 선이나 삼각형, 직사각형과 같은 모양을 만들어 낸다는 것에 주목하였다. 2~3세 유아들이 종이의 가장자리를 인식하여 다양한 방법으로 종이를 사용하여 나타난 배치 패턴은 표 4-4 와 같이 17가지의 형태로 제시하였다. 이러한 배치 패턴을 통해 유아들은 종이를 가로로 놓고 그리기를 좋아하며, 각 구도 패턴은 유아들이 자신이 그릴 난화의 위치를 통제하기 위하여 손과 눈의 협응을 이용한다는 것을 알 수 있다.

표 4-4 난화의 배치 패턴

1		전반적 배치	10		2/3 분할
2		중앙 배치	11		1/4 페이지
3		공간을 둔 경계	12		한쪽 부채꼴
4		수직 절반	13		양쪽 아치형
5		수평 절반	14		세 코너 활모양
6		양쪽 균형 배치	15		양 코너 피라미드형
7		대각선 절반	16		지면 횡단형
8		연장선 대각선 절반	17		기본선 부채꼴
9		대각선 축			

(2) 도형의 출현기(2~3세)

이 시기는 단순한 도형이 출현하는 단계(shape stage)로 2~3세경에 해당한다. 유아들은 2세경이 되면 명확한 배치형태가 나타나는 끼적거리기를 하다가 3세가 되면 단일선을 이용하여 원모양, 십자가 모양, 오각형 등의 도형을 그릴 수 있게 된다. 유아들은 단순한 형태의 도형을 그리기 시작하면서 모양에 대한 인식을 하게 되고 중앙의 의미도 알게 된다. 또한 이 시기에는 하나의 도식만을 사용하지 않고 도식 중에 두 가지가 모여서 새로운 형태로 결합하여 연합(combinations)을 이루기도 한다. 또한 세 가지 이상의 도식이나 도식의 결합이 다시 여러 가지 위치와 형태 및 다양한 모양으로 재구성되어 배치를 이루는 집합(aggregates)이 나타난다. 기본 도형들이 연합되어 표현되는 형태의 예를 살펴보면 표 4-5 와 같다.

표 4-5 66가지 기본도형의 연합

쌍	분리된 것 / 겹친 것 / 포함된 것
직사각형과 직사각형	
직사각형과 타원형	
직사각형과 삼각형	
직사각형과 제멋대로의 형	
직사각형과 그리스 십자	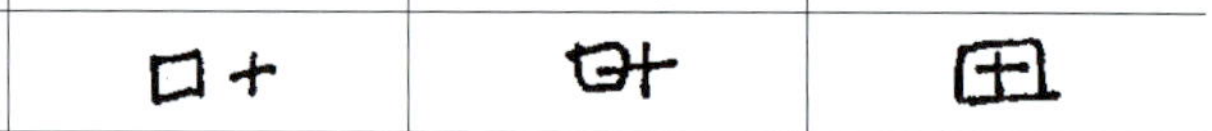
직사각형과 대각 십자	
타원형과 타원형	
타원형과 삼각형	
타원형과 제멋대로의 모양	
타원형과 그리스 십자	
타원형과 대각 십자	
삼각형과 삼각형	
삼각형과 제멋대로의 모양	
삼각형과 그리스 십자	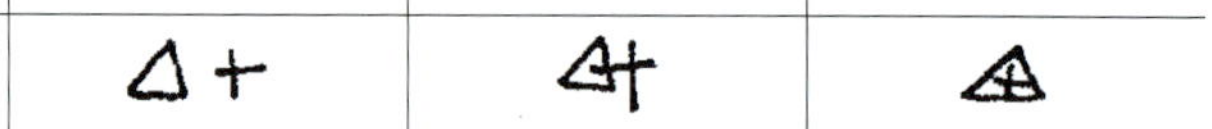
삼각형과 대각 십자	
제멋대로의 모양과 제멋대로의 모양	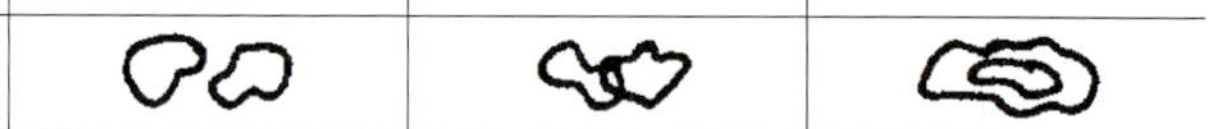
제멋대로의 모양과 그리스 십자	
제멋대로의 모양과 대각 십자	
그리스 십자와 그리스 십자	
그리스 십자와 대각 십자	
대각 십자와 대각 십자	

(3) 도형의 정교화기(3~4세)

이 시기는 보다 균형 잡힌 선 구성을 하게 되면서 도형들이 정교화되어 디자인 단계(design stage)의 특성을 보이는 시기로 3~4세경에 해당한다. 3~4세경 유아들은 도형 두 개가 결합하여 연합을 이루는 콤바인(combine)과, 셋 이상의 도형이 서로 결합하여 집합을 이루는 에그리게이트(aggregate) 등을 이용하여 디자인을 하기 시작한다. 대체로 연합은 유아가 반복적인 경험을 통해 점진적으로 선 구성에 대한 시각적인 이론체계를 형성하게 되는 자기학습과정에서 습득된다. 최초의 그림은 타원형 도형을 결합한 에그리게이트 형태로 나타나며 사람 그림 속에서 만다라형, 태양형, 방사형의 특성을 찾아볼 수 있다. 다음에서는 이 시기의 특징적인 형태를 애그리게이트의 일종인 만다라 모양, 태양 모양, 방사선 모양의 세 가지를 중심으로 살펴본다.

① 만다라 모양

만다라란 고대 동굴벽화에서 찾아볼 수 있는 기하학적 형태로서 다양한 선으로 구성된 형태이다. 만다라는 원을 뜻하는 산스크리트어로 주로 동심원으로 이루어진 선 구성을 의미한다. 만다라 모양은 태양 모양과는 다르게 원의 내부가 하나 이상의 십자에 의해 나눠지는 형태이다. 만다라 형태의 출현과 이후 태양형의 출현은 만다라형에서 태양형에 이르는 미술발달에서의 보편적 발달단계를 보여 준다.

그림 4-15 만다라형 인물(4~5세)

▶ 출처: 최종인(1988). 『아동미술지도』. 서울: 형설출판사.

② 태양 모양

태양 모양은 원 내에 십자가 모양이 없고 두 개 이상의 원이 겹치지 않는 것을 말한다. 유아들은 2세가 되면 직선과 곡선을 모두 그릴 수 있게 되는데 태양 그림은 이 능력이 숙달된 후 3세경이 되어서야 그릴 수 있다. 태양 모양에서 점차적으로 원시적인 얼굴 형태를 그릴 수 있으며 이후에 팔, 다리가 보이는 인물화를 볼 수 있다.

그림 4-16 중심부에 표식이 없는 태양형(3~4세)

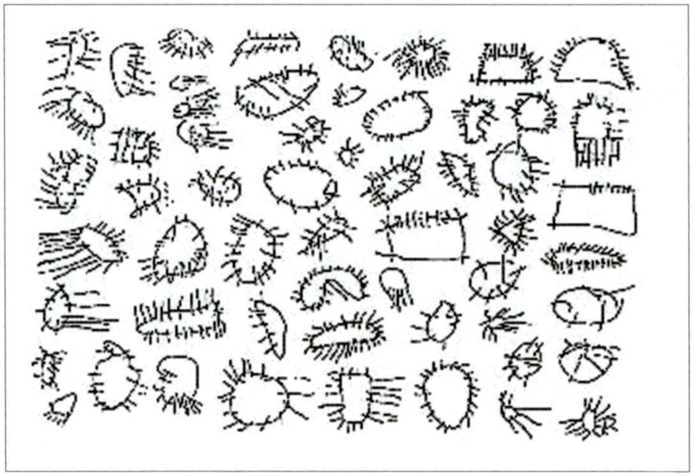

➤ 출처: 오종숙(1988). 『유아미술의 이론과 실제』. 서울: 백록출판사.

③ 방사선 모양

원에서 직선이 사방팔방으로 나오며 원과 직선의 두 가지가 같이 표현된다. 원에서 방사선을 내며 도형이 점차 다양하게 표현되는 것이다. 이러한 형태는 해를 그릴 때나 사람을 그릴 때, 그리고 사람의 눈을 그릴 때 특히 많이 나타난다.

그림 4-17 팔다리가 방사형으로 그려진 사람

(4) 초기회화 시기(4~5세)

이 시기는 초기 그림이 그려지는 시기(early pictorialism stage)로 4세경에 해당한다. 낙서나 도형의 연합과 집합단계를 거쳐 4세 이후부터 사람, 동물, 집, 건물, 그 밖의 다른 사물을 사실적으로 그리게 되는 초보 단계이다. 초기의 인물화는 유아들이 자기 주변의 인간을 관찰해서 시각적으로 얻은 결과라기보다는 과거의 반복되어진 도형들에서 얻어내는 형태이다. 얼굴 모양과 비슷한 다른 도형들이 나타나는 태양 모양, 만다라 모양, 방사선 모양 등을 발견하여 구체적인 그림을 그릴 수 있게 되며 또한 4세 이후부터 장식적인 형태로 나타나기 시작한다. 아동의 그림이 회화로서 차츰 인정받게 되는 것은 인물화부터이다. 디자인 시기에서 나타나는 만다라 모양은 인물화의 발생을 예고하고 있으며, 점차 태양 모양으로 변하여 최종적으로 인물화에 이르게 된다. 이 시기에는 자신이 그린 그림에 이름 붙이기를 좋아한다. 이렇게 우연히 도형들이 집합하여 어떤 형상이 만들어지고, 아동 자신이 실제 사물과 비슷하다고 생각했을 때 미적인 경험을 하게 되어 계속적으로 키워 나갈 수 있다. 이 시기에는 사물을 실제 비율대로 그리지 않으므로 창의적인 표현을 인정해 주는 것이 필요하다.

켈로그는 초기의 난화기부터 사실적인 인물화 그림이 나타날 때까지의 표현발달과정을 11단계로 나누어 표 4-6 과 같이 제시하였다.

표 4-6 난화에서 인물화 그림이 나타나는 단계

11. 비교적 완전한 사람 형태	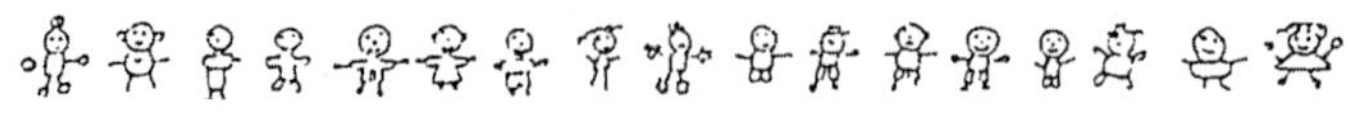
10. 몸에 팔이 붙은 사람	
9. 다양한 몸체를 지닌 사람	
8. 팔이 없는 사람 형태	
7. 머리 윗부분에 특징을 지니지 않은 사람 형태	
6. 머리 윗부분에 다양한 특징을 가지며 팔이 머리에 부착된 사람 형태	
5. 해님 얼굴과 인물형태	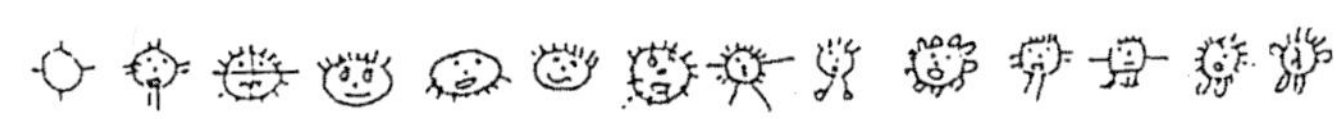
4. 해님 모양	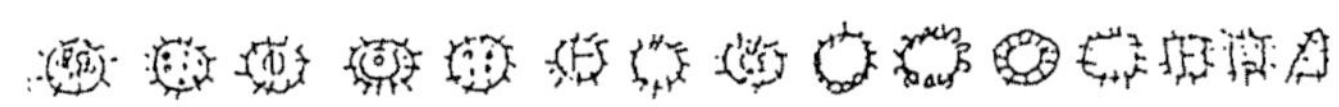
3. 집합	
2. 도식과 연합	
1. 초보적인 낙서	

3) 김정

김정은 한국인의 특성에 맞추어 로웬펠드의 6단계 발달이론을 더 발전시켜 난화기 이전에 신생아기를 추가하여 7단계로 구분하였다. 김정의 발달이론은 우리나라 유아들을 대상으로 연구한 결과이므로 우리나라 미술교육에 보다 근접한 미술발달 단계로 활용될 수 있다는 장점이 있다.

(1) 신생아기(1~3세)

출생부터 3세에 이르는 아동은 아무것이나 잡는 대로 입에 갖다 대거나 또는 마구 휘젓거리는 등의 행동을 보인다. 그것은 그림을 그린다고 볼 수는 없으나 무언가 그리는 흉내를 내는 것으로 볼 수 있다. 그림이 아니라 낙서 또는 장난으로 보는 것이 더 가까우나 그린 아동의 마음속에는 무엇인가 그렸다고 생각하고 있을 것이다. 어떤 것을 그려놓고 그것에 대해 설명하지는 않는다. 기본적인 정서적 반응인 공포, 분노, 쾌감의 세 형태가 나타난다. 물체를 지각할 때 색보다는 형태가 더 중요한 역할을 한다.

(2) 난화기(3~5세)

그림에 대한 관심이 차츰 높아지면서 바로 그리는 행동으로 옮겨 간다. 처음에는 위아래로 휘젓는 것처럼 보이던 선이 점차 숙달되면서 동그란 원의 형태로 발전된다. 원을 표현할 수 있게 되면서 그림을 즐겁게 느끼는 계기가 된다. 원을 그릴 수 있기 시작하면서 사람의 얼굴, 태양, 사과, 그릇 등과 같이 구체적인 표상물을 그릴 수 있게 되기 때문이다. 초기에는 손, 발, 몸통과 같은 세부적인 묘사는 하지 못하지만 후기에 가면 아직 뚜렷하게 구분되거나 묘사가 뛰어나지는 않지만 이목구비, 몸, 팔, 다리, 손가락과 같은 신체부위를 표현하게 된다. 난화기 전기는 연결되지 않던 선들이 반복되어 회전운동으로 발달하는 특성을 보인다. 동양의 아동들이 서구 유아들에 비해 비교적 빨리 그리고자 하는 행동이 나타난다. 난화기 후기는 자기중심적인 특징이 있으며 좌우상하로 연결되어 회전 운동하던 형태의 선이 원형으로 변한다. 이 시기에는 그림으로 표현하는 대상이 보다 다양화된다.

그림 4-18 난화기 유아의 인물 그림

(3) 전도식기(5~7세)

난화기 후반의 그림발달이 이어지는 시기로 무의식적인 그림에서 의식적인 표현활동으로 발전하는 시기이다. 이 시기에는 그림으로 표현하는 주제가 미리 정해지며 인물을 가장 많이 그리게 되고 점점 구체적인 형태로 발전한다. 사물을 보는 지각능력이 높아져 가면서 주관적인 표현에서 객관적이고 구체적인 사실에 근거한 표현으로 성장해 간다. 유아가 나이가 들면서 얼굴 모습이 점차 구체적으로 표현되는 특징을 보여 준다.

전도식기의 특징은 얼굴표현에 관심이 많고, 수평으로 연결되는 팔과 수직으로 연결된 선으로 몸통과 다리로 상징되는 인물상이 나타난다. 이 시기 유아들은 자신이 그리고 싶은 것은 주저하지 않고 그릴 수 있는 시기로 아동 그림의 황금기라고 할 수 있는 시기이다. 이 시기 유아들의 그림의 특징은 환상적 표현과 동물이나 사물을 의인화하여 표현하는 물활론적 표현이 많고, 평면상에 사물의 정면과 측면이 동시에 그려지는 신크로니즘(synchronism) 현상과 내부가 보이는 투명 그림이 많다. 사물에 대한 이해 정도는 개인적인 경험에 따라 다르게 나타난다.

그림 4-19 전도식기 유아의 물활론적 표현

(4) 도식기(7~9세)

차츰 사실에 눈을 떠가는 시기로 사람과 사물에 대한 판단이나 이해가 생겨 대상을 객관적으로 표현하려고 한다. 도식기에는 꿈과 같은 환상적 표현이 사라지고 그리는 대상과 똑같게 그리려고 노력하는 시기로 그림의 기준을 모델에 얼마나 근접하게 표현했느냐에 따라서 평가한다.

(5) 여명기(9~11세)

객관적 표현이 점차 강하게 되면서 사물의 실제와 유사하게 접근하게 된다. 시각과 지각의 발달로 그림이 점차 어른스러워진다.

(6) 의사실기(11~13세)

그림이 완전히 모델과 같은가 같지 않은가를 스스로 평가한다. 지나치게 사실적이어서 만화풍의 그림을 그리게 되는 시기이다.

(7) 사춘기(13~16세)

자신의 그림에 대해 비판적인 인식을 갖게 되므로, 그림표현에 관해 별 신경을 안 쓰고 포기한다. 그림을 유치하다고 보게 되면서 점차 그림을 멀리하게 된다.

요약 및 정리

- 아동미술의 발달단계는 아동의 개인차, 관심사, 흥미의 정도에 따라 다르게 나타나며 학자들에 따라 견해가 다양하지만, 여러 연구를 종합해 볼 때 대략 유아가 마음대로 탐색하면서 재료를 다루는 단계에서, 경험했던 대상을 표상할 수 있는 상징적 단계로, 그다음에는 자아의식을 가지고 스스로 표현하게 되는 단계로 발전한다고 볼 수 있다.

- 로웬펠드는 아동의 다양성과 발달속도의 차이에도 불구하고 아동미술의 전체적인 양식과 발달의 진행은 매우 유사하다고 보고, 발달단계를 연령에 따라 난화기(2~4세), 전도식기(4~7세), 도식기(7~9세), 여명기(9~11세), 의사실기(11~13세), 사춘기(13~16세)로 구분하였다. 난화기에는 자아표현이 시작되며, 전도식기에는 의식적인 표현과정을 처음으로 시도하게 된다. 도식기에는 형태개념을 습득하여 자신만의 일정한 표현도식을 형성하며, 여명기에는 형태에 대한 사실적인 표현에 많은 관심을 가진다. 의사실기에는 사실적이고 합리적으로 표현하고자 하여 배경과 원근감, 비례 등을 표현하며, 사춘기에는 환경에 대한 인식능력이 발달하여 사실적 표현뿐만 아니라 입체적 공간의 크기, 색채, 명암, 원근 등을 민감하게 표현하려고 노력한다.

- 켈로그는 30여 개국의 아동그림 100만 점 이상을 수집분석하여 아동그림의 발달단계를 난화기(1~2세), 도형의 출현기(2~3세), 도형의 정교화기(3~4세), 초기 회화기(4~5세)로 구분하였다. 난화기는 기본적인 형태가 나타나는 기본적인 선형의 패턴과 배치 패턴으로 구분할 수 있고, 도형의 출현기에는 다양한 기본 도형과 도형들의 연합 형태가 나타난다. 도형의 정교화기는 도형이 정교해져 디자인 단계의 특성을 보이는 시기로 만다라형, 태양형, 방사형 등의 특징적인 형태가 나타나며, 초기 회화기에는 낙서나 도형의 연합과 집합단계를 거쳐 사람, 동물, 집, 건물 등의 사물을 사실적으로 그리게 된다.

- 김정은 한국인의 특성에 맞추어 로웬펠드의 6단계 발달이론을 더 발전시켜 난화기 이전에 신생아기를 추가하여 신생아기(1~3세), 난화기(3~5세), 전도식기(5~7세), 도식기(7~9세), 여명기(9~11세), 의사실기(11~13세), 사춘기(13~16세)의 7단계로 구분하였다.

| 참고문헌 |

김정(1989). **아동회화의 이해**. 서울: 창지사.

김춘일, 윤정방(2007). **아동미술교육 이론과 실제**. 서울: 미진사.

서울교육대학교 미술교육연구회(1997). **유아미술교육학**. 서울: 학문사.

양경희(2008). **새로운 개념에 기초한 아동미술교육: 통합적 접근**. 서울: 학지사.

오종숙(1988). **유아미술의 이론과 실제**. 서울: 백록출판사.

최종인(1988). **아동미술지도**. 서울: 형설출판사.

Arnheim, R.(1988). 김춘일 역. **미술과 시지각**. 서울: 홍성신서.

Barnes, E.(1892). *A study of children's drawings. Worcester*, Mass. Pedagogical Seminery Ⅱ.

Eisner, E. W.(1995). 서울교육대학교 미술교육연구회 역. **새로운 눈으로 보는 미술교육**. 서울: 예경.

Kellogg, R.(1970). *Anglyzing childrens art*, San Francisco: Mayfield publishing company.

Rowenfelt, V.(2002). 서울교육대학교 미술교육연구회 역. **인간을 위한 미술교육(어린이와 청소년을 중심으로)**. 서울: 미진사.

5

아동미술의 특성

학습개요

아동은 성인과 다른 방식으로 그림을 그린다. 이것은 아동이 신체적, 인지적, 사회적 발달 과정 중에 있기 때문이다. 그러나 동시에 아동은 본연의 표현욕구에 충실하여 자신이 의도하고 원하는 바를 시각적, 공간적으로 표현하고자 하는 미술활동의 주체이다. 즉, 아동묘화의 특성은 아동의 인지적 한계 때문에 나타나기도 하지만 아동의 내면적 요구와 의도에 기인한 것이기도 하다. 이와 같은 아동묘화의 특성을 보다 깊이 이해하기 위해서는 아동미술의 발달적 특징뿐 아니라 그림 속에서 나타나는 선, 구도, 색의 구체적인 의미에 대해 알아볼 필요가 있다. 이 장에서는 아동미술 표현의 일반적 특징을 살펴보고, 아동묘화에 나타나는 선, 면, 구도, 색 개념의 발달과 표현 특징을 알아보며, 마지막으로 이러한 아동미술이 원시미술과 맺는 관련성을 살펴본다.

학습목표

1. 아동미술 표현의 일반적 특징을 안다.
2. 아동미술의 선, 면, 구도의 특징을 이해한다.
3. 아동미술에서 색 개념의 발달과 표현의 특징을 이해한다.
4. 아동미술과 원시미술 간의 유사점과 차이점을 안다.

주요용어

1. 아동미술의 표현적 특징 : 난화적 표현, 기저선의 표현, 투시적 표현, 동시성의 표현, 반복적 표현, 의인화된 표현, 자기중심적 표현
2. 구도 : 공간 또는 화면 형성을 위해 소재, 형태, 색채 등 모든 화면적 요소를 배치하고 명암, 조화, 원근법 등을 고려하여 각 요소를 하나의 통일체로 완성하는 수단
3. 원시미술 : 오늘날 세계 각 지역에 있는 원시종족의 예술과 선사시대의 과거 인류가 남긴 광범위한 인류의 예술을 총칭하는 포괄적인 개념
4. 원시주의 미술 : 일반적으로 주제나 기법, 형태 등에서 자연으로의 회귀를 함축하는 원시적 삶의 우월성을 신봉하는 접근

1. 아동미술 표현의 일반적인 특징

아동미술은 일반미술과 비교할 때 성인의 표현과는 다른 일반적인 특징들을 나타낸다. 아동미술 표현에서 찾을 수 있는 일반적인 특징으로는 난화적 표현, 기저선의 표현, 투시적 표현, 동시성의 표현, 반복적 표현, 의인화된 표현, 자기중심적 표현 등이 있다.

1) 난화적 표현

아이들은 대개 첫돌부터 4, 5세까지 난화를 그린다(권상구, 1999). 난화는 착화라고도 하는데 이는 목적 없이 난잡한 선으로 이루어진 그림을 말한다. 어떤 특정 대상을 그리는 것이 아니라 그리고 싶은 욕구 그 자체가 목적이 되어 쾌감을 주는 것이다. 아무런 목적이나 의도 없이 본능적 움직임에 따라 그려지는 이러한 그림은 영아들의 중요한 자기표현 수단이 된다. 특히 언어적, 신체적 발달이 미성숙한 영아들에게서 많이 나타나며, 이러한 표현에 적극적이고 긍정적인 관심을 나타내고 격려해 줌으로써 아이들의 표현에 대한 자신감과 호기심을 강화할 수 있다.

그림 5-1 난화적 표현

표현의 목적과 의도를 알기 힘든 형태의 그림이다.

2) 기저선의 표현

기저선이란 아동이 공간에 대한 자신의 관점을 시각적으로 표현하는 방법으로 선을 통해 공간의 경계를 만드는 것이다. 예를 들어 종이 위에 둥그런 선을 그려 넣음으로써 하늘과 땅의 경계를 만들고 아동 나름의 공간에 대한 질서를 부여하게 된다. 이러한 선을 통해 아동은 하늘과 땅을 구분하고 땅 위에 존재하는 것과 하늘에 존재하는 사물을 설정한다. 이렇게 그려진 기저선 위에 사람, 집, 나무, 꽃 등을 그리고 하늘에는 태양, 구름, 새, 비행기 등을 그린다. 이러한 공간의 도식적 표현은 아동이 공간과 사물들의 관계성을 인식함으로써 나타난 것이며, 이것을 통해 아동은 자신과 타인과의 관계, 즉 사회성을 인식하며 평면에서의 3차원적 세계의 표현방법을 느끼게 된다(김길권, 오치영, 2006).

그림 5-2 기저선의 표현

단순한 곡선을 사용해 하늘과 땅의 영역을 구분 짓고 있다.

3) 투시적 표현

투시적 표현이란 실제로 보이지 않는 곳까지 투시하여 그리는 것을 말한다. 예를 들어 선물 상자 속의 물건이나 자동차 안에 인물을 그려 넣는 것이다. 아동은 자신의 경험적 지식을 토대로 실제로는 볼 수 없는 부분들을 투시하여 그리는데 이것은 보이는 사실보다 알고 있는 상황을 관념적 사고로 표현하는 것이다. 이를 두고 일본의 다카하시는 '정서적 결핍 현상'으로 해석했으나 구디너프(Goodenough)는 이에 대해 아동이 보는 것을 그리지 않고 알고 있는 것을 그리기 때문이라고 설명하였다.

그림 5-3 투시적 표현

아이 손을 잡은 엄마의 뱃속에 동생(아기)의 모습을 그려 넣었다.

4) 동시성의 표현

동시성이란 하나의 평면상에 아동이 표현하고자 하는 대상의 여러 관점, 즉 시간, 공간, 방향, 위치 등이 동시에 나타나는 것을 말한다. 예를 들면 인물의 정면과 측면을 동시에 표현하거나 화병에 담긴 여러 송이의 꽃을 다각적인 시점으로 그리는 것이다. 이는 아동에게 있어 사물 전체를 한 번에 한 시점에서 그리는 것이 어렵기 때문에, 아동 스스로가 시점을 이동하여 그리기 쉬운 방향 혹은 그 사물의 특징을 가장 잘 나타내는 방향에서 본 형태로 변형하여 그리기 때문이다. 이러한 동시적 표현은 연령이 증가함에 따라 조금씩 감소해 간다.

그림 5-4 동시성의 표현

화병의 꽃이 모든 방향에서 그려지고 있다.

➤ 출처: 오연주(2005). 『유아미술교육』. 서울: 창지사.

5) 반복적 표현

반복적 표현이란 자신이 표현하고자 하는 대상에 대해 쉽게 표현할 수 있는 도식이나 상징을 만들어 대상을 표현할 때 그 도식을 반복적으로 사용하는 것을 말한다. 같은 모양을 반복하여 표현하는 현상은 남아보다 여아에게 많이 발견된다. 이러한 반복적 도식표현은 아동에게 중요한 표현기능의 역할을 하고 이러한 과정을 거쳐 아동은 구체적인 묘사의 단계로 넘어가게 된다.

그림 5-5 반복적인 표현

공통된 특징을 가진 인물의 형태를 반복적으로 표현하고 있다.

6) 의인화된 표현

의인화된 표현은 아동의 그림에서 흔하게 발견되는 것으로 모든 사물을 살아 있는 인간처럼 표현하는 것을 말한다. 이것은 자신을 둘러싼 모든 외부 환경이 살아 있으며 저마다 기쁨과 슬픔을 가진다는 애니미즘적 사고에서 기인한 것이다. 아동은 생물과 무생물 모두에게 얼굴을 부여하여 감정을 표현하는 의인화된 존재로 그리는데, 이것은 사물에 대한 애정의 표현일 수도 있고 단순히 지적 발달이 늦은 사고의 표현일 수도 있으며 과잉된 정서의 표현일 수도 있다. 이러한 의인화된 표현은 대부분의 아동에게 나타나는데 이를 통해 자신의 불안과 스트레스를 해소하며 충족되지 못한 욕구들을 드러내기도 한다.

그림 5-6 의인화된 표현

색종이로 표현된 꽃에 눈과 입으로 표정을 그려 넣었다.

7) 자기중심적 표현

자기중심적 표현이란 아동이 그림을 그릴 때 객관적인 시각이나 일반적인 인식보다 자신의 생각과 느낌을 중심으로 그린다는 것을 말한다. 아동은 자신의 그림을 실제와 유사하게 표현하기보다는 자신이 중요시 여기는 부분은 특징이 있거나 매우 크게 나타내고 자신에게 관심이 없는 부분은 생략하는 등 자신의 생각대로 표현한다. 이러한 과장은 사람의 감정을 실제보다 더욱 기쁘게, 슬프게, 가볍게, 또는 무겁게 만드는 예술적 표현의 기술이기도 하다(권상구, 1999).

그림 5-7 자기중심적 표현

2. 선, 면, 구도의 특징

> 미술에서 조형의 기본요소는 크게 점, 선, 면, 색, 구도 등으로 나누어 볼 수 있다. 아동미술에서 나타나는 선, 면, 구도의 역할과 표현 특징에 대해 알아본다.

1) 선의 역할과 표현 특징

미술에서의 선은 길이, 방향, 위치, 형태뿐 아니라, 폭과 부피와 면적을 가지고 다양한 모양으로 표현된다. 선은 점을 그 기본요소로 하며 물체를 묘사할 때 사물의 윤곽이 되거나 형태를 암시하는 역할을 한다. 동시에 미술에서 선은 감정을 표현하고 화가가 자기만의 미적 세계를 조형하는 주요한 표현기제가 된다. 특히 직선은 속도감, 긴장감, 예리함, 직접성 등을 나타내며, 곡선은 유연성, 여유, 부드러움, 간접성 등의 느낌을 나타낸다.

아동미술에서 선은 다양하게 활용되고 표현될 수 있다. 먼저 복잡한 대상을 그리는 것이 어려운 경우 대상을 단순화시켜 골격만을 표현하는 수단으로 활용할 수 있다. 대상의 본질적 요소를 기본형태로 압축시켜 선으로 나타내는데, 단순한 작품이지만 아동에게는 그 자체가 훌륭한 회화의 의미를 갖게 된다.

그림 5-8 단순화된 선

또한 동일한 선을 다양한 재료나 방법으로 표현할 수 있다. 선에 대한 관심이 차차 색깔로 옮겨 가면서 크레용, 크레파스, 물감 등의 재료를 통해 다른 느낌의 선을 경험하고, 이후 두 가지 재료 등을 동시에 잡고 복선을 그려 보기도 한다. 실이나 빨대를 이용하여 입체적인 선을 콜라주 형태로 표현하기도 하며, 구슬을 굴려서 유연의 효과로 나온 선을 표현하기도 한다.

그림 5-9 털실을 이용하여 표현한 입체적인 선

➤ 출처: 김길원, 오치영(2006). 『아동미술의 이해와 지도』. 경기 파주: 양서원.

2) 면의 역할과 표현 특징

미술에서의 면은 선에 의해 윤곽이 되어 형태를 이룬 것이다. 점, 선, 면의 관계성에서 볼 때 점으로부터는 크기의 확대에 의해서, 선으로부터는 길이의 연장과 맺음 그리고 폭의 확장 등을 통해서 형성된다. 면은 그 모양이나 내부적 질감, 크기 등 그 표현방식에 따라 여러 가지 느낌을 나타내며, 방법에 따라 입체감이나 리듬감 혹은 운동감을 주는 느낌도 표현할 수 있다. 아동미술에서는 도형 찍기나 낙엽, 돌 등의 자연물을 이용한 찍기 활동, 그리고 프로타쥬 기법 등을 활용하여 아동이 면에 대한 흥미를 갖고 다양한 느낌의 면을 표현하는 경험을 할 수 있다.

그림 5-10 여러 가지 형태의 면을 이용한 찍기

그림 5-11 다양한 형태의 면을 사용한 그림

한편 아동미술에서는 의도적으로 표현한 면 이외에 전체 표현의 배경이 되는 바탕 화면 또한 중요한 부분이다. 주된 표현 내용이 동일하다 하더라도 바탕 화면이 어떠하냐에 따라 다른 느낌의 결과물이 나올 수 있다. 바탕을 메우지 않고 하얗게 남겨둔 그림은 자유스럽고 청순한 맛을 풍기는 한편 다소 장난스럽게 보이고 완성도가 떨어져 보인다. 반면 바탕을 꽉 메운 그림은 완전하고 그림다운 면모를 갖추려는 노력이 보이긴 하지만 유아에게 그것을 메우는 것에 대한 부담감을 주어 그림 그리는 것에 대한 흥미를 떨어뜨릴 수 있다.

그림 5-12 여백의 차이에 따른 두 그림의 비교

'봄동산' 그림에서 여백을 채우지 않은 경우(왼쪽)와 여백을 채운 경우(오른쪽)

유아들은 대부분 선묘의 단계에 있으며, 손가락, 손목, 팔 등의 근육 조절이 어려워 선이 아닌 나머지 화면을 색칠하는 것을 힘들어하는 경우가 많다. 아동이 부담을 갖지 않고 다양한 면을 구성하고 활용할 수 있도록 하기 위해서는 그림을 그리는 바탕 화면의 크기를 작게 하거나 한 달에 한두 번 정도 색지나 다른 질감이 나는 바탕지를 활용할 수 있도록 환경을 마련해 주는 노력이 필요하다.

3) 구도의 역할과 표현 특징

미술에서 구도는 그림의 모양, 색깔, 위치 등의 배치에 관한 짜임새를 말한다. 구도는 공간 또는 화면 형성을 위해 소재, 형태, 색채 등 모든 화면적 요소를 배치하고 명암, 조화, 원근법 등을 고려하여 각 요소를 하나의 통일체로 완성하는 수단이다(브리태니커 백과사전). 따라서 구도를 어떻게 표현하는가의 문제는 작품의 최종 완성도와 결부되는 중요한 문제라고 할 수 있다.

일반적으로 구도는 조화와 통일, 균형과 대칭, 율동과 동세, 규모와 비례 등의 기준으로 표현되지만, 아동미술에서 나타나는 구도는 어른들과 달리 특유한 특징을 가지며 연령이 발달하면서 점차 다른 모습을 보인다. 아동미술에서 나타나는 구도의 표현 특징을 몇 가지로 요약해 보면 다음과 같다(김정, 조정숙, 2006).

① 화면을 이등분한다.

아동미술에서 가장 많이 등장하는 구도는 화지를 이등분시켜 하늘과 땅으로 갈라 놓은 구도이다. 이것은 비교적 단조롭고 손쉬운 구도이기 때문에 나이가 적은 아동들에게서도 자주 발견되는 표현이다. 나이가 들면서 보다 다양한 형태로 발전하는 모습을 보이지만 결국 위아래로 구분하여 하늘과 대지를 표현하는 기본구도를 벗어나지는 못한다. 아동미술에서 이러한 등분 구도가 매너리즘에 빠질 위험이 있다고 주장하는 이들도 있지만, 유아에게 새로운 구도를 활용하는 것은 부담스러운 작업일 수도 있으므로 점차적으로 다른 구도를 경험하고 응용할 수 있도록 발전시켜 나가는 것이 필요하다.

그림 5-13 화면을 이등분하는 구도

하늘과 땅을 구분한 그림(왼쪽)과 우주 공간을 이등분한 그림(오른쪽)

② 주제를 화면 중앙에 배치한다.

아동미술 표현의 일반적인 특징에서도 언급한 바와 같이 아동은 자기중심적으로 표현하고자 하는 경향을 보인다. 구도에서도 마찬가지로 본인이 중요하다고 생각하는 부분을 강조하여 특정 사항을 중심으로 한 구도가 자주 등장한다. 그림 5-14에서도 주제를 화면 중앙에 배치하여 표현하였다. 이러한 구도는 공주 그림이나 탱크의 바퀴, 특정 축구선수 그림 등에서 그림의 중심을 이루곤 한다.

그림 5-14 주제가 화면 중앙에 있는 구도

바이킹을 타는 모습을 그린 그림으로 바이킹이 화면 중앙을 가득 채우고 있다.

③ 원근이 무시되어 평면적으로 나타난다.

일반적으로 아동은 성인들과 같이 원근법을 활용하여 공간구성을 하는 것이 아니라 화지의 아래쪽은 가까운 곳, 중앙은 중간 정도, 위쪽은 멀리 떨어져 있는 곳을 나타내는 방식의 적립원근표현법을 사용한다. 그림 5-15의 경우 화면 위쪽이 길 건너 동네이다. 빌딩을 이루고 있는 쪽의 모습이 더 멀어질수록 위쪽으로 올라간다.

그림 5-15 거리 풍경(에콰도르, 6세, 여)

➤ 출처: 김정, 조정숙(2006). 『유아미술교육』. 서울: 한국방송통신대학교.

원근은 무시되지만 아동이 점점 나이가 들면서 조망수용 능력이 발달하고 시점이 변화함에 따라 때때로 하늘에서 땅을 향해 내려다보는 듯한 구도가 나타나기도 한다. 이러한 구도는 평면적인 구도와 분명한 차이를 보이는 것으로, 힘들고 나타내기 어려운 구조이지만 아동이 공간에 대한 전체적인 인식 능력이 발달했음을 보여 주는 구도이다.

그림 5-16 위에서 내려다보는 구도

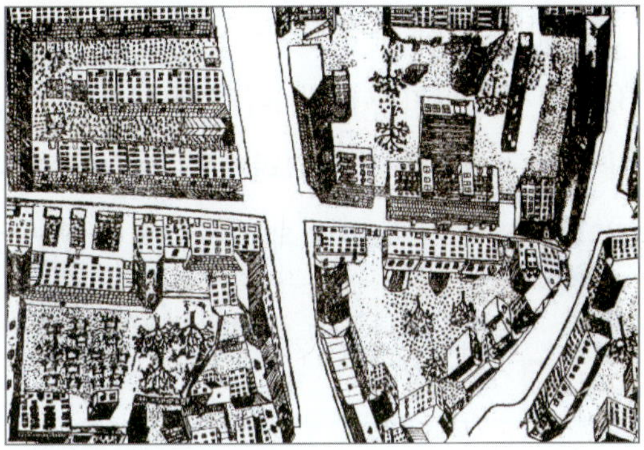

➤ 출처: 김정, 조정숙(2006). 『유아미술교육』. 서울: 한국방송통신대학교.

그림 5-17 옆으로 길게 늘어놓은 구도

④ 옆으로 길게 혹은 원형으로 둥글게 늘어놓는다.

대부분의 아동은 위아래보다는 옆으로 된 직사각형을 선호한다. 이러한 구도는 좌우에 위치해 있는 눈의 신체적 조건과 심리적 요소가 반영된 결과물로 무엇보다도 손쉽게 그릴 수 있어 부담이 덜하기 때문에 아동의 그림에서 자주 나타나는 구도이다.

⑤ 열십자형으로 화면을 구분한다.

아동미술에서 특징적으로 나타나는 구도로 열십자형 구도가 있다. 그림 5-18 에서처럼 1, 2, 3, 4의 경우와 가, 나, 다, 라의 경우가 있는데, 전자는 화지의 크기에서 오는 부담을 해소하고자 순서를 매겨 조금씩 그려가는 구도이며, 후자는 이야기 중심의 구도로 토막의 스토리를 그림일기처럼 그려 놓은 형식이다. 이러한 구도는 남아보다는 여아에게서 많이 나타난다.

그림 5-18 열십자형 구도

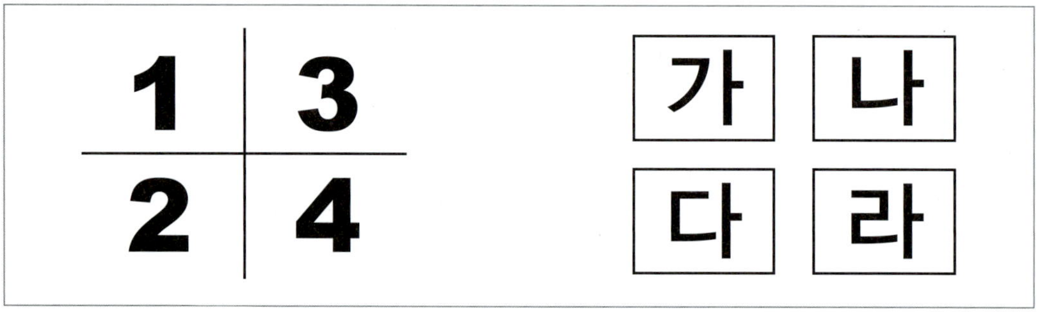

⑥ 대칭형으로 배열한다.

대칭형의 구도는 좌, 우, 또는 상하로 동일한 형태가 마주 보게 위치하는 것으로, 대응하고 있는 모든 점이 서로 같은 거리로 유지되는 질서에 의해 배치상 안정된 통일감을 갖게 해준다. 아동의 그림에서는 동일한 패턴의 반복적 표현과 더불어 상대적으로 표현에 대한 부담이 적고 안정된 느낌을 주는 대칭형 구도가 자주 나타난다.

그림 5-19 대칭적 구도

➤ 서울교육대학교 미술교육연구회(1994). 『미술교육학 개론』. 서울: 교육과학사.

3. 색의 개념과 표현

색은 아동미술의 요소 중에서 가장 감각적이며 다른 요소보다 상대적으로 생동감 있고 본능적이며 다양한 감정을 일으키는 주요 표현 요소이다. 아동미술에서 나타나는 색 개념의 발달 양상과 색채 표현의 일반적 특징에 대해 알아본다.

1) 색 개념의 발달

아동은 여러 가지 경험을 통하여 다양한 색을 접하게 되고, 색채를 구분할 줄 알게 되며, 점차 색채의 이름을 알아가게 된다. 특히 과일이나 주변에서 익숙하게 접하는 사물의 색에 대한 반복적인 접근을 통해 특정 색에 대해 인식하고, 그 색을 기준색깔로 삼아 다른 색과 구분할 줄 알게 된다. 아동의 색 개념 발달과 관련하여 다양한 연구와 조사들이 있었지만, 가장 설득력 있게 받아들여지는 것은 로웬펠드(Lowenfeld)의 연구 결과이다. 로웬펠드에 의하면 5~6세 이후에 색채의 구별이 가능하며 자신의 감정과 정서에 따라 색을 선택하여 칠한다고 한다. 또한 초등학교 시기에 이르면 색에 대한 객관적인 안목이 생겨 물체와 색의 관계를 발견하게 되며 이 시기에 색에 대한 도식(schema)이 형성되고, 다양한 색에 흥미를 느끼며 자연에 가까운 색을 사용하게 된다고 하였다.

표 5-1 로웬펠드의 색 개념 발달

나이	색 개념
2~4세	색의 개념이 분명하지 않아, 색을 선택하기보다는 무엇인가를 그려 내고 싶은 충동으로 손끝에 닿는 색으로 끼적인다. 다양한 색깔보다는 차라리 한두 개의 색으로 처리한다.
2~4세	대상을 놓고 어떤 색깔로 표현할 것인가를 우선 생각한다. 색채보다는 대상의 묘사에 충실하고자 더 노력하는 경향이다. 즐겨 사용하는 색채가 다양하게 변한다. 대상에 대한 색을 선택하고 색칠하는 것은 자연스럽고, 일반적으로 깊은 의미를 갖는 것은 아니지만, 때때로 강한 인상을 받은 경우에는 유아들의 심리상태를 반영하는 색채 사용이 나타나기도 한다.
7~9세	대상과 색깔을 자연스럽게 연결시키지만, 반드시 대상과 똑같게 그리지 않을 때도 있다. 맑은 하늘도 보았지만 안개 낀 하늘도 본 적 있고 노을진 하늘도 봤기에 여러 형태의 하늘이 나타날 수 있다.
9~12세	고정적인 색 관념보다는 틀에서 벗어나 자연스런 형태로 변모해 간다.

한편 아동이 어떤 색을 선호하는가에 대한 연구도 많이 이루어졌는데, 색채학자 파버 비렌(Faber Birren)은 "어린아이들은 빨강, 주황, 분홍, 노랑 같은 따뜻하고 밝은색에 호감을 가지는 것 같고, 나이가 들어갈수록 파랑, 녹색과 같은 차가운 색을 좋아한다."고 하였다. 샤프(D. T. Sharpe)는 아동의 색 선호도 연구에서 약 3세에서 15세의 긴 기간 동안 스펙트럼의 난색계에서 한색

계로 색의 선호가 점차 이행하는 것이 일반적인 결과라고 하였다.

우리나라에서도 1970년 이후 아동의 색채 선호에 대한 연구들이 시작되었는데, 연구결과들을 비교해 보면 일반적으로 선호색은 연령이 증가함에 따라 난색에서 한색으로 변화하는 경향이 있고, 과거에는 1차색인 순색을 선호하는 경향이 높았으나 현재로 오면서 하늘색, 분홍색 등의 선호가 높아지면서 명도와 채도에 대한 영향을 받고 있음을 알 수 있다. 여러 연구에서 색채 선호에 성별에 따른 차이가 있는 것으로 나타났는데, 대체적으로 남아보다 여아들이 더 다양하고 많은 종류의 색에 반응을 보이는 특징을 보인다. 이러한 색의 선택이나 선호는 나이와 교육적 배경에 따라 다르기 때문에 정확하게 말하기는 어렵지만, 다른 연구결과를 참고하여 종합해 볼 때, 일반적으로 아이들이 좋아하는 색깔은 파랑, 빨강, 노랑, 초록, 주황, 고동, 분홍, 보라 순으로 꼽을 수 있다.

표 5-2 아동의 색채 선호에 관한 국내 연구

연도	연구자	연구결과
1970	김인수	미취학 아동에 관한 연구결과에서 간색보다는 1차색인 삼원색을, 무채색보다는 유채색을, 한색보다는 난색을 더 선호함
1975	김 정	초등학생을 대상으로 한 연구에서 남아는 파랑을 여아는 빨강을 선호함
1982	박돈서	초등학생을 대상으로 학년별 선호색 결과 저학년은 난색을, 고학년일수록 중간색 및 한색을 선호함
1994	윤중식	유채색 10색을 기준으로 11~13세의 아동의 선호도 조사결과 노랑, 연두, 파랑, 녹색, 주황의 순으로 나타남
2001	길태화	초등학교 5~6학년 대상으로 선호도 연구결과 5학년 남학생들은 파랑, 하늘색을 선호하고, 여학생은 노랑색을 선호함. 6학년은 남학생, 여학생 모두 파랑, 하늘색을 선호함
2007	서지민	초등학교 3학년을 대상으로 남학생은 연한 톤의 파란색을 가장 선호하였고, 여학생은 밝은 톤의 노랑색을 선호함. 비선호색으로는 남녀 모두 검은색을 선택함

아동의 색채 선택은 생리적 조건, 심리적 상황, 정서적 상태를 반영하는 것으로 표 5-3 에 정리된 것과 같이 주요 색에서 나타나는 일반적인 색채감정 혹은 색채언어에 대한 다양한 주장이 있다. 그러나 아동의 상황에 대한 고려 없이 단순히 그림 자체에 나타난 색채만으로 유아의 그림을 해석하는 것은 바람직하지 않다.

표 5-3 일반적인 색채감정과 아사리의 색채언어 비교

색채	일반적인 색채감정	아사리의 심리적 · 생리적 의미
흰색	순수, 청결, 순결, 신성, 정직, 두려움과 무기력	경계심, 실패감
검정	자유로운 감정흐름의 결여, 공포, 불안, 압박감, 허무, 절망, 침묵, 죄악, 암흑, 고독	공포심, 부모의 히스테리
빨강	자유로움, 즉각적인 반응, 애정, 욕구불만, 고집, 공격적	불만, 비판, 공격
주황	순응적, 적극적, 활동적, 지나친 경우 이기적이고 경박	애정의 극도 결핍
노랑	평화, 행복, 명랑, 희망적, 지나치면 의존적임	애정의 요구
고동	의존적, 현실 적응력이 부족, 순박, 정직, 책임감, 의무감	욕구, 식욕, 물욕
초록	자기만족, 자신감, 질서의식, 이해심, 감정의 절제, 이상, 평화, 신성, 영원	허약, 피로, 슬픔
파랑	적응적, 이지적, 이상적, 자기 억제적, 지나치면 자기중심적, 냉정, 우울	의무감, 복종, 순종
보라	불행, 불안정, 고립, 숭고, 천사, 냉철, 우아, 고귀	질병의 상해와 그 영향
분홍	행복, 따뜻함, 긍정적 · 생동적, 여성스러움	아픈 마음
회색	적극성, 생동감 약하고 경계심, 열등감 많음	불안

2) 색채의 표현 특징

엔그(Eng)에 의하면 5~6세까지 유아는 '색채가 없는 윤곽만으로 나타내는 것을 즐긴다.'고 한다. 아동이 색채를 선택하고 칠한다는 것은 한편으로는 장식을 위한 수단이고, 또 다른 한편으로는 사물의 색채를 나타낸다는 사실적인 표현을 위한 수단이 된다. 이러한 아동의 색채 표현의 의미를 고려할 때 아동의 채색에서 나타나는 일반적인 특징을 다음과 같이 정리해 볼 수 있다.

① 무의미하게 색칠한다.

정신분석학자들은 착화기의 그림도 의미가 있는 색으로 생각하나 일반적으로 이 시기에는 색채에 아무 관심 없이 손에 쥐어 준 크레파스를 그대로 칠하게 된다.

② 장식적으로 색칠한다.

사물의 실제 색채를 도외시하고 여러 가지 색채로 아름답게 장식적으로 칠하는 것을 말하며, 자기 이름을 쓸 때도 글자마다 다른 색채를 하는 것도 이러한 경우이다.

③ 개념적인 채색을 한다.

하늘은 파랑, 나뭇잎은 녹색, 땅은 갈색 등으로 색칠한다. 시각적으로 바르게 칠하는 것이 아니고 틀에 박힌 듯 개념적으로 칠하기 때문에 겨울과 가을의 나뭇잎은 녹색이며, 산은 갈색을 칠한다.

④ 감정적인 표현으로 채색한다.

뜨거운 것, 밝은 것에서는 노랑, 빨강, 흰색 등을 칠하고 차가운 것, 어두운 것 등에는 검정이나 파랑을 칠한다. 예를 들면 사람의 살갗이나 국기의 윤곽, 전등의 삿갓이나 방사된 빛을 그릴 때에는 노랑을 사용하며, 태양은 빨강으로 색칠한다.

⑤ 형태를 뚜렷이 나타내려는 수단으로 색칠한다.

구름을 검정이나 파랑으로 칠하여 하늘을 밝게 남기거나 다리나 비, 구름, 눈 등을 까맣게 칠한 것을 흔히 볼 수 있다. 이것은 형태를 확실하게 나타내려는 생각에서 칠하는 것이다.

4. 아동미술과 원시미술

아동미술과 원시미술의 관계를 살피는 것은 아동미술의 특징적인 표현들이 원시미술의 표현양식과 유사한 점들이 많이 있기 때문이다. 아동미술은 어린이들이 시각적, 공간적, 조형적으로 표현한 것들을 말하고 원시미술은 선사시대 과거 인류가 남긴 미술과 세계 곳곳에 있는 원시 종족들이 일군 미술을 통칭한다(서울교육대학교 미술교육연구회, 1997). 여기서 원시(primitive)라는 말은 특정한 시대나 장소를 가리키는 것이 아니라 발달적 의미가 강한 말이다. 그러한 의미에서 원시미술은 오늘날 세계 각 지역에 있는 원시 종족의 예술과 같이 원시적 발달단계에 있는 광범위한 인류의 예술을 포괄하는 개념이다(H. Read, 1981).

1) 원시미술과 원시주의 미술

원시미술은 오늘날 세계 각 지역에 있는 원시 종족의 예술과 선사시대의 과거 인류가 남긴 광범위한 인류의 예술을 총칭하는 포괄적인 개념이다. 원시미술(Primitive Art)과 원시주의 미술(Primitivism Art)은 의미상 차이가 있다. 원시미술은 과거 인류가 남긴 미술과 현재도 고대의 전통양식을 따라 생활하는 원시 종족들이 그러한 인류의 문화적 배경을 바탕으로 표현하는 미술을 말한다.

반면 원시주의 미술은 일반적으로 주제나 기법, 형태 등에 있어 자연에로의 회귀를 함축하는 원시적 삶의 우월성을 신봉하는 것(서울교육대학교 미술교육연구회, 1997), 그리고 이를 미술표현에 반영하는 것을 일컫는다. 고흐(Gogh)와 고갱(Gauguin)을 비롯한 야수파와 입체파 등이 원시미술의 영향을 받았다 할 수 있다. 원시미술이 현대 미술가들에게 본격적인 영향을 끼치기 시작한 것은 아프리카나 오세아니아 등의 문화재들이 소개되면서부터이다(최태만, 1996). 새로움을 갈망했던 화가들은 박람회에 전시된 원시미술을 보고 큰 영감을 받았다. 20세기 초인 당시 미술가들에게 중세와 고대, 선사시대의 미술이나 아프리카 부족의 미술들은 신선한 것이었다.

원시미술은 시간적, 공간적으로 큰 범위와 다양성을 갖는다. 그러나 고대의 미술과 현재하는 원시미술들 간에는 사회적, 문화적 유사성도 있지만 표현되는 내용에 있어서는 상이한 점들도 발견된다.

2) 아동미술과 원시미술의 유사점(서울교육대학교 미술교육연구회, 1997: 272)

아동미술과 원시미술은 다음과 같은 유사점이 있다. 존재상징의 표현이 많이 나타난다는 것이다. 존재상징이란 표현하고자 하는 대상을 그것을 상징하는 선이나 형태로 나타내는 것이다. 예를 들어 사람을 그릴 때 팔과 다리를 그것을 상징하는 선으로 그리는 것이다. 미국 애리조나주에서 발견된 암각화는 이러한 존재상징 표현이 강하게 나타난다. 아동미술 역시 사물을 표현할 때 대부분 존재상징으로 나타낸다. 해, 집, 구름, 나무 등 존재를 나타내는 상징의 도식들로 그림을 그린다.

두 번째 유사점은 중앙원근법 표현이 나타난다는 것이다. 중앙원근법 표현이란 중앙에서 주위를 돌면서 보이는 대로 그리는 것으로 대부분의 원시미술과 아동미술에서 공통되게 나타난다. 아동은 자신이 표현하고자 하는 것의 중앙에 있다고 가정하며 하나의 평면 위에 각기 네 방향을 표상한다. 이렇게 되면 밑에 그려지는 것들은 거꾸로 그려지는 것이다. 이 유사점은 공존화 양식과도 관련된다. 즉, 다차원의 시간이나 공간을 한 평면 위에 동시에 나타내는 것으로서 등장인물의 몸은 정면을 보지만 옆 얼굴을 표현하는 것과 같은 방식이다. 이는 아동미술의 일반적인 특징이며 이집트 미술과 같은 많은 고대벽화에서 발견되는 특징이기도 하다.

그림 5-20 네 방향의 방위가 모두 나타난 아동의 공존화 표현

➤ 출처: 한진희(2009). 『엄마랑 아트 클래스』. 서울: 콜리에.

그림 5-21 공존화 양식이 나타나는 이집트의 벽화

➤ 출처: 한진희(2009). 『엄마랑 아트 클래스』. 서울: 콜리에.

세 번째 유사점은 투시적 표현이다. 투시적 표현은 실제로 보이지 않는 것 그러나 작가가 알 수 있는 것을 보이는 것처럼 그리는 것이다. 이집트인들의 연못 그림을 보면 실제로는 보이지 않는 연못의 물고기들이 모두 보이는 것처럼 표현되어 있다. 캥거루 그림에서 내장과 뼈를 보이게 그리는 것도 마찬가지다. 아동들 또한 자신들의 경험에 기초해서 자신들이 알고 있는 사물의 내부 모습을 투시하여 표현한다. 예를 들어, 건물 속에 있는 사람들이나 엄마 뱃속의 아기, 자동차 속의 사람들을 표현하는 것이다.

그림 5-22 원시미술의 투시적 표현

배 아래 물 밑의 물고기가 모두 보이는 것처럼 표현되었다.

➤ 출처: http://cafe.daum.net/kkekkischool.

네 번째 유사점은 과장과 축소의 표현방식이다. 고대 이집트의 표현양식을 보면 과장과 생략이 법칙처럼 나타난다. 그림 5-23 은 이집트 왕의 전투 장면을 표현하고 있다. 이 그림에서 말을 타고 적군을 물리치는 이집트 지도자의 모습은 과장되어 화면 중앙에 크게 그려져 있으

그림 5-23 원시미술에서의 과장과 축소의 표현

➤ 출처: http://cafe.daum.net/kkekkischool.

며 적군의 말과 병사들은 축소되어 표현되어 있다. 이와 같은 과장과 축소는 아동미술의 중요한 특징 중 하나다. 아이들은 자신들에게 의미 있는 것은 크게 그리고 자신에게 중요하지 않은 것은 생략하거나 축소한다. 이와 같은 아동화의 특징은 피아제(Piaget, 1954)가 지적하고 있는 유아의 전조작기 발달의 특징, 즉 자기중심성과 조망수용능력의 부족과 같은 특성을 드러내고 있다.

아동미술과 원시미술의 다섯 번째 유사점은 대상에 구애받지 않은 표현의 자유다. 원시미술이나 아동미술은 대부분 보이는 대상들을 사실적으로 그리려고 노력하기보다 자신의 의도대로 자신이 표현하고자 하는 바를 담아낸다. 원시미술에는 거의 원근법적인 표현이 없다. 그것은 표현을 함에 있어 그 목적이 자연의 모습을 그대로 담아내는 데 있는 것이 아니라 자신이 지각한 대상의 특징과 모습을 풍부하게 드러내는 데 있기 때문이다. 마찬가지로 아이들은 대상의 실제적 형태나 색깔보다는 자신이 표현하고자 하는 의도를 우선시하고 엄마와 아빠를 그렸을 경우 거의 차이가 없거나 실제의 모습과는 상관없이 자신이 원하는 색을 골라 채색을 한다. 아동에게는 자신의 경험과 느낌을 자신에게 의미 있는 형태로 상징적으로 표현하는 것이 중요하기 때문이다.

3) 아동미술과 원시미술의 차이점

아동미술과 원시미술의 많은 유사점에도 불구하고 아동미술과 원시미술은 몇 가지 차이점이 있다. 첫째, 작품에서 표현 대상이 차지하는 의미의 비중이 다르다. 아동은 나이가 들어 여러 가지 능력이 발달해 감에 따라 자신의 능력껏 대상을 최대한 사실적으로 표현을 하려고 하지만 원시미술의 대상은 객관적인 시각적 인식에 의한 것이 아니라 상징적인 의미를 갖는다.

즉, 둘 모두 대상을 표현하려는 욕구로 시작된 활동이지만 작품 속에서 표현된 대상은 서로 다른 의미를 갖는다.

둘째, 성인들의 원시미술은 동 사회의 문화적 영향을 강하게 드러내고 있는 반면 아동의 미술은 그러한 사회적, 문화적 영향력에서 비교적 자유롭다. 물론, 모든 인간은 이미 구성된 한 사회의 문화 속에서 출생한다는 의미에서 아동 또한 자신이 속한 사회의 문화 속에서 완전히 자유로울 수는 없다. 하지만 성인에 비해 기존에 구성된 사회적, 문화적 압력에서 비교적 자유로운 표현을 하게 된다(염태진, 1987).

셋째, 원시미술과 아동미술 모두 강한 상징성을 바탕으로 하지만 원시미술은 주술적 성격이 강한 반면 아동미술은 주체 자신의 개념을 표현하기 위한 도식적 상징이다. 즉, 원시미술에는 종교적 제의나 주술과 관련된 상징적 의미가 많이 담겨져 있지만 아동들은 그러한 외부적 기호 즉 사회적 기호로서의 상징이 아니라 주관적인 자신의 상징을 표현하는 것이라는 점에서 차이가 있다.

표 5-4 아동미술과 원시미술의 유사점과 차이점 비교

구분	아동미술과 원시미술
유사점	• 존재상징적 표현: 존재를 나타내는 상징의 도식표현 • 중앙원근법 표현: 자신을 중심으로 원근표현 • 투시적 표현: 보이지 않는 것을 보이는 것처럼 표현 • 과장과 축소의 표현: 자신에게 중요한 부분을 강조한 표현 • 표현의 자유: 대상에 구애받지 않고 자유롭게 표현
차이점	• 아동미술은 발달단계에 따라 달라지나 원시미술은 발달이나 성숙과 관계없이 상징적 표현 • 원시미술은 동 사회의 문화를 잘 드러내나 아동미술은 사회나 문화적 압력에서 비교적 자유로움. • 원시미술의 상징은 종교적 제의나 주술을 주제로 하는 반면 아동미술은 자신의 주관적 상징이 주제

요약 및 정리

- 아동미술은 일반 미술과 비교할 때 성인의 표현과는 다른 일반적인 특징들을 나타낸다. 아동미술 표현에서 찾을 수 있는 일반적인 특징으로는 난화적 표현, 기저선의 표현, 투시적 표현, 동시성의 표현, 반복적 표현, 의인화된 표현, 자기중심적 표현 등이 있다.

- 조형의 기본 요소는 크게 점, 선, 면, 색, 구도 등으로 나누어 볼 수 있는데, 아동미술에서 나타나는 조형요소의 일반적 특징들이 있다. 아동미술에서 선은 다양하게 활용되고 표현되나 주로 대상의 기본 형태를 나타내고, 주요 특징으로 단순화시키는 역할을 한다. 면은 모양이나 내부적 질감, 크기 등 표현방식에 따라 여러 가지 느낌을 나타내며, 특히 여백에 대한 처리는 면을 표현하는 과정에서 중요한 부분을 차지한다. 구도는 그림의 모양, 색, 위치 등의 배치에 관한 짜임새를 말한다. 아동미술에서 나타나는 구도는 어른들과 다른 표현 특징을 가지는데, 하늘과 땅 등의 화면을 이등분하는 구도가 많이 나타나며, 본인이 중요하다고 생각하는 부분을 강조하여 주제를 화면 중앙에 배치하는 구도가 자주 등장한다. 원근을 무시하고 화지의 아래쪽은 가까운 곳, 위쪽은 먼 곳을 나타내는 적립원근표현법 사용이 두드러지며, 옆으로 길게 혹은 원형으로 둥글게 늘어놓는 구도도 자주 나타난다. 뿐만 아니라 화면을 열십자형으로 구분하거나, 좌우 또는 상하로 동일한 형태가 마주 보게 하는 대칭형 구도도 아동미술에서 나타나는 구도의 특징이라고 할 수 있다.

- 아동은 연령에 따라 색에 대한 개념을 발달시켜 나가는데, 일반적으로 아동미술에서는 연령이 낮은 경우 무의미하게 색칠하며, 실제의 색을 표현하기보다는 아름답게 장식하기 위한 목적으로 색칠하는 모습이 나타난다. 또한 시각적으로 보여지는 색보다는 개념적인 채색을 하며, 감정을 표현하고 형태를 뚜렷하게 나타내기 위한 수단으로 색칠한다.

- 아동미술은 선사시대 과거 인류가 남긴 원시종족의 미술과 표현양식에서 상당한 유사점을 보이는데, 대표적인 유사점으로 존재상징적 표현, 중앙원근법 표현, 공존화 양식, 투시적 표현, 과장과 생략의 표현 등을 들 수 있다.

| 참고문헌 |

브리태니커 백과사전.

권상구(1999). **아동미술교육**. 서울: 미진사.

권준범(1999). Read의 아동 그림의 경험적 분류에 관한 연구. **미술교육논총, 7.**

김길권, 오치영(2006). **아동미술의 이해와 지도**. 경기 파주: 양서원.

김정(1989). **아동의 미술교육 연구**. 서울: 창지사.

김정, 조정숙(2006). 유아미술교육. 서울: 한국방송통신대학교.

김춘일(1984). 미술교육관. 서울: 홍성사.

김판희, 박춘희(2003). 다중지능이론에 기초한 미술 프로그램의 유아미술능력에 대한 효과. **미래유아교육학회지, 10**(1).

길태화(2001). 아동의 색채 선호도와 색 연상에 관한 조사 연구: 대구시내 초등학교 5, 6학년을 중심으로. 대구 가톨릭대학교 교육대학원 석사학위 논문.

서울교육대학교 미술교육연구회(1994). **미술교육학 개론**. 경기 파주. 교육과학사.

서울교육대학교 미술교육연구회(1997). **유아미술 교육학**. 서울: 학문사.

서지민(2007). 초등학교 3학년 아동의 성격유형에 따른 색채선호도에 대한 연구. 홍익대학교 대학원 석사학위 논문.

어멘더 렌쇼(2009). 이명옥 역. **어린이 미술관**. 서울: 사계절.

염태진(1987). 아동미술과 성인미술의 비교연구. **한국미술교육논총**. 고산 박철준 교수 회갑기념 논문집 발간위원회.

오연주(2005). **유아미술교육**. 서울: 창지사.

오종숙(1998). **유아 미술의 이론과 실제**. 경기 파주: 양서원.

이영주(1989). 어린이 미술 교육과 현대 미술의 연관성에 대한 비교 연구. 서울대학교 대학원 석사학위 논문.

정미경(1999). 미적 요소에 기초한 활동 중심 통합 미술프로그램이 유아의 미술표현 능력 및 머술 감상 능력에 미치는 영향. 중앙대학교 대학원 박사학위 논문.

조우상(2005). 아동화 표현유형에 관한 연구. 단국대학교 교육대학원 석사학위 논문.

차주희(2004). **현대 유아 미술 교육의 이론과 실제**. 대전: 대경.

최윤재(1993). 로웬펠드와 아이스너의 미술교육 사상 및 방법론에 관한 비교연구. 한국교원대학교 석사학위 논문.

최재영(2001). **아동미술활동의 지도와 이해**. 서울: 창지사.

최태만(1996). 한국 미술에 있어서 토속성과 원시성의 문제. **미술세계**, 1996년 1월호.

파버 비렌(1996). **색채의 영향**. 서울: 시공사.

한국색채연구소(2006). **아동색채교육**. 서울: 미진사.

한진희(2009). **엄마랑 아트 클래스**. 서울: 콜리아.

Church, E. B. et al.(1991). *Learning through play art*. New York: Scholastic Inc.

Eisner, E. W.(1995). 서울교육대학교 미술교육연구회 역. **새로운 눈으로 보는 미술교육**. 서울: 예경.

Goodenough, F.(1958). *Measurement of intelligence by drawings*. N.Y.: Harcourt, Brace and World, Inc.

Harris, D. B.(1963). *Childen's drawing as measures of intellectual maturity*. N.Y.: Harcourt, Brace and World, Inc.

Kellogg, R.(1992). *Analyzing children's art*. California: National Press Books.

Lowenfeld, V. & Brittain, L.(1964). *Creative and mental growth*. N.Y.: The Macmillan Co. Inc.

Piaget, J.(1954). *The construction of reality child*. N.Y.: Basic Books, Inc.

Read, H.(1958). *Education through art*. Faber & Faber. Loden.

Read, H.(1974). *The meaning of art*. Queen Square.

Read, H.(1981). 김진욱 역. **미술의 역사**. 서울: 범조사.

Sharpe, D. T., 임면택 역(1998). **색채심리와 디자인**. 서울: 태림문화사.

6

아동미술의 표현유형

학습개요

현대 심리학은 인간의 심리를 몇 가지 유형으로 분류함으로써 개인의 심성이나 행동을 이해할 수 있는 틀을 제공하였다. 이러한 심리학적 배경을 바탕으로 아동의 미술표현 유형을 이해하는 것은 아동미술에 대한 이해를 깊게 할 수 있다. 이 장에서는 다양한 아동미술 이론가들의 연구를 중심으로 아동미술의 표현유형을 알아보고, 이를 실제에 적용하는 방법에 대해 살펴본다.

학습목표

1. 아동미술의 표현유형을 구분한 학자들의 이론을 알아보고 정리해 본다.
2. 아동미술의 표현유형별 특징을 알고 적절한 지도방법에 대해 생각해 본다.
3. 아동미술에 대한 평가의 필요성, 평가의 내용과 방법에 대해 알아본다.

주요용어

1. 표현유형 : 미술표현에서 나타나는 특징을 구조화하여 분류해 보는 것
2. 촉각형 : 정서표현과 같은 내적 이미지를 주로 표현하는 유형
3. 시각형 : 직접적이고 눈에 보이는 외적 형태를 주로 표현하는 유형

1. 아동미술의 표현유형

아동의 그림은 그 표현에 있어 주제, 소재, 선, 색 등이 다양한 형태로 나타난다. 사람들의 성격과 생활환경 등이 각기 다르듯이, 아동들의 미술표현에 있어서도 주제, 소재, 선, 색 등이 다양하게 나타난다. 이러한 아동미술의 다양한 표현형태는 심리학적 접근으로 이해할 수 있다. 다음에서는 심리학적 배경을 토대로 아동의 미술표현 유형에 대해 살펴본 리드(Read), 로웬펠드(Lowenfeld), 버크하트(Burkhart), 김정과 권상구의 연구를 중심으로 살펴본다.

1) 리드

영국의 미술학자이자 비평가인 리드(Read)는 아동화를 정신적 형태의 기준을 가지고 분류하였다. 리드는 여러 학교에서 수천 장의 아동화를 구하여 조사했는데 매 경우마다 그림에 라벨을 붙여 설명을 쓴 후 비슷한 범주끼리 분류하였다(권준범, 1999). 이를 바탕으로 리드는 아동의 그림을 『예술을 통한 교육(Education through art, 1945)』에서 유기형, 촉각형, 구조형, 열거형, 상상형, 장식형, 율동형, 감정이입형의 여덟 가지로 아동의 표현유형을 제시하였다. 각 유형의 표현 특징은 다음과 같다.

① 유기형(organic form)

표상하는 대상들이 서로 고립되어 있지 않고 서로 관련이 있도록 조직화한다. 유기형의 표현은 표현 주제인 외적 대상에 충실하며 직접적, 시각적이다. 단일한 대상보다는 집단적인 대상을 표현하기를 즐기며 이를 통한 자연의 비례와 구조관계를 파악하려는 특성이 있다.

② 촉각형(haptic form)

촉각적이고 비가시적인 내적 이미지, 즉 내적이며 육감에 의해 얻어진 영상을 표현하는 특징이 있다.

③ 구조형(structured form)

비교적 드문 유형으로 표현하고자 하는 대상을 기하학적으로 표현한다. 대상의 구조적인 특징을 일정한 도식적 형태로 표현한다. 대상 그 자체의 객관적인 형태를 표현하기보다는 그것을 인식한 표현 주체인 작가의 인지양식이 더욱 두드러지도록 표현하는 특징이 있다.

④ 열거형(enumerative form)

대상을 표상함에 있어 외부의 표현대상에 전적으로 의존한다. 전체적으로 대상에 의존하는 표현을 하면서 꼼꼼히 자세히 본 만큼 또는 기억하는 만큼 기록하듯이 표현한다. 그러나 지나치게 사실적이며 나열식의 표현이기 때문에 오히려 그림의 주제가 잘 드러나지 않는다. 표현의 효과는 사실적이지만 예술적인 감흥이 부족하고 건축가의 설계도와 유사하게 표현하는 특징이 있다.

⑤ 상상형(imaginative form)

자기중심적 표현이 강하고 감각에 주어진 외적 대상을 표현할 때에도 상상적인 특징이 강하게 나타나는 특징이 있다.

⑥ 장식형(decorative form)

화려한 색채와 힘찬 형태들을 사용하여 쾌활한 무늬와 같은 화사한 분위기를 만든다. 색채와 평면에 주로 의존하며 유쾌한 패턴을 나타내기 위해서 색채와 도형 형태를 자주 사용하는 특징이 있다.

⑦ 율동형(rhythmical form)

관찰한 소재를 반복하여 그려서 화면 가득 차게 표현한다. 아동은 그림의 공간이 다 채워질 때까지 자신의 그림을 반복하여 표현하는데 실제 사물의 형태와 달리 거꾸로 표현하거나 변형하여 표현하는 다채로움을 보이기도 하는 특징이 있다.

⑧ 감정이입형(empathetic form)

유기적인 감정 요소를 포함하며 그 감정을 외적인 형체 속에 뚜렷하게 투입한다. 그림이 주관적이며 소박하고 천진한 느낌을 주는 특징이 있다.

표 6-1 리드의 구분에 따른 아동화의 유형

유기형	
구조형	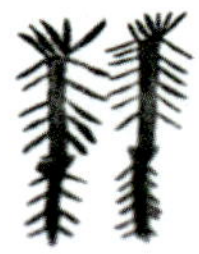
열거형	
장식형	
율동형	
감정이입형	

➤ 출처: 김춘일, 윤정방(2007). 『아동미술교육 이론과 실제』. 서울: 미진사.

2) 로웬펠드

로웬펠드(Lowenfeld)는 볼프(Wulff)의 미술유형 구분인 시각형, 촉각형을 연구 발전시켰다. 그는 약시아와 시각장애 유아의 표현을 정상아와 비교하여 아동의 표현유형에는 시각형(visual)과 촉각형(haptic)의 두 가지 유형이 있음을 발견하고 각 유형의 특성에 따라 적절한 그림지도를 해야 한다고 하였다.

로웬펠드는 발달과정에 따라 사람들이 세상에 대해 시각형과 촉각형이라는 두 가지의 다른 지각유형을 갖는다고 하였다. 시각형은 눈에 보이는 것에 대하여 관심을 갖고 그것을 그대로 묘사하는 반면 촉각형은 환경과의 접촉에 대해서 정서적이며 지각적 반응을 주로 보인다. 시각형의 표현은 대상의 전체를 표현하되 부분의 인상을 모아 종합적으로 조직하는 구조적 종합과 외면적, 객관적, 묘사적 표현이라는 특징이 있다. 세상을 시각적으로 보려는 지각경향을 가진 시각형 유아는 제3자의 관점에서 관찰하는 입장에 서서 자신이 직면하는 현상에 대하여 그대로의 방식으로 반응한다. 시각형 유아가 표현한 그림에서는 그들이 지각하려는 특징을 찾아볼 수 있으며 구상주의적 경향이 강하게 나타난다. 로웬펠드는 이러한 시각형의 표현이 인상파 작가들의 점묘법의 표현과 유사한 것으로 보았다.

반면 촉각형은 눈에 보이는 것보다는 느끼는 감정을 주로 표현하려는 특성으로 인하여 추상적인 경향의 그림을 그리게 된다. 촉각형의 특성을 가진 사람들은 세상을 제3자 관찰자로서 바라보는 것이 아니라 직접 참여하는 주체로서 세계와 상호작용한다. 따라서 촉각형의 사람들은 세상을 매우 정서적이고 근육운동 지각적인 방법으로 경험한다. 그래서 촉각형 유아들의 그림은 있는 그대로의 표현이라기보다는 정서적으로 과장되어 있다. 촉각형의 사람들은 객관적 대상에 대한 시각적 지각을 표현하기보다 지각의 결과로서 그들이 느낀 감정을 그림에 표현한다. 그래서 일부 촉각형 아동은 미술에 소질이 없는 아동으로 단정되기도 하며 미술교육 시 교사들에 의해 일률적으로 시각적 표현을 요구받는 경우도 발생할 수 있다. 이러한 경험이 반복되어 강화된다면 촉각형 아동은 자기는 미술에 소질이 없는 것으로 단정하고 흥미를 잃어버리기도 한다.

로웬펠드는 표현유형을 이와 같이 시각형과 촉각형 두 가지로 분류하였으나 한 개인의 예술경험에 있어서는 통합적이라고 말한다. 한 개인의 표현을 다른 사람의 표현과 비교해 볼 때 상대적으로 시각형 또는 촉각형이 우세하게 나타나는 특징을 볼 수 있으나, 한 개인에게는 두 가지 특징이 공존적으로 나타난다고 본다.

표 6-2 로웬펠드의 표현유형

유형	특징
시각형 (visual type)	시각형은 표현대상을 눈에 보이는 그대로 표현하려고 한다. 시각형은 표현대상이 아동의 주변에서부터 시작되고 아동의 일상적인 장면에 대한 묘사와 시각경험으로부터 일어난다. 표현대상을 객관적, 묘사적, 외면적, 모방적으로 표현하며 대상의 전체를 표현하고 부분을 모아서 조직하는 종합적인 방법으로 표현한다.
촉각형 (haptic type)	촉각형은 아동의 내부세계가 그림에 투사되는 형태이다. 이것은 시각이 아닌 다른 신체적 경험을 지각하여 아동 나름의 주관적인 경험을 표현하는 것이다. 따라서 촉각형의 아동미술은 내면적이고 감각적으로 주관적이다.

3) 버크하트

버크하트(Burkhart)는 로웬펠드의 창의적 표현 연구에 영향을 받아 아동의 미술표현 유형을 자의적 유형(spontaneous)과 숙고적(deliberate) 유형 두 가지로 제시하였다. 그리고 그 정도에 따라 자의적 유형 네 가지, 숙고적 유형 각각 네 가지 유형으로 모두 여덟 가지 기준을 제시하고 있다. 버크하트에 의하면 자의적 유형은 창의적 표현이고, 숙고적 유형은 비창의적 표현임을 암시하고 있다.

① 자의적 유형

자의형의 네 가지 유형 중 상위 자의적 유형(spontaneous-high)의 특징은 대체로 다음과 같다. 자기 긍정적이며 유연성, 분석성이 뛰어나고 정서적 자극에 대해 개방적이고 충동적인 성향이 있으며 캐묻기를 좋아하고 추상적인 것을 즐긴다. 이러한 유형의 사람은 반권위적인 성향이 있으며 이지적이며 개인주의적인 면이 있다. 상위 자의적 유형에 속하는 사람들의 작품에 나타난 특성은 복잡하고 개성적이며 다재다능하다. 이 유형의 유아들은 교사와 같은 타인이 자신의 작품에 대해 평가한 내용에 민감하여 평가에 대해서 광범위한 정서반응을 한다. 한편 자신의 실패에 대해서는 극히 관용적이고 허용적인 특성을 보인다.

② 숙고적 유형

숙고형 유형 중 하위 숙고적 유형(deliberate-low)에 속하는 사람들의 특징은 대체로 다음과 같다. 자기 자신을 부정적으로 평가하며 모방적이고 관찰적인 성향이 있다. 인습적, 형식적인 특성이 있어 단순하고 모방적이며 비창의적이다. 하위 숙고적 유형의 사람들의 작품에 나타나는 특성은 상투적으로 단순한 구조이며 기교중심의 모방 또는 묘사가 많으며 사실적이고 설명적이다. 이들은 작품의 과정보다 결과에 관심이 크며 실용적인 면에 관심이 많다. 이 유형의 유아들은 대담한 시도를 못하며 새로운 시도를 두려워한다. 그리고 교사의 제시에 대하여 한정된 정서반응을 보이며 자신의 실패에 대해 비관적인 특성을 보인다.

4) 김정

김정은 우리나라 유아의 그림 유형을 구디너프(Goodenough)의 연구를 참고하여 그림 스타일과 조형적 측면이 강조된 형태의 분류법을 기준으로 하여 우리나라의 실정에 맞게 세분하여 확대시켰다. 구체적으로 그 유형은 대담형, 소극형, 개인형, 비약형, 불균형형, 성급형, 표준형의 일곱 가지로 나누어진다.

① 대담형

표현할 수 있는 재료를 모두 사용하여 그릴 수 있고 크게 그리는 것이 특징이다. 색깔은 비교적 진한 색깔인 검정, 빨강, 파랑 등의 한 가지를 선택하여 그리는 경향이 있다. 그림이 크고 엉성해서 마치 장난으로 그린 것 같으나 진지한 태도일 때도 마찬가지로 엉성하게 그린다. 생활수준이 높을수록 많은 분포를 보이고, 장남이나 장녀보다는 차남 이하의 아동의 그림에서 많이 나타난다.

② 소극형

그림이 아주 작거나 화면 구석에 그리는 것이 특징이다. 그림의 내용은 대개 작은 형태를 그리지만 그리는 양은 상당히 많다. 이러한 유아의 태도는 위축된 상태의 불안에서 오는 것으로 볼 수 있으나 미술작품을 중심으로 평가하는 조형적 입장에서는 그렇지 않을 수도 있다. 이런 유형의 그림은 부분적 묘사는 상당한 수준이지만 전체적으로 볼 때 감정이 부족하게 느껴진다. 이 유형은 남아보다 여아의 비율이 높게 나타난다.

③ 개인형

그림의 내용이 무엇인지를 알아볼 수 없는 그림을 그린다. 그림을 그린 본인 이외의 사람은 이해되지 않는 그림이다. 개인형 아동에게는 무엇보다도 그 아동으로부터 작품에 대한 이야기를 들어 주는 것이 좋다. 이 유형은 여아보다는 남아들에게 많이 분포되어 있다.

④ 비약형

아동의 상상력과 관련이 있는 표현유형으로 어떤 그림을 그리면 금방 그것에 관련된 표현들이 덧붙여 나오는 유형이다. 예를 들어 자동차를 그리면 자동차와 관련된 도로나 교통 표지판들과 같은 부수적인 표현이 많이 노출된다. 경험의 증가에 따라 내용도 증가하며 논리적인 연결이 계속된다. 남아와 여아의 분포가 고르게 나타나며 공상적인 요소가 들어간 형태 표현이 많다.

⑤ 불균형형

그림을 완성하지 못하고 끝내는 것이 특징이다. 불균형형의 그림은 훈련이나 능력부족의 그림이 아니고 그림 자체가 성립이 안 되는 그림을 말한다. 정서적 불안에서 오는 경우라고 추측할 수 있지만 단정하기는 어렵다. 서구에 비하여 우리나라 유아에게는 그리 많이 나타나지 않는 유형이다.

⑥ 성급형

그림의 내용을 지극히 간단하게 처리시켜 미완성의 느낌을 주는 표현이다. 그림에 별 흥미를 느끼지 못하는 아동의 경우 성급형의 그림을 자주 그린다. 이런 표현형은 남아가 여아보다 더 많고 농촌보다는 도시지역의 유아에게서 더 많이 발견되며 주택, 아파트 지역보다는 상가, 시장 주변의 유아의 그림에서 더 많은 것이 특징이다. 이러한 유형의 유아를 지도할 때에는 보다 세심한 배려와 이해가 요구된다.

⑦ 표준형

특별히 한쪽에 치우치지 않고 보편타당성을 지닌 그림이다. 허약한 내용도 없고 어두운 표현이 없는 그림을 말한다. 우리나라 아동들 그림의 대부분이 표준형에 해당한다.

표 6-3 우리나라 유아의 미술유형 분포

구분	남아(%)	여아(%)	계(명)
표준형	159 (73.6)	184 (82.9)	343
소극형	20 (9.3)	15 (6.8)	35
대담형	4 (1.9)	8 (3.6)	12
성급형	14 (6.5)	8 (3.6)	22
개인형	15 (6.9)	5 (2.3)	20
불균형형	1 (0.5)	0 (0.0)	1
비약형	1 (1.4)	2 (0.9)	3
계	214	222	436

➤ 출처: 김정(1989). 『아동회화의 이해』. 서울: 창지사.

5) 권상구

권상구(1999)는 그 전까지 발표된 학자들의 분류를 참고로 하여 한국 아동의 실정에 맞게 아동화의 유형을 다음과 같은 대담형, 소극형, 열거형, 비약형, 주관형, 객관형, 일반화된 사고형의 일곱 가지로 분류하였다. 각 유형별 그림에서 나타나는 특성과 그에 따른 적절한 지도방법은 다음과 같다.

① 대담형

여러 가지 재료를 이용하여 화면이 부족할 정도로 크게 그리는 유형이다. 표현하고자 하는 대상을 화면 중심에 크게 그린다. 대담하고 힘이 있으며 시원하다. 그러나 다양한 생각들이 표현되지 않는다. 성격이 외향적이거나 남아인 경우가 많다.

② 소극형

대담형과 대조를 이루는 유형이다. 물체를 매우 작게 그리며 한 장의 그림을 그리는 데 매우 많은 시간을 소요한다. 그림을 그리기 싫어서가 아니라 성격상 오래 걸리는 유형이다. 또한 그림을 중앙이 아니라 한쪽 귀퉁이에 작게 그려 넣는다. 이 유형의 그림들은 소재도 단순하며 대부분 단순한 형태를 반복하는 예가 많다.

이 유형의 아동들은 도화지의 여백에 대한 일종의 부담감을 갖고 있기 때문에 너무 큰 종이보다는 16절 정도의 크기가 알맞다. 이 유형의 아동들에게는 새롭고 흥미 있는 경험을 제공하여 주는 것이 좋다. 때로 큰 붓을 이용하여 물감으로 커다란 낙서를 하는 새로운 시도를 통해 대담함을 키워 줄 필요도 있다.

③ 열거형

리드의 열거형과 같은 특징의 유형이다. 자신의 주관이나 개성보다 전적으로 표현대상에 의존하려는 경향이 강하다. 표현대상에 대한 객관적인 사실을 많이 알고 있다. 자신이 기억하고 있는 대상을 한 화면에 최대한 많이 표현하려고 하는 유형으로, 꼼꼼하고 자세하게 기록하듯이 사실적으로 표현한다. 화면을 전체에 빈틈없이 표현하기 때문에 뚜렷한 주제가 없으며 통일성이 없는 그림이 되기도 쉽다. 이 유형의 아동에게는 한 가지 주제를 주어 화면 중앙에 크게 그리도록 지도하여 주제에 대한 강한 인식과 대담성을 키워 주는 것이 좋다.

④ 비약형

대상을 보고 떠오른 것을 자신 내부의 연관성에 의해 한꺼번에 표현하는 유형이다. 비약형 그림은 상징적인 그림이 아니라 설명적인 그림에 가깝다. 같은 화면에 매우 많은 소재를 표현하여 복잡하게 그리며 한 장면에 많은 이야기가 있기 때문에 주제가 드러나기 어렵고 통일성도 없어지기 쉽다. 하지만 자세히 살펴보면 나름의 이야기가 연결되어 있는 형태다. 이와 같은 유형을 시간적 계속묘사라고도 한다. 예를 들어, 집을 그린 후 집 옆에 나무가 있고 나무 밑에는 연못과 꽃이 있고, 꽃 위에는 나비와 하늘이 있고, 하늘에는 구름과 태양이 있는 등 생각나는 대상을 나름의 연결성으로 연속적으로 연관해서 그린다. 이런 유형의 아동은 기억력은 좋을 수 있으나 미적 감각이 부족한 편이라 할 수 있다.

⑤ 주관형

그림을 그린 자신 외에는 이해하기 어려운 형태의 유형이다. 즉, 객관성이 무시된 그림으로 추상화와 같은 형태이다. 이 유형에서 주관성이라는 의미는 혼자만이 알아볼 수 있다는 의미에서의 주관성이다. 난화기의 아동이 아닌 도식기의 아동이 계속해서 이러한 유형의 그림을 그린다면 지적 발달이 더딜 가능성도 있으므로 주의 깊게 관찰할 필요가 있다.

⑥ 객관형

아동미술에서 가장 많은 유형으로 보편적이고 일반적인 유형의 그림이다. 아동의 수준에 적절한 자신의 생각이나 경험이 단순하게 표현되어 있는 그림이다. 이 유형의 그림을 그리는 아동은 자칫하면 다른 사람의 영향을 지나치게 받거나 모방의 표현이 되기 쉬운데 자기 나름의 주관성과 개성이 표현될 수 있도록 아동의 표현과 의견을 존중하고 격려해 주는 것이 중요하다.

⑦ 일반화된 사고형

이것은 틀에 박힌 것처럼 공식화된 그림을 말한다. 늘 같은 소재나 방법으로 사물을 있는 그대로 표현하려는 하는 유형이다. 자신이 알고 있는 한 가지의 형태로 계속 그리거나 하늘은 파란색, 나뭇잎은 녹색, 운동장은 황토색과 같이 전형적인 색을 표현하려고 노력한다. 간혹 주입식 미술교육 지도를 받은 경우 이러한 유형의 그림이 나타날 수 있다. 이런 유형의 아동은 판에 박힌 일반화된 사고를 점차 자유롭게 하여 주관적인 자신만의 정서를 표현할 수 있도록 도와주어야 한다.

표 6-4 아동미술 유형에 대한 학자별 분류 비교

분류 기준	Read (정신적 형태)	Lowenfeld (시각/시력)	Burkhart (표현유형)	김정 (표현유형)	권상구 (표현유형)
유형	• 유기형 • 촉각형 • 구조형 • 열거형 • 상상형 • 장식형 • 율동형 • 감정이입형	• 시각형 • 촉각형	• 자의적 유형 • 숙고적 유형	• 대담형 • 소극형 • 개인형 • 비약형 • 불균형형 • 성급형 • 표준형	• 대담형 • 소극형 • 열거형 • 비약형 • 주관형 • 객관형 • 일반화된 사고형

이와 같이 아동미술에서 나타날 수 있는 여러 가지 표현유형을 분류한 유형구분을 아동미술을 지도하는 관점에서 재평가해 보기 위해서 다음과 같은 기준을 고려해 볼 수 있다. 첫째, 아동의 개성적인 표현을 어떻게 분류하는 것이 지도에 도움이 될 것인지를 고려해 보아야 할 것이다. 둘째, 인간의 본성이라는 측면의 심리학적 관점과 미적 표현의 본질이라는 미학적 관점을 총체적으로 고려하여 볼 필요가 있다.

이러한 기준에서 리드의 복잡한 표현유형 구분은 인간의 심리적 특성을 기준으로 하여 미술표현과 형식적으로 연결지어 생각해 본 관념적인 구분이라는 비판이 가능하다. 버크하트의 자의적 표현형과 숙고적 표현형의 두 가지 유형구분은 자의적 표현이 숙고적 표현보다 우월하다고 보는 것이 타당한 것인지 검토해 볼 필요가 있다. 꼼꼼하고 사실적으로 표현하여 시간이 오래 걸린 숙고적 표현과 자유분방하고 빠른 자의적 표현을 비교하여 볼 때 어느 한 쪽이 더 창의적이라고 말하기는 어렵다. 창조성은 작품의 양보다는 질로 평가되어야 할 것이기 때문이다. 그리고 로웬펠드의 연구는 미학적, 심리학적으로 타당성이 있는 근거가 충실한 연구이나 시각적 재질감을 단순하게 시각과 촉각으로 한정하여 구분하였다는 한계가 있다. 보다 세밀한 구분을 위한 추후 연구가 필요할 것이다. 마지막으로 김정과 권상구의 유형구분은 우리나라 아동을 대상으로 한 분류법이라는 의의가 있으며 추가적인 연구가 계속될 필요가 있다.

요약 및 정리

- 아동의 그림은 주제, 소재, 선, 색 등에 따라 다양한 표현형태로 나타나지만, 일반적 발달 특징과 아동의 심리적 측면을 고려하여 비슷한 특징을 갖는 것끼리 분류해 볼 수 있다. 미술표현을 구조화하여 이해하려는 노력으로 미술 표현유형에 대한 연구들이 이루어졌다.

- 리드는 아동의 정신적 형태를 기준으로 아동화를 분류하여 표현유형을 유기형, 촉각형, 구조형, 열거형, 상상형, 장식형, 율동형, 감정이입형의 8가지로 제시하였는데, 인간의 심리적 특성을 미술표현과 형식적으로 연결한 관념적인 구분이라는 데서 문제점을 찾을 수 있다. 로웬펠드는 발달과정에 따라 사람들이 세상을 지각하는 유형이 달라진다고 보고, 눈에 보이는 것에 대해 관심을 갖고 그대로 묘사하고자 하는 시각형과, 아동의 내부세계가 그림에 투사되는 형태인 촉각형으로 구분하였다. 한편 버크하트는 창의성의 정도에 따라 자의적 유형과 숙고적 유형의 두 가지로 구분하였는데, 이 두 가지 유형 중 어느 한쪽이 우월하다고 단정하는 것은 무리가 있다.

- 우리나라에서는 아동의 표현유형과 관련하여 김정과 권상구의 연구가 대표적이다. 김정은 구디너프의 연구를 참고하여 그림 스타일과 조형적 측면이 강조된 형태의 분류법을 기준으로 하여 우리나라 아동의 그림 유형을 대담형, 소극형, 개인형, 비약형, 불균형형, 성급형, 표준형의 7가지로 구분하였다. 권상구는 한국 아동의 실정을 고려하여 아동화의 유형을 대담형, 소극형, 열거형, 비약형, 주관형, 객관형, 일반화된 사고형의 7가지로 분류하였다.

- 아동미술에 대한 평가는 아동의 미술능력의 발달 및 성장 정도를 파악하고, 미술활동의 목표가 제대로 성취되었는지를 검증하며, 부모에게 아동의 미술 발달상황에 대한 객관적 정보를 제공하기 위해 필요하다. 아동미술의 평가내용은 크게 활동과정에 대한 평가, 표현능력에 대한 평가, 감상능력에 대한 평가로 나누어 볼 수 있는데, 아동미술을 평가하는 과정에서 활용할 수 있는 방법으로는 관찰법, 포트폴리오, 집단비평법, 자기평가법 등이 있다.

| 참고문헌 |

김정(1989). **아동회화의 이해**. 서울: 창지사.

김춘일, 윤정방(2007). **아동미술교육 이론과 실제**. 서울: 미진사.

권상구(2006). **유아미술교육의 실제**. 서울: 미진사.

권준범(1999). H. Read의 아동 그림의 경험적 분류에 관한 연구. **사향미술교육논총**, 7, 35-58.

Kellogg, R.(1969). *Analysing children's art*. Palo Alto, California: Mayfield Publishing Co.

Read, H.(1966). Art and society. New York: Schocken Books.

Read, H.(2007). 황향숙, 김성숙, 김지균, 김향미, 김황기 역. **예술을 통한 교육**. 서울: 학지사.

7

아동미술과 미술치료

학습개요

아동은 미술을 통해 자신의 생각과 감정을 표현하고 정서적인 만족감을 경험하게 된다. 이러한 미술활동의 긍정적인 측면으로 인해 교육, 재활, 심리치료 등 다양한 분야에서 미술치료가 이루어지고 있다. 미술치료는 치료를 강조한 심리미술치료와 미술을 강조한 치료미술로 발전해왔으나 근래에는 양자가 통합되는 경향이 나타나고 있다. 이 장에서는 아동상담과 미술의 관계를 살펴본 후 미술치료의 정의와 배경을 알아본다. 또한 미술치료의 방법과 과정을 알아보고 그 실제를 살펴본다.

학습목표

1. 미술을 활용한 아동상담의 특징을 기술한다.
2. 미술치료의 정의를 말하고 그 배경을 설명한다.
3. 미술치료의 방법과 과정을 정리한다.
4. 아동미술치료의 실제를 분석한다.

주요용어

1. 미술치료 : 내담자의 방어기제를 낮추고 자유로운 표현을 가능하게 하는 매개체로서, 심신의 어려움을 겪고 있는 사람들이 자신의 정신을 탐험하고 성장할 수 있도록 돕는 효과적인 수단
2. 전이 : 내담자가 상담상황에 대해 가지고 있는 일종의 왜곡으로 과거에 다른 사람에게서 느꼈던 감정을 현재의 상담자에게 느끼는 것을 의미함.
3. 승화 : 잠재적으로 부적응적인 감정이나 충동을 사회적으로 용납될 수 있는 행동으로 변형시켜 표현함으로써 감정적 갈등이나 내외적인 스트레스를 처리하는 방어기제

1. 아동상담과 미술

아동은 미술활동을 통해 자신의 생각과 감정을 표현할 수 있고 분노와 공격성과 같은 부정적인 감정을 두려움 없이 안전하게 표출할 수 있다. 미술치료는 이러한 미술활동의 장점을 이용하여 아동에게 가깝게 다가갈 수 있으므로 아동이 처한 문제를 효과적으로 해결할 수 있다.

놀이 활동에 잘 참여하지 못하거나 문제행동을 보이는 아동, 장애를 가진 아동, 그리고 언어 사용 능력에 제한이 있는 아동에게 미술활동은 특별한 의미가 있다. 자신을 둘러싸고 있는 현실 세계에 잘 적응하지 못하는 아동은 미술활동을 통해 세상과 자신의 생각이나 감정의 교류를 하게 되며, 자신을 이해하고 세상에 다가갈 원동력을 얻게 된다.

대부분의 아동은 미술활동을 좋아한다. 미술을 통해 자신의 생각과 감정을 표현할 수 있고 정서적인 만족감을 경험할 수 있기 때문이다. 아동은 미술활동을 통해 과거의 고통스러운 경험을 승화시키고 자신의 분노와 공격성과 같은 부정적인 감정을 두려움 없이 안전하게 표출할 수 있다. 또한 아동은 미술활동을 통해 환상과 상상을 마음껏 표현할 수도 있다. 미술치료 시에는 이러한 미술활동의 장점을 이용하여 아동에게 가깝게 다가갈 수 있으며, 아동이 현재 처한 문제를 효과적으로 치료할 수 있다.

교육부는 2020년 전국 초·중·고 학생 178만 8,843을 대상으로 정서·행동발달검사를 실시한 결과 총 84,318명이 관리대상이며, 이 중 66%에 해당하는 우선관리대상 중 20,682명이 자살위험군으로 분류되어 위기대응팀 운영을 의무화하는 등 학교 내 집중관리가 필요한 것으로 보고하였다(교육부, 2020). 국회입법조사처는 최근 5년간의 자료를 분석하여 아동·청소년 정신질환자 수는 2016년 220,587명에서 2020년 271,557명으로 증가했으며, 자살자 수와 자살률(인구 10만 명당 자살자 수)은 2015년 245명/2.3명에서 2019년 300명/3.2명으로 증가했다고 보고하였다(국회입법조사처, 2021). 그레이(Gray, 2011)는 지난 반세기 동안 미국을 비롯한 선진국 아동의 놀이 시간이 줄고 대신 불안, 우울, 무력감, 나르시시즘 등의 정신병리학적 징후 등이 꾸준히 증가했다고 분석하였다. 모차배

이(Mojtabai) 등도 2005년부터 2014년까지 미국 내 거주 중인 12~17세 청소년 17만 2,495명을 대상으로 주요우울장애(MDEs) 관련 증상을 분석한 결과 12개월 이상 주요우울장애 관련 증상을 경험한 청소년은 2005년 8.7%에서 2014년 11.3%로 증가했다고 보고(Mojtabai et al., Pediatrics, 2016)하는 등 아동·청소년의 심리적 건강에 경고등이 켜진 것은 일반적인 현상이다.

유치원이나 초등학교에서 부정적인 행동이나 반항, 성적부진, 정신지체, 상관적 장애 등과 같은 문제점을 보이는 아동을 교육하고 치료하기 위해서는 문제가 발생한 원인과 치료방법에 대한 기본적인 지식이 필요하다. 아동들이 선호하는 활동인 미술을 이용한 미술치료는 아동들에게 나타나는 다양한 장애나 심리적인 문제를 치료하기 위한 방법이 될 수 있다.

미술치료는 다른 심리치료와 비교해 다음과 같은 장점을 갖는다(Wadeson, 1980).

첫째, 미술은 마음속에 그려지는 심상에 대한 외현적인 표현이다. 인간의 인생 초기 경험을 통해 심상이 형성되며, 이러한 심상은 아동의 성격을 형성하는 데 중요한 역할을 한다. 미술활동의 매체는 심상이 표출되도록 자극하는 창조적 활동을 이끌어 낸다. 아동의 내적 경험이나 꿈, 환상 등이 미술활동을 통해 나타나므로, 미술활동은 심상을 표현함으로써 이루어지는 아동 상담의 관점에서 언어적 접근보다 효과적이다.

둘째, 미술활동은 비언어적 수단이므로 아동의 방어를 감소시킬 수 있다. 즉, 미술활동은 언어보다 자아의 통제를 덜 받고 의식적으로 조장하기도 어렵기 때문에 아동의 무의식 내에 존재하는 갈등을 파악하기 쉽다.

셋째, 미술활동에서는 구체적인 유형의 자료가 즉시 생산된다. 여기서 말하는 구체적인 유형의 자료는 아동이 만든 미술작품이다. 아동은 그림이나 조형과 같은 미술작품으로 자신의 감정이나 사고 등을 구체화하면서 자신의 감정을 느끼고 자신에 대해 알아나가게 된다. 그 결과 아동이 만든 미술작품은 아동과 상담자를 연결하는 중요한 매개체로 기능할 수 있다. 특히 저항적인 아동의 경우에는 아동의 문제를 직접 다루는 것보다 아동의 미술작품을 통해 접근하는 것이 상담하는 데 더 용이하다.

넷째, 미술활동에서 생산된 자료는 영속적이다. 미술작품은 보관이 가능하기 때문에 주관적인 기억이 왜곡되는 것을 방지할 수 있다. 아동이 만든 미술작품은 필요할 때 재검토할 수 있다.

또한 이전에 만든 작품을 다시 보면서 당시의 감정을 회상하기도 하는 등 치료효과를 높이는 데에도 활용할 수 있다. 뿐만 아니라 아동의 미술작품의 변화는 그 자체로 치료의 과정을 말해 주고, 상담원의 팀 회의에서도 미술작품을 통해 아동의 문제와 치료 과정 등을 논의할 수 있다.

다섯째, 미술은 공간성을 지니고 있다. 언어표현은 문법·통사론·논법 등의 언어규칙을 따라야 하지만, 미술은 본질적으로 공간적인 것으로 우리 경험을 바로 복제한 것이다. 미술표현은 시간적인 요소도 없어 아동은 미술을 표현하면서 자유로움과 편안함을 느낄 수 있다. 예를 들어 아동은 자신의 가족을 그림으로 나타내면서 원근, 결합과 분리, 유사점과 차이점, 감정, 특성, 생활환경 등을 그대로 표현하게 된다. 따라서 미술작품을 통해서 개인과 집단의 성격을 이해하는 데 도움을 받을 수 있다.

여섯째, 미술은 창조적인 활동으로 아동이 창조적 에너지를 발산시켜 자신을 표현하고 내적인 갈등을 승화시킬 수 있도록 한다. 그 결과 아동은 미술활동을 통해 즐거운 감정과 환희를 경험하게 되고, 변화하고 성장할 수 있는 가능성을 갖는다. 따라서 창조적인 미술활동은 아동이 자신만의 잠재력을 발휘하여 개성화에 도달하게 하는 과정이 된다.

이와 같은 장점을 지닌 미술활동을 치료에 이용하였을 때 아동이 받게 되는 도움은 다음과 같다(이재연, 서영숙, 이명조, 1997).

첫째, 미술활동은 아동의 인지적 능력을 신장시킨다. 미술작품을 만들어 가기 위해 아동은 무엇을 어떻게 할 것인지 생각해야 하고, 자신의 지식과 여러 감각을 사용해야 한다.

둘째, 미술활동을 통해 직접적으로 관찰하기 어려운 자기 행동에 대한 아동의 인식을 살펴볼 수 있다. 미술활동을 하면서 아동은 과거나 현재의 사건과 관련된 생각과 감정, 그리고 미래에 대한 생각들을 표현할 수 있기 때문에 미술활동은 아동의 심리 저변의 인식에 접근하는 데 도움이 된다. 따라서 상담자는 직접적인 관찰이 어려운 아동의 감정과 생각을 읽어냄으로써 보다 아동을 잘 이해할 수 있게 된다.

셋째, 미술활동을 통해 아동은 자신의 부정적인 감정을 정화하는 기회를 갖는다. 대부분의 공격적인 아동들은 자신의 부정적인 감정을 해소할 수 있는 적절한 방법을 알지 못하므로 신체적인 공격 행위를 하게 된다. 미술활동은 아동의 분노와 적대감과 같은 감정을 사회적으로 수용되면서 해를 끼치지 않는 방식으로 표현할 수 있는 기회를 제공한다.

넷째, 미술활동은 아동 스스로 주도하고 조절하는 기회를 제공한다. 아동은 자발적으로 미술활동을 하면서 자신의 자아를 고양시키고 자아존중감을 높일 수 있다.

다섯째, 미술재료를 선택하는 미술활동 과정과 완성 작품 자체가 아동에게 성취감과 만족감을 안겨 준다. 따라서 미술활동은 아동이 긍정적인 자아개념을 발달시키는 데 도움이 된다.

여섯째, 미술활동은 자신의 마음을 표현하는 데 어려움을 가지거나 언어표현 자체가 적은 아동과 친밀감을 형성할 수 있는 수단이 될 수 있다. 특히 언어표현능력이 부족한 유아나 대인관계에 자신이 없는 청소년들에게 대인관계를 성립시켜 상담이 가능하도록 하는 유용한 매체가 될 수 있다.

일곱째, 미술활동은 아동이 자신의 방어기제를 허물지 않고 자신의 무의식세계를 보여 주는 데 도움이 된다. 이 과정에서 상담자는 아동의 마음에 상처를 주지 않고 아동의 무의식세계에 접근할 수 있는 기회를 얻게 된다.

여덟째, 미술활동은 아동을 진단하는 데 도움이 되는 보충적 자료가 된다. 아동은 미술활동을 통해 현재의 생각과 감정을 그대로 표현한다. 예를 들어 자신을 극도로 방어하고 있는 아동은 그림을 전혀 그리지 않거나 선만 그어대든지 똑같은 것만 계속 그린다.

결론적으로 아동의 미술작품은 아동의 신체적·정신적 발달 수준과 현실 세계와의 관계를 잘 나타내 준다고 할 수 있다. 따라서 미술활동은 삶을 풍요롭게 하는 매체로 문제가 있는 아동뿐 아니라 정상적인 아동에게도 널리 활용될 수 있다.

2. 미술치료의 정의

> 미술치료는 '미술'과 '치료' 중 어떠한 것에 초점을 두느냐에 따라 크게 두 가지 관점으로 분류된다. 최근에는 이 두 가지 측면이 모두 통합된 의미로서 미술치료를 정의하는 관점이 우세하다.

미술치료는 회화요법, 묘화요법, 그림요법 등 다양한 용어로 사용되고 있으며, 영어의 'Art Therapy'도 예술치료, 예술요법, 미술치료, 회화요법 등으로 번역되고 있어 한마디로 미술치료를 정의하기는 어렵다. 미술치료(Art Therapy)란 'Art+Therapy'의 합성어로 'Art'는 아동의 미술작품을 일컫기도 하고 그 작품을 창작하는 활동과정을 의미하기도 한다. 'Therapy'는 궁극적으로 인간의 삶의 질을 향상시키기 위한 과정으로 진단과 치료적 개입과정으로 구성된다(한국미술치료학회 편, 1994).

미술치료에서 '미술'과 '치료' 중 어떠한 것에 초점을 두느냐에 따라 크게 두 관점으로 설명할 수 있다.

첫째, '치료로서의 미술(Art as therapy)', 즉 '치료미술'이라는 정의다. 이는 크래머(Kramer)를 필두로 하는 미술을 중시하는 입장으로, 예술을 창조하는 행위나 미술작품을 만드는 과정 자체가 치료적인 효과를 가진다는 것이다. 내담자는 미술작업을 통해 자기표현을 하고 자신의 반사회적이고 파괴적인 에너지를 분출하며 승화시키게 된다. 이러한 과정에서 내담자는 자신의 원시적 충동이나 환상에 접근하면서 갈등을 재경험하게 되고, 자기훈련과 인내의 과정 속에서 그 갈등을 해결하고 통합하며 자아를 성숙시키게 된다. 즉, 미술을 중시하는 입장에서는 마음이 병든 사람을 재통합하는 데 현실과 공상, 의식과 무의식을 통합하는 예술인 미술이 매우 적합하다고 보고 있다.

둘째, '치료에서의 미술(Art in therapy)', 즉 '미술심리치료'라는 정의다. 이는 나움버그(Naumberg)를 중심으로 하는 치료를 중시하는 입장으로, 미술이라는 상징적 회화를 통해서 인간의 문제를 진단하고 치료할 수 있다는 견해다. 즉, 미술은 내담자와 상담자 사이에 전달되는 상징적 회화로서, 그림을 매개체로 이용하여 심리를 치료하는 과정이 미술치료라는 것이다. 이 입장에서 미술치료는 정신분석적 치료법의 도입수단이 된다. 내담자와 상담자 사이의 치료적 관계 형성, 전이와 역전이의 해결, 자유연상에 있어 미술을 이용하는 것이며, 자발적인 그림표현과 그림의 상징성에 대한 해석을 중시한다.

최근에는 이 두 가지 측면이 모두 통합된 의미로서 미술치료를 정의하는 관점이 우세하다(Ulman, 1996). 울만(Ulman)은 미술치료에는 창조적 측면과 치료적 측면이 모두 포함되어 있다며, 미술치료 실행에 있어 두 측면의 타당성을 모두 인정한다. 실제로 두 입장은 무엇에 초점을 두느냐에 차이는 있지만 내담자의 미술활동이 중심이 되어 치료가 이루어진다는 점에서는 동일하다. 울만은 1961년 「예술치료회보(Bulletin of Art Therapy)」의 창간호에서 '미술치료'라는 용어를 처음으로 사용하였다. 울만은 "미술치료는 교육, 재활, 정신치료 등 다양한 분야에서 널리 사용될 수 있으며, 어떤 영역에서 활용되고 있든 간에 공통된 점은 시각예술이라는 수단을 이용하여 인격을 통합 혹은 재통합하기 위한 시도"라고 하였다. 따라서 울만은 '미술치료'란 용어에 '미술'과 '치료'라는 두 가지 개념이 포함된다고 보아 크래머와 나움버그의 견해를 모두 수용하였다.

한편, 와데슨(Wadeson, 1980)은 미술치료는 내담자의 사고, 감정 등이 미술활동을 통해 표출되는 비언어적인 의사소통 기법이며, 이 기법을 반복적으로 사용함으로써 지금까지 상실, 왜곡, 방어, 억제되어 있던 자기 상(self image)을 재발견하며 자기 동일화와 자기실현을 이루는 과정이라고 정의하였다. 주리애(2000)는 미술치료란 내담자의 미술작품과 창작과정 및 창작 후의 과정을 통해 내담자의 상태와 문제를 파악하고 이를 경감시키고 개선하여 내담자의 적응적 상태를 형성해 나가는 것이라고 정의하였다.

이와 같이 학자에 따라 미술치료에 대한 견해와 정의는 다양하나, 미술치료가 심리치료 이론을 기반으로 조형활동을 통해서 개인의 갈등을 조정하고 동시에 자기표현과 승화작용을 통해서 자아성장을 촉진시킬 수 있다고 보는 것은 공통적이다. 따라서 미술치료는 내담자의 방어기제를 낮추고 자유로운 표현을 가능하게 하는 매개체로서, 심신의 어려움을 겪고 있는 사람들이 자신의 정신을 탐험하고 성장할 수 있도록 돕는 효과적인 수단이라고 하겠다.

3. 미술치료의 배경

미술치료는 '미술'과 '치료' 중 어떠한 것에 초점을 두느냐에 따라 크게 '치료미술'과 '미술심리치료'의 두 관점으로 구분되어 왔다. 역사적으로 보면, 정신분석적 심리치료에서 미술을 활용하던 미술심리치료에서 미술 과정 자체가 치료의 효과를 가진다는 치료미술로 관점이 변화되다가 최근에는 두 관점이 통합되었다. 여기서는 미술치료의 역사적 · 이론적 배경에 대해 살펴본다.

1) 미술치료의 역사적 배경

미술치료의 기원은 고대 샤머니즘, 무속화, 부적, 구석기 시대의 동굴벽화에서 찾을 수 있다. 기원전 2만 년 이전부터 인간은 장식을 하기 위해, 그리고 치료적인 힘을 만들어 내기 위해 이미지와 기호를 사용하였다. 석기시대 인간은 원시적인 도구로 동굴 벽에 형태와 그림을 그렸으며, 이러한 그림들 중 널리 알려진 '알타미라 동굴벽화'와 '라스코 동굴벽화'는 순수한 장식적 의미보다는 '사냥을 위해 들소의 영혼을 빼앗는' 등의 주술적 의식을 위해 사용되었다고 알려져 있다. 이처럼 인간은 오랫동안 앞으로 다가올 미래에 대처하고 두려움이나 공포와 같은 감정을 조절하고 표현하며, 해롭고 두려운 존재로부터 자신을 보호하려는 주술적이고 치료적인 목적으로 미술을 창조하고 활용해 왔다.

미술의 힘은 고대로부터 알려져 왔지만 임상적 차원의 치료적 접근으로 미술을 인식하게 된 것은 그리 오래되지 않았다. 미술치료의 기원은 나라마다 다르지만, 19세기 초반 독일의 정신병원 의사들이 미술활동이 환자치료에 미치는 예술적·정서적 효과를 인정해 포괄적 작업치료의 부분으로 받아들이면서 시작되었다고 볼 수 있다(Domma, 1990).

아동미술이 치료적인 측면에서 주목받기 시작한 것은 19세기 후반경으로 1893년에 바네스(Barnes)가 「아동화 연구」라는 논문을 발표하면서 아동화가 많은 심리학자들의 관심 영역으로 대두하였다. 그 후 심리학자들은 그림에 아동의 감정이 나타난다는 가설을 세우고 연구를 시작하였다. 1920년대에 들어서는 아동화의 발달단계와 연령 구분에 따른 특징에 대한 이론을 구축하는 데에 초점이 맞추어졌다. 1926년에는 구디너프(Goodenough)가 「그림에 의한 지능 측정(Measurement of Intelligence by Drawing)」을 출판하면서 이전과 다른 분석적 연구방법인 인물화 검사(Draw-a-Man Test)를 소개하였으며, 1940년대 전후에 이르러 아동화는 지능뿐만 아니라 성격진단의 도구로도 인식되기 시작하였다.

오늘날의 미술치료는 프로이드(Freud)와 융(Jung)의 이론이 중요한 자리를 차지하고 있는 현대 정신의학의 발전사와 맥을 같이 한다. 미국의 정신분석학자 나움버그는 미술치료의 개척자로, 1940년대부터 치료양식으로서의 미술표현을 도입하였다. 나움버그는 정신분석학 이론과 자신의 경험에 입각하여 그림을 통해 내담자의 정신질환을 치료하고자 하였다. 그녀는 내담자의 무의식 속의 사고와 감정이 그림에 직접 표현된다고 믿어 내담자에게 자유연상을 통하여 그림을 그리도록 하였다. 또한 치료에 있어 전이관계를 매우 중요하게 여겼는데, 이는 그림에 상징성이 있어 내담자가 자신의 그림을 통해 자신을 통찰할 수 있다고 생각하였기 때문이다. 상담자가 그림의 상징성을 해석하여 내담자를 상담하는 그녀의 방법은 오늘날의 미술치료에서 보편적으로 사용되고 있다.

1950년대에 나움버그의 뒤를 이어 아동을 대상으로 미술치료를 실시한 크래머는 언어적 방해를 받지 않는 미술 창조과정 자체의 치료적 역할을 강조하였다. 그녀도 정신분석이론에 근거를 두었지만 나움버그와 달리 승화를 보다 중시했다. 즉, 미술작품을 통해 상담자와 내담자가 교류하는 상징적 대화가 아닌, 창조적 미술 행위 자체로서 내담자가 자신의 감정이나 욕구를 표현하며 파괴적 에너지를 승화시키는 과정에서 치료가 이루어진다는 것이다. 따라서 그녀는 상담자의 역할은 내담자의 미술작품을 해석하는 데 있는 것이 아니라 내담자 스스로의 승화와 통합의 과정을 도와주는 데 있다고 보았다(한국미술치료학회 편, 1994).

이러한 양자의 견해 차이는 1961년 울만에 의해 통합되었다. 울만은 미술치료에는 치료적 측면과 창조적 측면이 모두 포함된다고 보았다. 또한 내담자의 미술작품이 예술적인지 여부보다 내담자가 표현한 상동적이거나 강박적인 표현에 주목해야 한다고 보았다. 결국 울만에 의해 정신분석적 이론에 근거를 둔 내적 갈등과 승화라는 개념이 통합되었다.

미술치료가 발전하면서 초기의 이러한 정신분석학적 접근들은 다양한 접근법들로 전개되었다. 키아트코브스카(Kwiatkowska)는 가족치료에 미술을 응용하였고, 로빈스(Robbins)는 미술치료에 대상관계이론을 접목하였다. 왈라스(Wallace)는 미술치료에 융의 적극적인 명상을 도입하였고, 라인(Rhyne)은 게슈탈트 심리학을 미술치료에 적용하여 미술이 자기 지각을 강화시키는 도구라고 하였다. 실버(Silver)는 언어적 지능과는 차별되는 시각적–공간적 지능을 재는 것을 목적으로 하는 검사기법을 만들기 위해 미술치료에 대해 인지적인 접근을 하였다. 와데슨은 미술치료에 대해 절충적인 접근을 시도하였고, 루빈(Rubin)과 말키오디(Malchiodi)는 미술치료에 발달적 접근을 취하여 아동미술치료를 발전시켰다.

1960년에 접어들면서 미국에서는 미술치료의 본격적인 활동을 통해 보다 전문적인 체제가 구축되었다. 1961년에는 「미술치료전문지(American Journal of Art Therapy)」가 창간되었고 1966년에는 미국미술치료학회(American Art Therapy Association)가 설립되었다. 현재 미국에서는 학술단체와 전문연구지를 통해 미술치료 연구와 전문인 양성에 매진하고 있다. 이후에는 미국뿐만 아니라 일본, 한국 등에서도 정신병원에 입원한 환자를 대상으로 미술치료가 시도되었다. 일본에서는 1991년에 일본묘화검사·요법학회가 설립되어 그림 진단 검사 및 다양한 미술치료기법 개발을 위한 적극적인 활동이 이루어지고 있다. 한국에서도 1992년 11월에 한국미술치료학회가 설립되었고, 최근에는 한국미술치료학회를 중심으로 미술치료프로그램에 대한 연구와 학술연구가 이루어지고 있다. 현재 200명 이상의 미술치료전문가들이 사회복지기관, 장애인복지관, 아동상담소, 재활센터, 병원 등에서 활동하고 있다.

2) 미술치료의 이론적 배경

미술치료의 이론적 배경은 크게 정신역동적 접근, 인간중심적 접근, 행동적·인지적·발달적 접근이 있다(한국미술치료학회 편, 1994). 정신역동적 접근에는 정신분석적 미술치료와 융학파의 분석적 미술치료가, 인간중심적 접근에는 인간중심 미술치료, 게슈탈트(Gestalt) 미술치료가, 그리고 행동적·인지적·발달적 접근에는 행동적 미술치료, 인지적 미술치료, 발달적 미술치료가 속해 있다.

(1) 정신역동적 접근

① 정신분석적 미술치료

정신분석적 미술치료는 프로이드 학파의 정신분석학에 이론적 근거를 둔 방법으로, 자유연상법, 꿈의 해석, 저항과 전이의 분석 및 해석과 같은 방법으로 진행되는 기법이다. 이 접근법에서는 내담자가 자유연상을 한 내용이나 꿈의 내용을 미술매체를 통해 표현하도록 한다. 정신분석적 미술치료사들은 미술을 상징적 언어로 보고 내담자들이 자유롭게 표현한 고통이나 억압, 자유연상 그림 등 미술작품의 소재를 무의식과 연관시켜 상징성에 대한 분석과 해석을 한다. 특히 이 접근법은 언어의 사용이 제한적인 아동의 의사소통을 용이하게 해 준다는 장점이 있다.

② 융학파의 분석적 미술치료

융은 자신의 개인적 경험을 통해서 그림이 주는 치유력을 스스로 체험하였다. 그는 인간에게는 내면적 심상인 상징과 꿈을 통하여 일상적 의식의 세계가 아닌 다른 깊은 곳에 성장의 의지가 존재한다는 것을 증명하려 하였다.

융(Jung)의 분석심리학적 미술치료에서는 즉흥적인 판타지, 능동적 상상이나 꿈의 시리즈를 그림으로 그리는 과정이 중요하다. 환자의 상상과 꿈은 한 개인의 무의식적 내용을 투사할 뿐만 아니라, 인류의 경험이 내재된 원형적 집단 무의식적 내용을 투사한다고 본다. 인류의 경험이 내재된 원형적 집단무의식이 '집단경험, 원형적 그림'으로 그림에 상징적으로 표현되기 때문에 미술치료기법으로 능동적 상상을 많이 사용한다. 따라서 미술치료사들은 모든 그림의 표현에 나타나는 원형적 형상의 상징을 재구성하게 된다. 융은 자신의 체험을 통하여 만다라 그리기의 치유적 의미를 발전시켰으며, 환자들이 무의식적 심리활동을 통하여 표현하는 만다라의 상징적 의미를 심리분석에 적용하였다(정여주, 2001).

(2) 인간중심적 접근

① 인간중심 미술치료

인간중심 미술치료의 기본목표는 한 개인을 총체적으로 보아 자아실현과 성취를 이루도록 하는 것이다. 이 기법은 내담자가 두려움이나 불안에서 탈피하는 데 목적을 두기보다 진정으로 표현한 결과 얻어지는 성취감에서 비롯되는 기쁨, 유쾌한 흥분 등을 목표로 한다. 이러한 목표를 위해 창조적이며 정직하게 표현하도록 변화시키는 방향으로 활동이 이루어진다. 예를 들어, 통증을 상상하여 그림으로 그린 후 다시 통증이 몸에서 떠나가는 것을 상상하여 그림으로 그림으로써 성취를 얻도록 하는 것이다. 이는 꿈의 기억, 대인관계 개선, 통증치료 등에서 소조활동이나 크레용 등으로 그림을 그리는 기법으로 실현된다. 이렇게 자신의 정체성을 경험하면 자신은 물론 타인의 통합성, 주체성, 개성, 이상주의를 인정하고 관심, 돌봄, 동정의 삶의 방식을 이끌어 낼 수 있다고 본다.

② 게슈탈트 미술치료

실존적인 삶을 통한 성숙한 인간을 지향하는 게슈탈트 미술치료는 분석이 아닌 자아의 통합에 미술치료의 목적을 둔다. '지금-여기(here & now)'를 강조하는 게슈탈트 치료에서는 외부로 투사되거나 자신의 내부에서 격리되어 자신의 것으로 자각되고 통합되지 못한 에너지나 감정을 자각하고 나아가 통합하는 것이 치료의 목표다. 나아가 게슈탈트 치료 최종목표는 각 개체로 하여금 실존적인 삶을 살도록 도와주는 것이다.

게슈탈트 미술치료에서는 꿈 그리기 기법(dream work)을 통해 꿈의 형태를 자신이 만들어 냈다는 것을 인식시키고 미술매체를 통해 꿈을 재생시키고자 한다. 또한 점토작업, 미술 게임, 느낌에 대한 그림 그리기, 선 게임(line game) 등의 미술치료방법과 역할놀이, 연주 등의 방법이 함께 사용되기도 한다. 그림을 관찰할 때 내용으로 구조와 형식에 초점을 맞추며, 선과 모양에 나타난 운동방향, 형태들의 역동적 관계에 주의를 기울인다. 또한 시각적 형태가 내담자의 실제 삶에서 어떻게 관련되는지 알아보기 위해 내담자에게 정서적인 괴로움을 자아내는 단어들

(예: 분노, 공포, 슬픔, 놀람 등)에 대해 추상화를 그리게 한 후 토의를 한다. 게슈탈트 미술치료에서는 내담자와 상담자 간의 실존적인 만남을 중시하므로 정직하고 책임 있고 직접적인 의사소통이 이루어지는 관계 조성을 강조한다. 따라서 워크숍 형태의 치료법이 자주 사용되고, 치료자는 연출가의 역할을 하게 된다.

(3) 행동적 · 인지적 · 발달적 접근

① 행동적 미술치료

행동적 미술치료는 행동치료기법을 미술치료에 적용한 것이다. 즉, 행동조성법, 정적 강화, 모델링 등의 방법을 미술치료에 적용한 것이다. 이 접근법은 발달장애아동이나 행동문제를 가진 성인에게 효과적이다.

② 인지적 미술치료

인지적 미술치료는 인지가 외부세계의 자극을 조절하는 수단이며, 인지가 언어와 관계를 가지고, 인지, 언어, 미술의 상징성이 상호 관련이 있다는 이론에 근거를 둔다. 즉 언어적 활동뿐만 아니라 미술작품(예: 스케치, 채색화, 조소 등)처럼 비언어적인 활동으로도 인지발달이 가능하다고 본다. 대표적인 인지적 미술치료의 기법은 색채의 농담(유채색+흰색)을 혼합해 가며 계열성 개념을 개발하기, 공간개념을 개발하기 위해 관찰화를 사용하기, 공간·순서·분류의 개념을 발달시키기 위해 찰흙으로 모양 꾸미기 등이 있다.

③ 발달적 미술치료

발달적 미술치료는 프로이드, 에릭슨, 피아제 등의 발달이론에 기초를 둔 것으로, 아동의 발달단계와 발달과업에 따라 미술활동의 내용을 달리하는 것이다. 윌리암스(Williams)와 그의 동료들이 '발달적 미술치료'라는 용어를 최초로 사용하였으며, 이들은 인지와 운동능력은 정상이나 정서적으로 장애가 있는 아동들에게 발달적 미술치료를 사용하여 효과를 거두었다.

4. 미술치료의 방법과 과정

미술치료는 미술을 진단적 도구로 사용하는지 치료도구로 사용하는지에 따라 상이한 방법으로 실현될 수 있다. 이러한 방법들은 미술치료가 진행되는 단계에 따라 다양하게 활용될 수 있다.
여기서는 미술치료의 다양한 방법을 알아보고, 미술치료 과정을 초기 · 중기 · 후기의 단계로 나누어 살펴본다.

1) 미술치료의 방법과 해석

미술치료에서는 심리진단과 치료가 동시에 이루어지므로 진단과 치료를 엄격하게 구분하기 어렵다. 개인의 욕구와 감정 등의 내면 상태가 표현되는 미술작품을 통해 개인의 심리상태를 진단할 수 있으며, 동시에 미술활동을 하는 행위 자체가 치료될 수 있다. 따라서 미술치료를 하는 과정에서 심리진단과 치료는 융통성 있게 활용되어야 한다. 진단과 치료로 활용되는 대표적인 미술치료의 방법과 미술치료의 해석방법은 다음과 같다.

(1) 진단적 도구로서의 미술

진단적 도구로서의 미술이란 그림의 내용, 형태, 색, 의미 등을 통해 아동의 발달수준과 장애 정도를 진단하는 것으로, 일종의 투사적 기법이다. 투사법은 인물화에 의한 지능검사나 성격검사, 집·나무·사람 검사(HTP), 나무그림검사, 가족화에 의한 성격진단 등의 연구를 통해 발전되어 왔다. 심리진단에 사용되는 그림을 활용한 기법들은 다음과 같다(한국미술치료학회 편, 1994).

① 자유화법

주제나 방법을 아동 스스로 결정하여 그리는 방법으로, 그림에 나타난 색채 사용, 선과 형태, 공간 이용과 공간적 형태, 내용(부모, 형제, 자신, 산, 태양 등)을 분석하여 아동의 심리를 진단한다.

이와 같은 아동의 자발적인 표현은 무의식을 표현하는 데 큰 도움을 준다. 그러나 이러한 분석방법은 아직 신뢰도나 타당도에서 동의를 얻지 못한 부분이 있어 사용에 제한이 있다. 또한 미술치료 과정에서 중요한 주제가 아동에 의해 자연스럽게 유발되기도 하지만 때로는 특별한 주제를 상담자가 제시해야 할 때도 있다.

② 과제화법

과제화법은 상담자가 인물, 가족, 친구, 집, 나무, 산, 동물, 길 등의 과제를 미리 주고 아동에게 상상화를 그리게 하는 방법이다. 과제화법을 통해서 이상행동에 대한 내면의 욕구와 그 욕구를 저지하는 압력에 대해 잘 알 수 있다. 여기에는 인물화, 묘화완성법, 나무그림, 집그림검사, 산과 해의 묘화법, 풍경구성법 등이 속하며, 산·길·집과 같은 특정 과제를 제시할 수도 있다.

③ 상상화 그리기

한 장의 종이에는 주제를 전혀 제시하지 않고 상상화를 그리게 하고, 다른 또 한 장에는 사람, 태양, 집 등 세 가지 내용이 있도록 과제를 제시하여 상상화를 그리게 하는 방법이다. 이 방법에서 분석기준은 형태, 색채, 구도, 동적 요소, 내용 등이 된다.

④ 나무 그리기법

나무 그리기법은 열매가 달린 나무 한 그루를 그리도록 하는 방법으로, 진단에 널리 사용된다. 특히 나무는 내담자의 질병상태를 잘 알려 준다. 나무그림을 진단할 때에는 나무그림 검사기준을 참조해야 하는데, 대체로 줄기, 가지, 뿌리, 열매, 잎, 전체 인상 등을 기준으로 분석한다. 나무 그리기법은 한국판 검사도구가 개발되어 있다.

⑤ 집 · 나무 · 사람(HTP: House–Tree–Person) 검사

이 기법은 네 장의 종이에 집(House), 나무(Tree), 무엇인가 하고 있는 남자와 여자(Person)를 그리게 하는 방법으로, 유아에서 노인에 이르기까지 넓은 연령층에 포괄적으로 활용되는 방법

이다. 이 기법은 '아동이 자신을 어떻게 느끼며 과거를 어떻게 느끼는가' 등을 알게 되는 자아 발견의 원천으로 활용된다. 반드시 집–나무–사람의 순서로 그려야 한다. HTP는 모든 연령의 피험자가 즐겨 그리는 집, 나무, 사람의 세 가지 소재를 사용하였기 때문에 다른 과제에서보다 솔직하고 자유로운 내면세계 표현이 가능한 방법이다. 따라서 아동의 저항을 적게 받고, 동일한 아동의 그림을 시간 순서로 배열하면 질병의 경과도 알 수 있다. 이 기법은 한 장의 종이에 집, 나무, 사람을 모두 다 그리는 통합법도 사용하고 있다.

HTP에 운동성을 가미한 동적 집·나무·사람(KHTP: Kinetic House–Tree–Person) 검사는 HTP를 전체적으로 보게 하여 더 많은 정보를 제공하기 때문에 HTP보다 유용하게 활용되고 있다. KHTP는 집, 나무, 사람을 각각 그렸을 때는 발견할 수 없는 역동성과 내담자의 보다 깊은 내면의 세계를 잘 드러낸다. HTP 검사는 한국판 표준화 검사가 개발되어 있지 않아 일본과 미국 자료를 활용하여 분석한다.

⑥ 인물화 검사(DAP: Draw A Person)

인물화를 통한 성격진단 검사는 다른 여러 투사검사보다 더 깊이 있는 무의식의 심리를 표현하도록 해 주어 아동이 자신과 타인을 어떻게 지각하고 있는지를 파악하는 데 도움이 된다. 또한 자유화에 비해 저항이 적고, 아동은 물론 성인에 이르기까지 사용 가능하여 널리 애용된다. 특히 인물화 분석은 HTP나 가족화의 기초가 되므로 깊이 있는 이해가 필요하다. 인물화는 "한 명의 사람을 그려라"라는 지시 뒤에 "다른 성을 가진 사람을 그려라"라고 하여 전신의 남, 여에 대한 그림을 각각 받아낸다. 시간 제한은 없다. 예를 들어 남성이 여성상을 먼저 그리면 자신의 성에 혼란이 있거나 이성 부모에 대한 의존성이나 집착이 있다고 해석한다. 눈동자가 생략되거나 팔이나 손이 감추어져 있으면 죄책감을 나타내고, 코나 입은 성(性)과 관련된다. 길이가 다른 다리와 발 그림은 자신의 충동과 자기 통제 간의 갈등을 반영한다. 한국판 표준화 검사가 없어 미국이나 일본 자료에 기준을 두고 분석한다.

⑦ 가족화

가족화는 가족그림을 통해 아동의 심리상태나 가족의 역동성을 진단하는 방법이다. 가족화에는 가족화(DAF: Draw A Family)와 동적 가족화(KFD: Kinetic Family Drawing), 동그라미 중심 가족화 등이 있다. 가족화(DAF)와 동적 가족화(KFD)는 아동에게 주는 지시가 다르며, 동적 가족화가 가족의 역동성 파악에 보다 효과적이다.

동적 가족화의 지시는 "여러분의 가족 모두가 무엇인가를 하고 있는 그림을 그려보세요"라고 지시하며, 그린 후에 각 인물상이 누구인지, 연령은 어떤지, 무엇을 하고 있는지를 질문한다. 동적 가족화를 해석할 때는 인물상의 행위와 그림의 양식(구분, 포위 등), 상징(책상 등), 그림의 역동성(크기, 거리, 방향, 생략 등) 등을 기준으로 한다. 동적 가족화를 통해 가족구성원 내의 역동성을 파악할 수 있고, 가족구성원에 대한 개인의 행동이나 투사된 감정과 태도가 어떠한지를 알 수 있다. 최근에는 동그라미 중심 가족화(FCCD와 PSCD)를 통하여 부, 모, 아동 간의 관계를 진단하는 방법도 개발되었다. 한편, 동물가족화도 아동의 가족관계나 심리를 진단하는 데 사용될 수 있다. 또한 가족체계진단법이라는 방법은 가족 전체나 부부, 부모와 자녀들이 협동하여 그리는 방법으로 이를 통해 가족관계를 진단할 수 있다.

⑧ 학교생활화(KSD: Kinetic School Drawing)

자신과 학교의 친구와 선생님을 포함해서 그리는 학교생활화(KSD)는 아동의 학교생활을 진단하는 데 사용된다. KFD와 합쳐서 동적 그림체계(KDS)라고 하며, KFD와 함께 받아 보면 아동의 심리진단에 유용하다. 대부분의 아동은 학교생활에 대해 그림을 그리도록 요구할 때 거부감을 덜 표현한다. 6~10세 아동의 경우에는 놀고 싶은 친구, 하고 싶은 것 등을 그리도록 할 수 있다. 친구를 그린 친구화는 학급집단 내의 아동의 사회적 위치나 역할, 적응상태를 파악하는 데 사용된다.

⑨ 풍경구성법(LMT: Landscape Montage Technique)

풍경구성법은 1969년에 일본인 나카이 히사오(中井久夫) 교수에 의해 창안된 검사로서, 내담자가 지각하고 있는 심리상태를 알아보는 데 사용된다. 원래는 정신분열증 환자를 대상으로 한 모래상자요법의 적용가능성을 결정하는 예비검사로 고안되었으나 독자적인 가치를 인정받아

치료에 널리 활용되고 있다.

풍경구성법은 도화지에 '강, 산, 밭, 길, 집, 나무, 사람, 꽃, 동물, 돌, 그 외 추가하고 싶은 것'을 차례대로 그려 넣어 하나의 풍경을 구성하여 채색하도록 한다. 그런 다음 자기가 그린 그림에 대해 계절, 시각, 기후, 강의 흐르는 방향, 사람과 집, 밭 등의 관계에 대해 이야기를 하도록 한다. 풍경구성법은 치료 가능성을 평가하고 문제점을 추측하거나 관찰하는 데 유용한 방법이다. 풍경구성법은 1977년 제10회 독일어권 표현병리, 표현요법학회에서 발표된 이후에 일본뿐만 아니라 독일, 미국 등에서 널리 시행되고 있으며, 진단도구뿐만 아니라 치료과정 중에도 활용되어 효과와 가치를 인정받고 있다.

⑩ 협동화법

가족이나 아동 집단이 소집단을 이루어 한 장의 종이에 협동해서 그림을 그리는 방법이다. 집단체계에 대한 진단과 치료에 유용한 방법으로, 집단치료의 장점을 함께 활용할 때 보다 효과적이다. 진단 시에는 자발성 정도, 경험의 표출, 협동성, 그리는 위치와 내용, 그림 순서, 주의력 등을 관찰하게 되며, 치료 시에는 협동심, 커뮤니케이션 기능, 자발성, EQ, 사회성, 집단이해, 인간관계 등을 높이는 데 활용할 수 있는 좋은 방법이다.

⑪ 난화게임법(SDG)

아동의 심리평가에 사용되는 방법으로 심리치료나 언어치료에도 응용된다. 이 방법은 아동에게 난화를 제시한 후 그림을 완성하게 하여 "이게 뭐야?", "무엇을 하고 있니?" 등으로 질문을 하여 이야기를 꾸며 나가게 한다.

이 밖에도 빗속의 사람(PITR), 별과 파도 검사(SWT: Star-Wave-Test), 발테그 검사(Wartegg Test), 계란화/동굴화 등의 검사방법이 있다.

(2) 치료도구로서의 미술

미술작업을 통해 심리상담이나 치료를 하는 것을 미술치료적 행위라고 한다. 치료도구로 미술을 활용할 때에는 대상에 따라 다양한 기법이 적용된다. 특히 어떤 내담자를 대상으로, 어떤 시기에, 어떤 기법을 사용하여 심리치료를 할 것인지를 판단하기 위해 아동의 흥미, 관심, 태도, 특성 등을 잘 파악하여 활용해야 한다. 다음과 같은 기법이 치료도구로서의 미술로 사용된다(이시용, 정환금, 허승희, 허종관, 2000).

① 테두리법

아동이 보고 있을 때 도화지에 테두리를 그어서 아동에게 건네주는 방법이다. 용지에 테두리를 그려 줌으로써 조형활동을 자극할 수 있을 뿐만 아니라 공포를 줄일 수 있어 자아가 허약한 아동에게 사용할 때 유용하다. 단 테두리를 그릴 때에는 자를 사용하지 않도록 주의한다. 원을 그려 주고 원 안에 그림을 그리도록 하거나 채색하게 하는 방법은 과잉행동, 주의산만 등을 통제하는 데 유용하며, 심리적 지지도 제공할 수 있다.

② 출발그림(Starter Sheet)

출발그림은 그림 그리기에 저항감을 표현하거나 공포나 수줍음을 느끼는 아동에게 그림 그리기를 자극하고 촉진하는 유용한 방법이다. 장애아동이나 정신질환자에게 모두 활용할 수 있는 방법이다. 상담자가 종이에 직접 잡지에서 오린 얼굴 사진을 붙여 주거나 그림을 그려 준 후 아동이 나머지 부분을 완성한다. 처음 미술치료를 시작할 때 사용할 수 있는 기법이다.

③ 난화이야기법

난화이야기법은 난화법과 이야기법을 종합하여 응용한 방법이다. 상담자와 아동이 서로 교환하며 이야기를 만들어 나가는 방법으로, 심상을 형성하는 것이 중요하다. 최근에는 난화와 콜라주를 합쳐 표현이 부족한 아동에게 사용되고 있다. 다만 이 방법은 중증 장애아동보다 경증 장애아동에게 좋은 방법이다.

④ 콜라주기법

콜라주기법은 최근 가장 많이 사용되는 미술치료 기법으로, 미술과정에 대한 부담감을 없애주면서 동시에 미술과정에 몰입하도록 해 준다. 잡지 속에서 마음에 드는 사진을 오려 붙이는 방법으로, 거부감이 감소되고 분노가 노출되며 희망에 대한 상징을 표현하는 등으로 다양하게 활용된다. 표현이 쉽고 그리는 것보다 정확하게 감정이 전달된다. 자기감정 나타내기, 가족이나 친구에게 말하고 싶은 것, 주고받고 싶은 선물, 타인에 대한 감정표현, 문제의 예방 및 대처방법 등의 주제가 쉽게 표현될 수 있다. 다만 콜라주기법이 쉽고 정확한 감정 전달의 방법이 되려면 아동이 선택할 수 있는 사진매체 및 미술매체가 다양하고 많아야 한다.

⑤ 역할 교환법

아동과 상담자가 서로 번갈아 가며 채색을 하거나 그림을 그리거나 콜라주, 난화 등을 완성해 나가는 방법이다. 한 장의 종이에 적당히 선을 그어 교대로 색칠해 나가는 화면분할법과 동시에 사용되기도 한다. 이 방법은 라포를 형성하거나 거부감을 감소시키고 흥미를 유발하는 데에 효과적이다.

⑥ 색채 선택법

아동이 좋아하는 색을 선택하여 그림을 그리도록 하는 방법이다. 이 방법을 가족체계진단법에 활용하면 아동에게 자유를 부여할 수 있다. 이처럼 아동에게 자유를 부여하는 데에는 아동의 책임의식을 강화하고자 하는 원리가 포함되어 있다.

⑦ 갈겨 그리기법

아동이 사인펜으로 선을 따라 직접 갈겨 그리는 방법으로, "어떻게 보여요?", "어디가 어떻게 되어 있어요?"에 대해 이야기하게 한 후 채색을 하도록 한다. 아동과 상담자가 갈겨 그리기를 하면 서로의 관계가 더욱 친밀해진다.

⑧ 그림완성법

소정의 용지에 기호가 그려져 있는 9개의 정사각형을 제시하고 그 기호를 사용하여 그림을 완성하는 방법이다. 해석하는 내용은 그린 순서와 무엇을 그렸는가에 대해서다. 이 방법은 미술치료 과정 중이나 초기에 사용할 수 있으며, 아동이나 성인, 정상적인 사람이나 정신질환자 등 모두에게 적용할 수 있는 방법이다. 이 방법을 통해 아동의 거부감이나 저항심, 공포심을 제거할 수 있다.

⑨ 자아감각 발달법

자아감각 발달법은 신체적 자기이미지나 자아개념이 부정적인 장애인을 대상으로 자아개념을 높이기 위해 사용하는 방법이다. 구체적으로 출발그림이나 묘화완성법, 손도장과 발도장 찍기, 조소활동, 동그라미 기법, 씨앗으로 얼굴 만들기, 가면 만들기, 석고 본뜨기, 신체 본뜨기(실물 크기), 인체 퍼즐 게임, 거울 보고 자기 그리기, 손 본뜨기 등의 자아와 관련 있는 미술활동을 할 수 있다. 특히, 섭식장애 환자나 신체장애인에게 효과적이다.

⑩ 감정 차트 만들기

도화지에 몇 개의 칸을 구분하거나 칸 없이 한 장의 종이에 최근의 감정을 그리거나 색종이로 나타내는 방법이다. 스펙트럼의 띠 형태로도 표현할 수 있다. 감정을 표현한 다음에는 모든 인간에게 불편한 감정이 있음을 확인하도록 한다.

⑪ 만다라 그리기

크레용, 크레파스 등을 이용하거나 색종이를 사용하여 만다라를 그리도록 한다. 이 방법에 색채를 사용하면 보다 효과적이며, 아동의 기억이나 감정을 통합하는 데 유용한 방법이다. 자유연상을 통해 자유롭게 그려도 되며, 그리고 난 후의 심상을 시로 나타낼 수도 있다.

⑫ 집단 만다라 벽화 그리기법

만다라를 벽화로 협동화를 그리는 방법으로, 집단 속에서의 자신과 집단을 이해하는 데 도움이 되며 협동심을 기르는 데에도 유용하다. 소집단이 책상 위에서 그리는 것보다 벽화의 방식으로 공동 제작하면 거부감이 적고 편안하여 역동성이 더 잘 드러난다.

⑬ 핑거페인팅(Finger Painting)

핑거페인팅은 미술치료 초기나 말기에 정서를 안정시키고 저항을 감소시키며 심리를 이완시키는 효과를 목표로 사용한다. 또한 작업을 촉진시키거나 스트레스를 해소하는 데에도 큰 도움을 준다. 핑거페인팅의 결과물은 작품으로 게시해도 좋고 크리스마스 카드 등으로 제작하는 데에 활용해도 좋다.

⑭ 조소활동법

점토로 인물상을 만들거나 자신의 감정을 표현하게 한 후 해석하는 방식이다. 과도하게 언어에 의존하는 내담자에게 감각적인 요소를 강조할 때 사용할 수 있고, 반면에 언어화가 결핍된 내담자에게는 수채물감과 같은 묽은 점토를 사용하면 유용하다. 특히 대상관계가 부족한 아동의 치료에 유용하다.

(3) 미술치료의 해석방법

미술활동을 통해 아동이 자신에 대한 다양한 정보를 드러내면 치료사는 그러한 정보를 읽어 낼 수 있어야 하는데 이것이 그림을 해석하는 방법이다. 미술치료의 해석방법은 일반적으로 인상주의적 해석방법과 구조적 해석방법으로 구분된다.

① 인상주의적 해석

인상주의적 해석은 아동의 그림을 보고 치료사가 주관적인 인상에 근거하여 아동의 심리적 상태와 특성에 대하여 해석하는 방법이다. 내담자의 그림을 보고 '위축되어 보인다, 불안정하다, 스트레스가 많은 것 같다'와 같은 인상을 받을 수 있다. 이를 직관적이고 정서적인 관점에서 해석하는 것으로, 인상주의적 해석을 하는 치료사는 풍부한 공감능력과 직관력, 예민한 관찰과 많은 임상적 경험이 필요하다. 그러나 그림에 대한 인상주의적 해석만으로 아동의 심리적 특성이나 상태를 정확히 이해할 수 없기 때문에 아동을 전체적이고 종합적으로 이해하기 위해서는 구조적인 해석이 함께 이루어져야 한다.

② 구조주의적 해석

구조주의적 해석이란 그림의 구조적 요소인 그림의 크기, 형태, 위치 등과 같은 요소들이 의미하는 것이 무엇인지를 분석하는 방법이다. 즉 그림의 특징이 의미하는 바에 대한 가설을 도출하고, 그것이 다른 구조적 요소와 비슷하게 일치하는지를 관찰하며, 그림이 주는 인상과 다른 심리검사자료, 임상적 관찰, 그리고 면담자료 등의 일관성을 평가해 가설의 채택 여부를 결정하는 것이다. 예를 들면 그림을 과도하게 크게 그린다면, 경조증 상태의 자아팽창, 과도한 성취에 대한 기대, 충동조절의 어려움 등의 가설을 세울 수 있다. 이 가운데 가장 적절한 가설이 무엇인지를 다른 자료를 참고하여 해석하는 것이다.

구조적 해석에서 가장 주의해야 할 점은 절대적인 틀을 갖고 해석하는 것이다. 일례로 집이나 나무를 그리고 기저선을 그릴 경우 '안정에 대한 욕구표출로 내적 불안정감이 있다.'는 가설을 세울 수 있으나 다른 임상자료에 대한 고려 없이 그렇게 단정하면 안 된다는 것이다. 왜냐하면 기저선을 그리는 것을 학교에서 배우거나 발달단계에 따라 나타났을 가능성을 배제할 수 없기 때문이다. 그러므로 아동들에게 나타나는 문제점을 찾아내고 해결하기 위해서는 미술작품에 대한 구조주의적인 해석과 인상주의적 해석방법이 종합적으로 이루어져야 한다.

2) 미술치료의 과정

미술치료의 과정은 일반적으로 초기, 중기, 후기의 세 단계로 나눌 수 있다(정여주, 2003; 주리애, 2000).

(1) 초기 단계

미술치료의 초기 단계는 보통 두세 번 정도 만나게 되는 기간으로, 아동은 그림을 통해 자신의 감정을 상담자에게 표현하고 상담자는 가능한 아동에 대한 정보를 상세하게 파악해야 하는 단계이다. 따라서 상담자는 아동이 자신의 감정을 잘 표현할 수 있도록 편안한 분위기를 조성하고 동기유발을 위해 다양한 시도를 해야 한다. 또한 상담자는 아동을 만나기 전에 아동의 이름과 나이, 성별, 가족관계, 생활환경, 과거사에 대한 정보를 가능한 한 많이 알고 있어야 하며, 아동의 태도, 표정, 대화 등을 주의 깊게 관찰할 필요가 있다. 초기 단계에 상담자는 아동에 대해 파악하기 위해 그림을 활용한 진단방법을 사용할 수 있다.

초기 단계에서는 아동의 정보를 파악하는 것 외에도 상담자와 아동 사이의 신뢰를 형성하는 것이 중요하다. 신뢰형성이 기초가 되어야 앞으로의 미술치료활동에 대한 구체적인 방향을 계획하고 다음 단계로 진행할 수 있다. 따라서 피터젠(Petersen)은 초기 단계를 장애와 대면의 단계라고 정의했다. 장애의 단계란 아동의 문제가 무엇인지 진단하는 단계이며, 대면의 단계는 상담자가 앞으로의 상담의 방향을 세우고 전문 지식을 기반으로 상담을 위한 구조적인 계획을 하는 단계임을 뜻한다.

(2) 중기 단계

중기 단계는 일반적으로 아동과 상담자가 신뢰감을 형성하여 구체적인 미술활동에 들어가는 시기이다. 보통 치료를 시작한 후 4~7회 정도 만나면 중기 단계로 접어들게 된다. 이 단계에서 아동과 상담자는 협력하여 문제를 다루게 된다. 아동은 자신의 고통스러운 감정을 명확하게 표현하면서 모호한 감정에서 벗어나게 된다. 상담자는 아동이 나타내는 행동과 태도, 말, 정서표현, 반응양식 등을 잘 기록해야 하며, 아동이 활동 자체에 몰입할 수 있도록 불필요한 대화를 삼가는 것이 좋다. 이 시기는 아동이 심리적, 정신적 동요를 나타내는 시기이기도 하다. 따라서 상담자는 아동이 이러한 동요를 극복할 수 있도록 격려하며, 변함없는 관심과 배려를 통해 믿음을 주어야 한다. 즉, 상담자의 전폭적인 이해와 수용이 아동에게 상담자가 항상 자신의 편에 있다는 믿음을 주게 된다.

또한 중기 단계에는 상담자의 계획이나 의도보다 아동 스스로 활동을 주도해 나가는 경향이 나타나는데, 이는 아동과 상담자 간의 신뢰관계와 아동의 주도성을 인정해 주는 분위기를 통해 가능하다. 아동은 재료와 기법도 다양하게 선택하게 되며, 주제를 스스로 변형하기 위해 시도하기도 한다. 이 과정에서 자신에 대한 의식이 확장되며 스스로의 고통을 극복할 수 있는 에너지를 얻게 된다. 이러한 에너지는 아동이 고통을 받기만 하는 수동적인 존재에서 자신의 문제와 고통을 딛고 일어설 수 있는 힘을 가진 능동적인 존재로 변화되는 원동력이 된다.

(3) 후기 단계

후기 단계는 아동의 무의식 깊은 곳에 존재하던 감정과 생각을 상징적으로 드러내어 상담자와 교류하는 과정에서 점차 아동이 자신의 행동에 자신감을 가지며 부적응 행동이 감소하게 되는 시기이다. 상담자는 이 단계에서 각 활동마다의 과정과 활동 후의 작품을 살펴보면서 아동에게 다음과 같은 질문을 하게 된다.

- 작품을 시작할 때와 만들 때, 그리고 끝났을 때의 느낌은 어떠한가요?
- 어떤 부분이 마음에 들고, 그 이유는 무엇 때문인가요?
- 만약 작품을 고친다면 어느 부분을 어떻게 고치고 싶은가요?

후기 단계가 되면 아동은 자신에게 집중된 에너지를 사회적이고 실제적인 면으로 돌리며, 타인과 환경에 대해 능동적인 관계를 시도하는 적응능력을 보이게 된다. 상담자도 아동이 문제를 극복하여 적절히 현실세계에 적응할 수 있는 능력을 키우도록 배려해야 한다. 상담자는 미술치료를 종료하기 위해 치료횟수를 점진적으로 줄이고 종료시기를 미리 아동에게 알려 주어야 한다.

3) 아동미술치료의 실제

아동을 대상으로 미술치료를 실시하기 위해서는 치료의 매체가 되는 다양한 재료와 치료가 이루어지는 공간인 미술치료실이 필요하다. 실제로 미술치료를 시행하는 데 있어서는 자질을 갖춘 미술치료사가 무엇보다 중요하다. 미술치료사는 아동의 심리치료에 요구되는 미술치료 시간을 적절하게 구성한다. 여기서는 미술치료의 실제를 구성하는 요소로 치료의 매체, 미술치료실, 치료시간의 구성, 미술치료사의 자질과 역할에 대해 살펴보겠다.

(1) 치료의 매체

미술치료는 연필, 색연필, 색 사인펜, 크레용, 파스텔, 그림물감 등의 '회화 재료', 찰흙, 색 찰흙, 지점토, 밀가루반죽 등의 '조소 재료', 신문, 잡지, 천, 리본, 곡식 알갱이, 색 노끈 등의 '공예 재료' 등 다양한 매체들을 사용한다. 실제로 미술치료를 효과적으로 실시하기 위해서는 이러한 미술매체의 특성을 잘 이해하고 있어야 한다. 미술매체는 다음과 같은 특성을 가지고 있다.

① 부드러운 느낌의 미술재료: 물감, 크레파스, 파스텔, 찰흙

이러한 특성의 재료는 다루기는 쉽지만 쉽게 지저분해질 수 있고 재료가 유동적이어서 분노와 같은 감정을 표현하기 어렵다. 그러나 쉽게 접근할 수 없는 감정을 다루고자 한다면 파스텔과 같은 부드러운 재료가 쉽게 감정을 드러나게 해 준다.

② 딱딱한 재료: 연필, 색연필, 마커, 잡지 그림

딱딱한 재료는 에너지를 최대한 방출시킬 수 있으며 깔끔한 특징을 가진다. 이 재료를 사용하는 동안 아동은 의식적인 사고판단 과정을 진행할 수 있고 좀 더 통제된 상태를 유지할 수 있다. 보다 강하고 거친 감정표현에는 딱딱한 매체가 적절하다. 종이를 찢어 콜라주를 하는 방법이 딱딱한 재료를 사용해서 할 수 있는 좋은 예이다. 그러나 아동이 평소에 통제되어 있는 모습을 주로 보인다면 좀 더 부드러운 재료를 사용하는 것이 감정표현에 보다 적절하다.

매체를 선택할 때에는 매체 자체의 특성뿐만 아니라 다음과 같은 점들을 고려해야 한다. 첫째, 매체를 선택할 때에 그 매체가 아동의 자발성을 촉진시키는지 여부를 고려해야 한다. 아동의 자발성을 촉진하기 위해서는 충분한 공간, 다양한 색상, 충분한 크기의 종이와 점토 등을 제공하는 데 초점을 맞추어야 한다. 그러나 너무 많은 양의 도구는 오히려 아동에게 위압감을 조성할 수도 있다. 또한 상담자는 자발성에 대한 아동 개인의 욕구를 민감하게 관찰하여 적절한 매체를 제시할 수 있어야 한다. 예를 들어 우울한 아동이나 자신감이 매우 낮은 아동에게 쉽게 찢어지는 신문지나 잘 부서지는 분필과 같은 매체는 좌절감을 유발시키므로 이를

피하는 것이 좋다.

둘째, 매체 선택 시에는 아동이 매체를 다루기 용이한지 여부를 고려해야 한다. 매체의 종류에 따라 아동이 통제할 수 있는 정도가 다르기 때문이다. 낱낱으로 된 매체가 다루기가 더 쉽다. 예를 들어 연필은 통제하기 쉽지만 물감이나 점토는 다루기 어렵다(한국미술치료학회 편, 1994).

셋째, 미술 매체는 치료시간, 공간, 내담자의 특성 등에 따라서도 그 목적에 부합되도록 선택할 필요가 있다. 다시 말하면, 주어진 시간에 완성이 가능하고, 치료실의 청소가 용이하며, 아동의 성격을 고려한 매체가 적절하다. 예를 들어, 경직된 성격을 가진 아동에게는 물감, 핑거페인트, 물기가 많은 점토 등이 유용하지만, 충동적인 성향의 아동에게는 이러한 매체가 오히려 충동적 성향을 더 심화시키는 결과를 가져올 수 있다.

특히, 아동을 대상으로 하는 미술치료에서는 미술매체가 아동의 발달수준에 맞으면서 동시에 아동의 성장을 촉진할 수 있어야 한다는 점을 유의해야 한다. 어린 유아에게는 간단한 재료가 적합하다. 미세한 운동협응력이 부족한 어린 유아들에게 붓을 이용하여 그림을 그리거나 색칠하는 활동은 좌절감을 가져다줄 수 있다. 그러나 유아용 크레용이나 핑거페인팅을 사용하면 어린 유아들도 즐겁게 즐기며 창조적인 그림을 그릴 수 있다. 점토를 가지고 활동을 하거나 이젤을 놓고 그림을 그리는 방법도 어린 유아들에게 적합한 방법이다. 반면에 나이 든 아동은 미술재료 선택이 융통적이어서 진열해 놓은 여러 미술재료 중에 선택하는 방법도 괜찮다. 나이 든 아동에게는 여러 가지 물감, 색채, 크기가 다양한 종이, 점토, 연필 등을 충분하게 제시하여 아동 스스로 창의적으로 사용할 수 있도록 배려할 필요가 있다. 이와 같이 아동의 흥미와 능력에 따라 유용하게 이용할 수 있는 재료로는 조각(철사, 파이프 클리너, 스펀지, 골판지 등), 콜라주, 모빌, 리본 염색, 레이스, 항아리, 도기, 사진 등이 있다(이재연 외, 1990).

(2) 미술치료실

미술치료가 이루어지는 공간인 미술치료실은 적당히 넓고 충분한 채광이 들어오며 여러 가지 미술도구를 갖추고 있는 공간이어야 한다. 조용하고 비밀을 유지할 수 있으면 더욱 좋고, 물을 사용할 수 있는 싱크대도 필요하다. 미술활동은 책상이나 이젤뿐만 아니라 바닥이나 벽에서도 이루어질 수 있으므로, 바닥과 벽이 청소하기 편한 재질일수록 좋다. 그리고 작품을 보관할 수 있는 수납장이나 선반과 같은 시설도 필요하다. 움직이기 어려워하는 신체장애 아동의 경우에는 아동의 방에 직접 방문하여 실시할 수 있고, 아동이 평안하다고 느낀다면 작은 방에서도 활동할 수 있다.

(3) 치료시간의 구성

총 미술치료의 시간구성은 미술치료의 목적, 아동의 환경조건, 미술치료의 방법 등을 기초로 결정될 수 있다. 대부분 주 1회 정도로 상담 및 미술치료가 진행된다. 치료시간을 구성할 때에는 치료의 기간과 빈도, 사용될 매체, 특정 활동, 치료 종료 등의 요소가 계획에 포함되어야 한다.

(4) 치료사

미술치료사의 자질과 역할은 미술치료에서 중요하다. 미술치료사가 갖추어야 할 전문적인 지식과 자질은 다음과 같다(김동연, 2000).

첫째, 미술치료사는 미술매체와 과정 및 미술의 특성과 잠재성에 대해 알아야 한다. 둘째, 미술치료사는 발달과 정신역동성에 대해 알아야 하며, 대인관계에서 나타나는 상담자 자신의 개인적 특성뿐만 아니라 타인과의 관계적 특성에 대해서도 알아야 한다. 셋째, 미술치료사는 타인을 변화시키기 위해 치료관계 및 기제의 특성에 대해 알아야 한다. 넷째, 아동을 대상으로 하는 미술치료사는 아동의 성장과 치료과정에 대한 신뢰와 일관성 있는 치료관계를 통해 아동에게 안정성을 부여할 수 있어야 한다. 또한 아동과 비언어적인 의사소통을 할 수 있는 창조적이고 전문적인 치료사이어야 하며, 아동의 미술작품뿐만 아니라 작업환경, 가족관계 등을 이해해야 한다. 아동에게 칭찬이나 격려, 지지, 통제를 할 때에는 적절한 시기에 신중하게 해야 하며, 아동에 대한 존중감을 지녀야 한다.

(5) 미술치료의 사례

① 활동명: 협동 만다라 그리기

활동목표	1. 집단 만다라를 통하여 집단의 소속감을 느낄 수 있다. 2. 집단 만다라에서 경험된 자기표현과 느낌, 정서는 집단의 응집력을 키운다. 3. 집단 활동은 자기이해, 집단이해, 협동심을 기른다.
준비물	문양이 있는 전지 만다라(집단 만다라는 너무 복잡한 구조를 띠지 않은 문양을 선택), 크레파스, 색연필
활동내용	1. 집단원이 4~5명 정도로 둥글게 앉는다. 2. 개인의 미술활동이 아닌 친구들과 함께 하는 작품임을 설명한다. "여러분 여기 이 그림을 충분히 관찰한 후, 어떤 색을 칠할 것인지를 함께 의논하고 협동해서 색칠하세요." 3. 전지에 그려진 만다라 그림을 보여 주고 문양을 감상하도록 한다. 4. 작업할 활동을 소개하고, '이 큰 그림을 어떻게 완성할 수 있을까?' 활동하는 방법에 대하여 이야기 나눈다. 5. 각자의 자리에서 원하는 색의 크레파스를 사용하여 색칠해 본다. 색을 칠하면서 기분이나 감정상태에 대하여 이야기를 끌어낸다. 6. 집단원 모두가 만다라 그리기를 마친 후에는 조용히 만다라를 다 함께 감상하고, 그림을 그릴 동안 느낀 점이나 완성된 만다라에 대한 인상들에 대해 이야기를 나눈다.  

➤ 출처: 정여주(2007). 『만다라와 미술치료』(pp. 82-83). 서울: 학지사.

② 활동명: 구슬그림

활동목표	1. 구슬의 움직임을 눈으로 따라가며 다양한 무늬를 만들 수 있다. 2. 움직이며 생성되는 작품의 변화를 감상할 수 있다. 3. 신체적, 정신적인 이완을 한다.
준비물	켄트지, 물감, 구슬, 상자, 수저, 그릇
활동내용	1. 여러 가지 색의 물감을 준비한다. 2. 물감이 들어 있는 그릇에 구슬을 담갔다가 수저로 구슬을 건진다. "여러분은 물감이 묻은 구슬을 수저로 건져서 상자에 넣고 굴려 보세요." 3. 상자 안에 종이를 끼운다. 4. 수저로 건진 구슬을 상자 안에 넣고 마구 굴려 본다. "여러분 현재 느끼는 기분은 어떤가요? 구슬이 마구 굴러다니면서 그림을 그리지요?" 5. 아동에게 구슬을 통통 튕겨 보게도 한다. 구슬이 다양하게 무늬를 만들어 여러 색과 형태로 표현하도록 한다. "여러분 구슬을 굴려도 보고 튕겨도 보세요. 여러 색이 어울려서 다양한 무늬기 생길 거예요. 느낌이 어떤가 말해 보세요." 6. 어떤 점이 즐거웠고, 어떤 방법으로 그렸는지 이야기를 나눈다.  

➤ 출처: 박은혜, 김미선, 김수진, 강혜경, 김은숙, 김정연, 이명희 공저(2008). 『장애아동을 위한 미술교육』(p.195). 서울: 학지사.

요약 및 정리

- 미술활동의 긍정적인 측면으로 인해 교육, 재활, 심리치료 등 다양한 분야에서 미술치료가 이루어지고 있다. 미술치료란 내담자의 방어기제를 낮추고 자유로운 표현을 가능하게 하는 매개체로서, 심신의 어려움을 겪고 있는 사람들이 자신의 정신을 탐험하고 성장할 수 있도록 돕는 효과적인 수단을 말하는 것으로, 치료를 강조한 미술심리치료와 미술을 강조한 치료미술로 발전해 왔으나 점차적으로 통합되는 경향을 보이고 있다.
- 미술을 임상적 차원의 치료적 접근으로 인식한 것은 대략 19세기 초반부터이며, 19세기 후반에 바네스의 「아동화 연구」를 통해 아동미술의 치료적 측면이 부각되기 시작하였다. 미술치료에서 주로 기반을 두는 이론은 프로이트의 정신분석과 융의 분석심리학적 이론 등 정신분석적 접근이지만, 인간중심 혹은 게슈탈트 미술치료와 같이 인간중심적 이론과 행동적 · 인지적 · 발달적 이론으로 접근하기도 한다.
- 미술치료의 방법은 미술을 진단적 도구로 사용하는지 치료도구로 활용하는지에 따라 구분할 수 있다. 전자는 그림의 내용, 형태, 색, 의미 등을 통해 아동의 발달수준과 장애 정도를 진단하는 일종의 투사적 기법으로 자유화법, 과제화법, 상상화 그리기, 나무그리기법, 집 · 나무 · 사람 검사, 인물화 검사, 가족화, 학교생활화, 풍경구성법, 협동화법, 난화게임법 등이 활용된다. 후자는 미술작업을 통해 심리상담이나 치료를 하는 미술치료적 행위로서 테두리법, 출발그림, 난화이야기법, 콜라주기법, 역할교환법, 색채선택법, 갈겨그리기법, 그림완성법, 자아감각발달법, 감정차트 만들기, 만다라 그리기, 집단만다라 벽화그리기법, 핑거 페인팅, 조소활동법 등의 구체적인 방법들을 활용할 수 있다.
- 미술치료의 과정은 일반적으로 초기, 중기, 후기의 세 단계로 이루어진다. 초기에는 상담자와 아동 사이에 신뢰를 형성하고 아동에 대한 정보를 파악하며, 중기에는 구체적인 활동을 통해 아동이 고통스러운 감정을 표현하는 한편 의식확장을 통해 고통을 극복할 수 있는 에너지를 얻는다. 마지막 후기에는 자신의 집중된 에너지를 사회적이고 실제적인 면으로 돌려 문제를 극복할 수 있게 된다. 미술치료의 실제에서는 치료의 매체가 되는 다양한 재료와 치료가 이루어지는 미술치료실, 그리고 무엇보다도 전문적인 자질을 갖춘 미술치료사의 역할이 중요하다.

| 참고문헌 |

교육부(2020). 2020년도 학생정서 · 행동특성검사 결과.

국회입법조사처(2021). 아동 · 청소년의 정신건강 현황, 지원지도 및 개선방향.

김동연(2000). **미술치료비디오 활용지침서**. 서울: 마이코미디어.

김진숙(1993). **예술심리치료의 이론과 실제**. 서울: 중앙적성출판사.

이시용, 정환금, 허승희, 허종관(2000). **아동 생활지도와 상담**. 경기 파주: 교육과학사.

이재연, 서영숙, 이명조 역(1990). **아동상담과 치료**. 서울: 양서원.

정여주(2003). **미술치료의 이해: 이론과 실제**. 서울: 학지사.

주리애(2000). **미술치료는 마술치료**. 서울: 학지사.

최외선, 이근매, 김갑숙, 최선남, 이미옥(2006). **마음을 나누는 미술치료**. 서울: 학지사.

한국미술치료학회 편(1994). **미술치료의 이론과 실제**. 대구: 동아문화사.

황유경(2005). **미술치료로 아이들에게 한 걸음 다가서기**. 서울: 혜성출판사.

Gray, P.(2011). The decline of play and the rise of psychopathology in children and adolescents. *American Journal of Play, 3*(4), 443–463.

Gumear, J.(1984). *Counseling and therapy for children*. NY: Free Press.

Mojtabai, R., Olfson, M., & Han, B.(2016). National trends in the prevalence and treatment of depression in adolescents and young adults. *Pediatrics, 138*(6), [e20161878]. doi:10.1542/peds.

Ulman, E.(1996). *Art therapy in theory and practice*. Chicago, IL: Magnolia Street Publishers.

Wadeson, H.(1980). *Art psychotherapy*. NY: Wiley.

8

아동미술지도와 표준보육과정 및 누리과정

학습개요

미술지도는 미술활동의 계획 및 실행, 평가와 교수법 등에 대한 기준 및 지침을 제시하는 교육과정에 따라 체계적으로 이루어져야 하며, 이에 따라 현재 아동미술지도의 기준이 되는 지침은 표준보육과정과 누리과정의 예술경험영역에 토대를 두고 있다. 이에 이 장에서는 표준보육과정 및 누리과정과 아동미술의 관련성을 먼저 살펴보고, 표준보육과정과 누리과정의 예술경험 영역에 따른 아동미술의 목표 및 내용과 함께 이에 따른 지도지침을 구체적으로 살펴본다.

학습목표

1. 표준보육과정의 예술경험영역에 따른 0~1세, 2세 영아를 위한 아동미술지도의 목표와 내용, 지도지침을 이해할 수 있다.
2. 누리과정의 예술경험영역에 따른 3~5세 유아를 위한 아동미술지도의 목표와 내용, 지도지침을 이해할 수 있다.

주요용어

1. 표준보육과정 : 어린이집의 0~5세 영유아들에게 국가 수준에서 제공하는 보편적이고 공통적인 보육의 목표와 내용을 제시한 것으로, 0~1세 보육과정, 2세 보육과정, 3~5세 보육과정(누리과정 포함)으로 구성됨
2. 누리과정 : 국가가 전국의 모든 어린이집과 유치원에 다니는 3~5세 유아를 대상으로 공통으로 시행하도록 만든 교육과정
3. 예술경험영역 : 표준보육과정 및 누리과정의 영역 중 하나로 아름다움 찾아보기, 창의적으로 표현하기, 예술 감상하기의 세 가지 내용범주로 구성되어, 영유아로 하여금 자연과 사물, 소리, 움직임, 예술작품의 아름다움에 관심을 가지고 탐색하며, 자신의 생각이나 느낌을 음악, 동작, 극, 미술로 자유롭게 표현하고, 표현된 것을 보고 즐겁게 감상하도록 돕는 영역

1. 아동미술지도와 표준보육과정 및 누리과정

아동을 위한 미술지도에서는 아동이 자연이나 주변 사물, 일상생활 속에서 예술적 아름다움을 충분히 탐색하고, 탐색을 통한 자신의 생각과 느낌을 다양한 미술재료와 도구를 활용하여 자유롭고 창의적으로 표현하며, 주변 환경의 심미적 특성이나 자신과 다른 사람이 표현한 예술작품의 가치를 느끼고 이해하며 즐길 수 있는 기회를 충분히 제공하는 데 중점을 두어야 한다. 여기에서는 아동을 위한 미술지도의 지침이 되는 표준보육과정과 누리과정의 예술경험 영역의 내용에 대해 구체적으로 살펴본다.

1) 표준보육과정 · 누리과정과 아동미술

어린이집과 유치원에서는 모든 보육교육 활동의 기준이 되는 지침으로 0~1세, 2세 영아에게는 2024 개정 표준보육과정(교육부, 2024)을, 3~5세 유아에게는 어린이집, 유치원 공통 교육과정인 2019 개정 누리과정(교육부 · 보건복지부, 2019)을 적용하고 있다. 이 중 아동미술활동은 표준보육과정 및 누리과정의 예술경험영역과 관련된다. 따라서 아동미술지도는 아동을 위한 미술 활동의 목표, 활동 내용의 선정, 활동 과정 및 결과에 대한 평가, 교수학습방법, 교사의 역할 등에 있어서 예술경험영역의 내용 체계에 따라 체계적으로 이루어져야 한다.

0~2세 영아를 위한 표준보육과정의 예술경험영역은 아름다움 찾아보기, 창의적으로 표현하기의 두 가지 내용 범주로, 3~5세 유아를 위한 개정 누리과정의 예술경험영역은 아름다움 찾아보기, 창의적으로 표현하기, 예술 감상하기의 세 가지 내용 범주로 구성되어 있다.

구체적으로 0~2세 영아를 위한 표준보육과정의 예술경험 영역에서는 '아름다움 찾아보기' 내용 범주와 관련하여 영아가 주변의 자연과 일상생활, 그리고 예술에서 아름다움을 느끼는 것에 주안점을 두고 있다. '창의적으로 표현하기' 내용 범주와 관련해서는 0~1세 영아의 경우 소리와 리듬, 노래, 움직임으로 표현하고, 다양한 미술재료를 경험하며, 모방하기를 즐기는 것에, 2세 영아는 익숙한 노래와 리듬, 움직임과 춤으로 표현하고, 다양한 미술재료와 도구로 표현하며, 상상놀이를 하는 것에 주안점을 두고 있다.

3~5세 유아를 위한 누리과정의 예술경험 영역에서는 '아름다움 찾아보기' 내용 범주와 관련하여 유아가 자연과 생활에서 아름다움을 느끼고 즐기는 것에 중점을, '창의적으로 표현하기' 내용 범주와 관련해서는 음악, 움직임과 춤, 다양한 미술재료와 도구, 극놀이를 통해 자신의 생각과 느낌을 창의적으로 표현하는 것에 주안점을 두었다. 마지막으로 3~5세 유아를 위한 교육과정에서 있는 '예술 감상하기' 내용 범주에서는 다양한 예술을 감상하며 상상하는 과정을 즐기고, 다른 사람의 예술 표현을 즐기고, 전통예술에 친숙해지는 것에 중점을 두었다.

이를 종합해 보면, 예술경험 영역에서는 영유아가 자연과 생활 속에서 아름다움에 관심을 가지고 탐색하며, 이를 통한 느낌이나 감정을 예술적으로 표현하고 감상하는 활동을 통해 풍부한 감성과 창의성을 기르는 데 주안점을 두고 있음을 알 수 있다.

표 8-1 표준보육과정 및 누리과정 예술경험영역의 구성

영역	내용 범주		
	0~1세	2세	3~5세
예술경험	• 아름다움 찾아보기 • 창의적으로 표현하기	• 아름다움 찾아보기 • 창의적으로 표현하기	• 아름다움 찾아보기 • 창의적으로 표현하기 • 예술 감상하기

2) 표준보육과정에 따른 아동미술지도(0~1세, 2세)

(1) 예술경험영역의 목표

0~1세, 2세 영아를 위한 예술경험영역의 목표는 영아가 자연과 일상생활에서 아름다움을 느끼고 즐기며 경험하고, 자신의 생각과 느낌을 소리와 움직임, 미술 등 다양한 예술로 자유롭게 표현하는데 있다(교육부, 2024). 이러한 목표 달성을 위해 내용 범주별 구체적인 목표를 살펴보면, '아름다움 찾아보기'에서는 영아가 자신의 신체와 주변 세계에 관심을 기울이고, 자연과 생활, 예술에

서 아름다움을 발견하며 느끼는 것을 목표로 하며, '창의적으로 표현하기'에서는 영아가 자신의 느낌, 생각, 감정을 다양한 소리와 리듬, 노래, 움직임과 춤으로 자유롭게 표현하고, 다양한 미술재료를 경험하며, 주변에서 경험한 것을 모방하거나 상상놀이로 자유로운 표현을 즐기는 것을 목표로 한다.

(2) 예술경험영역의 내용

영아를 위한 예술경험 영역의 내용체계는 영아의 연령별 특성을 고려하여 0~1세와 2세로 구분된다. 0~1세 영아를 위한 예술경험영역은 표 8-2 에서 보듯이 2개의 내용 범주 하에 총 6개의 내용으로, 2세 영아를 위한 예술경험영역 또한 표 8-3 에서 보듯이 2개의 내용 범주 하에 총 6개의 내용으로 구성되어 있다.

예술경험 영역의 '아름다움 찾아보기' 내용 범주는 0~1세와 2세 영아 공통 내용으로 구성되어 있다. 이 중 '자연과 생활에서 아름다움을 느낀다'는 영아가 주변 환경에서 만나는 대상에 대해 감탄, 즐거움, 만족 등의 긍정적인 정서를 경험하는 내용이다. 여기서 자연은 영아가 등하원길, 산책길, 실내외 놀이 공간에서 마주치는 주변환경을 의미하는 것으로, 꽃과 풀, 곤충, 고양이 등의 동식물, 작은 열매나 물, 흙, 돌멩이 등의 자연물, 햇살, 바람, 비와 같은 자연현상을 포함한다. 또한 생활이란 영아가 기관에서 일과를 보내면서 자연스럽게 경험하는 모든 것을 의미하는 것으로, 영아가 반복적으로 경험하는 일상뿐만 아니라 주변 환경과 상호작용하는 가운데 이루어지는 놀이를 포함한다. 다음으로 '예술에서 아름다움을 느낀다'는 영아가 자신이 표현하거나 경험한 예술에서 감탄, 즐거움, 만족, 슬픔, 놀라움 등의 다양한 감정과 특별한 정서를 경험하는 내용이다. 여기서 예술이란 영아가 재미있는 것을 만들고 표현하는 과정 자체와 결과물, 다른 사람들과 함께 듣고 보거나 즐길 수 있는 특별한 형식과 경험을 의미한다.

예술경험 영역의 '창의적으로 표현하기' 내용 범주는 0~1세 영아를 위한 내용과 2세 영아를 위한 내용이 구분되어 있다. 0~1세 영아를 위한 예술경험 영역의 '창의적으로 표현하기' 내용 범주는 '소리와 리듬, 노래로 표현한다', '움직임으로 표현한다', '다양한 미술재료를 경험한다', '모방하기를 즐긴다'의 4개 내용으로 구성된다. 이 중 아동미술과 관련하여 '다양한 미술재료를 경험한다'는 영아가 일반적인 미술재료뿐만 아니라 일상에서 만나는 재료를 활용하여 다양한 방법으로 미술적 표현을 탐색하는 과정에서 재료의 특성을 알아가며 자유롭게 표현하기를 즐기는 내용이다. 영아에게 미술재료는 큰 도화지나 전지, 무독성 크레파스, 스티커, 여러 가지 모양의 도장 등 평면적 표현 재료부터 밀가루 점토, 수수깡과 같이 촉감의 즐거움을 느낄 수 있는 입체적 표현 재료, 나뭇잎, 흙, 돌멩이 등 자연물이나 뻥튀기나 감자 등의 식재료도 포함된다.

2세 영아를 위한 예술경험 영역의 '창의적으로 표현하기' 내용 범주는 '익숙한 노래와 리듬을 표현한다', '움직임과 춤으로 표현한다', '다양한 미술재료와 도구로 표현한다', '상상놀이를 한다'의 4개 내용으로 구성된다. 이 중 아동미술과 관련하여 '다양한 미술재료와 도구로 표현한다'는 영아가 여러 가지 미술재료가 지닌 질감, 색, 모양 등의 특성을 탐색하고, 다양한 도구를 사용해 재료를 변화시키고, 의도적으로 즉흥적으로 표현하는 과정에서 자유롭게 나타내기를 즐기는 내용이다. 여기서 다양한 미술 도구란 영아가 미술재료를 다양한 방법으로 탐색하고, 변화시켜 보고, 표현하는 과정에서 사용하는 여러 가지 사물을 의미하는 것으로, 붓, 스펀지, 도장, 안전가위, 밀대 등 일반적인 미술 도구 외에도 종이컵, 수세미, 숟가락 등 일상생활에서 자주 사용하는 다양한 물건이 포함된다.

표 8-2 0~1세 영아를 위한 예술경험영역의 내용체계

내용 범주	내 용
아름다움 찾아보기	자연과 생활에서 아름다움을 느낀다.
	예술에서 아름다움을 느낀다.
창의적으로 표현하기	소리와 리듬, 노래로 표현한다.
	움직임으로 표현한다.
	다양한 미술재료를 경험한다.
	모방하기를 즐긴다.

표 8-3 2세 영아를 위한 예술경험영역의 내용체계

내용 범주	내 용
아름다움 찾아보기	자연과 생활에서 아름다움을 느낀다.
	예술에서 아름다움을 느낀다.
창의적으로 표현하기	익숙한 노래와 리듬을 표현한다.
	움직임과 춤으로 표현한다.
	다양한 미술재료와 도구로 표현한다.
	상상놀이를 한다.

(3) 예술경험영역의 지도지침

교사가 영아를 위한 미술 놀이 및 활동 시 숙지해야 할 지침의 내용을 각 내용 범주별로 정리해 보면 다음과 같다(교육부, 2024).

① 아름다움 찾아보기

연령집단	지도 지침
0~2세 공통	• 교사는 영아가 날씨에 따라 산책, 바깥 놀이를 하며 다양한 자연을 몸으로 경험하도록 지원하고, 반에서도 창문 밖으로 들어오는 햇살을 느끼는 등 영아가 자연과 일상에서 아름다움을 느끼도록 지원한다. • 영아가 우연히 발견한 식물이나 떨어지는 빗방울 등에서 아름다움을 느낄 때, 교사는 함께 바라보며 영아가 느끼는 아름다움에 공감해 준다. 영아가 아름다움을 말로 표현하지 않더라도 눈빛, 옹알이, 손뼉을 치는 등의 행동으로 나타내는 모습을 말로 표현해 주며 영아가 충분히 느끼도록 기다려 준다. • 영아가 일상생활에서 모빌이나 교사의 옷, 인형 등에 관심을 기울일 때, 교사는 가까이 다가가서 또래와 함께 만지고 바라보며 아름다운 느낌을 공유할 수 있도록 지원한다. • 영아반에 색감이 아늑한 천, 모양과 무늬가 비정형적인 가구, 자연을 느낄 수 있는 화분과 소품 등을 제공하여 특별한 놀이 자료뿐만 아니라 공간이 주는 아름다움을 경험할 수 있도록 지원한다.

연령집단	지도 지침
0~2세 공통	• 영아가 일상생활에서 미술작품, 음악, 춤, 인형극과 같은 다양한 예술 장르를 접하며 친숙함을 느끼고 예술에 관심을 가지도록, 교사는 현장학습이나 기관으로 찾아오는 공연, 영상을 통한 관람 경험 기회를 제공한다. • 교사는 영아가 완성된 형태의 작품뿐만 아니라 예술적 표현을 하는 과정에서도 아름다움을 느껴 보도록 영아의 감상을 격려하거나, 영아가 미술이나 동작 등을 표현하는 과정을 사진으로 찍어 전시 또는 감상하도록 지원한다. • 영아에게 특별한 놀이 자료나 예술 작품 등을 천장과 창문, 벽면이나 복도, 야외 바깥 놀이터 등 다양한 장소에 전시하여 영아가 일상에서 아름다움을 경험하도록 지원한다.

② 창의적으로 표현하기

연령집단	지도 지침
0~1세	• 교사는 자신의 흥미와 관심에 따라 탐색할 수 있는 다양한 재질, 색, 모양을 지닌 미술 재료를 비치해, 영아가 재료의 색과 질감, 크기의 차이를 직접 비교해 보고, 동일 재료도 다른 방식으로 놀이하고 표현해 볼 수 있음을 경험하도록 지원한다. • 교사는 종이, 색종이 등 일반적 미술재료뿐만 아니라 천, 나뭇잎, 흙 등의 재료에 크레용, 물감 또는 꾸미기 재료를 더하여 영아가 다양한 미술재료를 탐색하고 표현하는 즐거움을 알아 가도록 지원한다. • 교사는 영아가 미술재료를 경험할 때 보이는 시도를 격려하고, 영아가 자기만의 방식으로 미술재료를 충분히 탐색해 보도록 지원한다. • 교사는 물감 등 피부에 닿는 미술재료는 식용 색소, 영아 전용 물감 등을 사용해 영아가 온몸으로 미술재료를 탐색할 수 있도록 지원하며, 너무 크기가 작은 미술재료는 코에 넣거나 삼킬 위험이 있으므로 주의한다.
2세	• 교사는 영아가 미술재료와 도구를 탐색하며 표현할 때 결과뿐만 아니라 과정의 중요함을 인식하도록 돕고, 다양하게 표현하고 창의적으로 시도할 수 있도록 영아에게 익숙하거나 새로운 미술재료를 풍부하게 제공한다. • 미술 도구를 사용하는 데 어려움이 있는 영아에게는 그립이나 손잡이 보조도구를 지원함으로써 영아가 자율적으로 탐색하고 표현해 보도록 지원한다. • 영아가 자연물을 포함한 다양한 미술재료의 모양과 크기, 색을 탐색하거나, 물감으로 채색하거나, 다르게 배열해 보는 과정에서 색과 모양 배열의 시각적 균형과 리듬이 주는 즐거움을 느끼도록 지원한다.

연령집단	지도 지침
2세	• 영아가 자발적으로 미술재료와 도구를 활용하여 표현할 수 있도록 영아의 표현을 존중하며, 세밀한 소근육 조절이 필요한 재료를 점차적으로 제공하며 더욱 풍부하게 표현하도록 지원한다. • 영아가 물감을 쉽고 자유롭게 표현할 수 있는 페인트 붓, 칫솔 등을 비치하여 제공한다 • 찰흙, 점토, 단추, 조개껍질, 빨대 등의 다양한 형태와 재질의 입체적 재료를 이용하여 붙이기, 찍기, 불기 등의 새로운 표현 방식의 변화를 경험할 수 있게 지원한다. • 찰흙이나 점토와 같은 미술재료의 경우 크기가 다른 덩어리로 제공하여 영아가 흥미를 가지고 놀이할 수 있게 지원한다. • 영아가 끼적이는 공간을 한정지어 안내하지 않고, 보육실 및 복도 벽, 실외놀이터의 마루 등 영아가 공간에 구애받지 않고 마음껏 다니며 끼적여 볼 수 있게 지원한다. • 영아가 끼적이는 동안 표현하는 방법이나 표현할 대상을 제한하지 않고 자유롭게 표현할 수 있도록 지켜보며 적절한 도움을 제공한다. • 실외놀이나 산책에서 영아들이 수집한 나뭇가지나 열매를 청결히 하여 비치하고, 미술 표현 재료로 이용할 수 있도록 지원한다. • 미술 놀이 및 활동 과정 중 영아가 미술재료를 입에 넣지 않는 지 유의하여 관찰한다.

3) 누리과정에 따른 아동미술지도(3~5세)

(1) 누리과정의 예술경험영역 목표

3~5세 유아를 위한 예술경험영역은 유아는 일상에서 아름다움과 경이감을 느끼고 즐기며 표현하는 풍부한 감성을 가진 존재임을 인정하며, 유아가 자연, 생활, 예술에서 아름다움을 느끼고, 음악, 움직임과 춤, 미술, 극놀이 등의 예술에서 자신의 느낌과 생각을 창의적으로 표현하는 과정을 즐기며, 다양한 예술 작품을 감상하며 다른 사람의 예술 표현을 존중하는 것을 목표로 한다. 이를 위해 유아는 자신이 느낀 아름다움과 경이로움, 시적인 감수성을 예술적으로 표현하는 과정을 즐기며, 자연과 문화에 대해 열린 마음을 가지고 향유하는 경험이 필요하다. 따라서 교사는 유아가 아름다움을 느끼고 즐기며 창의적으로 표현하는 과정을 통해 풍부한 감수성을 기르도록 돕는 한편, 유아가 다양한 예술 감상을 통해 상상력을 키우고 예

술 표현이 가지고 있는 고유의 가치를 존중하도록 지원해야 한다. 이를 통해 유아는 일상에서 아름다움을 느끼고 문화적 감수성이 풍부한 사람으로 성장해 나갈 수 있다.

(2) 누리과정의 예술경험영역 내용

3~5세 유아를 위한 예술경험영역의 내용체계는 연령 구분 없이 3~5세 유아가 모두 경험할 수 있는 내용으로, '아름다움 찾아보기', '창의적으로 표현하기', '예술 감상하기'의 3개의 내용 범주 하에 총 10개의 내용으로 구성되어 있다.

먼저 '아름다움 찾아보기' 내용 범주는 '자연과 생활에서 아름다움을 느끼고 즐긴다'와 '예술적 요소에 관심을 갖고 찾아본다'의 2개의 내용으로 구성된다. 이 중 아동미술과 관련하여 '자연과 생활에서 아름다움을 느끼고 즐긴다'는 유아가 자신의 주변에서 만나는 자연, 공간, 사물 등의 아름다움을 풍부하게 느끼며 즐기는 내용이다. 그리고 '예술적 요소에 관심을 갖고 찾아본다'는 유아가 주변의 자연과 생활에서 다양한 소리나 리듬 등의 음악적 요소, 색이나 형태 등과 같은 미술적 요소를 발견하고, 사물이나 동식물의 움직임에서 아름다움을 경험하는 내용이다.

다음으로 '창의적으로 표현하기' 내용 범주는 '노래를 즐겨 부른다', '신체, 사물, 악기로 간단한 소리와 리듬을 만들어 본다', '신체나 도구를 활용하여 움직임과 춤으로 자유롭게 표현한다' '다양한 미술 재료와 도구로 자신의 생각과 느낌을 표현한다', '극놀이로 경험이나 이야기를 표현한다'의 5개의 내용으로 구성된다. 이 중 아동미술과 관련하여 '신체나 도구를 활용하여 움직임과 춤으로 자유롭게 표현한다' 내용은 유아가 자연과 생활에서 발견한 다양한 움직임을 자유롭게 표현하고 나아가 자신의 생각과 느낌을 자신의 신체나 다양한 도구를 활용하여 움직임과 춤으로 표현하는 내용이다. 그리고 '다양한 미술재료와 도구로 자신의 생각과 느낌을 표현한다' 내용은 유아가 자연과 생활에서 발견한 다양한 재료와 도구를 활용하여 여러 가지 방법으로 표현하고, 자신의 경험, 느낌, 생각 등을 창의적으로 표현하는 과정을 즐기는 내용이다.

마지막으로 '예술 감상하기'의 내용 범주는 '다양한 예술을 감상하며 상상하기를 즐긴다', '서로 다른 예술 표현을 존중한다', '우리나라 전통 예술에 관심을 갖고 친숙해진다'의 3개의 내용으로 구성된다. 이 중 아동미술과 관련하여 '다양한 예술을 감상하며 상상하기를 즐긴다' 내용은 유아가 자신과 또래의 작품이나 음악, 춤, 미술작품, 극 등 다양한 예술을 감상하고 자유롭게 상상하기를 즐기는 내용이며, '서로 다른 예술 표현을 존중한다' 내용은 유아가 자신과 또래의 작품, 음악, 춤, 미술작품, 극 등에 포함된 다양한 표현을 존중하는 내용이다. 그리고 '우리나라 전통 예술에 관심을 갖고 친숙해진다' 내용은 유아가 우리나라 고유의 전통 음악, 춤, 미술, 건축물, 극 등에 관심을 가지고 전통 예술을 감상하며 우리나라 문화에 친숙해지는 내용이다.

표 8-4 3~5세 유아를 위한 예술경험영역의 내용체계

내용 범주	내용
아름다움 찾아보기	자연과 생활에서 아름다움을 느끼고 즐긴다.
	예술적 요소에 관심을 갖고 찾아본다.
창의적으로 표현하기	노래를 즐겨 부른다.
	신체, 사물, 악기로 간단한 소리와 리듬을 만들어 본다.
	신체나 도구를 활용하여 움직임과 춤으로 자유롭게 표현한다.
	다양한 미술재료와 도구로 자신의 생각과 느낌을 표현한다.
	극놀이로 경험이나 이야기를 표현한다.
예술 감상하기	다양한 예술을 감상하며 상상하기를 즐긴다.
	서로 다른 예술 표현을 즐긴다.
	우리나라 전통 예술에 관심을 갖고 친숙해진다.

(3) 누리과정의 예술경험영역 지도지침

3~5세 유아를 위한 예술경험영역은 각 내용 범주에 따른 내용 체계가 연령 구분이 없이 제시되어 있다. 따라서 교사는 유아를 정해진 기준에 따라 예단하여 이해하지 않고, 유아가 자신의 연령과 발달에 따라 자연스럽게 놀이하며 배우는 경험을 있는 그대로 이해하

는 것이 그 무엇보다 중요하다. 각 내용 범주별로 미술활동 운영 시 교사의 역할을 살펴보면 표 8-5 에 제시한 바와 같다.

표 8-5 누리과정의 예술경험영역 지도 지침

내용 범주	지도 지침
아름다움 찾아보기	• 유아가 주변의 친숙한 자연, 공간, 사물 등을 직접 보고 만지는 등의 경험을 통해 아름다움을 느끼고 즐길 수 있는 기회를 충분히 제공한다. • 우리 주변의 모든 사물과 환경속에 존재하는 미적인 요소(예: 선, 형, 색, 질감, 공간 등)에 대한 깊이 있는 이해를 가지고 유아와 함께 자연과 사물에 깃들어 있는 미술적 아름다움을 발견하기 위해 노력한다.
창의적으로 표현하기	• 유아들에게 자신의 생각과 느낌을 자유롭고 재미있게 표현할 수 있는 기회를 충분히 제공함으로써 '즐거운 미술', '놀이와 같은 미술', '발견하는 미술' 경험을 제공한다. • 여러 가지 재료와 도구를 비치하여 호기심을 유발하고 자유롭게 탐색해 볼 수 있도록 지원한다. 더불어 다양한 미술재료와 도구를 활용하여 자신만의 새로운 방법으로 탐색하고 사용해 볼 수 있도록 격려하며 생활 주변의 모든 사물들이 미술활동의 재료가 될 수 있음을 알려줌으로써 유아에게 창의적 표현의 기회를 제공한다. • 나무껍질, 돌, 조개껍질, 찰흙, 점토, 철사, 구슬, 돌, 실, 단추 등의 다양한 형태와 재질의 입체적 재료를 이용하여 찢기, 오리기, 붙이기, 모자이크, 판화 등의 새로운 표현 방식의 변화를 경험할 수 있게 지원한다. • 또래와 함께 공동으로 꾸며보는 경험을 제공하여 자신의 생각과 느낌을 나누고 협동하면서 활동에 적극적으로 참여할 수 있도록 지원한다. • 붓, 가위, 롤러, 스테이플러, 펀치, 점토놀이 도구 등의 미술 활동에 필요한 도구를 제시할 때는 반드시 올바른 사용법을 자세히 알려주어 안전하게 사용하도록 한다. • 결과보다는 과정을 중시하고 한 가지 방법으로 활동하는 것보다 다양한 방법으로 참여하는 것을 인정하여 개별적 표현을 격려해 준다. • 미술활동에 어려움을 보이거나 꺼리는 유아의 경우, 억지로 참여하도록 하기보다는 동기 유발을 통해 표현할 수 있도록 이끌어 준다.

내용 범주	지도 지침
창의적으로 표현하기	• 음악, 춤, 미술, 극놀이 등의 표현활동은 가능한 통합적으로 이루어지도록 지도한다. 예를 들어 클래식 음악을 듣고 상상되는 장면을 춤이나 그림으로 표현해 보기, 폐품으로 장난감 기차를 만들어 기차타고 여행가는 놀이하기 등과 같이 다양한 표현양식을 서로 통합하여 표현해 보는 활동 기회를 자주 제공하도록 한다.
예술 감상하기	• 유아 스스로 자신과 타인의 미술작품에 가치와 의미를 부여할 수 있도록 상호작용한다. • 유아가 일상생활에서 미술작품을 자연스럽게 접할 수 있는 기회와 환경을 제공하며, 이러한 경험에 대한 유아들의 관심을 지원하고 느낌을 서로 소통하고 공유할 수 있는 기회를 제공한다. • 다양한 예술작품을 보고 느낀 점에 대해 토의하기, 미술관이나 전시회를 관람하기, 지역사회 내 예술가 초대하기, 명화 퍼즐을 통해 전체와 부분 등의 관계알기, 예술적 요소에 따라 작품의 특징을 찾아보고 반응하기, 실제 작품 관람과 전시를 통해 작품에 대한 소중함 느끼기, 자신과 또래의 예술작품 발표회와 전시회 하기, 예술작품을 재구성하고 변형시켜 보기, 그림동화책에서 미술적 특성을 찾아보기 등 다양한 방법으로 예술을 감상하고 듣고 보는 즐거운 경험을 제공한다. • 예술 작품을 직접 가서 보고, 느끼는 경험을 할 수 없을 경우에는 파워포인트나 책자, 동영상 등 작품의 특성을 잘 살리고 질 높은 감상이 가능한 매체를 선택한다. • 지역사회와 연계하여 미술박물관이나 예술가의 작업실을 방문해 보는 기회를 제공한다. • 유아가 또래나 다른 사람과 예술 표현에 차이가 있음을 알고, 각자의 개성과 예술표현을 존중하여 소중하게 생각하고 다루도록 한다. • 유아와 상호작용할 때 유아의 예술작품에 대해 가치판단적 표현을 지양하고, 유아 스스로 자신과 타인의 미술작품에 가치와 의미를 부여할 수 있도록 상호작용한다.

요약 및 정리

- 아동을 위한 미술지도는 활동의 목표, 활동내용의 선정, 활동과정 및 결과에 대한 평가, 교수학습방법, 교사의 역할 등에 대한 기준과 지침에 따라 체계적으로 제공되어야 한다. 현재 아동미술지도의 기준이 되는 지침은 2024 개정 표준보육과정(0~2세)과 3~5세 유아를 위한 누리과정의 예술경험영역이다.
- 0~2세 영아를 위한 예술경험영역은 아름다움 찾아보기, 창의적으로 표현하기의 두 가지 내용범주로, 3~5세 유아를 위한 예술경험영역은 아름다움 찾아보기, 창의적으로 표현하기, 예술감상하기의 세 가지 내용 범주로 구성된다.
- 0~1세 영아를 위한 예술경험영역의 내용체계는 '아름다움 찾아보기'와 '창의적으로 표현하기'의 내용 범주 하에 총 6개의 내용으로 되어 있다. '아름다움 찾아보기' 내용 범주는 자연과 생활에서 아름다움을 느낀다, 예술에서 아름다움을 느낀다의 2개 내용이, '창의적으로 표현하기' 내용 범주는 소리와 리듬, 노래로 표현한다, 움직임으로 표현한다, 다양한 미술재료를 경험한다, 모방하기를 즐긴다의 4개 내용으로 구성된다.
- 2세 영아를 위한 예술경험영역의 내용체계는 '아름다움 찾아보기'와 '창의적으로 표현하기'의 내용 범주 하에 총 6개의 내용으로 되어 있다. '아름다움 찾아보기' 내용 범주는 자연과 생활에서 아름다움을 느낀다, 예술에서 아름다움을 느낀다의 2개 내용이, '창의적으로 표현하기' 내용 범주는 익숙한 노래와 리듬을 표현한다, 움직임과 춤으로 표현한다, 다양한 미술재료와 도구로 표현한다, 상상놀이를 한다의 4개 내용으로 구성된다.
- 3~5세 유아를 위한 누리과정 예술경험영역의 내용체계는 세 개의 내용 범주 하에 총 10개의 내용으로 되어 있다. '아름다움 찾아보기' 내용 범주는 자연과 생활에서 아름다움을 느끼고 즐긴다. 예술적 요소에 관심을 갖고 찾아본다의 2개 내용이, '창의적으로 표현하기' 내용 범주는 노래를 즐겨 부른다. 신체 · 사물 · 악기로 간단한 소리와 리듬을 만들어 본다. 신체나 도구를 활용하여 움직임과 춤으로 자유롭게 표현한다. 다양한 미술재료와 도구로 자신의 생각과 느낌을 표현한다. 극놀이로 경험이나 이야기를 표현한다의 5개 내용이, '예술 감상하기' 내용 범주는

다양한 예술을 감상하며 상상하기를 즐긴다, 서로 다른 예술 표현을 존중한다, 우리나라 전통 예술에 관심을 갖고 친숙해진다의 3개 내용이 포함되어 있다.

| 참고문헌 |

교육부, 보건복지부(2019). 2019 개정 누리과정 해설서.
교육부(2024). 2024 개정 표준보육과정(0–2세) 해설서.

9

미술지도교사의 자질과 역할

학습개요

최근 교육의 질적 수준 향상을 위한 교사의 자질과 역할이 강조되면서, 아동의 전인적 발달에 중요한 영향을 미치는 통합교육과정으로서의 미술 놀이 및 활동을 지원하는 미술지도교사의 전문성이 강조되고 있고, 이에 따라 미술지도교사로서의 전문적 자질과 역할에 대한 탐색이 활발하게 이루어지고 있다. 이 장에서는 아동을 위한 미술 놀이 및 활동의 질을 가장 크게 좌우할 수 있는 미술지도교사가 기본적으로 갖추어야 할 개인적 자질과 전문적 자질, 그리고 효율적인 미술지도를 위해 미술지도교사에게 요구되는 역할, 즉 미술 놀이 및 활동 관찰자, 미술 놀이 및 활동 계획자, 미술 놀이 및 활동 조직자, 미술 놀이 및 활동 중재자로서의 역할에 대해 살펴본다.

학습목표

1. 미술 놀이 및 활동을 지원하는 교사가 갖추어야 할 자질에 대해 이해할 수 있다.
2. 미술 놀이 및 활동을 지원하는 교사가 수행해야 할 역할에 대해 이해할 수 있다.

주요용어

1. 미술지도교사의 개인적 자질과 전문적 자질 : 미술지도교사의 개인적 자질은 미술지도교사로서 갖추어야 할 타고난 성품이나 소질을 의미하며, 전문적 자질은 미술지도교사로서 갖추어야 할 전문적 지식과 능력을 의미함.
2. 미술지도교사의 역할 : 미술지도교사로서 마땅히 해야 할 맡은 임무나 소임
3. 미술 놀이 및 활동 관찰자 : 아동이 탐색하고 표현하고 감상하는 모든 행위가 미술 놀이 및 활동이 될 수 있다는 인식을 가지고 관찰하는 사람
4. 미술 놀이 및 활동 계획자 : 아동의 발달특성과 개별 아동의 발달수준을 고려하여 미술 놀이 및 활동의 범주에서 어느 한쪽에 치우치지 않고 균형 있게 경험할 수 있도록 계획하는 사람
5. 미술 놀이 및 활동 조직자 : 목표 달성을 위해 미술 놀이 및 활동을 효율적으로 수행할 수 있는 전략을 고안하는 사람
6. 미술 놀이 및 활동 중재자 : 지금 당장은 아동이 스스로 해낼 수 없지만 교사의 지원을 받으면 해결할 수 있는 상황에서 다양한 매체나 질문, 경험 등의 기회를 제공하여 아동이 스스로 어떤 작업을 완성할 수 있도록 도와주는 사람

1. 미술지도교사의 자질

교육의 질과 수준은 교사에 의해 좌우되는 만큼, 미술 놀이 및 활동이 체계적이면서도 효과적으로 이루어지기 위해서는 미술지도교사의 자질이 그 무엇보다 중요하다. 특히 어린 시기의 미술 놀이 및 활동은 신체, 언어, 인지, 사회, 정서 발달을 촉진하며 아동의 전인적인 발달에 지대한 영향을 미친다. 따라서 미술지도교사로서의 전문적 자질 함양을 위한 지속적인 노력이 필요하다. 여기서는 아동미술지도교사에게 필요한 개인적 자질과 전문적 자질에 대해 구체적으로 살펴본다.

1) 미술지도교사의 개인적 자질

(1) 인내심

영유아를 대상으로 미술을 지도하는 교사는 영유아들이 자신들의 욕구를 자연스럽게 표현할 수 있도록 허용하는 인내심이 필요하다. 영유아들은 벽지에 마구 낙서를 하는가 하면 엎질러진 우유로 무엇인가를 끄적거리는 것과 같이 성인의 기대에 어긋나는 행동으로 교사들을 당황스럽게 할 때가 종종 있다. 그러나 영유아들은 일상생활 속에서의 미술적 발견과 표현을 통해 미술적인 성향과 능력을 발달시키게 되므로 영유아의 자유로운 표현활동을 인내해 주는 자세가 필요하다. 한편, 어린 영유아들은 미술적 기능 및 능력을 발달시키는 데 있어서 성인들이 생각하는 것보다 훨씬 더 많은 시간을 필요로 한다는 점을 이해하고, 이를 인내해 주는 것 또한 중요하다. 아이스너(Eisner, 1995)는 미술에 전문성을 가진 사람들 중에는 자신들이 가진 기능을 발달시키는 데 얼마나 많은 시간과 노력이 소비되었는지를 올바르게 인식하지 못한 채, 어린아이들에게 성급하게 그들이 원하는 능력을 발달시키기를 기대한다며 이를 주의할 것을 당부한다.

(2) 융통성

미술지도교사는 영유아의 개별적인 발달특성과 흥미와 관심, 요구를 충분히 존중하고 이해해 줄 수 있을 정도의 융통성을 지닌 사람이어야 한다. 영유아를 대상으로 미술활동을 진행하다 보면, 교사가 사전에 영유아의 발달특성 및 흥미와 관심을 충분히 고려하여 준비한 활동이라도 영유아의 흥미와 관심이 미치지 못하는가 하면, 전혀 다른 방향의 활동으로 흥미와 관심이 전환되기도 한다. 이때 융통성을 지닌 교사라면 과감하게 활동을 전환하여 영유아들에게 새로운 미술경험을 제공할 수 있겠지만, 그렇지 못할 경우에는 교사와 영유아 모두에게 매우 힘든 활동이 될 것이다.

(3) 개방성

미술지도교사는 영유아들의 다양하고 독창적인 자기표현 욕구를 열린 마음으로 수용할 수 있는 개방적인 사람이어야 한다. 미술활동은 영유아가 자기표현 욕구를 시각적, 조형적으로 직접적인 경험을 통하여 자유롭게 표현하도록 함으로써 창의성을 계발하고 긍정적인 자아개념을 높여 정서적으로 안정적이고 창조적인 생활을 하도록 도와준다(이수경, 박화윤, 이부미, 2005). 따라서 교사는 영유아의 눈높이에서 개별 영유아의 새로운 시도나 독창적인 작업에 대해 적극 수용해 줄 수 있어야 한다. 특히 영아들을 대상으로 미술활동을 진행할 때 활동과정 및 결과물에 대한 교사의 개방적 자세는 영아의 긍정적인 자아개념 형성에 큰 도움이 된다는 측면에서 매우 중요하다. 아래 한 교사의 면담 사례는 실제 현장에서 영유아의 눈높이에 맞춘 교사의 개방적 자세가 요구됨을 잘 보여 준다.

한편, 보다 질 높은 미술교육의 실천을 위해 외부의 미술교육 전문가 및 단체들과 끊임없이 협조하고 대화하는 개방적 자세도 필요하다(양윤정, 2005). 이러한 대외적 개방활동을 통해 새로운 지식 창출의 필요성이 대두될 경우에는 교사 자신의 교육과정을 과감하게 수정·보완할 수 있어야 한다. 오늘날 정보화 사회에서 요구되는 전문성은 외부에 대해 배타적인 전문성이 아니라 민주적이고 개방적인 전문성이기 때문이다.

사 례

6, 7세 아이들이 그림 그린 것을 보면 '멋있어!'라고 할 수 있는데, 솔직히 영아에게서는 그런 결과가 안 나오잖아요. 활동을 계획하면서 우리가 기대했던 것만큼 나오지도 않고. (중략) "이게 무슨 미술활동이야."라고 생각되는 것도 아이들한테는 충분한 활동이 되는 것을 보며 우리가 기존에 가지고 있던 고정관념을 깨는 것이 참 힘들었어요. 제게 익숙해져 있는 유아 수준에서 생각하는 것이 아니라 영아들에 맞게 눈높이를 낮추는 것이 필요하죠.

▶ 출처: 현화동, 윤선영, 김남연(2009). 『유아교육학논집』, 13(4), p.320.

(4) 원만한 대인관계

미술 수업에 대한 자신감이 부족한 교사들에게 원만한 대인관계는 매우 중요하다. 사실 많은 유아교사들은 미술에 대한 전문적인 지식을 체계적으로 교육받을 기회가 부족하다 보니 미술활동 진행에 대한 큰 부담을 가지게 된다. 이들 교사들에게 미술 수업에 있어서 동료 교사들과의 상호보완적인 협력활동은 미술지도에 대한 부담을 덜고 미술교육에 대한 전문성을 신장시키는 데 큰 도움이 될 것이다. 아래 한 교사의 면담사례는 동료 교사와의 상호 협력적인 미술활동의 진행이 교사의 전문성 향상에 도움이 되었음을 잘 보여 준다. 이러한 상호 보완적인 협력활동이 활발하게 이루어지려면 동료 교사와의 친밀한 관계 형성이 전제되어야 한다.

사 례

왜 미술활동에서 아이들의 흥미를 끌 수 있지만 저한테는 어려운 활동으로 느껴지는 것이 가끔 있어요. 그럴 때 전 과감히 옆 반 선생님과 공동체를 형성해서 상호 협력적인 수업을 해요. 저는 활동에 대해 설명이 필요할 경우 아이들에게 설명해 주고, 저보다 미술 실력이 좋으신 옆 반 선생님이 표현활동을 맡으시는 거죠. 전 수업을 지켜보면서 많이 배우고 있죠. 그 덕택에 이젠 웬만한 활동은 눈으로 보면서 '아, 이렇게 하면 되겠구나.' 하고 생각이 들어요. 전에는 상상도 못했던 일이죠.

▶ 출처: 유영옥(2009). 『유아교육』, 18(3), p.139.

(5) 심미적 감수성

아동미술을 담당하는 교사는 일상적인 삶과 자연 속에서 아름다움을 인식할 수 있는 심미적 감수성이 풍부해야 한다. 심미적 감수성이 풍부한 교사는 일상에서 이루어지는 수많은 경험과 주변의 거의 모든 사물에 대해 심미적 체험이 가능하기 때문에, 그만큼 영유아에게 다양한 심미적 경험을 제공할 수 있다. 가령, 길가에 굴러다니는 크고 작은 돌멩이를 보고 아름다움을 느끼는 교사는 영유아에게 돌멩이를 다양하고 창의적인 방법으로 탐색하고 표현하고 감상하는 미술체험의 기회를 제공하려고 노력할 것이다. 반면, 심미적 감수성이 부족한 교사는 길가에 굴러다니는 돌멩이 이상의 의미를 찾지 못할 것이고, 이로 인해 영유아는 돌멩이를 활용한 흥미로운 미술체험의 기회를 갖지 못하게 될 것이다.

이러한 심미적 감수성은 타고 나는 것이 아니라 심미적 경험에 대한 열정과 노력을 통해 발달한다. 어떤 특정 경험이 심미감을 발달시킬 수 있는 심미적 경험이 되기 위해서는 관심을 집중하는 직접 체험을 통해 어떤 대상이나 성질 등에 대해 감각적으로 경험하고, 이러한 경험을 바탕으로 새롭게 구성된 미적 체험을 도출해 내는 과정을 거쳐야 하기 때문이다. 따라서 아동미술을 담당하는 교사는 일상의 모든 경험이 심미적 경험으로 이어질 수 있도록, 끊임없이 노력해야 할 것이다.

2) 미술지도교사의 전문적 자질

(1) 영유아의 미술 발달단계에 대한 지식

미술활동의 높은 교육적 가치에도 불구하고 영유아의 미술능력에 대한 발달적 특성을 고려하지 않고 제공되는 미술활동은 영유아들에게 무의미할 뿐만 아니라 좌절감을 안겨 줄 수 있다. 예를 들어 발달단계상 상징성이 강한 표현에 익숙한 5세 유아에게 창가 화병에 꽂혀 있는 꽃을 사실적으로 표현하도록 하는 미술활동은 유아로 하여금 자신의 표현기능의 부족함을 느끼게 하여 부정적 자아감을 심어 주는 계기가 될 수 있다. 그리고 이러한 좌절경험이 반복되는 과정에서 영유아는 미술은 이해하기 어렵고, 재능 있는 특별한 사람만이 한다는 그릇된 인식을 갖게 된다. 따라서 미술을 지도하는 교사는 영유아의 미술 발달단계에 대한 전문적인 지식을 습득하고 있어야 하며, 영유아의 발달상황을 지속적으로 평가하면서 그들의 발달을 촉진할 수 있는 미술활동을 제공할 필요가 있다. 더불어 영유아의 미술 발달단계는 영유아의 신체발달, 언어발달, 인지발달 등과 밀접한 관련을 가지고 있으므로, 영유아의 일반적인 발달단계에 대한 전문적 지식도 익히고 있어야 한다.

(2) 교육과정 및 교수법에 대한 지식과 기술

영유아를 위한 미술지도의 내용은 제4차 어린이집 표준보육과정 및 개정 누리과정의 예술경험영역에서 제시한 '아름다움 찾아보기', '창의적으로 표현하기', '예술 감상하기'의 세 가지 내용범주로 볼 수 있다. 그러나 실제 어린이집 및 유치원에서 이루어지고 있는 미술지도는 탐색, 표현, 감상의 내용 중 '표현'에 치우쳐 영유아의 균형 잡힌 감수성 발달을 저해하고 있는 것으로 지적되고 있다. 따라서 유능한 미술지도교사는 영유아가 예술경험영역의 세 가지 내용범주 즉, 탐색, 표현, 감상의 내용을 균형 있게 경험할 수 있도록, 자연과 주변 사물을 탐색하며 경험하고 느낀 바를 자유롭게 표현하고 이를 즐기는 가운데 예술적 감수성과 창의성을 계발하고 심미감을 기를 수 있게 지원해야 한다. 그리고 이제는 '무엇을 가르칠 것인가'가 아니라 '주어진 교육과정을 어떻게 재구성하여 어떻게 가르칠 것인가'에 초점을 맞추어야 하는 만큼, 표준보육과정 및 누리과정의 예술경험영역에 제시된 내용을 영유아들이 효율적으로 경험할 수 있는 다양한 교수법에 대한 전문적 지식과 기술을 갖추어야 한다.

(3) 미술을 매개로 한 영유아와의 의사소통 능력

영유아는 자신의 생각이나 느낌, 감정 등을 미술활동을 통하여 자유롭고 솔직하게 표현한다. 자신이 느끼는 분노의 감정을 언어로 표현하지 못하고 종이 찢기로 표현하는가 하면, 기쁘고 즐거운 느낌을 밝은 색깔의 그림으로 표현한다. 즉 영유아에게 있어 미술이란 자신의 감정을 표출하며 내면세계를 구체화하는 과정이며 의사소통의 수단이다. 아래의 사례는 미술적인 매체가 영유아의 생각을 타인에게 표현하는 수단으로 활용되고 있음을 보여 준다. 따라서 교사는 미술을 매개로 한 영유아의 표현을 이해하고 적절하게 반응하며 의사소통할 수 있는 능력을 갖추는 한편, 영유아로 하여금 미술을 매개로 자신의 생각과 느낌을 솔직하게 표현할 수 있도록 지도할 수 있어야 한다.

사 례

어린아이들이 크레용을 선택하여 사용할 때는 그들이 이젤 그림에서 표현했던 것과는 전혀 다른 욕구와 분위기, 의미들을 표현한다는 사실을 알 수 있다. 크레용으로는 외적 기준에 관한 인식이나 다른 사람들과 의사소통하고자 하는 욕구를 표현하는 경향이 있다. 어린이들이 물감을 사용했을 때와 비교하여 크레용을 사용했을 때에 그들 작품에 제목을 붙인다든지 완성된 작품을 어른에게 보여 주려는 경향이 강하게 나타난다. (중략) 한편, 어린이들은 물감으로는 다른 사람들이 생각한 것을 무시한 채 그들이 어떻게 느끼는가를 표현하려고 한다. 크레용으로 그림을 그리기 위해 탁자 앞에 앉은 어린이는 자세하고 알아볼 수 있게 사람을 그리지만, 물감으로 그릴 때는 단지 색칠한 덩어리로 표현할 뿐이다. 이러한 자료에 의하면 생각을 표현하기 위한 매체로는 크레용이 적당한 반면, 물감은 감정을 표현하는 데 더 적당한 매체임을 알 수 있다.

➤ 출처: Eisner. E. W(1995). 서울대학교 미술교육연구회 역.『새로운 눈으로 보는 미술교육』

이 외에 미술교사가 갖추어야 할 전문적 자질로 미적 체험능력, 미술표현능력, 미술감상능력을 들 수 있다(안금희, 2004). 미적 체험능력은 생활 속에서 아름다움을 찾아 느낄 수 있는 능력과 미적으로 사고할 수 있는 능력이다. 미술표현능력은 본 것, 느낀 것, 상상한 것과 같은 여러 가지 주제를 다양하게 표현하는 능력으로, 교사는 회화, 조소, 공예, 디자인 등의 기본적 실기 능력이 필요하며 표현에 있어 재료와 용구를 활용하여 작품의 주제나 의도에 따라 조형적 특징을 효과적으로 나타낼 수 있어야 한다. 미술감상능력은 미술작품의 의미와 가치를 판단하고 이를 명확하게 언어로 표현할 수 있는 능력을 의미하는데, 이를 위해 교사는 미적 지각력, 미술작품의 특징을 분석하는 능력, 토론하고 평가하는 능력을 함양해야 한다.

2. 미술지도교사의 역할

아동이 일상생활 속에서 자유롭게 탐색하고 표현하고 이를 즐기는 가운데 자연스럽게 예술적 감수성과 창의성을 계발하고 심미감을 기를 수 있도록 지원하려면 미술지도교사로서의 전문적인 역할이 요구된다. 여기서는 아동미술지도교사에게 필요한 역할을 미술 놀이 및 활동 관찰자, 미술 놀이 및 활동 계획자, 미술 놀이 및 활동 조직자, 미술 놀이 및 활동 중재자, 미술환경구성자, 기록자로서의 역할로 구분하여 살펴본다.

1) 미술 놀이 및 활동 관찰자로서의 역할

교사는 영유아가 단순히 미술 기법이나 기능을 습득하는 것이 아니라 자신의 흥미와 관심에 따라 즐겁게 놀이하고 활동하는 과정에서 자연스럽게 다양한 예술을 저마다의 방법으로 자유롭게 탐색하고 표현하고 감상할 수 있도록 지원하기 위해서는 관찰자로서의 역할이 중요하다.

교사는 영유아의 미술 놀이 및 활동을 관찰하는 가운데, 영유아의 미술 놀이 및 활동에 필요한 다양한 지원이 적절하게 이루어질 수 있다. 가령, 영유아가 흥미와 관심을 가지고 즐겁게 미술 놀이에 몰입하는 과정을 관찰하면서 영유아가 익숙한 일상에서 접하는 대상과 공간에 주의를 기울이게 되고 그 속에서 아름다움을 느끼기 위해서는 충분한 시간과 여유로운 공간을 제공하는 것이 중요하다는 것을 인식하게 된다. 또한 영유아가 신체나 스스로 선택한 미술 재료와 도구들로 예술을 창의적으로 표현하는 과정을 관찰하면서 영유아의 발달적으로 적합한 다양한 미술 재료와 도구를 제공하고 저마다의 방법으로 자유롭게 표현하도록 지지하게 된다. 또한 영유아가 자신과 또래의 예술 표현을 재미있게 감상하는 행위를 관찰하면서 자신과 또래의 서로 다른 예술 표현을 감상할 수 있는 기회를 충분히 제공해 주기 위해 노력하게 된다. 미술 놀이 및 활동 관찰자로서의 역할을 수행하는 데 있어 가장 중요한 것은 결과물이 아니라 영유아가 재미있어 하며 탐색하고 표현하고 감상하는 모든 행위가 미술 놀이 및 활동이 될 수 있다는 교사의 인식이다. 도화지 위에 크레파스나 물감으로 그림을 그리고, 색종이를 접고, 테이프로 붙여야 미술 놀이가 될 수 있다는 고정관념을 버리는 것이 중요하다.

2) 미술 놀이 및 활동 계획자로서의 역할

교사는 영유아의 연령별 발달특성뿐만 아니라 개별 영유아의 발달수준을 함께 고려하면서, 미술 놀이 및 활동의 범주 등에서 어느 한쪽으로 치우치지 않게 다양하고 균형 있게 경험할 수 있도록 계획해야 한다. 물론 교사가 미술활동을 계획했다고 해서 교사 주도적으로 진행되어야 함을 의미하는 것은 아니다. 교사는 영유아가 진행한 놀이를 토대로 영유아에게 균형 있는 미술경험을 제공하기 위해 활동을 미리 계획하는 것이며, 영유아 스스로가 흥미와 관심을 가지고 주도적이고 적극적으로 참여할 수 있게 계획된 활동임을 전제로 한다는 것을 명심해야 한다. 즉 미술 놀이 및 활동 계획자로서 교사의 바람직한 역할은 영유아가 어떤 놀이 및 활동에 흥미와 관심을 보일 것이며, 어떻게 해야 놀이 및 활동에 주도적으로 참여할 수 있는지를 주도면밀하게 파악함으로써 가능한 것이다. 또한 유능한 교사라면 의도했던 미술 놀이 및 활동을 제시할 때도 영유아가 자신의 선택에 따라 놀이 및 활동을 시작했다고 느낄 수 있도록 제시할 수 있어야 한다. 아래에서 제시한 두 가지 사례는 교사가 활동을 미리 계획했을 때와 그렇지 않을 때 영유아의 미술경험이 어떻게 달라질 수 있는지를 잘 보여 준다.

사 례

교사는 미리 산책을 언제(오전 간식을 먹고), 어느 곳으로(어린이집 앞동산으로), 어떤 방법으로(걸어서) 갈지, 어떤 활동(산책하면서 본 꽃을 그림으로 그려 보기)을 할 것인지 이야기를 해 준 후에, 아이들과 함께 예정된 대로 오전 간식을 먹은 후에 화장실을 다녀오도록 한 후에 산책을 나섰다. 약간 경사진 길을 걷는 중에 한 아동이 미끄러져 무릎이 약간 까졌는데, 다행이 미리 준비해 간 비상약으로 응급처치를 할 수 있어서 산책을 지속할 수 있었다. 아이들은 산책길에 피어 있는 꽃을 자세히 관찰하기 위해 가방 속의 돋보기를 꺼내 보며 수첩에 특징적인 것을 간단하게 기록하거나 교사에게 부탁하여 폴라로이드 카메라로 사진을 찍기도 했다. 아이들이 한창 다양한 모양의 꽃을 관찰하는 중에 갑자기 빗방울이 조금씩 떨어지기 시작하여 준비해 간 우비를 아이들에게 입혀 주었다. 우비를 입은 아이들은 비에도 아랑곳하지 않고 자신들이 좋아하는 꽃 관찰에 몰입하였다.

사 례

교사는 미리 계획한 대로 아이들에게 오전 간식을 먹이고 화장실을 다녀오도록 한 후에 산책을 나섰다. 미리 교사로부터 산책 활동에 대한 이야기를 들은 바가 없는 아이들은 간식을 먹는 중에도 화장실에 다녀오는 중에도 산책을 나서기 위해 옷을 입는 중에도 끊임없이 "오늘 어디로 갈 거예요?", "오늘은 산책가서 뭐 할 거예요?" 등의 질문을 쏟아 냈다. 여기저기서 동시다발적으로 쏟아 내는 질문에 다소 소란스러워져 아이들을 통제하기가 쉽지 않았다. 교사는 산책을 하는 중에 산책길에 본 꽃을 관찰하여 그리기 활동을 할 것이라고 하며, 꽃들을 자세히 관찰하도록 지시하였다. 관찰할 도구를 아무것도 준비하지 못한 아이들은 눈으로만 꽃들을 관찰하는 것에 만족해야 했다. 교사가 여러 번 주의를 주었음에도 몇몇 아이들은 무리에서 이탈하여 교사보다 앞서 이동하다가 한 아동이 넘어져 손바닥이 까졌다. 비상약이 없어 임시로 가져간 생수로 손을 씻고 손수건으로 묶어 주었는데, 아이는 약을 발라야 한다며 울음을 그치지 않았고 빨리 어린이집에 가고 싶다며 떼를 썼다. 더 이상 산책을 지속하기가 힘들다고 판단되어 산책을 중단하고 교실로 돌아가기로 결정했다. 돌아오는 길에 갑자기 빗방울이 떨어지기 시작했지만 미처 우비를 준비하지 못해 어린이집에 도착했을 때 아이들의 옷은 흠뻑 젖어 있었다.

3) 미술 놀이 및 활동 조직자로서의 역할

교사는 미술 놀이 및 활동의 목표를 효과적으로 달성하기 위해 놀이 및 활동을 효과적으로 조직화할 수 있는 전략을 고민해야 한다. 미술 놀이 및 활동 조직자로서의 역할을 효율적으로 수행하기 위해 우선적으로 고려해야 할 것은 연속성과 계열성이다(Eisner, 1995). 연속성이란 영유아의 미술적 기능이나 통찰력을 좀 더 세련되게 발달시키고 내면화시킬 수 있을 정도로 하나의 미술 놀이나 활동이 충분한 시간을 갖고 지속되어야 함을 의미한다. 가령 아이들이 식당선생님께서 주신 밀가루 반죽으로 다양한 형태를 만들며 몰입하여 놀이하는 것을 관찰한 교사는 영유아에게 찰흙으로 입체물 만들기의 미술 경험을 제공하면 좋겠다는 목표를 세울 수 있다. 이를 위해 교사는 미술영역의 만들기 공간에 밀가루 반죽, 클레이도우 등의 다양한 재료를 구비해 놓고 영유아가 원할 때 언제든 점토 놀이를 할 수 있게 기회를 제공한다. 그리고 영유아가 밀가루 반죽이나 클레이도우로 피자 만들기를 하며 재미있게 놀이하는 관찰하게 되면, 점토 혹은 찰흙으로 피자 만들기 활동을 계획하여 제공하는 것이다. 즉, 이전의 놀이와 활동, 현재의 놀이와 활동, 그리고 계획된 다음의 놀이와 활동에서 찰흙으로 입체물 만들기의 기능을 연마하고 발달시킬 수 있는 기회를 지속적으로 제공하는 것이다.

계열성이란 영유아의 연령이 높아짐에 따라 활동의 복잡성 수준을 높이는 것으로, 영유아가 가진 미술 기능의 수준을 고려하여 복잡성의 수준을 적절하게 결정하는 것이 중요하다. 예를 들어 제한된 색깔만 인지하고 있는 유아를 대상으로 물감으로 색칠하기 활동을 제시할 때 처음에는 색이 제한된 팔레트를 제공하다가, 점차 색깔의 범위를 넓혀 가는 것이다. 이때, 영유아가 다룰 수 있는 색깔의 범위를 고려하지 않고, 영유아가 적절하게 다룰 수 있는 것보다 더 많은 색깔을 활용하도록 요구하는 것은 영유아에게 큰 좌절감을 안겨 줄 수 있으므로 주의해야 한다.

아래에 제시된 두 교사의 사례는 계획한 활동의 내용과 활용하는 교구가 동일하더라도 활동을 조직하는 교사의 역량에 따라 활동의 전개방향이 전혀 다르게 이루어질 수 있음을 잘 보여준다(김정, 조정숙, 2001).

사 례

교사는 책상 위에 신문지를 깔고 그 위에 물감 컵을 놓았다. 물감 컵이 넘어지지 않도록 하기 위해 빈 상자에 구멍을 뚫고 그 안에 컵을 세워 놓았다. 이렇게 두 세트를 마련해서 책상의 양쪽에 두고, 각 세트를 책상의 각 켠에 서 있는 두 명씩의 유아들이 함께 사용하도록 하였다. 붓은 각각의 컵에 꽂아 두었다. 책상 가까운 곳에 작품을 말릴 수 있도록 조그만 건조대를 두었으며, 유아 스스로 쉽게 입을 수 있는 비닐 앞치마를 책상 각 면의 네 장소에 비치하였다. 유아들이 물감활동을 할 때 교사는 작품에 대해 이야기하기 위해, 이름 쓰는 것을 도와주기 위해 혹은 앞치마 입을 것을 상기시키기 위해 때때로 책상 옆에 머물렀다. 그리고 교사는 다른 흥미 영역들에서 활동하는 유아들에게도 시간을 할애하였다.

➤ 출처: 김정, 조정숙(2001)

사 례

교사는 책상 위에 신문지를 깔지 않았으며, 물감 컵을 지탱할 기구 없이 그대로 책상 위에 놓아 두었다. 각각 다른 색이 들어 있는 네 개의 컵을 제공했으며, 교사의 의도는 동시에 물감활동을 하는 네 명의 유아가 서로 돌려가며 쓰도록 하는 데 있다. 와이셔츠를 이용한 앞치마들은 책상 한쪽 켠의 의자에 모두 함께 걸쳐 놓았다. 이 교사는 미술 영역에서 많은 시간을 보냈다.

첫 번째 문제는 빨간색 물감 컵 때문에 발생하였다. 제이미가 들고 있던 빨간색 물감 컵을 산드라가 사용하려 하자 제이미는 허락하지 않았고, 산드라는 뺏으려고 달려들었다. 그 바람에 물감 컵이 바닥에 떨어져 제이미의 신발에 엎질러졌다. 물감을 닦아내는 데 약 15분이 소요되었다. 이 시간 동안은 책상의 한쪽 켠을 아무도 사용하지 못했고, 교사는 다른 유아들에게 주의를 기울일 수 없었다.

두 번째 문제는 한 유아가 마루 위에 말리려고 두었던 젖은 작품을 밟고 지나간 데서 발생하였다. 작품의 주인은 망가진 작품 때문에 매우 화를 냈고, 교사는 교실 바닥 여기저기에 물감 발자국이 생긴 데 화가 났다. 교사는 한 아이를 달래야 했으며, 다른 한 아이는 바닥을 닦아내도록 해야 했다. 아침 시간이 끝나갈 무렵, 교사는 완전히 탈진해 있었으며 유아들은 위축되어 있었다. 이 교사는 당분간 물감활동을 제공하지 않겠다고 결심하였다. 그 이유는 유아들이 물감을 사용할 만한 책임감이 없고, 너무 지저분해지는 활동이라는 것이었다.

▶ 출처: 김정, 조정숙(2001)

4) 미술 놀이 및 활동 중재자로서의 역할

학습자의 지식은 교사의 일방적인 지식 전달에 의해 형성되는 것이 아니라 학습자에 의해 자율적으로 구성된다는 구성주의적 관점은 미술지도교사의 역할에도 큰 변화를 가져왔다. 그래서 현대미술교육에서는 개인의 삶 속에서 학습자 스스로 구성하고 표현하는 미술교육을 강조한다(양정하, 2008).

구성주의적 관점에 따르면, 영유아를 대상으로 미술을 지도하는 교사는 개별 영유아의 실제적인 미적 체험을 중시하며, 그들이 주도적이고 자율적으로 미술 경험을 할 수 있게 조력하는 중재자의 역할을 수행해야 한다. 중재자로서의 역할은 영유아가 어떤 미술 놀이나 활동을 수행할 때 작업의 진행을 도와주는 단순한 역할을 의미하는 것이 아니다. 지금 당장은 영유아 스스로 해낼 수 없지만 교사가 적절한 질문이나 다양한 미술 재료, 미술 경험 등을 제공해서 영유아 스스로 어떤 작업을 완성해 낼 수 있게 지원해 주는 역할을 의미한다. 예를 들어 점토를 이용해 자동차를 입체적으로 표현하고자 하는 한 유아가 표현과정에서 흙의 갈라지는 특성 때문에 바퀴 표현의 어려움을 호소한다면 교사는 유아의 적절한 발달수준을 고려하여 흙의 갈라짐으로 인한 문제 해결을 위해 함께 고민하면서 다른 방법을 생각해 낼 수 있도록 조력해야 한다. 또한 가을 하늘이 단순히 푸른색이 아니라 다양한 푸른색이 섞여 있음을 지적해 줌으로써 푸른색의 미묘한 차이를 볼 수 있게 도와주는 것, 사물의 울퉁불퉁한 질감을 그림 속에 표현하고 싶어 하는 유아에게 유화물감을 제공하는 것 등이 모두 중재자로서의 교사 역할이라고 볼 수 있다.

교사의 중재 역할 범위는 학습자의 표현의 한계성에 따른 교사의 도움이 시작되는 범위로 볼 수 있다(박라미, 2005). 그림 9-1 은 교사의 중재적 역할 범위를 그림으로 표현한 것으로, 그림의 'A'는 학습자가 지닌 기술적 표현의 한계성을 의미하며, 그림의 'B'는 미술적 문제의 해결을 위해 노력하는 절차적 과정의 문제로 절차적 한계성을 의미한다(양정하, 2008). 즉 앞의 '자동차' 사례를 통해 보면, 자동차를 입체로 표현하는 것에 대해 어려움을 느끼는 것은 기술적 표현의 한계성인 'A'로 볼 수 있으며, 흙의 갈라짐이란 문제 해결을 목표로 스스로 더 나은 방법을 찾아내기 위해 노력하는 과정에서 발생하는 문제는 절차적 한계성인 'B'로 볼 수 있다. 따라서 미술을 지도하는 교사는 'A'와 'B'의 상황을 함께 면밀하게 검토하여 바람직한 중재 역할을 수행할 때, 영유아는 미술활동에 보다 즐겁고 적극적으로 참여할 수 있게 되며 결과적으로 바람직한 미술교육의 효과를 기대할 수 있게 된다.

그림 9-1 학습자의 미술적 한계성과 교사의 중재 역할 범위

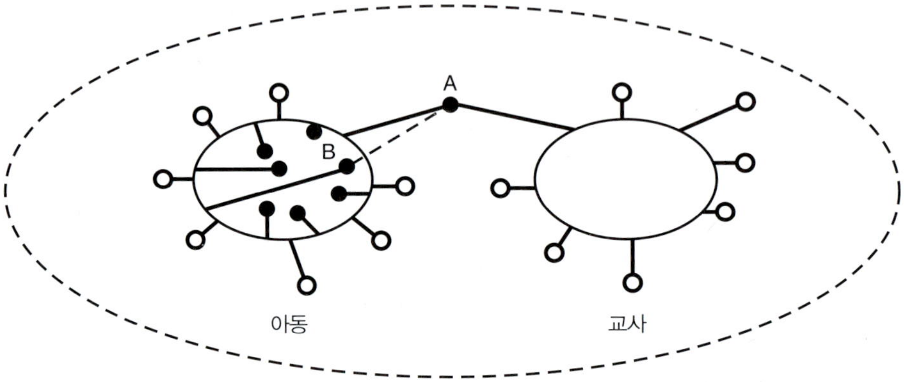

➤ 출처: 양정하(2008). 『한국아동미술학회지』, 7, p.66.

5) 미술환경구성자로서의 역할

미술환경은 영유아가 그리거나 채색하는 단순한 활동을 넘어 다양한 표현과 창의적 시도를 가능하게 한다는 점에서 중요한 의미를 지닌다. 따라서 교사는 영유아의 일상적인 미적 체험이 미술 놀이나 활동과 자연스럽게 연계될 수 있도록 환경구성에 주의를 기울여야 한다. 그리고 적절한 환경구성을 통하여 미술 놀이 및 활동에 대한 흥미를 유발하고, 미술 놀이 및 활동을 지속시키고 확장시킬 수 있어야 한다. 가령, 영유아 자신과 또래의 미술작품을 교실 벽에 아름답게 전시해 주는 교사의 환경구성은 영유아로 하여금 새로운 미술작품 창작에 대한 동기를 유발하게 되고, 작업 활동에 적극적으로 몰입하여 참여하게 할 수 있다. 한편, 환경구성에 있어서 특별히 주의를 기울여야 할 것은 미술재료 및 도구에의 접근 용이성과 발달수준에의 적합성이다. 각종 재료 및 도구에의 접근이 어렵거나 발달수준에 맞지 않아 미술작업을 제대로 수행하지 못할 때, 영유아들은 좌절감을 느낄 수 있기 때문이다. 따라서 영유아의 발달수준에 맞는 각종 재료 및 도구들을 영유아가 어떻게 활용할지를 잘 파악하여 영유아가 쉽게 접근할 수 있도록 비치하는 것이 중요하다.

6) 기록자로서의 역할

기록작업은 미술을 지도하는 교사와 영유아들 간의 중요한 상호 교류의 도구로, 교사는 기록작업을 통해서 유아가 무엇을 말하려고 하는지 그 의미를 적극적으로 해석할 수 있게 된다. 레지오 에밀리아에서 실천하고 있는 기록작업을 보면 영유아들이 말하고 행한 것, 영유아들의 작업, 교사들의 해설을 비디오, 녹음 테이프, 기록 노트 등의 여러 가지 형태로 기록하게 되는데, 이렇게 기록된 자료들은 가시적인 전시 등을 통해 영유아들로 하여금 이전의 경험을 되짚어 보는 기회를 가지게 할 뿐만 아니라, 부모로 하여금 활동과정 전반에 대한 부모의 이해를 도모하여 부모의 적극적 참여를 증진시키는 중요한 역할을 수행하기도 한다(Rinaldi, 2001). 따라서 교사는 비록 바쁜 일과 중에라도 영유아의 작품 사례나 사진, 비디오 카메라, 일화기록 등의 다양한 기록방법을 활용한 기록에 소홀해서는 안 된다. 더불어 교사는 영유아의 활동과정 및 결과물을 대외적으로도 널리 홍보할 수 있도록 보기 좋게 전시하는 역할을 잘 수행해야 한다.

- 미술교육이 체계적이면서도 효과적으로 이루어지기 위해서는 미술지도교사의 전문적인 자질과 역할이 중요하다. 특히 어린 시기의 미술 놀이 및 활동은 신체 · 언어 · 인지 · 사회 · 정서 발달 등의 다양한 발달영역이 밀접하게 관련된 통합적인 활동으로 이루어져 아동의 전인적인 발달에 지대한 영향을 미치기 때문에 미술지도교사의 전문적 자질 함양과 역할수행을 위한 노력이 필요하다.

- 미술지도교사는 인내심과 융통성, 개방성, 원만한 대인관계, 심미적 감수성 등의 개인적 자질과 더불어 아동의 미술발달단계에 대한 지식과 표준보육과정 · 누리과정 및 교수에 대한 지식과 기술, 미술을 매개로 한 아동과의 의사소통능력, 미적 체험능력, 미술표현능력, 미술감상능력 등 미술지도교사로서의 전문성을 발휘할 수 있는 자질을 골고루 갖추고 있어야 하며, 이러한 자질을 지속적으로 발전시킬 수 있도록 노력해야 한다.

- 미술지도교사는 효율적인 미술지도를 위해 다양한 역할을 수행해야 한다. 미술지도교사는 우선 미술 놀이 및 활동 관찰자로서 아동이 재미있어 하며 탐색하고 표현하고 감상하는 모든 행위가 미술 놀이 및 활동이 될 수 있다는 인식을 가지고 관찰하는 자세가 필요하다. 미술 놀이 및 활동 계획자로서 아동의 발달특성과 개별 아동의 발달수준을 고려하여 미술 놀이 및 활동의 범주 및 미술재료의 선택 등에서 어느 한쪽으로 치우치지 않고 균형 있게 경험할 수 있도록 계획할 수 있어야 한다. 다음으로 미술지도교사는 미술 놀이 및 활동 조직자로서 목표 달성을 위해 미술 놀이 및 활동을 효율적으로 수행할 수 있는 전략을 고안할 수 있어야 하며, 미술 놀이 및 활동 중재자로서 다양한 매체나 질문, 경험 등의 기회를 제공하여 아동이 스스로 어떤 작업을 완성할 수 있도록 도와줄 수 있어야 한다. 이 외에도 미술지도교사는 미술환경구성자로서 아동의 일상적인 미적 체험이 미술활동과 자연스럽게 연계될 수 있도록 환경구성에 주의를 기울여야 하며, 기록작업을 통해 아동이 무엇을 말하려고 하는지 그 의미를 적극적으로 해석할 수 있어야 한다.

| 참고문헌 |

김정, 조정숙(2001). **유아미술교육**. 서울: 한국방송통신대학교 출판부.

박라미(2005). 자율적 미술활동을 통한 통합적 의미의 교육적 시사: 듀이의 흥미이론에 기초하여 초등미술교육 중심으로. **학습자중심교과교육연구**, **5**(2), 101–119.

안금희(2004). 초등미술교육에서 놀이의 유형에 따른 놀이수업 사례. **미술교육연구논총**, **16**, 129–143.

양윤정(2005). 정보화 사회의 미술교사의 역할과 자질. **미술교육논총**, **19**(2), 247–268.

양정하(2008). 비계설정 의미에 기초한 미술교사의 역할. **한국아동미술학회지**, **7**, 61–74.

유수영(2008). 유아미술교육 환경에 대한 소고 –레지오 미술공간 이해를 중심으로–. **한국아동미술학회지**, **7**, 41–59.

유영옥(2006). 유아미술교육에서 유아교사의 지식에 관한 연구. **한국아동미술학회지**, **5**, 51–60.

유영옥(2009). 유아미술교육에서 유치원교사들의 동료장학에 대한 탐색. **유아교육**, **18**(3), 135–150.

현화동, 윤선영, 김남연(2009). 영아교사의 영아미술교육에 대한 어려움과 지원 요구 탐색. **유아교육학논집**, **13**(4), 319–340.

Eisner, E. W.(1995). 서울교육대학교 미술교육연구회 역. **새로운 눈으로 보는 미술교육**. 서울: 예경.

Rinaldi, C.(2001). Documentation and assessment: What is the relationship? In C. Ciudici, C. Rinaldi, & M. Krechevsky(Eds.), *Making learning visible: Children as individual and group learners*(pp. 78–89). Reggio Emilia, Italy: Reggio Children.

Schikendanz, J. A., York, M. E., Stewart, I. S., & White, D. A.(1990). *Strategies for teaching young children*. NJ: Prentice–Hall.

10

아동미술의 교수방법

학습개요

교육의 방향이 종래의 획일적이고 정형화된 교육에서 벗어나 개인의 개성을 존중하고 다양화를 강조하는 방향으로 변화하면서, 미술교육 분야에서도 아동의 흥미와 관심을 토대로 적극적으로 활동에 참여하며 아동에게 내재된 자율성과 창의성을 최대한 발현시킬 수 있는 바람직한 교수법에 대한 모색이 활발하게 이루어지고 있다. 이 장에서는 보다 효율적이고 체계적으로 아동미술지도가 이루어지기 위한 교수학습의 기본원리와 교수–학습방법으로 직접적 교수법과 통합적 교수–학습법, 협력학습 교수법, 창의적 문제해결 교수법과 함께 새로운 교수법으로 주목받고 있는 커뮤니티 중심의 교수법에 대해 살펴본다.

학습목표

1. 아동미술지도를 위한 교수학습의 기본 원리를 설명할 수 있다.
2. 아동미술지도를 위한 효과적인 교수방법에 대해 알 수 있다.

주요용어

1. 직접교수법 : 교사가 시범이나 설명을 통해 아동이 배워야 할 주요한 미술수업의 내용을 제공해 주는 교사 중심의 교수법
2. 통합적 교수법 : 신체, 언어, 수과학, 음악, 미술 영역 등의 여러 교과과정영역을 분리하지 않고 미술활동 속에서 통합적으로 다루는 교수법
3. 협력학습 교수법 : 여러 명의 아동이 특정 주제와 관련하여 공동의 목표를 달성하기 위해 서로 협력하여 공동작업을 수행하도록 돕는 교수법
4. 창의적 문제해결 교수법 : 제시된 특정 문제 해결을 위해 아동이 주도적으로 아이디어를 도출하고 정교화하는 과정을 거쳐 창의적인 방식으로 표현할 수 있도록 지원하는 교수법
5. 커뮤니티 중심 예술교수법 : 지역사회의 자연환경을 비롯하여 특유의 전통 및 역사, 문화를 미술교육에 접목하는 교수법

1. 아동미술의 교수-학습원리

교사가 미술 교수-학습과정에서 아동에게 어떻게 하는가와 관련되는 아동미술의 교수법은 아동으로 하여금 미술교육의 내용을 자연스럽게 학습하도록 도와주면서 미술교육의 목표를 체계적이고 효과적으로 달성하는 데 중요한 수단이 된다. 여기서는 아동미술지도를 위한 다양한 교수법을 적용하는 데 있어 기본원칙이 되는 교수-학습의 기본원리에 대해 살펴본다.

1) 개별화의 원리

일생에서 가장 급속한 속도의 성장 발달이 이루어지는 영유아기는 동일 연령 내에서도 개별 영유아마다 발달특성에 있어서 큰 차이가 나타난다. 특히 미술표현능력의 발달에 결정적인 영향을 미치는 신체적 발달과 인지적 발달에 개인차가 크게 나타난다. 12개월이 지나면서 소근육의 발달과 눈과 손의 협응능력의 발달로 색연필 등을 잡고 무언가를 그리는 행동을 보이는 영아가 있는가 하면, 18개월이 되어도 그리기 도구 잡는 것 자체를 어려워하는 영아도 있다. 발달수준이 다른 영아들에게 발달수준을 고려하지 않은 동일한 미술활동을 제공했을 때 어떤 영아에게는 실망감을, 어떤 영아에게는 좌감을 안겨줄 수 있다. 따라서 교사는 영유아 개개인의 발달수준과 발달적 요구가 무엇인가를 파악하여 그에 부합하는 미술활동을 제공해 줄 필요가 있다. 뿐만 아니라 개별 영유아의 미적 체험의 정도에 따라 미술활동에 대한 관심이나 흥미, 표현이 달라질 수 있음을 고려하여, 영유아 개개인의 흥미와 발달수준, 이해 정도에 따라 융통성 있게 적용할 수 있는 목표와 내용을 선정해야 하며, 영유아의 개별적 다양성을 고려하여 다양한 교수전략과 교수자료를 제공해야 한다.

2) 개방성의 원리

교사는 영유아가 미술활동을 하는 매 순간 영유아의 선택에 대해 개방적이어야 한다. 즉 미술활동의 주제 선택에서부터 재료 및 표현방법의 선택에 이르기까지 영유아가 자유롭게 선택할 수 있도록 격려해야 한다. 이를 통해 영유아의 미적 체험과 사고가 자유로워질 수 있으며, 이는 영유아로 하여금 자유롭고 창의적인 미술표현을 가능하게 하기 때문이다. 최근 많은 교사들이 아동중심의 프로그램 진행에 익숙해지면서 미술활동의 주제 선정에 있어서 영유아의 적극적인 참여를 유도하고 있다. 반면, 미술활동의 재료 선택에 있어서는 개방적이지 못한 경향이 있다. 재료 선택이 개방적이기 위해서는 미술활동 진행 중에도 영유아가 언제든지 필요한 재료를 고민하여 선택할 수 있어야 하는데, 아직까지 이에 대한 준비가 많이 부족한 실정이다. 가령, 크레용으로 나무를 그리는 활동을 하는 중에 나무의 실제감과 입체감 표현을 위해 마른 나뭇가지 조각을 필요로 하는 영유아가 단 한 명이라도 있을 때, 이를 즉시 선택해서 사용할 수 있는 환경이 제공되어야 할 것이다.

다음에 소개하는 글은 아동의 선택에 대해 개방적이어야 하는 이유를 생각하게 한다.

어린 소년이 어느날 학교에 입학했다.
그는 정말 어린 소년이었다 (중략)

어느날 아침, 어린 소년이 수업을 받고 있을 때 선생님이 말씀하셨다.
"여러분, 오늘은 그림 공부를 하겠어요."

'좋은데!' 하고 어린 소년은 생각했다.
소년은 그림 그리기를 시작했다.
사자와 호랑이, 닭과 송아지, 기차와 배,
소년은 크레용 상자를 꺼내 그것들을 그리기 시작했다.

그러나 선생님은 말씀하셨다.
"기다려요! 아직 시작하면 안 돼요."
선생님은 다른 학생들이 준비가 될 때까지 기다리게 했다.

"자, 그럼 오늘은 꽃을 그리겠어요."
이윽고 선생님은 말씀하셨다.

'좋은데!' 하고 어린 소년은 생각했다.
소년은 꽃 그리는 걸 좋아했다.
그래서 분홍색과 노란색과 파란색 크레용으로 아름다운 꽃들을 그리기 시작했다.

그러나 선생님은 말씀하셨다.
"기다려요! 내가 여러분에게 어떻게 그리는지 가르쳐 주겠어요."
선생님은 칠판에다 꽃 한 송이를 그렸다.

(중략)

다음날 아침 어린 소년이 정문을 지나면
곧바로 나타나는 교실 문을 열고 들어갔을 때 선생님께서 말씀하셨다.
"여러분, 오늘은 찰흙으로 뭔가를 만들어 보겠어요."
'좋은데!' 하고 어린 소년은 생각했다.
소년은 찰흙을 갖고 노는 것을 좋아했다.
소년은 찰흙으로 온갖 것을 만들 수 있었다.
눈사람과 아프리카 뱀, 코끼리와 생쥐, 자동차와 덤프트럭...

(중략)

그러나 선생님은 말씀하셨다.
"기다려요! 어떻게 만드는 건지 내가 보여 주겠어요."
그러고 나서 선생님은 모두에게 바닥이 깊은 접시 하나를 만드는 법을 보여 주었다.

(중략)

머지 않아 어린 소년은
기다리는 법과 지켜보는 법과 선생님과 똑같은 것을 만드는 법을 배웠다.
그리고 머지 않아서 소년은
더 이상 자신의 것을 만들 수 없게 되었다.

-영혼을 위한 닭고기 수프 1권 중에서-

3) 놀이 중심의 원리

놀이 중심이란 놀이가 미술교육의 목표 달성을 위한 수단이 아니라 놀이 자체가 목적이 되어야 함을 의미한다. 영유아는 놀이의 고유한 속성 즉, 재미와 즐거움 때문에 자발적으로 놀이에 몰입하게 되므로, 다른 영역의 활동과 마찬가지로 미술활동 또한 아동에게 놀이처럼 인식될 수 있도록 하는 것이 중요하다. 만일 교사의 지시에 의해 강제로 무엇인가를 해야 할 때, 결과물에 대한 부담을 갖게 될 때, 활동 과정에서 흥미를 느끼지 못할 때, 이는 영유아에게 놀이로 인식될 수 없다. 따라서 교사는 놀이 중심의 미술활동이 되기 위해 영유아의 놀이와 연계하여 미술활동이 이루어질 수 있도록 해야 하며, 영유아 스스로 미술활동에 적극적으로 참여하고 몰입할 수 있는 지원하고, 결과물보다는 결과물을 완성하기까지의 과정에서 진정한 즐거움을 찾도록 격려해 주어야 한다.

4) 통합적 접근의 원리

영유아는 언어적으로 미숙한 발달시기적 특성으로 인해, 미술을 통해 자신의 생각이나 느낌을 표현하고 의사소통을 한다. 그리고 영유아는 미술로 표상하는 활동을 통해 자신이 가지고 있는 개념이나 지식들을 구체화한다. 즉, 미술활동은 영유아기 신체, 언어, 인지, 정서, 사회성 발달 등 영유아의 전인적인 발달을 도모하기 위한 가장 중요한 학습도구라 해도 과언이 아니다. 실제로 영유아의 신체, 언어, 인지, 사회, 정서 영역의 발달은 각각 따로 분리되어 발달하는 것이 아니라 상호 영향을 주며 통합적으로 발달하며, 영유아는 각 교과 영역별로 지식을 분리해서 학습하는 것이 아니라 다양한 영역의 지식을 유기적으로 통합하여 학습한다. 이에 따라 영유아를 대상으로 한 미술교육은 단순히 미술 영역에만 한정되어 이루어지지 않고, 동작활동, 음악활동, 언어활동, 역할놀이활동, 게임활동 등 다양한 영역의 활동과 통합적으로 이루어져야 하며, 이를 위해 교사는 영유아에게 일상생활과 연계된 다양한 영역의 통합된 미술활동 경험을 제공할 수 있어야 한다.

2. 아동미술의 교수방법

교수방법은 현장적용 시 통합적으로 활용되는 경우가 많아 뚜렷하게 구분되기 어려운 특성이 있다. 다음에서는 아동 미술 놀이 및 활동 지원을 위해 현장에서 유용하게 활용할 수 있는 교수방법의 주요 특성을 중심으로 교수방법을 구분하여 제시하고자 한다.

1) 직접교수법

직접교수법은 교사가 시범이나 설명을 통해 아동들이 배워야 할 주요한 수업 내용을 제공해 주는 교사중심 전략으로 아동들에게 일반적인 사실이나 정해진 규칙·행동 계열을 알게 하며, 지식을 기반으로 한 특정한 기능을 익혀 능숙하게 표현하기에 적합한 교수–학습방법이다. 아동들에게 새로운 지식이나 행동을 가르치기 위해서는 눈으로 직접 볼 수 있는 시범을 보이고, 그 시범이 어떻게 진행되는가에 관한 원리와 과정에 대한 자세한 설명이 있어야만 한다는 행동주의 심리학에 토대하고 있는 직접교수법에 의하면, 미술지도교사가 잘 준비되고 구조화된 시범이나 자료를 제시할 수 있다는 점에서 미술표현능력 향상을 위한 수업에서 매우 효과적인 것으로 알려져 있다(전종탁, 2008).

아동의 미술표현능력 향상을 위해 직접교수법이 활용될 수 있는 상황은 다음과 같이 구분할 수 있다(박소영, 2002).

첫째, 주어진 활동시간을 효율적으로 관리하면서 아동들의 적극적인 연습을 유도하여 목표를 달성하고자 할 때 활용할 수 있다. 미술활동을 진행하다 보면 활동방법 안내와 관련하여 체계화되지 못한 교사의 설명이 지나치게 많아져 아동의 표현활동 시간이 부족한 경우가 있는가 하면, 표현방법에 대한 탐색이 이루어지지 않아 아이들은 무엇을 어떻게 표현해야 할지 몰라 어려움을 겪는 아동들이 있다. 그러나 직접교수법의 수업 단계에 의해 수업을 진행하게 되면 교사의 시범과 설명을 단계적으로 세분화시켜 준비할 수 있게 되고, 아동의 독립적인 표현에 많은 시간을 할애하도록 주의하게 되어 활동시간을 효율적으로 관리할 수 있다.

둘째, 표현을 위해 새로운 재료나 용구가 등장했을 때 활용할 수 있다. 예를 들어 그림 그리기에서 처음으로 수채화 용구를 사용하게 될 때, 재료와 용구, 다루는 기술, 수채화의 기본적인 기법에 대해 충분히 이해할 수 있도록 설명해야 한다. 교사의 구체적인 설명과 시범을 통해 아동은 새로운 용구와 재료를 다루는 기법을 쉽게 이해하고 활용하게 됨으로써 표현능력을 보다 수월하게 향상시킬 수 있다.

셋째, 새로운 표현방법에 대한 충분한 반복훈련과 피드백의 제공을 통해 아동의 창의적 표현능력을 향상시키고자 할 때 활용할 수 있다. 아동은 표현방법을 알지 못하는 것은 시도하지 않으려고 하는 경향이 있다. 이때 아동이 교사의 시범을 보고 질의응답과 반복훈련, 피드백의 과정을 통해 새로운 표현방법에 대한 지식을 얻게 되면 그 지식을 바탕으로 새로운 표현을 시도하게 되고 이는 표현능력의 향상을 통해 아동의 창의적인 표현에 기여할 수 있게 된다.

직접교수법의 효율적 활용을 위한 미술수업의 절차를 6단계로 정리하면 표 10-1 과 같다.

표 10-1 직접교수법 적용 시의 수업 진행 절차

단계 구분		지도 내용
1	문제인식 단계	• 진행하고자 하는 수업 전체의 흐름과 각 세부 과정에 대한 안내 • 학습목표 및 학습과제를 분명히 알려 주고 동기를 유발하여 학습의욕을 촉진시킴 • 아동이 이미 가지고 있는 지식이나 경험을 교사가 파악하여 새로 학습할 요소와의 관계를 설명하여 학습을 촉진시킴
2	설명 및 시범 단계	• 학습과제를 정확히 이해시키고 실제 수행해야 할 내용을 교사가 설명하거나 시범 • 표현재료와 용구의 특성, 사용방법, 표현 및 제작활동의 순서나 과정에 대해 상세하게 설명하고 시범 • 교사는 자신이 설명한 원리나 방법을 가장 잘 보여 줄 수 있는 사례를 제시함

단계 구분		지도 내용
3	질의응답 단계	• 교사가 보인 설명과 시범에 대해 아동이 제대로 이해하고 있는지 확인하기 위해 아동의 질문을 받고 응답함 • 교사가 가르친 원리나 절차, 시범을 통해 보여 준 내용을 아동 스스로 설명할 수 있는지 점검함 • 교사가 가르친 원리나 절차를 이해하지 못할 경우 다시 설명하거나 확인 과정
4	구조화된 연습 단계	• 교사에 의해 미리 계획되고 준비된 자료를 통해 아동이 쉽게 따라해 볼 수 있도록 제시함 • 연습은 난이도가 낮은 단계에서 높은 단계로 진행함 • 표현이 잘 안 되는 부분은 다시 한 번 시범을 보임 • 만일 교사의 기능 부족으로 직접 시범을 보일 수 없다면 미리 제작된 단계별 자료를 보여 주는 것으로 대체함
5	독립적인 연습 단계	• 구조화된 연습을 통해 아동의 성취 수준이 높아지면 습득방법이나 기능을 활용하여 독창적인 작품을 제작하도록 안내 • 단계적 연습을 통해 학습 기능이나 능력이 발휘될 수 있도록 지도함 • 교사는 궤간순시를 통해 자신감을 가지고 표현할 수 있도록 격려함
6	정리 및 발전 단계	• 작품 감상 시간을 통해 교사 및 아동 상호 간에 피드백 • 잘 표현된 부분에 대해 칭찬하고 격려함

➤ 출처: 전종탁(2008). 직접교수법을 통한 인체 동세 표현지도에 관한 연구(p. 257). 『미술교육연구논총』. 23.

표 10-2 직접교수법의 장점과 단점

장점	단점
• 다수의 아동에게 정보를 쉽게 효과적으로 전달할 수 있음 • 낮은 수준의 인지적 목표를 달성하기 쉬움 • 시행착오 없이 안전하게 지식의 습득이 가능함	• 교사의 능력과 기술에 지나치게 의존하게 됨 • 아동이 학습한 내용을 내면화했는지 파악하기 어려움 • 아동의 개별적인 발달수준을 고려한 학습이 이루어지기 어려움

2) 통합적 교수법

통합적 교수법이란 신체, 언어, 수과학, 음악, 미술 영역 등의 여러 교과과정 영역을 분리하지 않고 하나의 활동 속에서 통합적으로 다루는 것이다. 아동의 연령이 어릴수록 다양한 교육과정의 경험들이 유기적으로 관련되어 있을 때 효과적으로 학습할 수 있다(North Carolina Department of Public Instruction, 1991)는 주장에 따라 다른 교육과정과 마찬가지로 미술지도에 있어서도 통합된 학습경험의 제공이 매우 중요하게 다루어지고 있다. 특히 아동의 미술작품은 우연히 만들어지는 것이 아니라 신체, 언어, 인지, 사회정서 발달과 관련된 다양한 학습경험의 통합적 산물이라는 점에서, 미술교육이 다른 교과들과 연계될 때 주제나 테마, 새로운 아이디어를 더욱 풍부하게 만들 수 있다는 점에서, 통합적 접근에 의한 미술교육의 당위성을 찾는다.

아동교육현장에 가장 널리 알려져 있는 통합적 교수-학습법으로 프로젝트 접근법이 있다. 프로젝트 접근법은 아동이 흥미를 느끼는 특정 주제를 선택하여 깊이 있게 탐구하는 과정에서 다양한 교육과정 영역의 활동이 통합되어 이루어지는 것으로, 아동이 주도적으로 프로젝트를 수행할 수 있도록 안내하는 일련의 교수-학습전략을 의미한다(Katz & Chard, 2000).

프로젝트 접근법의 교수 단계는 크게 도입 단계, 전개 단계, 마무리 단계의 3단계로 구분된다. 첫째, 도입 단계에는 관심 있는 주제를 선정하고, 주제와 관련된 경험을 나눈다. 아동들은 경험 나누기 과정에서 자신의 경험을 언어나 신체, 음악 등으로 표현하는 것 이외에 그리기, 만들기 등의 미술활동으로 다양하게 표현하게 되며, 이러한 일련의 과정 속에서 주제에 대해 궁금하고 알고 싶은 것들이 명료해지면 주제망과 질문목록을 구성한다. 둘째, 전개 단계에서는 주제에 대해 도입 부분에서 다루어진 질문이나 계속적으로 생기는 새로운 의문점들을 해결하기 위한 활동이 이루어지게 된다. 이 단계에서의 중심활동은 도서자료 및 현장견학, 전문가와의 면담을 통해 주제와 관련된 지식을 조사탐구하고 관련 경험을 표현하는 활동이다. 가령, 사과나무가 어떻게 생겼고, 사과나무에 사과가 어떻게 열리는지가 궁금해진 아동들은 직접 과수원에 가서 이를 살펴보게 되고, 다녀와서는 과수원에 가서 무엇을 보고 듣고 왔는지를 그리기, 만들기 등의 다양한 표현방법으로 표상한다. 셋째, 마무리 단계에서는 프로젝트 활동 결과를 전시하고 발표하는 경험을 통해 프로젝트 수행과정에서 얻은 다양한 정보들을 내면화한다.

프로젝트 교수법의 각 단계별 전개과정을 중심 사건 및 교사의 관심, 아동 활동으로 구분하여 제시하면, 표 10-3 과 같다.

표 10-3 프로젝트 교수법의 전개과정

단계	중심 사건 및 과정	교사의 관심	유아 활동
시작 단계	• 주제에 관한 최초 토의 • 사전경험 표현을 위한 다양한 표상활동 • 질문 목록 작성	• 주제에 대해 얼마나 알고 있는가? • 주제에 관한 사전 경험은 무엇인가? • 유아가 알고 싶어 하는 것은 무엇인가?	• 개인적인 경험 회상 • 개인적인 기억 묘사 • 교사와 친구들과 함께 서로의 경험이나 생각 공유 • 개인적인 질문거리 선정
전개 단계	• 탐구조사 활동 • 현장견학 • 현장견학 사후 활동 • 전문가와의 면담 및 활동	• 유아가 주제에 관해 학습할 수 있는 새로운 경험과 지식은 무엇인가? • 주제에 관해 유아에게 흥미를 유발하고 유아 수준에 적절한 활동을 어떻게 제공할 것인가?	• 질문에 대한 탐구 조사 활동 • 현장 학습으로 직접적인 탐색과정과 전문가와 함께 활동하기 • 현장견학 사후 활동 및 표현
마무리 단계	• 마무리 행사 • 지식의 내면화	• 마무리 행사는 어떠한 활동이 적합한가? • 새롭게 획득한 지식의 내면화를 위해 적합한 활동은 무엇인가?	• 프로젝트 전 과정의 결과물과 활동내용을 검토하고 평가하여 전시를 위한 작품 선정 • 다른 사람이 학습과정을 이해하고 감상하도록 프로젝트 활동을 재창조

➤ 출처: 라정숙(2008). 프로젝트 활동을 통한 유아 미술표상의 변화과정: 지렁이 프로젝트를 중심으로. 『유아교육학논집』, 12(3). p.223

프로젝트 활동을 통한 미술표상의 변화과정을 살펴보면 단계별 활동에 따른 재표상 과정을 거치면서 학습한 내용이 반영되어 색이나 형태, 구성, 그림의 내용이 구체적이고 정교하게 변화됨을 관찰할 수 있다(라정숙, 2008). 즉, 시작 단계에서의 미술표상활동은 아동의 과거 기억에 의존하게 되므로 단순하고 구체적이지 못하다. 반면, 전개 단계에서는 또래 간의 상호작용 및 협력학습을 통한 지식 공유를 통해 미술표상이 보다 구체적이고 정교하게 변화된다. 그리고 마무리 단계에 이르면 프로젝트의 전 과정을 통해 배운 지식을 총체적으로 활용하여 재표상하면서 더욱 정교하고 정확하게 변화된다.

그림 10-1, 그림 10-2, 그림 10-3은 시작, 전개, 마무리 단계에 걸친 수차례의 재표상 과정을 거치면서 아동의 미술표상활동이 어떻게 변화될 수 있는지를 잘 보여 준다. 그림 10-1의 1차 표상은 시작단계에서 유아가 이전 기억에 의존하여 개미를 단순하게 표상했다. 전개 단계에서 표현된 그림 10-2의 2차 표상에서는 개미 머리의 더듬이와 몸통을 표현하는 등 1차 표상보다 표현이 정교해졌으나 다리의 개수를 실제보다 많게 표현함으로써 정확한 관찰이 이루어지지 못했다. 그러나 그림 10-3의 3차 표상에서는 이전보다 선, 형태, 몸통 구조 면에서 더욱 정교해지고 미적 표현력이 증가했음을 알 수 있다.

그림 10-1 개미 1차 표상

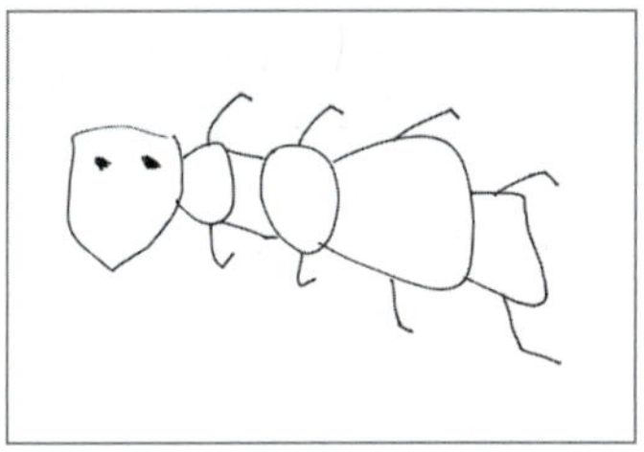

그림 10-2 개미 2차 표상

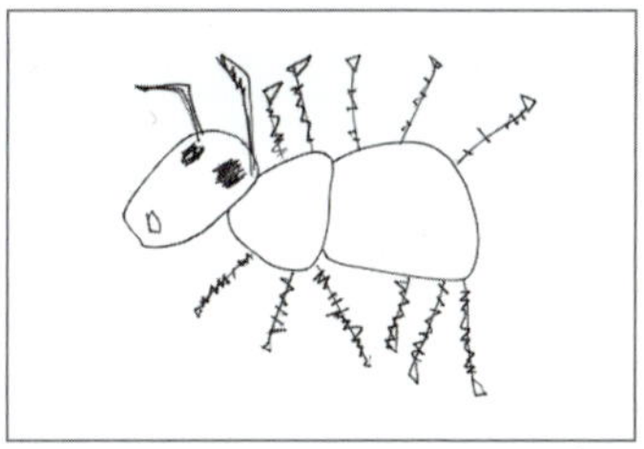

그림 10-3 개미 3차 표상

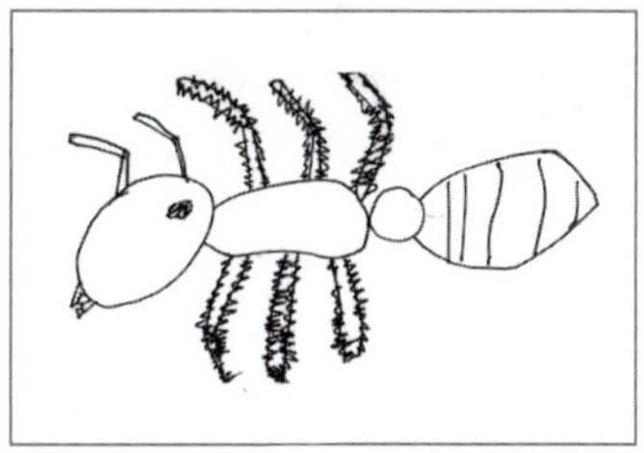

한편, '총체적 미술교육'이라는 용어로 많이 알려진 DBAE(Discipline-Based Art Education) 또한 통합적 교수법의 하나로 볼 수 있다. 즉, 그동안의 미술이 작품제작에 중점을 둔 것과 달리 미술의 통합적 이해에 기초한 DBAE는 미술을 작품제작(art production), 미술사(art history), 미학(aesthetics), 미술비평(art criticism)의 네 분야로 보고, 이 네 분야가 미술교육 속에서 함께 통합되어 연속적으로 이루어지도록 하는 교수방법이다. 각 분야별 교수법의 주요 내용을 살펴보면, 첫째, 작품제작 영역에서는 작품제작 활동을 통하여 작품제작에 필요한 주제 및 아이디어 인식에 대한 기술, 제작방법, 제작도구 및 미술재료의 사용기법에 대한 학습 기회를 제공함으로써 아동 스스로 창조적 표현활동에 임하게 하고 창조의 즐거움을 체험하도록 한다. 둘째, 미술사 영역에서는 예술을 역사 및 문화의 소산으로 보고, 역사적 흐름 속에서 미술의 문화적 표현을 이해하는 데 초점을 맞춘다. 이를 위해 아동으로 하여금 한 작품이 언제 어디서 누구에 의해 제작되었으며, 시대적·문화적 배경 속에서 어떤 의미를 지니는지를 학습케 하여 문화가 미술의 내용과 형식을 통해서 어떻게 표현되는지를 이해하게 한다. 셋째, 미학에서는 미술작품이 지닌 표면적인 의미에 한정되지 않고 심미적인 사고과정을 통해 미술작품이 지닌 내면적 의미까지 인식할 수 있도록 하기 위해, 어떠한 방법으로 미술작품을 감상할 것인지, 좋은 미술작품의 기준은 무엇인지 등과 같이 미술품에 대한 지각과 이해 및 감상방법에 대해 습득시킨다. 넷째, 미술비평 분야에서는 미술작업에 대한 관찰 능력과 아동 자신의 작품이나 다른 사람의 작품 간의 차이점을 발견하고 분석하여 미술작품에 대한 자신의 의견을 피력할 수 있는 논리적 체계를 학습시키는 한편, 미적인 평가 기준에 대한 판단능력을 함양하는 데 주안점을 둔다.

표 10-4 통합적 교수법의 장점과 단점

장점	단점
• 다양한 교과의 통합적 경험을 통해 주제나 테마, 새로운 아이디어를 더욱 풍부하게 제공받을 수 있음 • 통합적으로 학습하는 성향을 지닌 아동의 주도적이고 적극적인 참여가 이루어짐	• 다양한 교과의 내용을 통합한 활동을 계획하기가 쉽지 않음 • 통합된 교과의 내용을 아우를 수 있는 다양한 물리적 지원이 필요함

3) 협력학습 교수법

협력학습이란 집단의 성원들이 설정한 공동의 목표를 달성하기 위해 서로 돕고 책임을 공유하며, 과제 해결의 결과에 대해 공동으로 보상을 받음을 의미하는 것으로(Johnson & Johnson, 1990), 협력학습 교수법은 여러 명의 유아들이 특정 주제와 관련하여 공동의 목표를 달성하기 위해, 상호 의존적인 공동의 노력을 통해 공동 작업을 수행하도록 돕는 교수법이다. 협력학습 교수법에서는 과제에 따라 대규모 집단으로 협력학습이 이루어지기도 하지만, 4~6명 정도의 소규모 집단이 협력학습에 적절한 것으로 여겨지며, 집단구성 시 또래 유아 간에 서로 가르치고 배우면서 학습능력이 향상된다는 비고츠키(Vygotsky)의 견해에 따라 유아의 학습능력이 동질적인 집단보다 이질적 집단구성이 선호되는 편이다.

협력학습 교수법 실시를 위해 요구되는 요소로는 긍정적 상호의존성, 대면적 상호작용, 개인적 책임감, 대인기술, 집단과정이 있다(Lang & Evans, 2006). 이 다섯 가지 요소 중 가장 핵심이 되는 긍정적 상호의존성(positive interdependence)은 주어진 과제를 해결하기 위해 구성원들 서로가 긴밀하게 도움을 주고받는 것을 의미하는데, 이는 영유아 각자에게 적절한 역할을 나눠 맡게 하여 각자가 역할을 잘 수행해야만 공동의 목표를 달성할 수 있도록 할 때 실현 가능하다. 가령, 협력학습 교수법에 의한 발표회를 위한 무대 꾸미기 활동에서 필요한 무대소품 목록 만들기, 재료 준비하기, 개별 소품 제작하기, 세팅하기 등으로 구분하여 각각의 영유아가 역할을 맡게 되면, 활동의 진행과정에서 어느 한 영유아라도 자신이 맡은 역할을 소홀히 할 경우 계획했던 멋진 무대가 완성될 수 없다는 사실을 깨닫게 됨으로써 긍정적인 상호의존성을 경험하게 된다. 다음으로 대면적 상호작용(face-to-face promotive interaction)이란 주어진 과제수행이 구성원들 간의 직접적인 면대면 상호작용을 통해 이루어져야 함을 의미하며, 개인적 책임감(personal responsibility)은 자신에게 부여된 개인 몫의 과제를 충실히 해야 할 것을 의미한다. 대인기술(interpersonal skills)은 성공적인 협력학습 수행의 전제가 되는 구성원들 간의 원만한 관계 유지에 필요한 사회적 기술을, 집단과정(group processing)은 목표 달성을 위한 효율적인 학습의 과정 및 결과에 대해 구성원들이 함께 논의하는 과정을 의미한다.

협력학습 교수법의 교수 단계는 크게 학습에 대한 안내, 소집단활동, 평가활동의 세 단계로 구분된다(이순형 외, 2007). 첫째, 학습에 대한 안내 단계에서는 교사가 직접 설명하거나 다양한 교수매체를 활용하는 방법 등을 활용하여 영유아들에게 학습해야 할 내용을 안내하고 어떠한 순서에 의해 어떠한 활동을 할 것인지를 알려 준다. 둘째, 소집단활동 단계에서는 먼저 영유아의 성별, 인지능력, 성격 등을 고려하여 다양한 구성원으로 소집단을 구성한 후, 각자가 담당해야 할 역할을 분담하고 맡은 역할을 수행하여 주어진 과제를 해결한다. 셋째, 평가활동 단계에서는 소집단활동을 통해 학습한 내용이나 만들어진 결과물을 집단별로 발표하도록 한다.

표 10-5 교사와 유아 간 상호작용의 예

교사	유아
T: 어제 과일가게에 가서 좋아하는 과일을 사니까 어땠나요?	C1: 너무 재미있었어요. C2: 과일 사러 또 가면 안 돼요? C3: 저도 또 가고 싶어요.
T: 우리 친구들 과일가게에서 과일 사는 게 재미있었군요. 가고 싶은 마음은 이해하지만, 멀리 있어 또 가기는 어려울 것 같아요. T: (여기저기서 실망하는 소리가 들리자) 아, 선생님한테 좋은 생각이 났어요! 교실에서 과일가게 놀이를 하면 어떨까요?	C2: 맞다. 그럼 멀리까지 안 가도 되겠다. C1: 근데 과일가게를 어떻게 만들지.
T: 먼저 과일가게에서 과일을 팔기 위해 무엇이 필요한지 생각해 봐요.	C1: 과일가게니까 과일이 있어야죠. C2: 과일을 담을 바구니가 있어야 해요. C3: 과일을 사려면 돈이 있어야 해요. C4: 돈을 넣을 지갑도 있어야지요. C5: 과일을 담을 종이봉투도 있어야 돼요.
T: 정말 많은 것들이 필요한데요. 어떻게 만들면 좋을까요? 지난번처럼 모둠별로 하나씩 맡아서 만들면 어떨까요?	C1: 우리 모둠은 과일을 만들게요. C2: 그럼, 우리 모둠은 과일바구니를 만들어야겠다. C3: 우리는 지갑하고 돈을 만들게요.
T: 그럼, 각 모듬별로 맡은 것을 어떻게 만들지 서로 상의해서 만들어 보기로 하지요.	(과일 만드는 모둠) C1: 과일을 어떻게 만들까? C2: 그림을 그려서 오리면 어떨까? C3: 종이는 잘 찢어지잖아. C4: 신문지를 구겨서 만들면 잘 안 찢어져. C5: 그래, 신문지를 뭉쳐서 만들자. 그리고 그 위에다가 과일 색깔이 나게 물감으로 칠하면 되겠다.
	(바구니 만드는 모둠) C1: 과일 담을 바구니는 뭘로 만들지? C2: 과일을 담을 거니까 튼튼하게 만들어야 돼. C3: 두꺼운 종이 상자로 만들면 어떨까? C4: 종이 상자로 어떻게 만들어? C5: 시트지를 오려서 상자에 붙이고, 그 위에 과일 그림을 붙이면 되잖아. C6: 과일은 색종이로 접어서 붙이자.

표 10-6 협력학습 교수법의 장점과 단점

장점	단점
• 개별 아동에게 적절한 역할분담을 통해 학습 동기를 높여 줌 • 아동이 주도적으로 학습에 참여함으로써 학습한 내용을 내면화하기 용이함 • 서로 의지하고 돕는 상호작용을 통해 타인을 배려하는 태도를 기름 • 교사 및 또래 간 활발한 상호작용을 통해 사회적 적응기술, 사회성 발달을 도모함 • 상호의존적인 협력을 통한 문제 해결 과정에서 긍정적 자아개념을 형성하게 됨 • 합리적인 문제 해결 과정을 통해 문제 해결 능력 및 탐구능력이 발달함	• 과제 수행의 과정보다는 결과를 중시할 수 있음 • 협력학습에 익숙해져서 개인에게 주어진 문제를 해결하는 데 어려움을 느낄 수 있음 • 유능한 아동 위주로 활동이 진행될 수 있음 • 유능하지 못한 아동의 경우, 상대적으로 소외감과 수치심을 느낄 수 있음 • 자기가 속하지 않은 집단의 아동에게 적대감을 느낄 수 있음

4) 창의적 문제해결 교수법

창의적 문제해결 교수법은 학습자에게 문제상황을 파악하게 한 후, 창의적인 방식으로 문제를 해결하도록 지도할 때 활용하는 교수방법으로, 창의성을 중시하는 미술 지도에서 효과적으로 활용할 수 있는 교수 전략이기도 하다. 2019 개정 누리과정 및 제4차 어린이집 표준보육과정의 예술경험영역의 내용 범주가 '창의적으로 표현하기'로 명시된 만큼 표현활동에서 활발하게 적용될 수 있는 교수방법이다. 특히 창의적 문제해결 교수법은 미술활동을 진행하는 과정에서 아동에게 최대한 주도권을 주고, 아동들의 적극적인 참여를 이끌어냄으로써 아동 중심 교수법의 대표적인 유형으로 볼 수 있다.

창의적 문제해결 교수법의 적용 과정은 크게 문제 인식, 아이디어 탐색, 아이디어 정교화, 아이디어 적용, 종합 및 재검토 단계로 구분할 수 있다(류재만, 손지현, 2017).

첫째, 문제 인식 단계에서는 아동이 제시된 문제를 인식하고 이를 해결하기 위한 방법을 찾기 위해 관련 자료나 정보를 모으고 자유롭게 분석한다. 가령, 유치원에서 만 4세반을 담임하고 있는 선생님이 유아들에게 "우리 친구들 유치원에 처음 왔을 때 기억나나요? 처음부터 식당이 어디 있는지, 원장님 방이 어디 있는지, 형님반이 어디 있는지 찾기가 쉬웠나요? 우리 친구들이 유치원에 처음 왔을 때처럼, 내년 3월에 맞이하게 될 만 3세반 동생들도 유치원 생활이 처음이라 어디에 무엇이 있는지 찾기가 어려울 것 같아요. 그래서 선생님이 제안 하나를 하려고 해요. 내년에 새로 입학하는 만 3세반 동생들이 유치원 곳곳을 쉽게 찾을 수 있는 방법을 찾아보면 어떨까요?"라고 이야기함으로써 유아들로 하여금 문제를 인식하게 한다. 그리고 식당, 원장님 방, 형님반 등 특정 장소에 대한 관심사가 동일한 유아들끼리 모둠을 구성하게 한 후, 모둠끼리 특정 장소를 직접 찾아가 탐색하거나 동생들과의 면담을 통해서 특정 장소를 찾아갈 때의 어려움들을 자유롭게 분석해 보게 하는 것이다.

둘째, 아이디어 탐색 단계에서는 아동이 아이디어를 산출하는 브레인스토밍 등의 과정을 통해 문제해결을 위한 다양한 아이디어를 탐색한다. 가령, 동생들이 식당을 쉽게 찾을 수 있는 아이디어를 탐색하기로 한 모둠에서는 모둠 소속 유아들끼리 생각을 나누면서 어떤 방향으로 개선할지 아이디어를 구상한다. 식당 위치를 동생반 옆으로 옮기기, 식당으로 직접 안내해 주기, 식당을 찾아갈 수 있는 이정표 만들어 주기 등의 창의적인 아이디어들을 도출할 수 있을 것이다.

셋째, 아이디어 정교화 단계에서는 탐색한 아이디어를 스케치하며 시각화해 보거나 여러 아이디어를 대상으로 재검토하면서 최선의 아이디어로 정교화한다. 가령, 모둠에서 도출된 다양한 아이디어를 검토하는 가운데, 선생님이나 형님들이 없어도 동생들 스스로 찾아갈 수 있는 방법인 이정표 만들기로 의견이 모였다고 가정해 보자. 유아들은 이정표를 어떻게 만들 것인지 고민하는 과정 속에서 '식당이라고 쓴 이정표를 만들자' '동생들이 글씨를 모르니까 동생들이 좋아하는 간식 그림을 그려서 이정표를 만들자' '그림만 보면 누구나 식당인지 알 수 있게 숟가락과 젓가락 그림도 함께 넣은 이정표를 만들자' '바닥에 붙일 수 있는 이정표도 만들어서 바닥에 붙은 이정표만 따라가면 식당으로 갈 수 있게 해 주자' 등 가장 이상적인 이정표를 만들기 위해 아이디어를 정교화할 것이다.

넷째, 아이디어 적용 단계에서는 정교화된 아이디어를 문제해결을 위한 표현활동에 적용하면서 정교화된 아이디어가 명확한 형태로 나타난다. 이 단계에서 유아들은 그림 그리기와 같은 평면적인 표현활동이나 색깔 점토로 꾸미는 입체적인 표현활동을 통해 자신들이 정교화한 아이디어를 담은 식당 이정표가 만들어지는 과정을 경험하게 될 것이다.

다섯째, 종합 및 재검토 단계에서는 아이디어가 작품에 잘 반영되었는지를 살펴보고, 주어진 문제가 성공적으로 해결되었는지를 분석한다. 가령, 유아들은 완성된 식당 이정표의 디자인을 보며 자신들이 생각한 아이디어가 잘 표현되었는지를 살펴볼 것이며, 교사나 다른 모둠의 친구들에게 자신들이 표현한 이정표를 보여주며 동생들이 식당을 찾는 데 도움이 되는 이정표라는 동의를 구하려고 할 것이다.

표 10-7 창의적 문제해결 교수법의 장점과 단점

장점	단점
• 아동이 활동에 주도적으로 참여하며, 아동의 적극적인 활동 참여를 효과적으로 이끌어낼 수 있음 • 일상생활과 연계하여 제시된 문제해결 과정 속에서 습득한 지식을 활용하고 새로운 지식을 배우는 경험을 하게 됨 • 문제해결 방안을 고민하고 창의적으로 표현하는 과정 속에서 창의적 사고력과 창의성 발달을 도모함	• 교사의 교수역량이 낮을 경우 창의적 문제해결 교수법이 원활하게 진행되기 어려움 • 아동의 관심과 학습 동기를 유발하는 문제를 선정하고, 아동에게 해결해야 할 문제를 인식시키는 과정이 다소 어려울 수 있음 • 활동에 주도적으로 참여하는 것을 어려워하는 아동의 경우, 아이디어를 탐색하고 정교화하는 과정을 어려워할 수 있음

5) 커뮤니티 중심 예술 교수법(CBAE: Community-Based Art Education)

근래 미국에서는 커뮤니티 중심의 미술교육이 미술교육 분야에서 중요하게 다루어지고 있다. 커뮤니티 중심의 미술교육(CBAE)은 그동안의 미술교육이 교육과정이 지나치게 형식에 얽매여 있을 뿐만 아니라 우리가 살고 있는 삶의 주요 터전인 자연 및 문화적 환경과 동떨어져 있다는 비난과 함께 지역사회와 지방 특유의 전통과 역사를 미술교육에 연계하고자 하는 요구,

지역사회의 시민들이 자유롭게 참여할 수 있는 교육방법에의 요구, 지역사회 사람들에게 공동체의식을 함양하고자 하는 요구에서 새로운 대안으로 제시된 미술교육의 교수학습법이다. 이에 대한 좀 더 자세한 내용은 CBAE의 개념 및 교수학습법으로서의 실천 가능성을 모색한 정현일(2009)의 연구를 토대로 소개하고자 한다.

지역사회의 자연환경들과 문화행사들, 예술들(arts), 그리고 공동체들 사이에서 미술교육의 실천을 모색하는 교수학습법으로서의 CBAE의 의미는 크게 다음의 세 가지로 분류·정의될 수 있다(정현일, 2009 재인용).

첫째, 커뮤니티 중심의 미술교육은 살아 숨쉬는 자연과 학생들의 실제 삶에 밀접하게 연관된 사물들, 이야기들, 그리고 경험들을 미술교육에 접목할 수 있는 교수법이다.

둘째, 커뮤니티 중심의 미술교육은 그들이 살고 있는 지역의 다양한 문화와 인종 그리고 공예품들과 전통 생활용품들을 포함한 다양한 예술을 배우는 접근법이다.

셋째, 커뮤니티 중심의 미술교육은 지역사회에 연계된 미술 프로그램들을 통해서 학생들과 지역사회 주민들이 그 사회와 자연의 주체임을 인지시켜 주고 자긍심을 심어 줘서, 그들 스스로 지역사회의 전통문화와 자연을 보호하고 그 사회를 발전시켜 의미 있는 삶을 영위해 갈 수 있도록 그 지역사회와 민족 공동체에 문화공간을 만들어가는 미술교육 중심의 교육실천방법이다.

정현일(2009)은 커뮤니티 중심의 미술교육의 범주를 그림 10-4 에서 보는 바와 같이 지역사회 중심의 미술교육, 생태학 중심의 미술교육, 민족공동체 중심의 미술교육, 사이버공동체 중심의 미술교육의 네 가지로 구분한다. 지역사회 중심의 미술교육은 지역사회 내에 있는 미술관, 박물관, 마을회관, 동사무소, 도서관, 건물, 야외공원, 지역 수공예품, 지역사회 내 미술가 등을 포함한 지역사회 내의 모든 장소와 물적·인적 자원을 미술교육에 활용하고 접목하는 교수방법으로, 미술교육을 통해 학습자와 그 지역에 살고 있는 사람들에게 그 사회의 문화와 전통을 계승하고 발전시켜야 할 주체임을 인지시키는 한편, 그 지역사회의 예술과 문화에 대한 자긍을 심어 주는 데 주목적이 있다.

생태학 중심의 미술교육은 우리가 살고 있는 지역의 산과 바다, 숲, 강, 냇가, 저수지, 습지 등을 포함한 모든 물리적 자연환경과 사회적 환경을 미술교육에 접목한 자연체험학습이나 생

그림 10-4 커뮤니티 중심의 미술교육 범주

➤ 출처: 정현일(2009). 커뮤니티 중심의 미술교육: 의미, 역사, 그리고 교육실천의 가능성 모색(p.48). 『미술교육논총』, 23(1).

태체험학습법으로, 살아 숨쉬는 자연을 교육에 접목시켜 학습자들에게 자연의 소중함을 일깨워 주고 자연에 대한 올바른 시각을 키워 주는 데 목적이 있다. 생태학 중심의 미술교육은 지역사회의 자연환경을 토대로 하므로 지역사회 중심의 미술교육 범주로 볼 수도 있으나, 최근 우리가 살고 있는 환경이 그 어느 때보다 중요하게 여겨지므로 따로 구분하는 것이 일반적이다.

민족공동체 중심의 미술교육은 특정한 민족공동체가 살고 있는 그 지역의 문화와 풍습, 사회물리적 환경을 미술교육에 활용하여 접목하는 교수-학습방법으로, 소외된 계층이나 민족들에게 자유로운 표현의 기회를 부여하고 삶의 의미와 활기를 불어넣어 주며 개개인의 정체성과 그들만의 공동체적 뿌리를 일깨우고 찾아주는 데 그 목적이 있다. 쥬디스 바카(Judith Baca, 1986)의 구아댈우프 벽화 프로젝트(Judith Baca's Guadalupe Mural project)는 지역 주민들과 예술가가 만나 미국 내 멕시코 이민자들의 삶과 문화유산을 예술로 승화시킨 좋은 예라고 할 수 있다. 바카는 미국 내에서 멕시코 사람들이 많이 사는 농촌 지역에 거주하며 지역미술가와 민족학 연구자로서의 역할을 동시에 수행하며 그들만의 문화유산과 멕시코인들의 미래 삶에 대한 희망을 담은 벽화 프로젝트를 완성했다. 이 벽화 프로젝트는 멕시코인들의 비전을 공공미술로 표현했을 뿐 아니라, 그 벽화를 완성하기 위해 백 명이 넘는 지역주민들이 참가하여 그들의 생각과 이상을 함께 나누는 기회와 장소를 제공하였다는 데 큰 의미를 지닌다. 다민족이 주류를 이루는 미국 사회와 달리 민족공동체 중심의 미술교육은 우리 실정에 맞지 않는다는 비판이 있을 수 있지만, 최근 우리나라에서도 국제결혼 비율이 급증하면서 그들 민족의 언어, 예술, 문화, 역사를 미술교육을 통해 가르칠 필요성이 증가하고 있으며, 인터넷의 발달로 다른 민족에 대한 지식과 정보를 접하기 쉬운 세상에서 타민족의 문화와 예술을 올바로 이해할 수 있도록 가르칠 필요가 있다는 측면을 간과해서는 안 될 것이다.

사이버공동체 중심의 미술교육은 오늘날 인터넷의 급속한 확산 속에서 21세기를 살아가는 우리 세대들의 또 다른 삶의 공간으로서의 가상공간인 온라인 사이버공동체(online cyber-communities)를 미술교육에 활용하는 교수학습법이다. 사이버공동체는 컴퓨터를 사용하는 다수의 불특정 사람들이 교육, 정치, 정보교환 등의 목적 달성을 위해 만들어 놓은 가상공간의 집단으로, 공통의 관심사를 가진 사람들은 그 사이버공동체의 일원이 되어 가상공간에서 서로 의견을 나누며 토론하고, 일정한 시간 이상 동안 지속적으로 인간적 관계망을 형성해 나가게 된다. 사람들이 공통적으로 사용하고 공유할 수 있는 영역과 그 공간 안에서 공통된 가치와 지속적 접촉을 통해 사회적 관계가 이루어진다면, 그 공간이 실제 공간이든 사이버 공간이든 상관없이 사람들이 모여 커뮤니티를 이룰 수 있다고 보는 탈구성주의적 관점에서 볼 때, 사이버공동체를 중심으로 한 미술교육은 현대사회의 변화된 환경을 적절하게 반영하고 있는 교수학습법이라 할 수 있다.

표 10-8 CBAE의 장점과 단점

장점	단점
• 지역사회와 연계한 미술교육을 통해 아동을 비롯하여 지역사회 구성원들에게 공동체 의식을 함양하는 데 기여함 • 아동의 실제 삶 속에서의 경험을 미술교육에 자연스럽게 접목시킬 수 있음 • 지역사회 특유의 전통과 역사를 미술교육과 연계하여 학습할 수 있음	• 교사 개인 차원의 노력으로 실행하기가 쉽지 않음 • 지역사회의 적극적인 협조와 적극적인 참여가 요구됨

- 아동미술 교수학습과정에서 활용하는 교수법은 아동으로 하여금 미술교육의 내용을 자연스럽게 학습할 수 있도록 도와주면서 미술교육의 목표를 체계적이고 효과적으로 달성하는 데 중요한 수단이 된다. 아동미술을 지도하는 교사가 사용하는 교수방법은 교사의 미술교육에 대한 관점과 교수목적, 현장적용 시의 상황에 따라 달라질 수 있다. 다른 교과와 마찬가지로 아동미술지도를 위한 교수학습에서 기본적으로 적용되는 원리는 개별화의 원리, 개방성의 원리, 자율성의 원리, 놀이 중심의 원리, 통합적 접근의 원리, 과정 중심의 원리로 정리할 수 있다.

- 교수방법은 분류기준에 따라 다양하게 구분할 수 있으나 아동미술교육에서 유용하게 활용될 수 있는 교수방법은 직접교수법, 통합적 교수법, 협력학습 교수법, 커뮤니티 중심 예술교수법의 네 가지를 꼽을 수 있다. 이 중 최근 유아교육현장에서는 통합적 교육과정의 실행과 협력적 학습에 의한 공동체적 경험이 중시되면서 통합적 교수법과 협력학습 교수법이 보편적으로 적용되고 있다.

- 직접교수법은 교사가 시범이나 설명을 통해 아동이 배워야 할 주요한 수업내용을 제공해 주는 교사 중심 전략으로 아동들에게 일반적인 사실이나 정해진 규칙 · 행동 계열을 알게 하며, 지식을 기반으로 한 특정 기능을 익혀 능숙하게 표현하기에 적합한 교수법이다.

- 통합적 교수법은 신체, 언어, 수과학, 음악, 미술 영역 등의 여러 교과과정 영역을 분리하지 않고 미술활동 속에서 통합적으로 다루는 교수법으로, 프로젝트 접근법과 DBAE의 총체적 미술교육이 대표적인 예이다.

- 협력학습 교수법은 여러 명의 아동들이 특정 주제와 관련하여 공동의 목표를 달성하기 위해 상호의존적인 공동의 노력을 통해 공동작업을 수행하도록 돕는 교수법으로, 이를 위해서는 긍정적 상호의존성, 대면적 상호작용, 개인적 책임감, 대인기술, 집단과정의 항목이 요구된다.

- 창의적 문제해결 교수법은 아동 중심의 교육과정 운영 실천에 효과적인 교수법으로, 제시된 특정 문제해결을 위해 아동이 주도적으로 아이디어를 도출하고 정교화하는 과정을 거쳐 창의적인 방식으로 표현할 수 있도록 지원하는 교수법이다.

- 커뮤니티 중심 예술교수법은 그동안의 형식적 미술교육에 대한 비판에서 제시된 새로운 대안으로, 지역사회의 자연환경을 비롯해서 특유의 전통 및 역사와 문화를 미술교육에 접목하여 지역사회의 자연환경과 문화행사, 예술, 그리고 공동체 사이에서 미술교육의 실천을 모색하고자 하는 교수법이다.

| 참고문헌 |

라정숙(2008). 프로젝트 활동을 통한 유아 미술표상의 변화과정: 지렁이 프로젝트를 중심으로. **유아교육학논집**, **12**(3), 219–238.

박소영(2002). **초등학교 미술과 교수학습방법 연구**. 서울: 선명.

류재만, 손지현(2017). **미술과 교재 연구 및 교수법**. 파주: 교육과학사.

유혜영, 강은희, 박지영(2003). **유아 교수공학과 교수학습 방법**. 서울: 창지사.

이순형, 이혜승, 이성옥, 황혜신, 이영미, 정윤주, 한유진, 성미영, 권기남, 김지현(2007). **영유아 교수방법**. 서울: 학지사.

전종탁(2008). 직접교수법을 통한 인체 동세 표현지도에 관한 연구. **미술교육연구논총**, **23**, 247–271.

정현일(2009). 커뮤니티 중심의 미술교육: 의미, 역사, 그리고 교육실천의 가능성 모색. **미술교육논총**, **23**(1), 35–70.

Johnson, D. W., & Johnson, R. T.(1990). *Circles of learning: Cooperation in the classroom*. Minesota: Interaction Book Company.

Lang, H. R., & Evans, D. N.(2006). *Models, strategies, and methods for effective teaching*. Boston: Pearson Education.

11

아동미술을 위한 환경구성

학습개요

오늘날 아동미술교육의 방향이 아동에게 자율적인 선택의 권한을 부여함으로써 능동적인 미술재료탐색과 주도적인 표현을 강조하게 되면서 미술환경의 중요성이 더욱 부각되고 있다. 아동을 위한 미술환경의 이상적인 예로 부각되는 레지오 에밀리아에서의 미술환경은 교육과정의 가장 핵심으로, 우연히 만들어지거나 여유가 있을 때 꾸미게 되는 교육의 부차적 요소가 아니라 교육과정에서 가장 먼저 고려하여 의식적으로 지원하고 배려해야 하는 총체적 환경으로 여겨지기도 한다. 이 장에서는 미술환경의 의미를 먼저 살펴보고, 아동으로 하여금 미술활동에 더욱 몰입하게 하는 물리적 환경으로서 미술영역의 구성과 미술활동을 위한 설비, 미술활동을 위한 다양한 재료의 특성에 대해 구체적으로 살펴본다.

학습목표

1. 아동미술에서 환경이 지닌 의미에 대해 이해할 수 있다.
2. 아동미술활동을 위한 바람직한 물리적 환경의 구성방법에 대해 알 수 있다.

주요용어

1. 미술환경 : 미술활동을 위한 전용공간과 다양한 재료의 제공 등을 통해 아동으로 하여금 미술활동에 대한 욕구를 유발하며, 미술활동의 수행을 이끌고 미술교육의 질을 좌우하는 눈에 보이지 않게 실행되는 교육과정
2. 미술공간 : 미술작업을 수행하기 위해 필요한 공간으로 크게 작업활동을 위한 공간, 작품전시를 위한 공간, 탐색을 지원하기 위한 공간으로 구성됨.
3. 미술재료 : 아동의 생각과 느낌을 미술로 표현하기 위해 필요한 재료로 크게 종이류, 그리기 재료, 점토류로 구분됨.

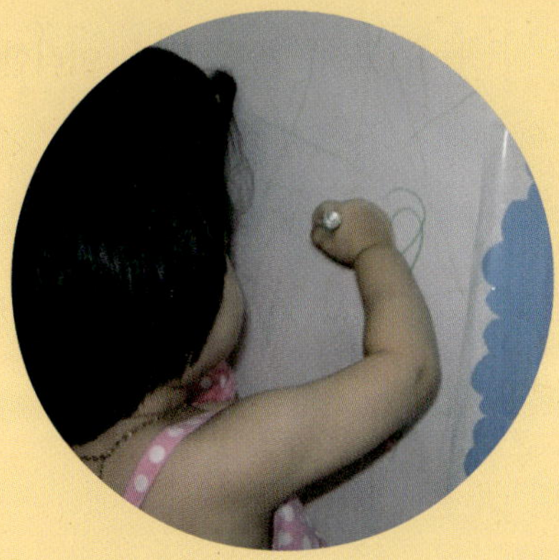

1. 아동미술에서 환경의 의미

아동미술을 위한 환경은 아동이 단순히 미술활동을 하는 공간적 의미에서 벗어나 아동의 발달적 요구와 특성에 부합하는 미술활동을 위한 공간과 설비의 구성, 그 공간을 채우는 조형재료의 종류와 배치에 이르기까지 환경구성에 대한 계획이 세심하게 이루어져야 한다.

오늘날의 미술교육은 그리거나 채색하는 단순한 미술활동을 넘어서서 다양한 재료를 선택 구별하고, 또 만들고 다듬는 복잡한 예술활동을 포함하는 과정으로, 아동의 자율적인 시도에 의해 이러한 다원적인 미술활동이 가능하기 위해 미술환경은 중요한 의미를 지닌다(류지후, 유혜숙, 양경희, 박정선, 2001; 유수영, 2008). 아동에게 미술환경은 교사와의 만남의 장이자 미술활동에 대한 욕구를 유발하며, 미술활동의 수행을 이끌고 미술교육의 '질'을 규정해 버리는 눈에 보이지 않게 실행되는 교육과정이라고 할 수 있다. 우리는 흔히 현장의 미술환경에 대해 살펴볼 때, 미술활동을 위한 전용공간이 따로 있는지, 닫힌 공간이 아닌 열린 공간에서 미술재료가 제한되지 않고 풍부하게 제공되는지, 크레파스나 물감과 같은 전형적인 재료 이외에 자율적이고 독창적인 표현이 가능한 다양한 재료를 제공하는지, 만들어진 작품은 어떻게 전시하는지와 같은 사항들을 고려하게 되는데, 이러한 사안들이 바로 미술환경과 관련된 실제적인 논의가 될 것이다(임부연, 2006).

2. 미술활동을 위한 물리적 환경

미술 놀이 및 활동을 위한 물리적 환경은 아동의 미술 놀이 및 활동에 직간접적으로 영향을 미치는 중요한 요인이다. 다음에서는 미술 놀이 및 활동을 위한 공간구성, 설비, 재료 등에 대해 구체적으로 살펴보고자 한다.

1) 미술영역의 구성

미술영역은 크게 작업활동을 위한 공간, 작품전시를 위한 공간, 그리고 탐색을 지원하기 위한 공간으로 구분될 수 있다.

(1) 작업활동을 위한 공간

① 그리기 영역

그리기는 아동에게 즐거움을 주는 일상적 활동인 동시에 내면의 생각과 느낌 등의 의식세계를 반영하는 창조적 표현활동으로 아동의 긴장과 스트레스를 풀어주는 데 탁월한 효과가 있다. 뿐만 아니라 그리기는 아동의 신체적·정서적·사회적·인지적 발달 정도를 알 수 있게 하는 하나의 진단매개가 되기도 한다(채영란, 지성애, 2008). 따라서 그리기는 아동의 미술활동에서 매우 중요하게 다루어지며, 그리기 활동을 위한 공간은 미술영역 구성에서 기본이 된다.

그리기 영역 구성 시 아동이 재료에 구애받지 않고 자유롭게 표현할 수 있게 배려하는 것이 중요하다. 이를 위해 색연필, 크레파스, 손가락 그림용 풀, 물감, 수성매직, 분필, 솜방망이, 붓 등의 각종 그리기 도구를 비롯하여 다양한 재질과 크기의 종이류를 충분히 제공한다. 이들 재료는 아동이 손쉽게 사용할 수 있도록 배열되어야 하며, 재료의 종류나 양은 아동의 발달수준 및 흥미 등을 고려해야 한다. 한편 벽에 그리기를 좋아하는 유아들의 특성을 고려하여 벽면의 일부에 전지를 붙여 그리기 영역으로 활용할 수도 있다.

그림 11-1 벽면을 활용한 그리기 영역

▶ 출처: http://cafe.naver.com/ebseldehdeod/1658

② 만들기 영역

만들기는 다양한 자료를 활용하여 구성하는 조형활동의 한 형태로 붙이기, 자르기와 찢기, 도장찍기와 같은 평면적 조형활동 및 꾸미기, 모빌 만들기, 목공활동 등과 같은 입체적 조형활동이 이루어지는 곳이다. 아동은 만들기 영역에서 다양한 크기와 형태와 질감을 가진 자료를 가지고 활동하면서 오감각을 활용한 감각활동의 즐거움을 경험하고, 자신의 기분이나 느낌을 조형물로 표현하면서 정서적 카타르시스를 느낄 수 있으며, 다양한 재료의 사용 경험에서 오는 시행착오를 겪으며 문제해결력을 신장시킬 수 있다(전경원, 2002).

아동의 만들기 활동이 활발하게 이루어지기 위해서는 무엇보다 우선 아동 자신의 생각을 자유롭고 편안하게 표상할 수 있는 넓은 작업공간이 갖추어져야 한다. 또한 아동의 만들기 활동은 어떤 재료가 제공되는지에 따라 큰 영향을 받게 되므로, 아동이 언제든지 필요한 재료를 고민하여 선택할 수 있는 열린 재료의 선택이 가능한 공간이어야 한다. 즉 제공되는 활동재료는 아동이 그것을 사용할 때 위험성을 가진 것이 아니라면 어떤 재료든지 아동의 관심과 필요에 따라 사용될 수 있도록 다양하고 광범위하고 풍부하게 제공할 수 있어야 한다. 따라서 교사는 창의적 조형활동을 위해 재료를 풍부하게 제공하는 것도 중요하지만, 재료를 선정하고 준비할 때 각 재료의 사용법과 유의사항을 충분히 인지하여 재료의 안전성을 검증하는 것도 간과해서는 안 될 것이다.

한편 개별 조형재료들이 가지는 특수성을 살림으로써 재료 자체가 아동에게 매혹적인 교재가 될 수 있음을 고려하여, 만들기 영역 구성 시 재료를 전시하고 배열하고 다루는 방식에 있어 주의를 기울어야 한다. 가령 자연재료를 담는 그릇은 대나무로 만들어진 바구니나 자연물로 만들어진 상자를 사용하여 자연재료의 특성을 한층 더 강화할 수 있으며, 재료를 담는 모든 그릇은 되도록이면 투명용기를 사용하여 용기 안에 담긴 재료의 전체 이미지가 한눈에 들어오게 할 수 있다(임부연, 2006).

주무르고, 밀고, 펴고, 뭉칠 수 있는 가소적 특성을 지닌 점토는 어린 아동들이 가장 좋아하는 미술재료 중 하나이다. 따라서 미술영역에 공간적 여유가 있을 경우 점토 영역을 따로 구성하기도 하지만, 일반적으로 만들기 영역에서 점토를 이용한 만들기 활동이 이루어진다. 아동들이 점토를 보다 가치 있게 활용하기 위해서는 다양한 종류의 점토뿐만 아니라 밀방망이, 찍기틀, 나무칼 등과 같이 점토를 다룰 수 있는 기본 도구들 이외에, 좀 더 나이 든 아동들의 입체적 표상을 위해 철사 및 조각공구 등도 함께 제공하는 것이 바람직하다(김정, 조정숙, 2001).

(2) 작품전시를 위한 공간

아동의 작품전시는 첫째, 아동에게 자신들의 노력이 소중히 다루어진다는 것을 인식시키고, 둘째, 아동 자신의 작품을 평가할 수 있는 기회와 함께 다른 사람의 작품을 관찰하고 이해할 수 있는 기회를 제공하며, 셋째, 부모에게 자녀의 경험에 대해 인식시킴으로써 참여를 독려하고, 넷째, 교사들에게 아동을 더 잘 이해할 수 있는 기회를 제공한다는 측면에서 중요한 의의를 지닌다. 따라서 미술영역 구성 시 전시를 위한 공간 또한 배려되어야 하지만, 기관에서 작품전시만을 위한 갤러리 공간을 따로 마련하기는 쉽지 않다. 이에 기관에서는 미술영역을 비롯한 실내환경 곳곳의 벽면을 전시를 위한 공간으로 활용하는 경우가 많다. 또한 작품을 말릴 수 있는 작품 건조대나 아동의 눈높이에 맞춘 게시판, 입체작품을 쉽게 전시할 수 있는 교구장 상단 등을 작품전시 공간으로 활용하기도 한다.

아동의 작품전시 시 고려해야 할 사항은 다음과 같다. 첫째, 아동이 보고 즐길 수 있도록 아동의 눈높이에 전시해야 한다. 간혹 아동의 눈높이에 전시를 하면 작품이 훼손될 것을 우려하여 아동의 시야를 벗어난 높은 곳에 작품을 전시하는 경우가 있는데, 이는 작품전시의 의의를 살리지 못하는 것이라 볼 수 있다. 둘째, 작품을 전시할 때 결과만을 보여 줄 것이 아니라 과정까지 함께 보여 주어야 한다. 작품을 만들기까지의 과정을 보여 주는 것은 아동의 작품이 전하고자 하는 느낌이나 메시지를 보다 정확하게 전달하는 데 도움이 될 뿐만 아니라, 작품을

그림 11-2 벽면을 활용한 아동의 작품 전시 공간

▶ 출처: www.pinterest.co.kr

감상하는 이들에게 작품의 결과보다는 표현하려는 의도나 노력에 초점을 맞추어 감상할 수 있는 기회를 제공한다는 측면에서 중요하다. 과정을 보여 주는 방법으로 작품 옆에 그 작품을 만들기까지의 활동사진이나 활동의 진행단계별 결과물에 대한 설명을 함께 제시하는 방법 등을 활용할 수 있다. 셋째, 아동의 작품을 아름답게 포장하여 전시해야 한다. 동일한 작품이라도 작품을 어떻게 포장하여 전시하느냐에 따라 작품의 격이 달라 보일 수 있기 때문이다. 교사들은 일상적 업무에 쫓기다 보면 전시를 위한 끝마무리에 소홀한 경우가 많다. 예를 들어, 작품에 프레임(frame) 없이 붙여 벽지의 색과 혼동되거나, 이름만 있고 날짜나 제목 등이 없는 경우가 있다. 이는 아동으로 하여금 작품을 소중히 다루도록 지도하는 데 장애가 되므로 전시를 위한 마무리 작업에도 소홀하지 않도록 해야 한다.

(3) 탐색을 지원하기 위한 공간

아동의 창조적 미술활동은 주변 환경 및 재료에 대한 이해와 탐구가 선행될 때 가능하다. 아동은 온몸의 감각을 이용한 탐구과정을 통하여 각각의 재료가 가지고 있는 특징을 이해함으로써 자신의 생각과 감정을 자유롭게 표현하고, 더 나아가 자신의 내면을 반영한 추상적 조형활동도 가능해지는 것이다. 따라서 교사는 보고, 듣고, 냄새 맡고, 만지는 등의 오감을 자극하도록 다양한 질감과 형태를 지닌 미술재료(예: 다양한 촉감을 지닌 헝겊류, 입자가 다른 모래, 여러 가지 크기와 모양의 나뭇잎 등)를 제공하는 것은 물론 디지털카메라, 오버헤드 프로젝터, 프로젝터, 라이트테이블 등을 제공하여 주변 환경 및 재료를 심화하여 탐색할 수 있도록 지원할 수 있어야 한다. 탐색을 위한 공간은 별도로 마련된 공간을 활용하기보다는 교실을 비롯한 기관의 모든 실내외 환경을 탐색을 위한 공간으로 활용하는 것이 바람직하다.

2) 미술영역의 위치 선정

미술영역 배치 시 다음과 같은 요인들을 고려할 필요가 있다(원계선, 2000). 첫째, 미술활동은 그림 그리기, 오리기, 붙이기, 구성하기 등의 정적인 활동이 이루어지는 곳이므로 다른 아동이나 다른 영역의 활동에 의해 방해받지 않는 장소에 배치해야 한다. 즉, 출입구에서 가까운 곳이나 음률영역, 쌓기놀이 영역 등과 같이 동적인 활동영역과는 분리하여 배치한다. 둘째, 미술영역은 통로에서 멀리 배치해야 한다. 통로에서 가까운 경우 통로 주변을 돌아다니는 다른 아동에 의해 방해를 받을 뿐만 아니라 아동 자신이 의미 없이 통로 주변을 돌아다닐 수 있어 활동에 집중하기 힘들기 때문이다. 셋째, 미술영역은 물감 칠하기와 같이 물이 사용되는 경우가 많으므로 물을 쉽게 사용할 수 있는 수도 가까이에 배치한다. 넷째, 미술영역은 아동이 미술활동을 하는 데 지장이 없게 충분히 밝은 곳, 즉 창문 가까이에 배치한다. 만일 교실 구조의 특성상 인공조명을 사용할 경우 인공조명에 의해 그림자가 생기지 않도록 해야 한다.

3) 미술활동을 위한 설비

(1) 작업용 책상

미술영역의 작업용 책상은 보통 4~6명의 아동이 편안하게 모여서 활동할 수 있을 정도, 즉 길이 150cm, 폭 75cm 정도의 크기가 적당하며, 교실의 특성에 따라 책상다리의 길이를 조절하여 좌식용 또는 입식용으로 선택할 수 있다(김정, 조정숙, 2001). 일반적으로 반원탁자나 사각탁자 여러 개를 붙여 작업용 책상을 만들게 되는데, 책상의 크기 및 모양(예: 둥근원 모양, 타원 모양, 정사각 모양, 직사각 모양, 반타원 모양 등)은 자유롭게 하여 그림 그리기, 만들기, 꾸미기 등 아동들에 의해 이루어지는 미술활동의 유형에 따라 아동들이 독립적으로 활동할 수 있도록 배려할 수 있다. 한편 작업용 책상은 아동이 책상이 더렵혀질까 두려워 활동이 제한되지 않도록 비닐 및 천 커버를 덮어 활용하는 것이 바람직하다.

현재 유치원 및 어린이집 등의 기관에서 사용하는 작업용 책상 및 의자 등은 아동의 연령별 인체 크기와 사용에 적합한 것으로 보급되고 있다. 그러나 아직까지 공간의 신축적 이용을 위한 탁자와 의자의 물리적 특성은 미흡한 곳이 많다. 예를 들어, 미술영역의 작업용 책상이나 의자를 치우고 바닥에서 작업하고 싶은 경우에도 탁자의 상판과 다리를 분리할 수 없어 바닥을 이용하지 못할 때가 많다. 만일 탁자가 분해식이나 부품조립식으로 되어 탁자의 네 다리를 나사 돌리듯이 돌려서 고정시키거나 역으로 돌려서 떼어 낼 수 있으면, 필요시에 다리를 떼고 상판을 벽에 기대 세움으로써 공간의 능률적·다각적 사용에 도움이 될 것이다. 의자의 경우에도 다리가 바깥쪽으로 약간 벌려져 있는 구조라면, 종이컵처럼 차곡차곡 쌓아 올릴 수 있어 공간활용에 큰 도움이 될 것이다(임영서, 2000).

그림 11-3 다양한 모양의 작업용 책상

그림 11-4 공간활용에 도움이 되는 탁자 및 의자의 모양

(2) 자료정리장

자료정리장은 미술활동을 위한 다양한 자료를 정리하여 수납하기 위한 설비로, 수납된 자료를 이용자인 아동들이 쉽게 볼 수 있고 쉽게 꺼내어 쓸 수 있으며, 사용 후에는 쉽게 정위치에 갖다 놓을 수 있어야 한다. 이를 위해 자료정리장의 높이는 아동의 눈높이에 알맞아야 하며, 다양한 크기와 높이의 자료를 보관할 수 있도록 선반의 높이를 조절할 수 있는 형태가 바람직하다. 흔히 교사들이 자료를 정리한 선반에 재료의 모양이나 글자 라벨 등을 붙이는 수고를 하는 것은 아동으로 하여금 '미술재료 찾기–사용하기–사용 후 정리하기'라는 일련의 순환적 활동을 자율적으로 수행하도록 지원하기 위한 것으로 볼 수 있다. 한편 자료정리장은 활동에 따라 공간을 효율적이고 다각적으로 사용할 수 있도록 이동성이 있어야 하는데, 이는 자료정리장의 밑면에 바퀴를 다는 것으로 쉽게 해결할 수 있다.

자료수납장에 재료를 정리할 때 결코 간과해서는 안 될 부분은 심미성이다. 같은 재료라도 어떻게 정리하느냐에 따라 아동의 창작활동에 대한 욕구와 흥미를 자극하는 정도가 달라질 수 있기 때문이다. 각 재료별로 심미성을 고려한 정리의 방법을 구체적으로 제시하면 다음과 같다(김정, 조정숙, 2001). 첫째, 연필과 붓, 가위는 빈 플라스틱병이나 빈 깡통에 넣되 연필 끝과 붓털은 위로, 가위 끝은 밑으로 오게 한다. 그림 11-6 과 같이 사용하지 않는 시험관대를 재활용하거나 구멍 뚫린 나무통을 사용하는 것도 좋은 방법이다. 둘째, 젖은 찰흙은 공 모양으로 만들어 질그릇이나 플라스틱통에 담아 두며, 수분 유지를 위해 뚜껑을 꼭 덮어 두도록 한다. 셋째, 종이는 크기와 색에 따라 선반 위에 적당히 배열하며, 종잇조각은 색에 따라 분류하여 같은 색으로 포장된 작은 상자에 담아 둔다. 넷째, 사인펜, 색연필, 크레용, 물감, 파스텔, 분필 등은 우유팩이나 페트병 등을 적당한 크기로 잘라 색깔이 위로 보이게 담아 둔다. 다섯째, 테이프나 스테이플러, 털실, 헝겊 등과 같이 모양이 일정하지 않고 부피가 큰 재료는 플라스틱 소재의 쟁반 혹은 바구니에 담아 둔다.

그림 11-5 수납성과 이동성을 갖춘 자료정리장

그림 11-6 재료 유형별 용기 사례

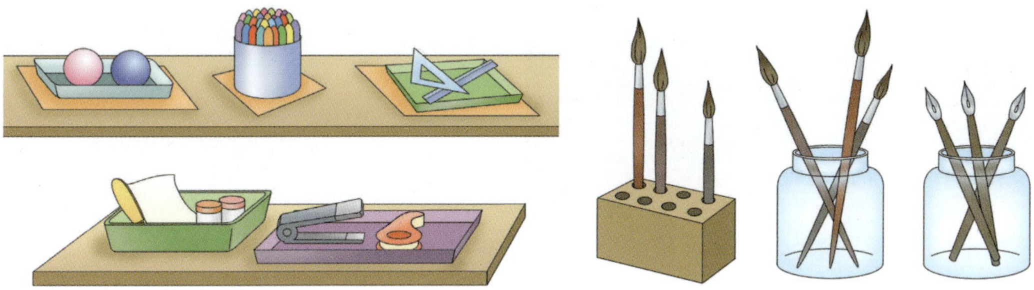

➤ 출처: 김정, 조정숙(2001). 『유아미술교육』, p. 320.

(3) 이 젤

이젤은 그림을 그릴 때 캔버스나 화판을 안정시키기 위한 받침대로, 튼튼하고 사용하기 간편하며 더러워졌을 때 닦기에 용이해야 한다. 그리고 아동의 키높이에 맞게 화판의 높낮이와 경사도를 자유롭게 조절할 수 있어야 한다. 만일 높낮이 조절이 자유롭지 못할 경우에는 종이를 낮게 붙여 주거나 받침대를 준비해서 아동의 키에 맞게 조절해 준다. 이젤을 설치하는 장소로는 물감 사용이 용이하게 물이 가깝고 아동들의 왕래가 많지 않은 조용한 곳이 적절하다 (김정, 조정숙, 2001).

그림 11-7 다양한 유형의 이젤

그림 11-8 이젤을 사용하여 그림을 그리고 있는 유아

(4) 작품전시대

작품전시대는 아동의 활동결과물을 전시하기 위한 장치로, 교실의 게시판이나 벽면 사용이 여의치 않을 경우 주로 만들어진 기성제품을 구입하여 사용하는 경우가 많다. 한편 아동이 제작한 작품전시대를 활용하는 것도 좋은 아이디어가 될 수 있다. 아동 자신의 작품을 전시할 작품전시대를 직접 제작해 보게 하는 것은 아동에게 활동결과물, 즉 작품은 소중하게 다루어져야 함을 깨닫게 하는 좋은 기회가 될 수 있다.

그림 11-9 다양한 유형의 작품전시대

그림 11-10 아동들이 직접 만든 조형작품 전시를 위한 작품전시대 사례

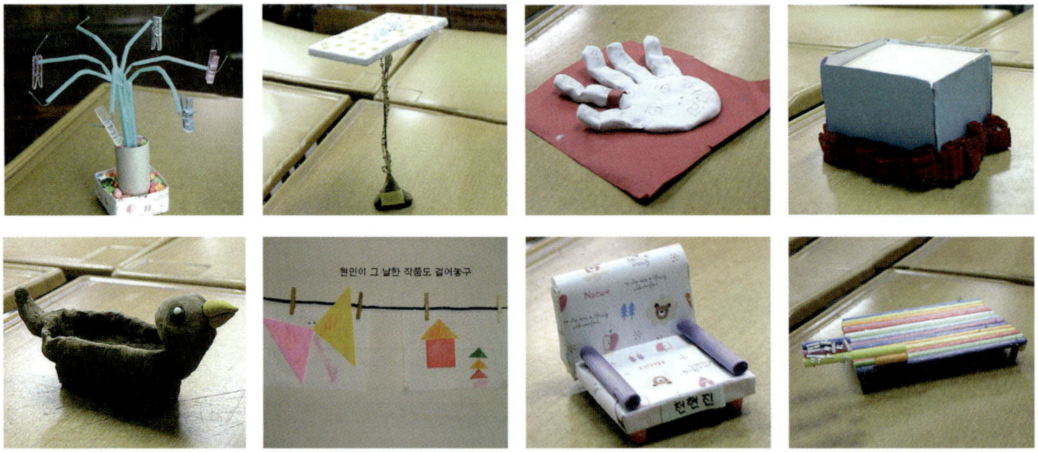

➤ 출처: http://cafe.naver.com/beautifulclass/117

4) 미술활동을 위한 재료

미술지도교사의 중요한 역할 중 하나는 아동이 미술재료를 사용할 준비가 되었을 때, 아동에게 좋은 재료를 적절하게 제공하는 것이다. 재료는 미술활동영역의 물리적 공간을 가득 채우고 있는 모든 것으로 미술환경의 특수성과 정체성을 더욱 강화해 주는 요소(유수영, 2008)인 만큼 교사는 미술활동을 위한 재료를 선택해서 제공하는 데 신중을 기해야 한다. 교사가 미술활동의 목표나 내용에 따라 아동에게 적절한 재료를 제공하기 위해 우선적으로 고려해야 할 사항은 다음과 같다(류재만, 1996).

첫째, 재료는 아동의 흥미에 맞는 것을 제공해야 한다. 아무리 좋은 재료라도 아동의 흥미를 끌지 못하면 아동에게 좋은 재료가 될 수 없다.

둘째, 재료는 아동의 발달수준과 요구에 맞는 것을 제공해야 한다. 재료를 다룰 때 요구되는 수준이 아동의 요구에 맞지 않을 경우 아동은 재료에 대해 저항감을 느낄 수 있으며, 아동의 발달단계에 맞지 않는 재료의 제공은 아동의 창의적이고 자유로운 작품표현에 장애가 될 수 있기 때문이다. 예를 들어, 난화기의 어린 유아에게 번지기 쉬운 수채화 물감이나 필요 이

상의 큰 도화지를 제공하게 될 경우 오히려 재료에 대한 저항감으로 작업활동이 어려워질 수 있다. 또한 이제 겨우 밀가루점토를 만지기 시작하는 어린 유아에게 찰흙과 조각칼 등의 도구를 제공하거나 물감으로 색칠하기에 흥미를 느끼는 유아에게 크레파스만을 제공해서는 아동의 표현력을 신장시킬 수 없다.

셋째, 재료는 다양하게 제공해야 한다. 아동은 다양한 재료를 보고, 만져 보고, 눌러 보고, 두들겨 보면서 새로운 것을 창조하게 되므로, 아동의 표현의욕을 자극할 수 있는 다양한 재료를 풍부하게 제공하는 것이 중요하다. 이때 아동의 발달수준에서 수용할 수 있을 정도의 다양함이 적절하다는 것을 간과해서는 안 된다.

넷째, 재료는 일상에서도 쉽게 접하고 구할 수 있는 친근한 것으로 제공해야 한다. 교실에서만 볼 수 있는 특수한 재료는 아동에게 부담을 줄 수 있는 반면, 생활 주변에서 쉽게 볼 수 있고 또 쉽게 구할 수 있는 재료는 이들 재료에 대한 아동의 경험이 풍부하기 때문에 부담감을 주지 않을 뿐더러 늘 보아 왔던 재료에서 새로운 가능성을 찾아내는 즐거움을 경험할 수 있는 이점이 있기 때문이다. 아동에게 미술재료는 탐색과 호기심에 의해 관계를 맺는 것으로 처음에는 표현과 상관없이 '이게 무엇인가' 하는 의문에서 출발하게 되므로, 아동에게 익숙한 미술재료가 아니라면 재료의 특징을 인식하는 데만 상당한 시간이 소요됨을 고려해야 한다(박라미, 2004).

마지막으로, 모든 재료는 환경 전체의 심미적 기능을 최대한 배려하여 신중하게 전시되고 배치되어야 한다. 쳐다만 봐도 매혹적일 수 있게 미적 감각이 고려된 재료의 전시는 아동으로 하여금 미술재료를 더욱 적극적으로 탐색하게 하고(Elgas, Rioux, Struewing, & Corkwell, 1998), 이는 아동의 예술적 잠재력을 활성화시켜 보다 창의적인 다양한 표현을 자극하게 되기 때문이다(임부연, 2006).

(1) 아동 미술표현의 주요 재료

① 종이류

종이는 크기, 색깔, 두께, 무게, 질감, 광택 등에 따라 다양하게 분류될 수 있는데, 일반적으로 도화지, 모조전지, 색상지, 골판지, 한지, 습자지, 머메드지, 구김지, 왕관지, 색종이, 기름종이, 신문지 등의 종이류가 아동의 미술표현에 많이 활용된다. 이외에도 미술활동에 활용할 수 있는 종이류에는 창호지, 화선지, 마분지, 화장지, 포장지, 셀로판지, 각종 잡지 등이 있다. 같은 종류의 종이를 사용해도 그림 11-11 에서 보는 바와 같이 그 두께나 질감, 광택 등에 따라 작품표현의 느낌이 달라질 수 있으므로, 교사는 아동의 자유롭고 창의적인 미술표현을 위해 다양한 종류의 종이를 제공하는 것이 바람직하다.

한편 미술활동에서 아동의 흥미를 자극하며 다양하고 창의적인 창작활동을 유도하기 위해서는 획일적인 직사각 혹은 사각 형태의 종이 이외에 원, 세모, 다이아몬드, 별, 기하학적 모양 등 여러 형태의 종이를 선택해서 사용하도록 하는 것이 좋은데(류재만, 1996), 다양한 형태의 종이를 한 번에 제공하기보다는 각 형태의 특성과 친숙한 정도에 따라 단계적으로 종류를 늘려서 제공하는 것이 바람직하다(김정, 조정숙, 2001).

그림 11-11 다양한 종이의 종류

습자지 골판지 한지 머메드지 구김지 주름지 왕관지

그림 11-12 도화지의 질감에 따라 다르게 나타나는 색감

➤ 출처: http://cafe.naver.com/kimheejoo.cafe?iframe_url=/ArticleRead.nhn%3Farticleid=101

② 그리기 재료

가. 크레파스와 크레용

크레파스와 크레용 모두 색감이 밝고 아름다울 뿐 아니라, 그림물감과 같이 물이나 붓 등의 보조도구 없이 쉽게 활용할 수 있어 그리기 재료로 많이 사용된다. 크레용의 경우 색감이 밝고 깨끗하나 단단하여 종이에 고르게 칠하기 어려운 단점이 있는 반면, 크레파스는 크레용보다 부드럽고 종이에 입자가 고르게 칠해져 현장에서는 크레파스가 더 선호되는 편이다.

표 11-1 크레파스, 크레용, 파스텔의 특징 비교

구분	크레파스	크레용	파스텔
특징	• 모든 종이에 잘 칠해짐 • 색이 매우 선명함 • 덧칠이 가능함 • 혼색이 잘 됨 • 찌꺼기가 생김 • 강한 유화 느낌이 남	• 매끄럽게 잘 칠해짐 • 색이 선명하지 못함 • 부드러운 느낌이 남 • 찌꺼기가 생기지 않음 • 혼색이 가능함	• 부드럽고 은은한 느낌 • 입자가 잘 부서짐 • 가루 모양의 찌꺼기가 생김 • 종이 위에서 가루가 쉽게 날림 • 혼색이 되지 않음

➤ 출처: 류재만(1996). 『사향미술교육논총』, 4.

크레파스의 종류는 5색부터 60색까지 다양하나 유아기 수준에서는 12색 내지 18색 정도면 무난하며, 처음 크레파스를 접하는 아동에게는 5~7색 정도의 크레파스를 제공하여 색상의 수를 점차 늘려 가는 것이 좋다. 특히 어디에나 덧칠이 가능한데다 물을 배척하는 파라핀 성분을 함유하고 있는 크레파스는 촛불에 크레파스 녹이기, 테레빈 묻힌 면봉으로 문지르기, 사포에 그리기, 스크래치, 색지 붙이기 등 크레파스를 활용한 여러 가지 기법을 혼합하여 적절히 사용하면 새로운 느낌의 작품을 만들 수 있는 유용한 재료가 된다. 가령 도화지에 크레파스로 여러 가지 색을 자유롭게 칠하고 검정이나 남색과 같은 어두운 색으로 덧칠한 후 긁어 내면 처음 칠한 색이 부분적으로 드러나게 되는데, 이 기법은 처음 칠한 크레파스의 색과 모양, 긁어 내는 도구와 방법에 따라 다양한 효과를 얻을 수 있다(한국미술문화연구회, 2009).

나. 색분필, 사인펜, 매직펜

색분필이나 사인펜, 매직펜 모두 크레파스처럼 아동이 손쉽게 다룰 수 있으며, 칠판, 종이, 사포, 옷감, 나무, 콘크리트 바닥 등 다양한 표면의 재료에 그림을 그릴 수 있는 재료이다. 다만 색분필의 경우 그대로 사용하면 파스텔과 같이 손에 묻어나고 가루가 날리는 단점이 있으므로, 분필을 물에 적셔서 사용하는 것이 좋다. 사인펜이나 매직펜은 휘발성 때문에 색깔이 빨리 증발되므로 사용 후에는 뚜껑을 꼭 닫도록 지도해야 한다.

다. 물감류

일반적으로 현장에서는 크레파스로 본 그림을 색칠하고 배경색으로만 물감을 이용하는 경우가 많은데, 빨대로 물감 뿌리기, 실그림 그리기, 데칼코마니, 젖은 도화지에 물감 칠하기, 물감 칠한 화장지로 누르기, 물감으로 칠한 뒤 소금 뿌리기 등과 같이 물감의 독특한 특성을 살려 흥미롭게 활동을 진행할 수 있다.

물감은 크게 색 안료에 대한 내구성을 높이는 주요 성분인 전색제의 성분이 수성이냐 유성이냐에 따라 수성물감과 유성물감으로 구분된다. 기름을 섞어 만든 유성물감은 건조하는 데 꽤 오랜 시간을 들여야 하는 단점이 있어 아동미술 재료로 잘 사용되지 않는다. 반면 물을 섞어 쉽게 사용할 수 있는 수성물감은 종이에 스며드는 정도에 따라 비교적 빨리 마르는 장점을 가지고 있어 많이 사용하게 되는데, 미술활동에서 흔히 사용하는 수채물감과 포스터물감이 모두 수성물감에 해당한다. 이 중 수채물감은 색료를 아라비아 고무액과 혼합하여 만든 것으로 물감이 얇게 칠해지는 특성이 있어 맑고 투명하게 색감을 표현할 수 있으나, 포스터물감은 불투명하거나 정확한 색감을 표현하고 싶을 때 사용한다. 한편 현장에서는 유화물감의 단점을 보완한 수용성 유화물감인 아크릴물감도 많이 사용된다. 색감이 뛰어난 아크릴물감은 유화물감의 단점을 보완하여 기름을 사용하지 않기 때문에 사용이 간편하고 매우 빠르게 건조될 뿐만 아니라 종이, 가죽, 헝겊, 나무 등 거의 모든 표면에 사용할 수 있어 많이 활용된다.

아동들이 물감을 다루면서 가장 어려워하는 부분은 물의 양을 조절하는 것이다. 특히 어린 아동들은 도화지가 흠뻑 젖도록 그림을 그리는 경우가 있는데, 이럴 때는 물감헝겊에 붓을 닦아 불필요한 물기를 제거하고 사용하도록 지도한다. 물을 많이 섞게 되는 또 다른 이유는 굳은 물감을 사용하기 때문인데, 팔레트에 많은 양의 물감을 한꺼번에 짜 두고 사용하기보다는 필요할 때 적당량을 짜서 바로 사용하도록 지도한다면 물의 양을 조절하는 데 도움이 된다 (한국미술문화연구회, 2009).

그림 11-13 유성물감(왼쪽)과 수성물감(오른쪽)으로 그린 명화 사례

레오나르도 다빈치의 「모나리자」

뒤러의 「산토끼」

그림 11-14 다양한 그리기 재료(사인펜, 크레파스, 물감)를 사용한 유아의 그림

그림 11-15 다양한 그리기 재료를 사용한 유아의 그림과 활동 모습

③ 점토류

점토는 크레용이나 물감과 같은 평면표현 재료에서 느낄 수 없는 질감과 촉감을 제공한다. 특히 부드러우면서도 주무르고, 밀고, 펴고, 뭉치면서 빚는 대로 자유롭게 형태를 변화시킬 수 있는 점토는 어린 아동들이 가장 좋아하는 미술 재료 중 하나이다. 아동미술활동에 활용되는 점토의 종류로는 크게 찰흙, 지점토, 칼라믹스(오색점토), 클레이, 밀가루점토 등이 있다.

가공하지 않은 자연상태의 흙으로 만들어진 찰흙은 물, 모래, 나무와 같은 자연의 본질에 가장 가까운 천연 입체재료로서 아동에게 안정감을 줄 뿐만 아니라, 주무르고 밀고 뭉치고 굴리는 동안에 내면의 자아의식을 자연스럽게 끌어내는 장점을 가지고 있어 정서적 장애 등의 아동심리를 치료하기 위한 수단으로도 많이 활용된다. 특히 찰흙은 다른 종류의 점토에 비해 **가소성**(힘을 가하는 대로 형태가 자유롭게 변함), **유연성**(부드러움), **접착성**(잘 달라붙음), **변질성**(건조상태 및 가열 정도에 따라 재질이 달라짐), **촉감성**(흙의 재질에 따른 다양한 촉감 제공) 등이 우수하다.

찰흙은 적당한 습기에서 밀봉상태로 보관하면 장시간 사용이 가능하므로 쓰고 남은 찰흙

은 습기를 보충하여 랩으로 꼭 싸서 보관해야 하며, 굳은 찰흙은 완전히 건조시켜 물을 뿌리고 질퍽한 상태가 된 후에 적당히 굳게 되었을 때 반죽해서 사용하면 된다. 찰흙으로 만든 작품은 그늘에서 말려야 하며, 마른 뒤에는 물감을 칠해 표현할 수도 있다. 찰흙으로 만든 작품을 오래 보관하려면 불에 굽는 과정을 거쳐야 한다(류재만, 1996).

종이찰흙이라고도 불리는 지점토는 신문지나 헌 종이 따위의 종이를 잘게 찢어서 물에 적신 후 풀을 섞어 만든 점토로 보통 공예작품 만들기에 이용한다. 지점토를 직접 만들 때 한지를 섞으면 질 좋은 지점토를 만들 수 있으며, 종이에 가성소다를 넣고 찧으면 빨리 풀어진다. 지점토는 일단 굳으면 쉽게 부서지지 않고, 굳은 다음에는 자유자재로 색칠할 수 있는 장점을 가지고 있다.

칼라믹스는 공기 중에 놓아두어도 쉽게 굳지 않아 오랜 시간을 두고 여유 있게 조형활동을 하기에 적합한 재료이다. 점토 자체의 색 이외에도 서로 다른 색의 점토를 섞어 혼합된 새로운 색을 만들어 활용할 수 있는 장점을 가지고 있는데, 이때 어두운 색은 조금만 섞어도 큰 영향을 미칠 수 있으므로 조금씩 섞어 가면서 색을 만들어야 한다. 작품 보관 시에도 플라스틱 제품과 같이 놓으면 녹을 수 있으므로 주의해야 한다.

클레이도 칼라믹스와 마찬가지로 색상이 있으며 색상을 섞으면 혼합된 새로운 색의 점토가 되는데, 칼라믹스보다 색상이 더 선명하고 맑다. 클레이는 합성수지로 만들어진 점토로서 기존 점토에 비해 굉장히 가벼울 뿐만 아니라 자연경화형 점토로 만들고 나면 더 가벼워지는 특징을 가지고 있다(탁정은, 2008).

한편 점토를 활용하고 탐색하기 시작하는 시기는 12개월 전후로 입으로 가져갈 수 있으므로 어린 영아에게 제공되는 점토는 특별히 안전을 고려해야 한다. 이 시기 제공될 수 있는 점토류는 표 11-2 에서 제시한 바와 같이 땅콩버터를 이용한 점토나 식빵점토, 밀가루점토, 전분점토 등 먹어도 해가 되지 않는 점토류를 이용하는 것이 바람직하다(조윤경, 2005). 밀가루점토는 유해성이 의심되는 다른 찰흙과 달리 안전도가 높아 어린 영아들에게 제공하기에 적합한 재료이다.

무색 밀가루점토는 밀가루 1컵, 물 1/3컵, 소금 1컵의 비율로 섞어 반죽하며, 아이들의 손에 밀가루가 묻지 않게 하려면 식용유 1/3티스푼 정도를 넣으면 된다. 유색 밀가루점토를 제공하려면 무색 밀가루점토에 식용색소를 넣으면 되는데, 색깔 채소를 이용한 천연색소를 이용할 수도 있다. 가령 초록색의 밀가루점토는 부추를 믹서기에 갈아 거즈 손수건을 이용해 거르고 우려낸 물로 섞으면 된다. 보라색은 적채를, 노란색은 치자 등의 채소를 이용하면 된다.

그림 11-16 다양한 점토의 종류

찰흙 지점토 칼라믹스 밀가루점토

표 11-2 영아를 위한 찰흙의 종류

점토 종류	제작방법	특징
땅콩버터 점토	땅콩버터에 전지분유가루를 섞어 반죽하며, 점토의 끈기는 꿀이나 물엿을 이용하여 조절한다	• 일반적인 찰흙과 비슷한 촉감 제공 • 버터의 종류 즉 입자가 있는 경우와 없는 경우에 따라 다른 촉감 경험 가능
식빵점토	식빵에 레몬즙이나 물을 섞어 반죽한다	• 촉감이 거칠고 점성이 약함 • 탄력성이 좋음
밀가루점토	밀가루에 물, 소금, 과일주스나 야채즙을 섞어 반죽한다	• 부드럽고 탄력이 좋음 • 야채나 과일즙을 섞어 후각이나 시각을 함께 자극할 수 있음
전분점토	전분을 뜨거운 물로 익반죽하며, 색을 내고 싶을 때는 식용색소를 사용한다	• 반투명이며, 밀가루점토와 다른 미끈한 촉감 제공

➤ 출처: 조윤경(2005). 『한국아동미술학회지』, 4, p.102.

④ 생활 주변 재활용품류

미술활동에서 생활 주변의 재활용품을 활용하게 될 경우, 영유아는 주변에서 찾은 재료의 무한한 활용가능성과 미적 가치를 발견하게 되고, 더불어 미술활동의 색다른 즐거움을 느낄 수 있게 된다(구권환, 우제권, 2012). 미술활동을 할 때마다 모든 재료를 구입해야 한다면 비용적인 측면에서 부담이 되기도 하지만, 다른 무엇보다 영유아들에게 다양한 재료를 활용하여 자신의 생각과 느낌을 자유롭게 표현해 볼 수 있는 기회를 제공하기 위해서라도 생활 주변의 다양한 재활용품을 미술활동에 적극적으로 활용할 필요가 있다.

생활 주변에서 쉽게 찾을 수 있는 다양한 재활용품은 모두 미술활동의 훌륭한 재료가 될 수 있다. 단, 활용도를 높이려면 쉽게 보관할 수 있는 것이 좋으며, 영유아들이 사용하는 재료인 만큼 위생성과 안전성을 확인하고 제공하는 것을 잊지 말아야 할 것이다.

재활용품의 종류는 너무 다양하여 분류하기가 쉽지 않지만, 쉽게 찾아 활용하기 위해 분류해서 보관하는 것이 좋다. 대략적으로 종이류, 목재류, 플라스틱류, 실·헝겊류, 철제류, 기타 등으로 나눌 수가 있다.

표 11-3 재활용품의 종류

구분	재료
종이류	신문지, 호일속대, 잡지, 광고지, 우유곽, 헌 달력, 휴지말이, 헌책, 포장지, 골판지, 헌종이컵, 헌종이접시, 벽지 자투리, 장판지, 폐지, 포장용기, 빈상자, 계란용기 등
목재류	나뭇가지, 나무토막, 톱밥, 아이스크림 막대, 합판조각, 이쑤시개, 코르크, 폐 꽃바구니 등
합성·플라스틱류	요플레통, 빨대, 바가지, 일회용 숟가락, 단추, 레코드판, 야쿠르트 빈병, 아이스크림 용기, 컵라면용기, 병뚜껑, 플라스틱컵, 페트병, 스티로폼, 꽃 포장용 망사 등
철제류	기계부속품, 빈 깡통, 나사, 철사, 병뚜껑, 못, 철사 옷걸이, 문고리 등
실·헝겊류	털실, 노끈, 고무줄, 헌 옷, 헝겊조각, 선물포장 리본 등
기타	달걀껍데기, 조개껍질 등

(2) 미술재료의 분류

미술재료는 분류하는 방법에 따라 여러 가지로 나눌 수 있다. 재료를 형태에 따라 분류하면 입재(粒材), 점재(點材), 분재(粉材), 선재(線材), 면재(面材), 양재(量材), 잡재(雜材)로 나눌 수 있으며, 재료의 인가공 여부에 따라 분류하면 자연재(自然材), 가공재(加工材), 인공재(人工材)로, 활동 유형에 따라 분류하면 탐색재(探索材), 평면재(平面材), 입체재(立體材)로 나눌 수 있다(류재만, 1996).

표 11-4 재료의 형태에 따른 분류

구분	재료
입재	흙, 모래, 조약돌, 톱밥, 쌀, 콩, 겨, 조
점재	곡류, 강낭콩, 은행, 작은돌, 도토리, 밤, 단추, 구슬, 바둑알 등
분재	밀가루, 녹말가루, 석고가루 등
선재	실, 노끈, 테이프, 막대, 새끼줄, 성냥개비, 이쑤시개, 철사류, 나뭇가지, 수수깡, 고무줄 등
면재	종이류, 헝겊, 나무판, 아크릴판 등
양재	점토류, 비누류, 솜, 목재, 벽돌, 스펀지 등
잡재	깡통, 페트병, 달걀껍데기, 솔방울 등

표 11-5 재료의 인가공 여부에 따른 분류

구분		재료
자연재	자연물	• 나뭇잎, 나뭇가지, 수수깡, 짚, 보리짚, 밀짚, 새끼, 왕골, 싸리, 칡넝쿨, 곡식, 씨앗(옥수수, 해바라기, 호박 등), 왕겨, 옥수수 껍질, 수세미, 솔잎, 솔방울, 갈대, 조롱박, 야채류, 열매류, 말린 꽃, 달걀 껍질, 조개껍질 등
	석재	• 모래, 조약돌, 샌드페이퍼 등
	죽재	• 죽순껍질, 대나무, 대나무 뿌리 등

구분		재료
가공재	목재	• 나무도막, 성냥개비, 톱밥, 우드페이퍼, 나무껍질, 코르크, 나무뿌리, 베니어합판 등
	철재	• 철사, 철조각, 압핀, 머리핀, 면도날, 핀, 클립, 스테이플러 심, 못, 철판, 구리판, 아연판, 알루미늄판
	섬유	• 실, 털실, 노끈, 털, 솜, 스타킹, 헝겊 등
	소성류	• 찰흙, 석고, 시멘트, 종이찰흙, 파라핀 등
인공재	합성류	• 비누, 석고봉, 양초, 기왓장, 벽돌, 지우개, 스펀지, 스티로폼, 석고 시멘트 등
	종이	• 색종이, 켄트지, 한지, 두꺼운 종이, 신문지, 장판지, 골판지, 휴지, 셀로판지, 은광지 등
	유리	• 유리판, 각종 유리병 등

표 11-6 활동 유형에 따른 분류

구분		재료
탐색재	촉감활동	다양한 촉감을 지닌 물, 온도가 다른 물, 입자가 다른 모래, 여러 가지 식물류 등
평면재	그리기	크레파스, 크레용, 파스텔, 색연필, 물감, 매직, 싸인펜, 목판, 붓, 연필 등
	붙이기와 꾸미기	모든 종이류(색종이, 잡지, 신문지, 포장지 등), 각종 접착제(액체풀, 고형풀, 투명테이프, 시트지 등), 빨대, 헝겊, 곡식, 수수깡, 색실, 리본테이프, 나뭇잎, 나뭇가지, 돌멩이, 솔방울, 스티커 등
	찍기	고무판, 비누, 석고, 롤러, 스탬프, 나뭇잎, 여러 가지 야채, 물감 인주 등
입체재	점토빚기	여러 가지 점토류(찰흙, 지점토, 칼라믹스, 클레이, 유토 등), 찍기틀 등
	구성하기	재활용품, 가위, 철사, 색테이프, 기계부품 등
	모빌만들기	나뭇가지, 솔방울, 종이컵, 철사, 실 등

요약 및 정리

- 오늘날의 미술교육은 그리거나 채색하는 단순한 미술활동을 넘어서서 다양한 재료를 선택구별하고, 또 만들고 다듬는 복잡한 예술활동을 포함한다고 볼 수 있다. 이러한 다원적 활동이 가능하기 위해서는 무엇보다 미술환경이 중요한 역할을 한다. 미술환경을 구성하는 데 있어서 아동이 단순히 미술활동을 하는 공간뿐 아니라 아동의 발달적 요구와 특성에 부합하는 미술활동을 위한 공간의 배치와 설비의 구성, 다양한 조형재료의 선택과 배치 등에 대한 세심한 계획이 필요하다.

- 미술활동을 위한 물리적 환경은 아동으로 하여금 미술활동을 하고자 하는 동기를 유발하고 작업활동을 효율적으로 계획하고 수행하는 데 영향을 미치는 중요한 요인이 된다. 미술영역은 크게 작업활동을 위한 공간과 작품전시를 위한 공간, 탐색을 지원하는 공간으로 구분할 수 있다. 미술영역을 배치할 때는 먼저 다른 아동이나 다른 영역의 활동에 의해 방해받지 않도록 하기 위해 출입구 가까운 곳이나 통로, 혹은 동적인 활동영역과는 분리하여 배치한다. 또한 물을 쉽게 사용할 수 있는 수도가 가까이 있는지 확인하며, 미술활동에 지장이 없을 정도로 충분히 밝은 곳으로 선택하는 것이 좋다.

- 아동의 독립적인 미술활동을 위해 알맞은 크기의 작업용 책상과 다양한 자료 정리를 위한 자료정리장과 수납장, 이젤이나 작품전시대와 같은 설비들을 상황에 맞게 적절하게 제공해 줄 필요가 있다.

- 미술지도교사의 중요한 역할 중 하나는 아동이 미술재료를 사용할 준비가 되었을 때 좋은 재료를 적절하게 제공하는 것이다. 교사는 재료를 아동의 흥미에 맞고 발달수준과 요구에 맞는 것으로 다양하게 제공해야 하며, 일상에서 쉽게 접하고 구할 수 있는 친근한 것으로 환경 전체의 심미적 기능을 최대한 배려하여 배치하는 것이 바람직하다. 아동미술 표현에서 주로 활용하는 재료로는 도화지 · 색상지 · 골판지 · 한지 등의 종이류, 크레파스 · 크레용 · 색연필 · 물감 등의 그리기 재료, 찰흙 · 지점토 · 칼라믹스 등의 점토류, 생활 주변에서 쉽게 찾을 수 있는 재활용품류 등이 있다.

| 참고문헌 |

김정, 조정숙(2001). **유아미술교육**. 서울: 한국방송통신대학교 출판부.

류재만(1996). 유아 미술활동의 표현재료와 용구 사용에 관한 연구. **사향미술교육논집**, **4**, 245–264.

류지후, 유혜숙, 양경희, 박정선(2001). **유아를 위한 조형활동의 통합적 접근**. 서울: 창지사.

박라미(2004). 미술교육에서 아동미술재료 인식변화의 필요성. **한국아동미술학회지**, **3**, 17–34.

원계선(2000). 유아교육기관의 미술교육 실태조사–환경구성을 중심으로–. **영유아교육연구**, **3**, 61–81.

유수영(2008). 유아미술교육 환경에 대한 소고–레지오 미술 공간 이해를 중심으로–. **한국아동미술학회지**, **7**, 41–59.

임부연(2006). 레지오 에밀리아 조형환경에 대한 의미탐색. **조형교육**, **28**, 297–321.

임영서(2000). 유치원 미술영역의 물리적 환경의 synomorphy 유지를 위한 생태학적 연구. **유아교육학논집**, **4**(1), 55–78.

전경원(2002). **창의력 개발을 위한 유아미술교육**. 서울: 창지사.

조윤경(2005). 영아미술교육에서의 촉감재료활용에 대한 연구. **한국아동미술학회지**, **4**, 91–105.

채영란, 지성애(2008). 유아의 연령에 따른 그리기표상능력과 인지능력 간의 관계. **유아교육연구**, **28**(4), 61–82.

탁정은(2008). 정서안정 및 계발을 위한 미술재료 연구–정서장애아동을 대상으로–. 건국대학교대학원 석사학위 청구논문.

한국미술문화연구회(2009). **반갑다! 미술교과서**. 서울: 미진사.

Elgas, P. M., & Rioux, K., Struewing, N., & Corkwell, C.(1998). Inquiry learning and curriculum planning. In L. J. Johnson, M. J. LaMontagne, P. M. Elgas, & A. M. Bauer(Eds.), *Early childhood education: Blending theory, blending practice*(pp. 149–171). Baltimore, Maryland: Brooks Publishing Co.

Koster, J. B.(2005). *Growing artists: Teaching art to young children*. NY: Thomson Delmar Learning.

Phyfe–Perkins, E.(1980). Children's behavior in preschool settings–A review of research concerning the influence of the physical environments. In Lilian G. Katz(Ed.), *Current topics in early childhood education*, Vol. III(pp. 91–126). Norwood, NJ: Ablex Publishing Corporation.

12

미술감상

학습개요

최근 미술을 통한 아동의 전인적 발달을 위해서는 미술표현능력뿐만 아니라 미술감상능력을 함께 증진시키는 균형된 미술경험이 제공되어야 한다는 인식이 보편화되면서 바람직한 미술감상의 중요성이 부각되고 있다. 한편, 아동미술 교육과정의 보다 체계적이고 효율적인 운영을 위해서는 미술활동의 계획이나 운영뿐만 아니라 미술활동에 대한 평가의 과정이 반드시 포함되어야 한다고 강조한다. 이 장에서는 효과적인 미술감상 및 평가의 방법에 대해 구체적으로 살펴본다.

학습목표

1. 미술감상교육의 필요성을 이해할 수 있다.
2. 효과적인 미술감상지도를 위한 과정과 다양한 방법을 이해할 수 있다.
3. 감상지도에서의 발문의 중요성을 이해하고 바람직한 발문방법을 알 수 있다.

주요용어

1. 미술감상 : 자연과 사물 및 다양한 미술작품들을 접촉하여 오감을 통해 아름다움을 느끼는 한편, 이들의 가치를 판단하고 이해하는 내면화 과정
2. 모의미술관법 : 교실과 같은 공간을 실제로 미술관으로 꾸미고 그곳에 전시된 미술작품을 감상하는 방법
3. 제작법 : 기존 작가의 다양한 장르의 작품을 보고, 작품의 주제나 재료, 표현기법 등을 그대로 따라 하거나 특징이 되는 부분을 소재로 직접 제작해 보는 감상방법
4. 발문 : 아동에게 작품에 대한 흥미와 관심을 불러일으키고 지적 호기심을 자극하기 위해 작품의 주제, 사회문화적 배경, 조형요소 및 원리 등과 관련하여 간략하게 제시하는 질문

1. 아동미술의 감상

아동을 위한 미술지도는 미술활동을 통해 자신의 생각과 느낌을 자유롭게 표현하는 것과 함께 다양한 미술작품을 이해할 수 있는 감상활동이 서로 조화를 이룸으로써 질 높은 미술교육을 실시하는 데 그 목적이 있다. 그러나 아직까지 현장에서는 표현활동과 감상활동이 동등하게 중시되지 못하고 표현 위주로 진행되고 있다. 과거에 비해 요즘의 아이들은 미술작품을 보고 감상할 수 있는 기회를 많이 가지게 되었지만, 정작 감상교육을 해야 할 현장의 교사들이 감상교육을 제대로 받아본 적이 없다 보니 감상교육에 대한 인식 부족과 효과적인 감상지도에 필요한 배경지식의 부족으로 유아교육현장에서는 여전히 감상교육이 적절하게 이루어지지 못하고 있는 상황이다. 따라서 유아교육현장에서는 보다 체계적이고 효과적인 감상지도에 대한 방법적 접근을 통해 표현과 감상이 조화된 참된 미술교육을 실현할 수 있어야 한다. 여기서는 아동미술감상교육의 필요성과 효과적인 감상지도의 방법에 대해 살펴본다.

1) 미술감상교육의 필요성

미술교육의 궁극적 목표가 전문적인 미술작가의 양성이 아닌 미적 안목을 지닌 문화인의 양성에 있음을 고려할 때, 표현활동 위주의 미술활동 진행은 한계가 있다. 이에 제7차 유치원 교육과정 및 표준보육과정에서는 감상지도를 통해 아동으로 하여금 미술에 대한 심미적 안목을 길러 미술문화를 향유할 수 있는 능력과 태도를 기르는 데 주안점을 두게 되었다. 과거에는 미술감상은 성인들만의 것으로 여겨졌으나 오늘날 많은 연구들에 의하면 아동기는 미술감상활동의 적기임을 보여 주고 있다. 그 예로 로젠셜과 동료들(Rosential et al., 1978)의 연구는 아동들이 영아기부터 어떤 것이 좋고 어떤 것이 아름다운지 판단할 수 있음을 입증하였고, 호주의 퀸스랜드 아트 갤러리 프로젝트(Queensland Art Gallery Project, 1987)도 3~5세의 유아와 가족들이 미술작품을 함께 보았을 때 유아들은 어른과 달리 매우 상상적으로 반응하며 대화를 통해 작품에서 이미지를 발견할 뿐만 아니라 미술기법에 대해 학습하는 것을 발견하였다(교육인적자원부, 2005; 김영숙, 신인숙, 2008에서 재인용). 그러나 아직도 보육·교육 현장에서는 감상지도의 중요성을 제대로 인식하지 못하여 표현활동이 주를 이루고 있으며, 감상활동 진행 시에도 감상지도와 관련된 교육 및 연수의 기회가 부족했던 상당수의 교사들은 감상활동을 지도하는 데 있어서 큰 어려움을 겪고 있는 실정이다.

미술감상이란 자연과 사물 및 다양한 작품들을 접촉하여 감각과 지각을 통해 아름다움을 느끼고, 작품의 미적·문화적·역사적 가치를 느끼고 판단하고 이해하는 내면화 과정이라고 할 수 있다(한국 미술교과교육학회, 1999). 아름다움을 느끼는 미술감상의 주체가 아동일 경우, 감상의 대상이 예술작품일 수도 있지만, 친구들의 작품일 수도 있으며, 혹은 일상적으로 볼 수 있는 사소한 것일 수도 있다. 즉 아동은 친구가 그린 그림이나 혹은 유명한 예술가의 작품에서도 아름다움을 찾을 수도 있지만, 길가에 핀 한 송이 들꽃이나 길가에 굴러다니는 작은 돌멩이와 같이 평소 익숙한 환경이나 사물에서 아름다움을 찾을 수도 있다(김향미, 2004). 이와 같이 아동이 평소 익숙한 일상 속에서 오감을 통해 아름다움을 느끼는 행위는 미술감상의 가장 기초가 되는 부분이라 할 수 있다.

감상이 미적 대상을 보고, 미적 가치를 느끼고 이해하고 판단하는 내면화의 과정이라고 할 때, 감상지도는 교사가 아동으로 하여금 미적 대상과 만남을 유도하고 아동들이 그것에 대해 관심을 가지며, 보고 느끼고 이해하고, 미적 가치를 판단하며 자신의 생각을 정리할 수 있도록 하는 활동이다.

미술감상교육의 필요성은 크게 여섯 가지 측면에서 생각해 볼 수 있다(류재만, 2000). 첫째, 감상교육을 통해 아동의 미적 안목을 신장시킬 수 있다. 우리가 일상의 삶 속에서 미적 대상을 발견하고 이를 즐기고 선택하여 생활에 활용하는 일에는 미적 안목이 요구된다. 이러한 미적 안목은 다양한 작품에 대한 감상을 통해 조형요소나 조형원리 또는 작품의 특징이나 독창성 등을 찾아내고 비교하는 과정 속에서 키워질 수 있다. 둘째, 감상교육을 통해 아동의 미적 감각 및 감수성 등의 미적 정서를 함양시킬 수 있다. 미적 안목을 갖기 위해서는 아름다움을 느낄 수 있는 미적 감각이나 감수성을 지녀야 하는데, 이는 미적 가치를 판단하는 감상활동의 과정 속에서 자연스럽게 아동의 내면세계에 축적된다. 셋째, 감상교육을 통해 아동의 조형능력을 함양시킬 수 있다. 미술감상은 미를 즐기고 미적 가치를 이해하는 데 도움을 줄 뿐만 아니라, 감상의 경험이 자기 작품의 표현에 반영됨으로써 작품제작능력 향상에도 기여한다. 넷째, 감상교육은 아동의 인격형성에도 도움을 줄 수 있다. 아동은 타인의 작품을 보고 자기가 느낀 점을 표현하는 과정에서 나와 다른 생각을 가진 사람이 있다는 것을 알게 되고, 나와 다른 생각도 존중해야 한다는 것을 자연스럽게 이해하게 되면서 올바른 인격을 형성할 수 있게 된다. 다섯째, 감상교육을 통해 우리의 전통 문화와 인류 문화에 대한 이해도를 높일 수 있다. 아동은 우리 조상을 비롯한 인류가 남긴 훌륭한 미술작품들을 감상하는 기회를 통해 세계 여러 나라의 문화를 이해하게 되고 더 나아가 세계 문화 속에서 우리 문화의 우수성을 지각하게 되며, 궁극적으로 새로운 문화를 창조할 수 있는 토대를 마련하게 된다. 여섯째, 감상교육을 통해 아동의 전인적 성장을 촉진시킬 수 있다. 아동은 미적 대상에 대한 감상활동을 통해 감수성 등의 정서적 발달을 촉진시킬 수 있으며, 감상활동과정에서 타인의 작품에 대해 눈으로 본 것을 자신의 생각으로 정리하여 말이나 글로 표현하게 되면서 언어능력을 향상시키게 되고, 논리성을 키울 수 있다. 뿐만 아니라 조화, 비례 등의 조형원리를 접하면서 부분과 전체의 관계 및 조화의 중요성을 이해하게 되며, 타인의 작품에 대한 의견을 공유하는 과정에서 타인과의 관계 맺기 및 사회성을 발달시킬 수 있다.

2) 미술감상교육의 방법

(1) 기본 방향

올바른 미술감상교육을 위한 기본 방향은 다섯 가지로 살펴볼 수 있다(류재만, 2000; 한국초등미술교육학회, 1997).

첫째, 아동의 발달단계에 맞게 지도해야 한다. 가드너(Gardner)에 의하면 아동의 감상능력은 지각 단계, 상징인식 단계, 사실적 단계, 탈사실적 단계, 예술적 위기 단계의 5단계 과정을 거쳐 발달한다. 지각 단계(0~2세 미만)는 사물을 직접 지각하는 단계로 사물의 공간적 형태만을 구별하는 시기이다. 상징인식 단계(2~7세 미만)는 실재 사물과 상징화된 사물과의 관계를 인식하면서 대상을 개념적으로 감상하는 시기로, 이 단계에서는 사물에 대한 인식이 감정적 충동에 의해 이루어지는 경향이 있다. 사실적 단계(7~9세 미만)의 아동은 미적 대상을 받아들이고 표현하는 데 사실적 표현만을 중시하고 사실적이지 않거나 상징적, 상상적 표현은 선호하지 않는다. 탈사실적 단계(9~13세)는 다양한 미적 특성, 표현재료와 기법에 대한 관심이 커지고, 다른 사람의 작품에 반영된 개성과 특성에 대해 관심을 보인다. 반면 예술적 위기 단계(청소년기)에서는 감성적 특성보다 논리적 특성이 우세해지면서 미술에 대한 관심이 적어지고, 자기의 표현에 대해 자신이 없어지고 다른 친구의 작품을 비판하려는 특성을 보인다. 로친스(Rochins)는 감상능력의 발달과정을 제1기부터 제4기까지 4단계로 나누어 제시한다. 제1기(4~5세)는 묘사능력이 낮으며 그리는 것보다는 보는 것에 흥미를 갖는 시기이다. 따라서 이 시기에는 가치 있는 그림책을 보여 주며 감상능력의 기초를 형성하게 하는 것이 바람직하다. 예술적 감상 시기라 불리는 제2기(6~10세)는 상상력에 의해 자유분방하게 그리는 시기로서 그림을 그리는 것보다 자기표현에 흥미를 갖는다. 제3기(11~15세)는 묘사력은 침체되지만, 자기의 표현력에 대한 자각과 평가능력이 발달하기 때문에 감상수업이 효과적으로 진행될 수 있다. 제4기(15세 이후)는 예술적 창작의 경지에 이를 수 있는 시기로, 정신능력의 발달에 따라 미적 평가능력이 더욱 발달하여 감상교육에 있어서 최적의 시기라고 할 수 있다. 아동이 감상활동에 대해 부담을 갖지 않고 접근하도록 하기 위해서는 이들 발달단계의 특성에 맞추어 감상교육을 실시해야 한다. 예를 들어, 지각 단계의 영아를 대상으로 상징화된 사물을 표현한 그림을 감상하도록 하는 것이나 취학 전 연령의 유아에게 예술작품에 대해 전문가 수준의 미적 평가를 요구하는 것은 감상활동에 대한 아동의 학습준비도를 고려하지 못한 것으로 바람직한 감상교육이 될 수 없다. 한편, 발달단계를 고려한 지도에 있어서 주의해야 할 것은 발달론에 너무 사로잡혀 정작 주어져야 할 적절한 발달 자극이 배제되는 것이다.

둘째, 통합적인 접근에 의해 지도되어야 한다. 감상교육에 대한 이해가 부족할 경우, 감상활동이 작품의 역사적 유래, 작품명, 작품의 재료, 기법 등과 같이 작품과 관련된 지식을 습득하는 것에 그치는 경우가 많다. 이러한 감상활동으로는 비단 예술작품에 한정되지 않고 일상 속에서 미적 대상을 보고, 미적 가치를 느끼고 이해하고 판단하는 일련의 감상과정을 수행하는 데 한계가 있을 수밖에 없다. 따라서 올바른 감상지도가 이루어지기 위해서는 미술작품에 대한 지적 감상 위주의 활동에서 벗어나 미술작품이나 자연, 환경에서 다양한 예술적 요소를 찾아보고 미적 특성을 느끼고, 이를 미술문화와 관련시켜 이해하는 한편, 특별히 의미 있는 표현 주제나 기법이 있을 경우 직접 표현해 보는 등 다양한 접근방법으로 감상지도가 이루어져야 한다. 물론 이러한 다양한 접근방법에 기초한 감상하기는 정해진 순서 없이 한 활동에서 통합적으로 경험되도록 지도하는 것이 바람직하다. 예를 들어, 산책을 나갔다가 한 나무와 바로 옆 다른 나무의 가지가 서로 얽혀 있는 것을 본 유아들이 서로 사랑하는 듯한 모습에 아름다움을 느꼈다면, 이를 교실로 돌아와 그림이나 조형물로 표현해 보고, 표현된 작품을 통해 다시 한 번 감상해 보는 경험을 가짐으로써 통합적인 접근에 의한 감상지도가 가능해질 것이다.

셋째, 언어를 매개로 한 발표 및 토론 등을 통해 지도해야 한다. 미술은 이해하기 어렵고 특정한 사람만 하는 것이라는 편견을 갖지 않도록 하기 위해서는 감상한 내용을 자신의 생각으로 정리하여 문장화하여 발표할 수 있어야 한다. 직접 제작한 작품에 대해 가장 잘 알고 있는 아동 자신이 표현 주제와 방법, 의도 등에 대해 이야기하면서, 다른 친구들의 작품에 대한 자신의 느낌과 생각을 이야기하며 자연스럽게 미술을 더 잘 이해하고 감상할 수 있으며, 더 나은 표현능력을 함양할 수 있게 된다.

넷째, 일상적인 삶 속에서 활용될 수 있도록 지도되어야 한다. 일상의 삶 속에서 미술문화에 대한 관심과 미적 안목을 가지고 미적 대상을 발견하여 이를 환경 개선에 활용할 수 있을 때, 미술감상교육의 효용성은 더욱 높아질 수 있다. 이러한 삶에서의 적극적 활용을 위한 감상교육의 출발점은 아동 자신이 만든 작품을 소중히 여기는 데서 시작되는데, 이는 통합적 감상활동을 통해 가능한 일이다. 즉, 아동은 자신이 열심히 표현한 작품에 대해 발표하고 친구들과 함께 토론하고 이를 작품에 다시 반영하는 가운데, 자신의 작품을 소중히 여기게 되며, 자신의 삶 속에서 이를 즐기고 애호하게 된다. 가령, 아동이 자신이 만든 종이지갑에 돈을 넣으려 하고 자신이 만든 부채만 쓰려고 하는 것은 통합적 접근에 의한 감상활동에 의해 자신의 작품을 소중히 하는 계기가 마련되었기 때문으로 볼 수 있다. 한편, 주변의 미술환경에 적극적으로 노출되도록 하는 감상활동은 환경의 질을 개선하는 데 도움을 줄 수 있다. 아동은 가까운 전시실이나 지역 미술관 등에 가서 미술작품을 보고 느끼면서 미적 감각이나 미적 안목을 키우게 되고, 이를 통해 자신의 삶 속에서 좋은 디자인의 물건을 고르거나 자신의 생활공간을 꾸미는 일 등을 할 수 있게 된다.

다섯째, 미술문화를 선택할 수 있도록 지도해야 한다. 아동은 문화의 시대에 살면서 검증된 바 없이 쏟아지는 정보의 홍수를 경험하게 되므로, 자신에게 맞는 올바른 미술문화를 선택하는 능력을 길러 주는 것이 매우 중요하다. 이러한 선택능력은 직접 주제, 재료, 기법 등을 선택하여 미술표현을 하면서, 자신의 작품에 대해 발표하고 다른 친구들의 작품에 대해 평가하고, 미술가들의 작품 중에서 마음에 드는 작품을 고르고 고른 이유에 대해 이야기해 보는 감상교육을 통해 길러질 수 있다. 이를 위해 교사는 어떤 미술문화를 선택하여 아동에게 일방적으로 전달하기보다는 아동이 다양한 미술문화 속에서 스스로 선택할 수 있는 기회를 충분히 제공하는 방향으로 수업을 진행하는 것이 바람직하다.

(2) 미술감상지도 과정

작가들이 작품을 표현할 때 처음부터 완성될 작품을 머릿속에 그리고 나서 시작하는 것이 아니라, 처음에는 아이디어를 가지고 시작하여 점차 수정·보완하면서 하나의 작품을 완성하는 것과 같이 미술감상에 있어서도 단계적으로 진행하는 것이 효과적인 교수법이 될 수 있다(Feldman, 1970). 펠드만(Feldman)에 의하면 효과적인 미술감상지도는 서술, 분석, 해석, 평가의 4단계로 이루어질 수 있다(류재만, 2000). 첫째, 서술(description)은 미술작품에서 객관적으로 알 수 있는 것들을 기록하여 목록으로 만드는 단계이다. 이 단계에서는 표현된 형태나 색상, 기법 등과 같이 단지 '작품 속에 무엇이 표현되어 있는가'에 대한 객관적 설명에 충실할 뿐, 작품에 대한 개인의 주관적 반응이나 결론, 평가 등은 보류해야 한다. 예를 들면 이 단계에서는 "크레파스로 그림을 그렸어요.", "아이들이 공놀이하는 것을 그렸어요."와 같은 상호작용이 이루어질 수 있다.

둘째, 분석(formal analysis)은 작품 속에서 각각의 형태들이 어떻게 상호작용하는가를 분석하여 기술하는 단계이다. 즉 작품 속의 사물과 사물 간의 관계를 분석하여 설명하는 단계로, 이 단계에서 분석해야 할 것들은 크기, 형태, 색상, 질감, 공간·부피 관계 등이다. 가령, 크기 관계에 대한 분석에서는 큰 것과 작은 것, 비슷한 크기를 가진 것들의 관련성을 살펴보며, 색상 관계에 대한 분석에서는 결합된 형태들의 색상이 비슷한지 다른지, 특별히 명도 차이를 보이는 색상은 무엇인지 등을 살펴본다. 예를 들면 "사람에 비해 축구공을 너무 크게 그렸어요.", "이쪽 하늘을 너무 어둡게 색칠했어요."와 같은 상호작용이 이 단계에서 이루어질 수 있다.

셋째, 해석(interpretation)은 가장 어렵고도 가장 창의적인 과정으로, 분석 단계에서 관찰했던 모든 것들이 무엇을 의미하는가를 결정하는 단계이다. 즉, 형식적 분석을 바탕으로 작가가 작품에 담고 있는 생각이나 의미를 찾는 과정으로서, 해석은 작품을 통해서 작가가 무엇을 표현하려고 하는가를 작가의 입장에서 생각해 보는 것이라 할 수 있다. 좋은 해석은 객관적이어야 하고, 남들도 동의할 수 있는 충분한 근거나 증거를 갖고 있어야 한다. 이 단계에서는 "아이들이 모두 체육복을 입고 공놀이를 하고, 한 아저씨가 호루라기를 불고 있는 것으로 보아 체육시간에 공놀이하는 것을 표현한 것 같다"와 같은 상호작용이 이루어질 수 있다.

넷째, 평가(evaluation)는 앞선 서술, 분석, 해석 단계에서 찾아낸 객관적 근거들을 가지고 작품의 가치를 판단하는 단계이다. '이 단계에서 아동은 이 작품이 잘 되었다고 생각하는가? 이 작품의 어떤 점이 마음에 드는가? 이 작품을 갖고 싶은가?' 등의 질문에 대해 대답할 수 있어야 한다. 예를 들어 이 단계에서 아동은 "이 그림은 참 잘 그린 것 같다." "이 그림은 공은 좀 더 작게 그리고 아이들을 더 크게 그렸다면 공놀이하는 모습이 더 신나게 보였을 것 같다."와 같은 상호작용을 할 수 있다. 다음에 제시된 표 12-1 은 펠드만의 4단계 감상지도 과정을 적용하여 실시한 명화감상활동 사례이다.

표 12-1 상호작용을 통한 명화감상 일일활동의 예

<table>
<tr><th>명화명</th><th colspan="2">자동차가 있는 풍경</th><th>대상</th><th>만 5세</th></tr>
<tr><td>생활주제</td><td colspan="4">육상교통</td></tr>
<tr><td>활동목표</td><td colspan="4">• 주변 환경에 관심을 갖는다.
• 다른 사람의 생각이나 표현의 다른 점을 이해하고 존중할 줄 안다.
• 대칭과 균형에 대해 관심을 갖는다.
• 작품을 감상하는 태도를 기른다.</td></tr>
<tr><th>구분</th><th colspan="2">활동내용</th><th colspan="2">활동자료 및 유의점</th></tr>
<tr><td>도입
(10분)</td><td colspan="2">'간다간다' 노래를 부르며 주의집중을 한다.
- 오늘은 선생님이 너희들에게 그림을 보여 주려고 한단다.
- 전시회에 가 본 경험을 이야기한다.
- 이 그림은 장욱진이라는 사람이 그린 그림이야.
- 어떤 그림일까?
명화를 제시하여 자세히 보도록 한다.
다른 사람에게 방해가 되지 않도록 한다.</td><td colspan="2"></td></tr>
<tr><td>전개
(30분)</td><td colspan="2">펠드만의 감상모델과정 4단계를 적용한다.

〈서술하기〉
작품을 관찰한다.
- 그림을 자세히 보고 무엇이 있는지 이야기해 보자.
- 다른 사람이 발견하지 못한 새로운 것들을 찾아보자.
• 진짜 멋진 차다.
• 커다란 집이 있어요.
• 나무가 있어요.
• 아이도 있고 한 명은 엄마 같다.
• 자전거가 있어요.
• 벽돌로 된 집이 있어요.
• 강아지가 있어요.</td><td colspan="2">장욱진의 〈자동차가 있는 풍경〉
명화 1장
(210×297cm)
실물화상기
자동차가 있는 풍경 CD</td></tr>
</table>

구분	활동내용	활동자료 및 유의점
전개 (30분)	〈분석하기〉 미술의 요소 및 원리(균형)에 대해 이야기 나눈다. - 자동차는 무슨 색으로 되어 있니? - 나무와 집의 색깔을 보기로 하자. - 두 개씩 똑같이 있는 것을 찾아보자. - 왼쪽과 오른쪽에 똑같이 놓여 있는 것을 찾아보자. • 자동차는 파란색이에요. • 바퀴는 갈색, 아니 빨간색 같기도 해. • 땅이 주황색으로 되어 있어요. • 조금 작은 집 벽은 노란색이에요. 지붕은 초록색. • 머리카락은 갈색이다. 큰 집에 있는 문도 갈색이다. • 나무는 초록색이에요. • 울타리가 있는 집은 빨간색이고 지붕은 검정색이에요. • 이쪽에도 또 이쪽에도 나무가 있어요. • 벽돌로 된 집은 빨간색이고 검정색도 보여요. • 바퀴가 똑같아요. • 창문도 양쪽에 두 개 있다. 똑같다. 〈해석하기〉 화가의 작품의도를 알아본다. - 왜 이 그림을 그렸을까? • 미술관 만들려고 • 그림을 많이 그려서 전시하려고 • 어디가 똑같은 그림이 있는지 잘 보라고 - 그림에서 어떤 소리가 들릴 것 같니? • 자동차가 부릉부릉 하는 소리 • 이야기 소리 • 따르릉따르릉 자전거 소리 • 문 닫는 소리 "꽝" • 전등 끄는 소리 "터걱" • 엄마 구두 소리 "뚜벅뚜벅", 아이의 운동화 소리 "타박타박" • 자동차 시동 거는 소리 "부릉부릉" • 바람 소리, 나무 흔들리는 소리 "쉬익쉬익"	 경험한 것, 생각한 것, 느낀 것을 똑똑하고 바른 태도로 다른 사람에게 이야기하도록 한다. 말하는 사람의 이야기를 주의 깊게 끝까지 듣는다.

<table>
<tr><th>구분</th><th>활동내용</th><th>활동자료 및 유의점</th></tr>
<tr><td>전개
(30분)</td><td>- 그림 속의 사람은 지금 무엇을 하고 있을까?
• 시장 가고 있어요. 맛있는 것 사러요. 산책하고 있다.
• 엄마랑 아이랑 같이 박물관에 간다.
• 소풍 가고 있는 것 같다.
- 똑같은 것이 양쪽에 그려져 있는 그림에서 만일 한 개가 없다면 어떻게 될까?
• 재미가 없는 그림이에요.
• 심심할 것 같아요. 한 개가 없으면.
- 왜 좌우에 똑같은 그림을 그려 놓았을까?
• 사람들에게 똑같은 그림을 찾아보게 하려고.
• 이쪽에 저쪽에 똑같은 그림이 있으면 재미있는 그림이 될 것 같아서.
• 사람들에게 왼쪽 오른쪽을 가르쳐 주려고.

〈판단하기〉
작품의 내용에 대해 이야기 나눈다.
- 명화의 제목을 다시 지어 본다면
• 그림나라, 재미있는 집, 상상화, 평화로운 마을
• 집이랑 자동차가 있는 우리 동네, 착한 마을, 멋있는 자동차
- 내가 화가라면
• 고양이를 더 그리고 싶어요. 강아지하고 친구하라고.
• 난 자동차를 좋아하니까 자동차를 그리고 싶어요.
• 난 꽃을 더 그리고 싶어. 그러면 예쁜 마을이 되지.
- 이 그림을 어디에 두고 싶니?
• 내 방에 걸어두고 싶어요. 자동차가 좋아서요.
• 집에 피아노 위에 걸어두고 싶어요. 그림이 예뻐서 피아노도 예쁜 소리가 들릴 것 같아요.
• 책 읽을 때 볼 수 있게 책상 위에 걸어두고 싶어요.</td><td>자신의 생각과 느낌을 여러 사람 앞에서 분명하게 이야기한다.

작품에 대한 자신의 감정과 사고를 표현할 수 있도록 한다.

다양한 매체에 관심을 갖는다.</td></tr>
<tr><td>평가 및
마무리</td><td>- 감상할 때의 태도에 대해서 이야기 나눈다.
- 감상 태도는 어떠했는가?
- 유아들이 감상활동에 적극적으로 참여했는가?</td><td>다른 사람의 의견을 존중하고 배려하는 태도를 갖는다.</td></tr>
</table>

▶ 출처: 김영숙, 신인숙(2008). 상호작용을 통한 명화감상활동이 유아의 미술능력에 미치는 영향(pp. 174-176). 미래유아교육학회지, 16(1)

한편, 펠드만의 이러한 단계적 미술감상방법은 미술감상교육을 체계적이고도 단계적으로 이론화했다는 점에서 높이 평가되기도 하나, 미술작품을 지나치게 형식주의적 관점에서 바라봄으로 해서 많은 도전을 받고 있기도 하다. 즉, 작품이 지니는 의미와 가치탐구를 경시하고 형식적인 토대만을 강조함으로써 감상의 주체자인 학습자 개인별 감상의 다양성을 무시하는 오류를 범했으며, 객관적이고도 보편적 가치를 학습자가 무조건 수용하도록 강요함으로 해서 일방적인 미술감상교육이 될 수 있다는 한계를 가지는 것으로 지적된다(김형숙, 2008). 이러한 맥락에서 류재만(2000)은 이와 같은 펠드만의 미술감상방법에 대해 매우 구체적이고 실용적이지만, 아동에게 그대로 적용하는 데는 어려움이 있음을 지적하며, 아동에게 꼭 4단계의 순서를 그대로 적용할 필요도 단계별 요소들을 지나치게 강조할 필요도 없이 아동의 수준에 맞게 적용하는 것이 중요하다고 강조한다. 가령, 서술 단계에서 객관적인 기술을 요구한다고 해도 아동의 느낌이 조금 들어가는 것을 허용해도 무방하다는 것이다.

한편, 앤더슨(Anderson, 1997)은 그동안의 미술감상교육에 대한 여러 학자들의 견해를 종합하여 미술감상은 반응/인상, 서술/묘사, 해석, 평가의 네 가지 과정으로 이루어져야 한다고 제시하였다(Anderson & Milbrandt, 2005; 고은실, 2008). 첫째, 반응이란 아동이 미술작품을 처음 대했을 때의 순간적인 생각과 감정이며 판단이다. 이는 일종의 작품에 대한 첫인상으로 호감 혹은 비호감을 가짐으로써 호기심이 유발되어 더 깊이 고찰하게 하는 중요한 촉매제 역할을 하는 것이다. "이 작품을 보았을 때 어떤 느낌이 드는가?", "이 작품을 보고 무엇이 떠오르는가?" 등이 이 단계에서 제시될 수 있는 질문의 예이다.

둘째, 서술/묘사는 첫인상에서 관심을 갖게 된 작품의 시각적 형태에 대해 좀 더 주의 깊게 관찰하면서 서술하고 묘사하는 것으로, 이는 작품의 의미와 의의를 찾게 되는 근거자료들이 된다. 이 단계에서는 형태, 모양, 크기, 색채, 재료, 기법 등의 미적 형태 묘사뿐만 아니라 구성요소들 간의 전체적이고 유기적 관계에 대해서도 살펴보게 된다. 이 단계에서 제시될 수 있는 주요 질문은 "무슨 형태와 색과 질감, 촉감을 보이는가?", "이 작품은 어떤 기술과 기법을 사용하였는가?", "어떤 디자인적 요소(리듬, 조화, 균형, 비례, 강조 등)가 움직임, 율동감을 만드는가?" 등과 같이 작품의 구조적 형태, 기교적 특성 및 디자인적 요소들의 특징과 관계 등에 대한 것들이다. 또한 "이 작품의 제목은 무엇인가?", "작가는 누구인가?", "이 작품에 영향을 끼친 시대적 상황은 무엇인가?" 등의 질문을 통해 작가의 이름과 작가에 대한 설명 및 작품이 만들어진 시기의 역사적 상황 등을 통해 작품을 둘러싼 내재적 환경을 이해할 수도 있다.

셋째, 해석 단계에서는 전 단계인 서술/묘사에서 분석을 통해 나온 많은 증거자료들을 토대로 작품의 의미에 대한 주관적인 해석을 한다. 이 단계는 미술감상에서 작품을 주의 깊게 관찰하고 여러 가지 사고를 종합하는 가장 중요한 과정으로, "작품이 궁극적으로 무엇을 의미한다고 생각하는가?", "내가 작가라면 이 작품에 어떤 제목을 붙이겠는가?" 등의 질문에 대한 해답을 찾고자 노력한다.

마지막으로 평가 단계에서는 작품에 대한 이해와 해석을 통해 작품의 가치에 대한 평가를 내리게 된다. 이 마지막의 가치판단을 통해 아동은 미술작품이 자신에게 중요한지 아닌지를 판단하게 되고, 미술과 미술작품에 지속적으로 더 많은 관심을 가지게 될 것인가 아닌가를 결정하게 된다고 볼 수 있다. 앤더슨에 의하면 이 평가는 아동 개인의 삶과 경험, 입장에 따라 얼마든지 달라질 수 있는 것으로 보았으며, 어떠한 평가를 내리든 이를 설명할 수 있는 타당한 증거가 뒷받침된다면 성공적인 평가가 될 수 있다고 보았다. 그래서 같은 작품을 가지고도 형식주의적 관점에 초점을 맞출 경우 색채와 구성 등의 단순성에 주목하여 관찰한 것을 토대로 평가하겠지만, 표현주의적 관점에서는 작가가 표현하고자 하는 내면세계와 감정에, 실용주의적 관점에서는 작품이 어떤 의미에서 중요한지 아닌지에 초점을 맞추어 관찰하고 평가할 수 있는 것으로 보았다.

(3) 감상지도방법

미술감상방법에 있어서 절대적인 방법이나 규칙이 있는 것은 아니다. 그러나 아동의 발달단계 및 감상 내용에 따라 보다 효율적으로 적용할 수 있는 감상지도방법이 있을 수 있으므로, 감상 수업의 진행에 앞서 어떤 지도방법이 적합한지를 먼저 결정하고 수업에 임하는 것이 바람직하다. 감상 수업에서 진행할 수 있는 감상지도방법의 유형에는 토론법, 관찰법, 모의 미술관법, 제작법, 작문법 등이 있다(류재만, 1994).

① 토론법

토론법은 작품의 표현특징이나 조형요소, 미적 가치 등을 살펴보고 발표하는 방법으로, 지도 내용이나 감상의 주제에 따라 일제감상법과 분단감상법, 대담법으로 구분할 수 있다.

첫째, 일제감상법은 교사의 안내에 따라 아동들이 함께 토론에 참여하여 작품의 내용이나 특징, 느낌 등을 발표하고 자신의 생각과 다른 사람의 생각의 차이를 발견하며 토의하는 방식이다.

둘째, 분단감상법은 전체 아동들을 소집단으로 구분하고, 각 집단별로 사회자를 뽑아 사회자의 안내에 따라 작품을 감상하고 토의한 후에 결과를 발표하는 방식이다.

셋째, 대담법은 아동이 두 명씩 짝을 지어 작품을 보고 작품의 내용이나 특징, 느낌 등을 서로 묻고 대답하는 대화 형식의 토론방식이다.

② 관찰법

관찰법은 분석방법에 따라 분석법, 비교법, 분류법 등으로 구분할 수 있다.

첫째, 분석법은 입체작품이나 평면작품의 조형특성, 즉 작품에 담겨 있는 선, 형태, 색, 질감 등의 조형요소와 반복, 대칭, 조화, 율동, 비례 등의 조형원리를 분석하는 감상방법이다.

둘째, 비교법은 몇 개의 작품들 속에서 선, 색, 명암, 형태, 질감, 주제, 재료, 기법 등과 같이 표현된 주제나 조형요소 및 원리 등에서 비슷한 점이나 차이점을 찾아 비교하며 감상하는 방법이다. 이때 평면작품과 입체작품을, 같은 평면작품이라도 수채화와 수묵화 등과 같이 다양한 방법으로 제시하는 것이 바람직하다.

셋째, 분류법은 장르가 서로 다른 회화, 판화, 공예디자인 등의 여러 작품을 보고 공통되는 점을 찾아 유사한 작품끼리 묶어 보는 감상방법이다.

③ 모의 미술관법

모의 미술관법은 시청각 자료나 화집 등을 통해서 작품을 감상하는 것이 아니라 실제로 미술관을 꾸며 그곳에 전시된 미술작품을 감상하는 방법으로 실제적이고 구체적인 행동에 의한 직접 체험으로 감상 수업의 질을 높일 수 있다. 가령, 교사는 아동들에게 자신들의 작품 중 마음에 드는 작품을 선정하게 한 후, 교실을 미술관으로 꾸미고 작품을 전시한다. 이때 교사는 그림의 주제나 색, 형태 간의 관련성을 고려하여 작품을 조화롭게 전시하며, 전시된 작품에 대해 올바른 태도로 감상할 수 있도록 지도해 주어야 한다. 더 나아가 마음에 드는 친구의 작품을 선택하여 구매하는 모의행동도 실행해 보게 함으로써 감상과 관련된 제반 과정을 보다 정확하게 이해하는 데 도움을 줄 수 있다.

④ 제작법

제작법은 기존 작가가 창작한 회화, 판화, 조각 등의 다양한 장르의 작품을 보고, 작품의 주제나 재료, 표현기법 등을 그대로 따라하거나 특징이 되는 부분을 소재로 하여 직접 제작해 보는 적극적인 감상방법이다. 가령, 나뭇가지나 돌멩이 등의 자연물을 이용해 표현한 콜라주 작품을 보고, 아동들에게 다양한 자연물을 붙여서 작품을 만들어 보는 미술활동을 제안하는 것이다. 이 방법은 아동 자신의 자유로운 표현을 억제하고 작가의 의도에 최대한 가깝게 접근하게 하는 데 의의가 있으며, 이를 통해 다양한 미술작품의 표현방법을 익힐 수 있다.

⑤ 작문법

작문법은 작품에 대한 감상의 내용을 글로 표현하는 감상방법이다. 이 작문법은 미술에 대한 용어와 미술작품에 대한 어휘를 개발하고 자기 나름의 관점으로 미술작품을 감상하는 기회를 제공함으로써 미술작품에 대한 지적 감상에 도움을 줄 수 있다. 아직 글씨기가 서툰 어린 유아들의 경우, 작품을 보고 느낀 점을 색깔이나 얼굴 표정으로 표현하기 등의 방법으로 적용해 볼 수 있다.

(4) 감상지도에서의 발문

① 발문의 중요성

미술활동의 진행과정에서 교사가 체계적으로 계획한 질문은 미술활동에 대한 아동의 흥미를 유발하고 사고를 자극하여 보다 적극적인 참여를 유도함으로써 탐색 및 표현활동은 물론 감상활동을 촉진하는 가장 기초적이면서도 매우 중요한 교수 수단이 된다. 특히 아동의 감상활동에서 교사가 적극적으로 던진 질문은 작품에 대한 아동의 호기심과 세심한 관찰을 자극하고 사고의 유연성을 고무시키며, 자신만의 창의적 생각을 발달시키도록 돕는다. 감상지도에서의 발문의 목적과 효과적 발문의 방법, 작품을 통한 발문의 사례에 대한 류재만(2004)의 연구를 토대로 살펴보면 다음과 같다.

② 발문의 목적

표 12-2 발문의 목적

- 학습자의 준비도 수준을 진단한다.
- 학습자의 교수학습 참여를 유도한다.
- 작품에 관한 흥미와 관심을 불러 일으킨다.
- 학습자의 지적 호기심을 자극한다.
- 감상 작품에 대해 주의집중을 유도한다.
- 감상 작품에 대한 토의를 자극한다.
- 교수자와 학습자 상호 간의 의사소통을 증진시킨다.
- 학습자의 이해와 교수학습 목표의 성취정도를 평가한다.
- 비판적, 반성적, 합리적 사고 등을 자극하고 촉진한다.
- 학습자의 미적 지식의 재구성을 도와준다.
- 교수자 자신의 교수 효과를 평가하게 한다.

③ 효과적 발문의 관점

미술감상활동이 단편적인 지식이해 감상으로 치우치지 않도록 하기 위해서는 기호학적 측면, 미학적 측면, 사회문화적 측면에서 접근하는 발문이 이루어져야 한다.

기호학적 접근은 미술작품을 보고 느끼는 미술에서 보고 읽는 미술로의 전환을 의미한다. 작품을 읽는 방법은 작품의 외적인 표현적 기준에 의해 객관적 분석을 한 후에, 작품의 내적인 내용을 주관적인 견해로 읽어내는 것이다. 따라서 발문은 외적인 표현 형식과 관련된 조형요소와 원리에 관한 발문과 표현 내용과 관련된 작품 주제에 관한 발문으로 나눌 수 있지만, 조형요소와 원리는 주제와 밀접한 연관성을 가지고 있으므로 발문 시 이를 고려해야 한다.

표 12-3 조형요소 및 원리와 관련된 발문의 예

- 어떤 재료를 사용했나요?
- 어떤 방법으로 표현했나요?
- 실물처럼 닮았나요, 닮지 않았나요?
- 형태들이 비슷한 것이 있나요?
- 형태들 사이에 어떻게 연관되어 있나요?
- 형태들은 주제와 어떤 관련이 있나요?
- 시선을 끄는 색은 무엇인가요?
- 특별히 눈에 띄는 밝은색 또는 어두운색은 무엇인가요?
- 가장 많이 사용한 색은 무엇인가요?
- 한 가지 색으로 넓게 칠한 곳은 어디인가요?
- 색을 복잡하게 칠한 부분은 어디인가요?
- 색은 이 그림의 주제에 어떻게 작용할까요?
- 굵은 선, 가는 선, 날카로운 선, 부드러운 선은 어디에 있나요?
- 강한 선과 약한 선의 관련성이 있나요?
- 표면의 질감이 매끄러운 부분, 거친 부분은 어디인가요?
- 관련된 형태들의 질감 표현이 다른 형태들과 유사한가요, 대조를 이루나요?

- 질감의 처리가 실제적인가요, 표현적인가요?
- 반복된 것, 겹쳐진 것은 무엇인가요?
- 그림 속의 공간이 어떻게 나누어져 있나요?
- 움직임이나 운동감이 느껴지나요?

표 12-4 작품 주제와 관련된 발문의 예

- 배경 처리는 주제와 잘 어울리나요?
- 전체적인 색채는 주제 표현에 어울리나요?
- 그림이 주는 느낌은 어떠한가요?
- 작가는 어떤 생각을 갖고 이 작품을 제작했을까요?
- 작가가 표현하고자 하는 주제는 무엇일까요?
- 이 그림의 제목을 붙여 보세요.

미학적 측면에서 작품의 감상은 판단과 추리 등의 사고 작용을 거치지 않고 작품을 직접적으로 파악하는 미적 직관과 감상자 개인의 주관적 판단에 의한 미적 가치 판단에 의해 이루어진다. 따라서 미학적 접근에 따른 발문은 아동이 작품과 대면했을 때의 직관적인 체험에 의한 최초의 인상이나 느낌이 무엇인지를 알 수 있게 하는 발문과 아동이 나름대로 작품에 대한 평가를 내리고 가치를 판단하게 하는 발문으로 나누어 제시할 수 있다.

표 12-5 미적 직관과 관련된 발문의 예

- 이 작품을 처음 보았을 때 첫인상에 대해서 말해 보세요.
- 이 작품에서 친근감을 느낄 수 있나요?
- 이 작품을 보면 무엇이 생각나게 하나요?
- 이 작품에서 특이한 느낌을 받을 수 있나요?
- 이 작품에서 궁금한 점은 무엇인가요?

표 12-6 미적 가치 판단과 관련된 발문의 예

- 작가는 자신의 의도를 표현하는 데 성공했다고 생각하나요?
- 주제 표현이 잘 되었다고 생각하나요?
- 표현이 독창적이라고 생각되어지는 점은 무엇이며, 부족한 점은 어떤 것인가요?
- 작품이 감동을 줍니까?
- 작품이 마음에 들지 않는다면 그 이유는 무엇인가요?
- 내가 이 작품을 다시 제작한다면 어떤 부분을 고치고 싶은가요?

사회문화적 접근에 의하면 예술을 창작하는 사람은 그 사회에서 살면서 사회문화적 요인의 영향을 받기 때문에 그의 작품세계 역시 정치, 경제, 문화 등의 영향을 받을 수밖에 없다. 따라서 작품을 심도 있게 이해하기 위해서는 작가의 성장 배경이나 그 시대의 사회문화적 배경을 이해할 필요가 있다. 따라서 사회문화적 접근에 의한 발문에서는 작품의 배경과 관련하여 제시할 수 있다.

표 12-7 사회문화적 배경과 관련된 발문의 예

- 이 그림은 어느 시대 작품인가요?
- 이 그림의 원제목은 무엇일까요?
- 이 그림은 누구의 작품일까요?
- 이 작가는 어느 시대의 사람일까요?
- 이 작가의 생애에 대해 알아봅시다.
- 이 그림 외에 이 작가의 작품에는 어떤 것이 있을까요?
- 이 시대에 왜 이런 풍의 그림이 유행했을까요?

④ 교사의 발문 시 고려사항

감상지도 시 교사의 발문이 효과적으로 이루어지기 위해서는 다음의 사항들을 고려할 필요가 있다.

첫째, 발문의 관점이 명확해야 한다. 관점 없이 그때그때 즉흥적으로 던진 발문은 아동의 사고를 촉진하기보다 오히려 사고를 저해하고 원활한 교수-학습의 진행을 방해할 수 있기 때문이다.

둘째, 발문은 명료하고 간결해야 한다. 교사가 애매모호하거나 중언부언하는 발문을 할 경우, 아동은 교사가 무엇을 묻고 있는지 명확하게 이해하기 어렵기 때문이다. 더불어 아동의 언어발달 수준을 고려하여 발문에 담긴 어휘의 수와 문장의 구조, 배열 순서 등을 고려해야 하며, 한 번의 발문 속에 너무 많은 질문을 담지 않도록 주의해야 한다.

셋째, 발문은 반성적 사고를 자극할 수 있어야 한다. 즉, 기억에 의존해서 답할 수 있는 발문보다는 사고하고 추론해서 해결할 수 있도록 발문이 이루어져야 하며, 이를 위해 수렴적 발문이 아닌 확산적 발문이 요구된다.

넷째, 발문은 학습자의 미적 발달수준에 적합해야 한다. 아동의 미적 발달수준을 고려하지 않은 지나치게 수준이 높거나 혹은 지나치게 수준이 낮은 발문은 아동의 관심과 흥미를 끌지 못해 학습 의욕을 저해할 수 있기 때문이다.

다섯째, 발문은 상황에 따라 적절한 반응 시간이 주어져야 한다. 한 연구에 의하면 교수자가 학습자의 반응을 기다리는 시간이 미국 교사는 평균 3초 이내, 영국 교사는 1초 정도였다고 한다. 이들에게 발문 후 응답을 기다리는 시간을 3~5초로 증가시켰더니 학습자가 응답에 실패하는 비율이 줄고 응답 길이가 증대되었고 자발적으로 응답하는 경우가 많아졌으며, 응답에 대한 자신감이 증대되었다고 한다. 뿐만 아니라 학습자들의 질문이 크게 늘고 응답 후 학습자들 상호 간의 토의가 빈번해졌다. 따라서 교수자는 발문 후에 학습자가 사고과정을 거칠 수 있도록 적절한 시간을 제공하여 학습자의 반응을 기다릴 수 있어야 한다.

⑤ 작품을 통한 발문의 사례

김홍도의 〈씨름〉과 로댕의 〈생각하는 사람〉 작품에 대하여 감상지도를 할 때, 발문의 실례를 기호학적, 미학적, 사회문화적 접근에 토대하여 제시하면 다음과 같다.

표 12-8 작품을 통한 발문의 예

작품명	씨름	생각하는 사람	노랑빨강파랑
작품 소개	- 풍속화 - 조선시대 작가 김홍도 (1745~?) 	- 조각 - 프랑스 작가 오귀스트 로댕(Auguste Rodin, 1840~1917) 	- 추상화 - 러시아 작가 바실리 칸딘스키(Wassily Kandinski, 1866~1944) 
기호학적 접근	〈조형요소와 원리〉 • 이 그림을 그리는 데 어떤 재료를 사용했을까요? • 이 그림은 어떤 모습을 그렸나요? • 엿장수는 왜 다른 곳을 보고 있을까요? • 사람의 인체 구조상 실제로 있을 수 없는 모습이 있습니다. 어디일까요? • 이 그림에서 그림자가 있나요? 왜 그럴까요? • 사람들의 표정을 자세히 관찰하고 차이점을 찾아보세요 • 씨름하는 사람들의 운동감이 느껴집니까? • 이 작품의 배경색을 칠하면 그 느낌은 어떻게 변할까요?	〈조형요소와 원리〉 • 이 조각은 어떤 재료를 사용했을까요? • 어느 부분이 가장 인상적인가요? 왜 그런가요? • 이 조각은 어떤 모습을 표현했나요? • 실제 사람처럼 닮았나요, 닮지 않았나요? • 실제 사람의 근육이 느껴집니까? • 표면의 질감이 매끄러운 부분, 거친 부분은 어디인가요? • 조각 속의 사람은 왜 이런 자세를 취하고 있을까요? • 전체적인 비례가 잘 어울리나요? • 조각상에서 운동감이 느껴집니까?	〈조형요소와 원리〉 • 어떤 재료를 사용했을까요? • 이 그림에서 어떤 모양을 찾을 수 있나요? • 이 그림은 실물과 닮았나요, 닮지 않았나요? • 눈에 제일 먼저 들어오는 것은 무엇인가요? • 시선을 끄는 색은 무엇인가요? • 특별히 눈에 띄는 밝은색 또는 어두운색은 무엇인가요? • 가장 많이 사용한 색은 무엇인가요? • 한 가지 색으로 넓게 칠한 곳은 어디인가요? • 굵은 선, 가는 선, 날카로운 선, 부드러운 선은 어디에 있나요? • 그림 속의 공간이 어떻게 나누어져 있나요? • 움직임이나 운동감이 느껴지나요?

작품명	씨름	생각하는 사람	노랑빨강파랑
기호학적 접근	〈작품 주제〉 • 이 그림의 전체적 분위기는 어떠한가요? • 이 그림을 처음 느꼈던 생각과 달라진 점이 있나요? 그 이유는? • 이 그림의 주제는 무엇이라고 생각하나요? • 이 작품의 제목을 붙인다면 어떻게 붙이면 좋을까요?	〈작품 주제〉 • 이 조각이 주는 느낌은 어떤가요? • 작가는 어떤 생각을 갖고 이 작품을 제작했을까요? • 작가가 표현하고자 하는 주제는 무엇일까요? • 이 조각의 제목을 붙여 보세요.	〈작품 주제〉 • 배경 처리는 주제와 잘 어울리나요? • 전체적인 색채는 주제 표현에 어울리나요? • 그림이 주는 느낌은 어떠한가요? • 작가가 표현하고자 하는 주제는 무엇일까요? • 이 그림의 제목을 붙여 보세요.
미학적 접근	〈미적 직관〉 • 이 그림을 보고 느낀 첫인상에 대해 말해 보세요. • 이 그림에서 친근감을 느낄 수 있나요? • 이 그림은 무엇을 생각나게 하나요? • 이 그림에서 어떤 소리가 들릴 것 같은가요? • 이 그림에서 궁금한 점은 무엇인가요? 〈미적 가치 판단〉 • 주제 표현이 잘 된 것 같나요? • 이 그림에서 재미있게 표현한 것은 무엇인가요? • 이 그림에서 아쉬운 점은 무엇인가요? • 이 그림에서 고치고 싶은 부분은 없나요? • 이 그림을 어떤 곳에 전시하면 좋을까요? 왜 그렇게 생각하나요? • 이 그림을 감상하고 느낀 점을 말해 보세요.	〈미적 직관〉 • 이 조각을 보고 느낀 첫인상에 대해 말해 보세요. • 이 조각에서 친근감을 느낄 수 있나요? • 이 조각을 보면 무슨 생각이 나나요? • 이 조각에서 궁금한 점이 무엇인가요? 〈미적 가치 판단〉 • 이 조각은 주제 표현이 잘 된 것 같나요? • 이 조각에서 표현이 독창적이라고 생각되는 점은 무엇인가요? • 이 조각에서 부족한 점은 무엇인가요? • 부족한 점을 여러분이라면 어떻게 고치고 싶은가요?	〈미적 직관〉 • 이 그림에 대한 첫인상에 대해 말해 보세요 • 이 그림에서 친근감을 느낄 수 있나요? • 이 작품을 보면 무엇이 연상되나요? • 이 작품에서 특이한 느낌을 받을 수 있나요? • 이 작품에서 궁금한 점은 무엇인가요? 〈미적 가치 판단〉 • 작가는 자신의 의도를 표현하는 데 성공했다고 생각하나요? • 주제 표현이 잘 되었다고 생각하나요? • 표현이 독창적이라고 생각되어지는 점은 무엇인가요? • 이 그림을 갖고 싶은가요? • 이 그림을 어디에 걸면 좋을까요? • 부족한 점을 여러분이라면 어떻게 표현하겠습니까? • 이 그림을 감상하고 느낀 점을 말해 보세요.

작품명	씨름	생각하는 사람	노랑빨강파랑
사회문화적 접근	• 우리 조상들은 이 같은 민속운동을 주로 어느 명절에 많이 했나요? • 이 그림에 여자가 보입니까? 보이지 않는다면 왜 그럴까요? • 관중 중에 옷차림이 다른 것을 볼 수 있나요? 왜 그럴까요? • 어느 시대의 작품일까요? • 이 그림은 누구의 작품일까요? • 이 그림의 원제목은 무엇일까요? • 풍속화에 대해 조사해 봅시다.	• 이 작품은 누구의 작품일까요? • 이 작가는 어느 시대의 사람일까요? • 이 작품의 원제목은 무엇일까요? • 이 조각 외에 이 작가의 작품에는 어떤 것이 있을까요?	• 이 그림의 원제목은 무엇일까요? • 이 그림은 누구의 작품일까요? • 이 작가는 어느 시대의 사람일까요? • 이런 유의 작품을 무엇이라고 할까요? • 이 그림 외에 이 작가의 작품에는 어떤 것이 있을까요?

- 아동을 위한 미술지도는 미술활동을 통해 자신의 생각과 느낌을 자유롭게 표현하는 것과 함께, 다양한 미술작품을 이해할 수 있는 감상활동이 서로 조화를 이룸으로써 질 높은 미술교육을 실시하는 데 그 목적이 있다. 따라서 참된 미술교육을 실현하기 위해서는 보다 체계적이고 효과적인 감상지도에 대한 방법적 접근이 필요하다.

- 미술감상교육의 필요성은 크게 6가지 측면에서 정리할 수 있다. 먼저 감상교육은 아동의 미적 안목을 신장시켜 주며, 아동의 미적 감각 및 감수성 등의 미적 정서를 함양시키는 데 도움이 된다. 또한 감상의 경험을 자기 작품의 표현에 반영함으로써 조형능력을 향상시켜 주며, 타인의 작품을 이해하고 감상하는 과정에서 아동의 인격형성에도 도움을 줄 수 있다. 그리고 감상교육을 통해 우리의 전통문화와 인류문화에 대한 이해도를 높일 수 있으며, 결국은 아동의 전인적 성장을 촉진시키는 데 도움이 된다.

- 아동미술에서 감상교육을 위한 기본 방향은 5가지로 정리할 수 있다. 첫째, 아동의 발달단계에 맞게 지도해야 하고, 둘째, 통합적인 접근에 의해 지도해야 하며, 셋째, 언어를 매개로 한 발표 및 토론 등을 통해 지도해야 하고, 넷째, 일상적인 삶 속에서 활용될 수 있도록 지도해야 한다. 마지막으로 미술문화를 선택할 수 있도록 지도해야 한다.

- 아동에게 미술감상을 지도하는 데 절대적인 방법이나 규칙이 있는 것은 아니지만, 감상수업에서 진행할 수 있는 구체적인 지도방법으로는 토론법, 관찰법, 모의미술관법, 제작법, 작문법 등을 활용할 수 있다. 특히 교사의 효과적인 발문은 아동에게 작품에 대한 흥미와 관심을 불러일으키고 지적 호기심을 자극하는 기초가 되며, 교사와 아동, 아동 상호간의 의사소통을 증진시키는 매체가 되기 때문에 감상지도에서 매우 중요하게 다루어야 한다.

| 참고문헌 |

고은실(2008). 미술비평교육의 필요성과 의의에 대한 연구. **미술교육논총**, **22**(2), 85–108.

교육인적자원부(2005). **유아를 위한 명화감상 활동자료**. 서울: 교육인적자원부.

김영숙, 신인숙(2008). 상호작용을 통한 명화감상활동이 유아의 미술능력에 미치는 영향. **미래유아교육학회지**, **16**(1), 165–194.

김형숙(2008). 비평적 탐구: 비교문화적 맥락에서 미술비평과 감상교육. **홀리스틱교육연구**, **12**(1), 15–34.

류재만(2000). 미술감상학습에서 교수학습모형에 관한 연구. **미술교육논총**, **9**, 101–118.

양경희(2008). **새로운 개념에 기초한 아동미술교육–통합적 접근–**. 서울: 학지사

Anderson, T.(1997). Talking with kids about art: A model for art criticism. *School Arts*, *97*(1), 21–24.

Anderson, T., & Milbrandt, M. K.(2005). *Art for life: Authentic instruction in art*. NY: McGraw–Hill.

Barnes, R.(1987). *Teaching art to young children 4–9*. London: Allen & Unwin.

Herberholtz, B., & Hanson, L.(1994). *Early childhood art*. Mcgraw–Hill Humanities Social.

Schirrmacher, R.(1988). *Art and creative development for young children*. Delmar Publishers Inc.

13

탐색활동

학습개요

아동은 탐색활동을 통해 자연이나 주변 환경이 지닌 예술적 요소에 대해 호기심과 관심을 가지고 관찰하며 아름다움에 대한 심미적 태도를 증진시키는데, 이는 풍부한 예술적 감성과 창의적 표현력을 기르는 중요한 토대가 된다. 이 장에서는 표준보육과정과 누리과정에서 제시한 탐색활동과 관련, 영유아의 발달특성에 따른 수준별 교육내용을 참조하여 영아를 위한 탐색활동과 유아를 위한 탐색활동의 실제 사례를 살펴본다.

학습목표

1. 아동의 미술표현 및 미술감상능력의 발달을 촉진시키는 탐색활동의 특성에 대해 탐색활동의 실제 사례를 통해 이해할 수 있다.
2. 영아를 위한 탐색활동과 유아를 위한 탐색활동의 차이를 이해하고 적용할 수 있다.
3. 탐색활동의 실제 사례별로 교사의 적절한 역할에 대해 알 수 있다.

주요용어

탐색활동 : 자연이나 주변 사물들이 지니고 있는 예술적 요소에 대한 아동의 인식과 지각력을 높여 줄 뿐만 아니라 보다 창의적인 표현능력과 감상능력을 발달시키도록 도와주고 촉진시켜 주는 활동

1. 영아를 위한 탐색활동

탐색이란 자연이나 주변 사물들이 지니고 있는 예술적 요소들, 일상생활 속의 아름다움을 찾아내는 것이며, 탐색활동은 자연과 주변 사물들이 지니고 있는 예술적 요소들에 대한 유아들의 인식과 지각력을 높여 줄 뿐만 아니라 보다 창의적인 표현능력과 감상능력을 발달시키도록 도와주고 촉진시켜 주는 활동이다(김정, 조정숙, 2000).

이 장에서는 표준보육과정 예술경험영역의 '아름다움 찾아보기' 및 누리과정 예술경험영역의 '아름다움 찾아보기' 범주의 내용을 참조하였다. 영아를 위한 탐색활동은 주변의 친근한 자연이나 사물의 색, 모양, 질감 등의 미술적 요소에 호기심을 가지고 탐색할 수 있는 활동에, 유아를 위한 탐색활동은 여러 가지 재료와 도구를 적절하게 선택하여 자연과 사물에서 색이나 모양, 질감, 공간 등의 미술적 요소를 적극적으로 탐색할 수 있는 활동에 초점을 맞추었다.

(1) 화장지 심으로 모양 구분하기

활 동 명 화장지 심으로 모양 구분하기

활동수준 영아, 낮은 수준

활동목표 화장지 심을 이용하여 모양을 구분해서 인지할 수 있다.

활동자료 화장지 심, 그림물감, 모양카드

활동준비

- 활동을 시작하기 전에 영아가 구분할 수 있는 모양(세모, 네모, 동그라미)의 모양카드를 준비한다.
- 화장지 심을 여러 개 준비하여 바구니에 담아 놓는다.
- 영아가 구별할 수 있는 세 가지 색상의 물감을 한 가지씩 짜서 화장지 심 도장찍기에 적당한 농도로 물을 섞어 둔다.

활동방법

① 도입

- 영아가 자석블록으로 놀이하다가 노란 동그라미 자석블록을 들고 "이거 좋아."라고 하자 옆에 있던 영아가 다른 빨간 동그라미 자석블록을 가리키며 "나도 좋아."라고 한다. 그 옆에 있던 다른 영아는 빨간 세모난 자석블록을 가리키며 "이거."라고 이야기를 한다. 교사는 영아들이 모양에 관심을 갖는 것인지, 색에 관심을 갖는 것인지 놀이를 좀 더 지켜보기로 한다. 이후에도 모양 끼우기 퍼즐을 가지고 놀이하는 영아들을 보며 교사는 영아들이 모양에 관심이 있음을 알게 되고, 영아가 가지고 노는 모양의 이름을 말해 준다.

교사: ㅇㅇ이가 세모 모양을 가지고 끼우고 있네요.
영아: 세모? 세모.
교사: ㅇㅇ가 네모 모양을 아주 잘 끼웠네요.
영아: 네모. 네모 좋아요.

- 화장지 심으로 동그라미, 세모, 네모 모양을 만들어 미술영역에 두고, 영아가 자유롭게 탐색할 수 있도록 충분한 시간을 준다.

② 전개

- 물감 사용의 주의점에 대해 이야기한다.
- 좋아하는 모양의 화장지 심에 준비한 물감을 묻혀서 도화지에 자유롭게 찍어 본다.
- 친구의 모양과 똑같은 모양을 찾아 찍어 보고 이름을 말해 본다.
- 자유롭게 찍기 활동을 하면서 같은 모양과 다른 모양을 비교하고 이름을 말해 본다.

그림 13-1 화장지 심으로 모양 구분하기 활동

③ 마무리

- 한 명씩 자신의 작품을 보고 모양 이름을 말해 본다.
- 내가 좋아하는 모양을 교실에서 찾아보고 이름을 말해 본다.
- 교실에 전시하여 감상한다.

그림 13-2 화장지 심으로 모양 구분하기 활동작품

활동의 확장 및 유의점

- 자유선택활동 시간에 영아가 모양을 충분히 탐색할 수 있도록 다양한 교구를 제시하여 놀이할 수 있도록 상호작용해 준다.
- 영아들이 활동 시 화장지 심을 구기거나 눌러서 모양이 망가져도 허용하고 탐색하여 찍

어 본다.

- 영아의 발달단계를 고려하여 처음에 한 가지 모양을 찍어 보게 한 후 차츰 모양과 색깔을 추가해 준다.
- 화장지 심을 이용하여 구성물을 만들 수 있도록 지원한다.

(2) 미역 탐색을 통한 꾸미기

활 동 명 미역 탐색을 통한 꾸미기

활동수준 영아, 높은 수준

활동목표
- 미역을 물에 넣어 변화되는 모양을 탐색한다.
- 젖은 미역으로 창의적 표현을 할 수 있다.

활동자료 마른미역, 투명한 볼, 물, 커다란 쟁반, 수건, 여벌 옷

활동준비

- 책상에 비닐을 덮어서 영아가 자유롭게 물에 젖은 미역을 탐색할 수 있도록 한다.
- 개별 영아별로 소매까지 모두 덮을 수 있는 미술가운을 준비한다.
- 젖은 미역을 쟁반에 꺼내 자유롭게 탐색하고 모양을 보면서 창의적으로 표현하도록 상호작용한다.

활동방법

① 도입

- 점심시간에 나온 미역국을 보고 시장에서 봤던 딱딱한 미역을 떠올리며 이야기를 나누는 영아들을 관찰한다. 이때 딱딱한 미역은 없다고 다른 영아가 말한다. 두 영아의 이야기를 듣고 교사는 영아들이 미역을 탐색할 수 있도록 마른 미역을 탐색영역에 넣어 둔다. 영아들이 마른 미역을 관찰하며 영아들이 먹었던 미역국의 미역과 다른 점을 경험할 수 있도록 교사는 상호작용한다.

교사: 우리가 점심에 먹은 미역국의 미역은 어땠나요?
영아: 부드러워요. 맛있어요.
교사: (탐색영역의 마른미역을 가리키며) 그럼 이 미역은 어때요?
영아: 딱딱해요. 따가워요.
영아: 이거 미역 아니에요.
교사: 이 마른미역은 미역이 아니라고 하는 친구도 있네요. 그렇게 보일 수도 있어요. 그런데 이건 미역이 맞아요. 우리가 먹었던 미역과 왜 다를까요?

- 마른미역과 물에 담긴 미역이 다름을 알 수 있도록, 그릇에 마른 미역을 담아 제공하고 영아가 스스로 흥미를 갖도록 격려한다.

교사: 접시 위에 무엇이 있을까요? 물에 담가 볼까요?

- 미역을 물에 넣어 변화를 알아본다.

교사: 바다에 사는 미역이 물에 들어갔어요.
어떻게 될까요? 어떤 느낌인가요?

② 전개

- 자신이 건진 미역을 수건으로 물기를 닦아 도화지 위에 펼쳐 놓는다. 영아가 미역 모양을 보고 상상하여 크레용으로 그림을 완성한다.

교사: 이건 누굴 닮았을까요?

- 영아들이 상상한 모양에 따라 상호작용하며 자유롭게 작품을 완성한다.

그림 13-3 미역 탐색을 통한 꾸미기 활동

③ 마무리

- 한 명씩 자신의 작품을 보고 무엇인지 이야기한다. 다른 친구의 작품을 보고 무엇인지 이야기해 본다.
- 영아가 탐색과 자유로운 표현을 충분히 할 수 있도록 기회를 제공한 후에 함께 정리한다.
- 물에 젖은 미역을 줄에 걸어 다시 건조되는 과정을 경험해 본다.

그림 13-4 미역 탐색을 통한 꾸미기 활동작품

활동의 확장 및 유의점

- 작품이 완성되면 그늘에 말려 미역이 건조된 상태를 확인하고 비교해 본다.
- 한 가지 주제를 선택하여 표현하기보다는 영아의 상상력을 자극하여 창의적으로 표현하도록 상호작용한다.
- 탐색과정에서 옷이 젖거나 바닥에 물이 흘러 미끄러지지 않도록 유의한다.
- 접착제를 사용하지 않고 젖은 미역을 종이에 올려 표현한다.

(3) 나뭇잎 곤충 만들기

활 동 명 나뭇잎 곤충 만들기

활동수준 영아, 높은 수준

활동목표 나뭇잎의 변화를 알고 예술적 요소를 발견하여 탐색할 수 있다.

활동자료 여러 가지 크기의 나뭇잎, 비닐봉지, 고무줄, 테이프, 스티커, 사인펜, 매직펜, 물감 등

활동준비

- 영아들과 산책을 하며 여러 가지 나무와 나뭇잎을 비교하여 탐색한다.
- 나뭇잎 모양, 크기, 색깔에 흥미와 관심을 가지고 좋아하는 나뭇잎을 채집통에 모은다.

활동방법

① 도입

- 영아들이 창문 밖에 보이는 나무가 변화했음을 알았는지 자주 창밖의 나무를 가리키며 “나무”라는 말을 반복하는 모습을 보고 교사는 영아들과 산책을 나간다. 영아들이 밟아 보기도 하고 던져 보기도 하면서 나뭇잎에 관심을 보이자, 교사는 영아들에게 나뭇잎을 직접 만져 보고 냄새를 맡으며 다양한 감각을 활용해 살펴볼 수 있도록 상호작용한다.

교사: ㅇㅇ가 플라타너스 잎을 만지고 있네요.
영아: 플라타?

교사: 이 나무는 플라타너스라고 해요. 만져 보니 어때요?
영아: 만지면... 만지면 부서져요.
교사: 나뭇잎이 부서지는군요. 냄새는 어떤가요?

- 영아가 산책을 하며 모아 온 나뭇잎을 만져 보고 날려 보며 탐색하도록 한다.
- 나뭇잎 모양, 크기, 색깔에 흥미와 관심을 가지고 비교하며 촉감 등에 대해 상호작용한다.
- 투명한 비닐봉지에 담아 비벼 보고 소리를 탐색한다.

② 전개

- 산책길에 주워 온 다양한 모양과 색깔의 나뭇잎들을 자세히 탐색하고 모양이나 색깔별로 분류해 본다.
- 나뭇잎 위에 사인펜이나 매직펜을 이용하여 표현하고 싶은 것을 그려 본다.
- 도화지 위에 나뭇잎들을 붙여 다양한 모양을 만들어 꾸며 본다.
- 투명비닐에 나뭇잎을 담아 나비나 무당벌레 등 다양한 곤충을 만들어 꾸며 본다.

그림 13-5 나뭇잎 곤충 만들기 활동

③ 마무리

• 나뭇잎 꾸미기 활동이 끝나면, 함께 모여 앉아서 나뭇잎이 어떻게 변화했는지 이야기하며 비교해 본다.

그림 13-6 나뭇잎 곤충 만들기 활동작품

활동의 확장 및 유의점

• 나뭇잎을 충분히 탐색한 후 한 가지 주제를 정해 활동하기보다는 영아들이 표현하고 싶은 것에 초점을 맞추어 지원하도록 한다.
• 활동이 끝난 후 각자 자신의 작품에 대해 이야기를 만들어 본다.

(4) 향기주머니

활 동 명 향기주머니

활동수준 영아, 중간 수준

활동목표 다양한 감각을 이용하여 향기주머니의 여러 종류의 냄새와 포푸리의 색깔, 만졌을 때의 느낌 등을 탐색해 본다.

활동자료 라벤더, 레몬, 스트로베리, 장미 등의 포푸리, 주머니, 융판나무

활동준비

- 포푸리를 향기별로 접시에 담아 두고 포푸리를 담을 주머니를 영아의 수에 맞추어 충분한 개수를 준비한다.
- 영아들이 만든 향기주머니를 사과나무에 스스로 붙여 볼 수 있도록 영아들의 신장을 고려하여 벽에 부착해 둔다.

활동방법

① 도입

- 영아들이 산책하며 우연히 발견한 넝쿨장미꽃의 향기를 맡는다.

> 영아 : 선생님 이거 냄새.
> 교사 : 음~ 향이 정말 좋은데요. 이 꽃은 넝쿨장미라고 해요.
> 영아 : 선생님 이거 (냄새가) 좋아요.

- 영아들은 이제 산책을 나가면 온갖 꽃들을 찾아 향기를 맡아 본다. 발견한 꽃들을 교실로 가져와 냄새를 맡아 보고 만져 보며 다양한 탐색활동을 해본다. 향기에 대한 영아들의 관심을 반영하여 여러 가지 색깔의 향기로 이루어진 포푸리를 제공해 주고, 손으로 만지거나 냄새를 맡아 보며 자유롭게 탐색할 시간을 충분히 준다.
- 영아들이 포푸리에 흥미를 보이면 교사와 함께 포푸리를 손으로 만졌을 때의 느낌과 여러 가지 향기에 대해 이야기를 나누어 본다.

> 교사: 손으로 만지는 포푸리의 느낌은 어떤가요?
> 어떤 소리가 나나요?
> 코로 향기를 맡아 볼까요?
> 어떤 향기가 나나요?

그림 13-7 향기주머니 활동자료

② 전개

- 교사의 도움을 받아 포푸리를 주머니에 조금씩 담아 보며 향기주머니를 만들어 본 후, 향기주머니를 탐색해 본다.

  교사: 주머니에 포푸리를 조금씩 넣어 볼까요?
  어떤 색깔의 포푸리를 주머니에 넣을까요?
  향기주머니를 코에 대 보니 어떤 향기가 나나요?

- 완성된 향기주머니를 융판 사과나무에 붙였다 떼어 보기를 반복해 본다.

  교사: 사과나무에 향기 나는 주머니를 붙여 볼까요?
  사과나무에 예쁜 냄새 열매가 주렁주렁 매달려 있네요.

그림 13-8 향기주머니 탐색활동

③ 마무리

- 영아들의 향기주머니 탐색활동을 격려해 주고, 사과나무에 자유롭게 붙이며 표현해 볼 수 있도록 돕는다.

교사: 같은 냄새가 나는 주머니는 어디 있을까요?
어떤 향기주머니의 냄새가 가장 좋았나요?

그림 13-9 향기주머니 활동작품

활동의 확장 및 유의점

- 영아들에게 비닐로 만든 터널을 제공해 주고 영아들의 관심을 유도한 후, 터널 안에 향기주머니를 넣어 주어 오감으로 반복탐색을 하는 확장활동을 할 수 있다.
- 포푸리와 향기주머니를 영아들의 입에 넣지 않도록 유의하며 활동을 진행한다.

(5) 조각천 염색하기

활 동 명 조각천 염색하기

활동수준 영아, 높은 수준

활동목표 조각천에 치자와 홍화 등을 이용하여 물들이는 경험을 해 보고 자연물 염색의 아름다움을 느껴 본다.

활동자료 거즈 손수건, 홍화, 치자, 물, 믹싱 볼 2개, 고무줄, 빨래집게, 집게

그림 13-10 조각천 염색하기 활동자료

활동준비

- 영아들의 안전을 고려하여 활동 전 염색물을 미리 준비해 둔다. 먼저 홍화와 치자를 각각 냄비에 담아 20분 정도 끓인 후 으깨어 고운체에 거른다.
- 걸러진 홍화와 치자 우린 물에 명반을 섞은 후 믹싱 볼에 담아 식힌다.

활동방법

① 도입

- 산책하면서 민들레꽃에 흥미를 보였던 영아가 교실에서도 노란색을 찾으며 선생님과 친구들에게 이야기를 한다. 영아의 색에 대한 관심을 확장시켜 주기 위해 교사는 다양한 색의 꽃을 지점토 판에 꽂아두고, 영아들이 자유롭게 색깔과 냄새, 그리고 손으로 만졌을 때의 느낌 등에 대해 탐색할 수 있는 충분한 시간을 제공한다. 영아들은 우연히 노란 꽃을 꽂아 놓은 지점토 판에 노란색 꽃물이 묻은 것을 보고 주변의 다른 꽃에서도 색이 묻어 나오는지 궁금해한다.

> 영아: 선생님 여기 노란 꽃에서 노란색이 나왔어요. 빨간 꽃에서도 빨간색이 나와요?
> 교사: 그럼 우리 빨간 꽃에서 빨간색이 나오는지 알아볼까요?

- 교사는 꽃의 색이 천에 어떻게 묻어나는지 알아볼 수 있도록 홍화와 치자 우린 물을 거즈 손수건과 함께 내어준다.

② 전개

- 홍화와 치자 우린 물의 색깔과 냄새 등을 탐색한 후, 고무줄을 이용하여 거즈 손수건을 다양한 방법으로 묶어 본다.

> 교사: 홍화와 치자 우린 물의 색깔 차이를 느낄 수 있나요?
> 어느 쪽 색깔이 좀 더 붉은빛을 보이나요?
> 이렇게 묶으면 어떤 모양으로 염색이 될까요?

- 집게를 이용하여 홍화와 치자 우린 물에 흰색 거즈 손수건을 넣어 염색해 본다.

교사: 좀 더 붉은빛을 띠는 치자 물에 손수건을 넣어 볼까요?
홍화 물에 넣은 손수건 색깔은 어떻게 보이나요?

- 거즈 손수건이 홍화와 치자 우린 물에 염색되어 가는 과정을 살펴보고, 염색된 손수건의 고무줄을 제거하고 물로 세척하여 말려 본다.

교사: 홍화 물에 염색된 손수건은 연한 노란빛을 띠고, 치자 물에 염색된 손수건은 좀 더 붉은빛을 보이고 있네요.
고무줄을 제거하고 헹군 후 말려 볼까요?
손수건에 여러 가지 모양의 무늬가 만들어졌네요.

그림 13-11 조각천 염색하기 활동

③ 마무리

- 영아들은 건조된 손수건에 표현된 다양한 종류의 무늬와 색깔을 탐색해 보고, 교실 벽면에 게시해 볼 수 있도록 한다.

교사: 손수건에 어떤 모양의 무늬가 만들어졌나요?
지그재그 무늬와 동그라미, 직선 등의 무늬가 보이네요.

그림 13-12 조각천 염색하기 활동작품

활동의 확장 및 유의점

- 실생활에서 사용할 수 있는 테이블보나 티셔츠 등을 염색해 보고, 직접 사용해 보는 활동으로 확장해 볼 수 있다.
- 염색된 조각천을 이용하여 동요 리듬에 맞추어 흔들어 보거나 몸에 둘러보며 자유롭게 신체활동으로 확장해 본다.
- 염색활동 시 염색물이 영아들의 옷이나 손에 묻지 않도록 유의하고, 염색물을 식힌 후 사용하도록 한다.

(6) 마카로니를 이용한 액자 만들기

활 동 명 마카로니를 이용한 액자 만들기

활동수준 영아, 중간 수준

활동목표
- 다양한 종류의 마카로니에 관심을 가진다.
- 물감과 붓을 이용하여 마카로니를 칠해 본다.
- 자신의 사진을 찾아보고 사진 위에 다양한 마카로니를 올려 액자를 꾸며 본다.

활동자료 물감, 붓, 영아 사진, 다양한 종류의 마카로니, 우드락, 리본끈

활동준비 사전에 영아들에게 마카로니를 제시하여 영아들이 마카로니를 가지고 컵에 담아보기, 쏟아보기 등의 다양한 활동을 해 볼 수 있도록 한다.

활동방법

① 도입

- 색깔과 관련된 그림책(예: 깜짝깜짝 색깔들)을 읽은 후 영아들은 자연스럽게 놀잇감에서 자신이 아는 색깔을 발견하고 이야기하기 시작한다. 놀잇감 속에서 발견한 색깔 말하기를 즐기던 영아들이 일상 속에 숨어 있는 색깔을 계속 찾아내고, 같은 색과 다른 색을 비교하는 놀이로 이어진다. 교사는 영아들이 색깔을 찾아 탐색하고 분류하며 충분히 경험하도록 다양한 색깔의 마카로니와 컵을 색깔놀이 영역에 제시하고, 영아들이 마카로니에 관심을 보이자 상호작용을 시도한다.

교사: ㅇㅇ가 빨간색 마카로니를 통에서 꺼내고 있네요.
우리 한번 만져볼까요? 느낌이 어때요?
ㅇㅇ는 여러 가지 색깔의 마카로니를 컵에 담고 있네요.
여기 초록색 마카로니도 있고 주황색 마카로니도 있어요.
초록색 마카로니를 초록색 컵에 담아 볼까요?

그림 13-13 마카로니 탐색활동

② 전개

- 색이 없는 마카로니에 물감을 이용하여 물감색을 입혀 주자고 제안한다.

교사: 여기 색이 없는 마카로니가 있네요. 여기 있는 마카로니에 우리 예쁜 옷을 입혀줄까요?
빨강, 초록, 파랑, 노랑 물감이 있네요.

- 붓을 들고 원하는 색의 물감을 붓에 묻혀서 마카로니에 칠한다.

교사: 붓을 이용해서 우리 마카로니 옷을 입혀 줄까요?

- 영아들이 칠한 마카로니를 한쪽에서 말린다.
- 영아들의 사진을 우드락에 붙여 주고, 영아들이 본인의 사진을 찾아보도록 한다.

교사: 우리 친구 얼굴이 어디에 있지요? 친구 얼굴 한번 찾아볼까요?
여기 친구 얼굴이 있네요.

- 사진 주변에 영아들이 칠한 마카로니를 붙여 꾸며 본다.

교사: 사진에 있는 우리 친구들 액자에 우리가 칠한 마카로니를 붙여서 꾸며 보자.
어떤 색 마카로니를 붙여 볼까요? 어떤 모양을 붙여 볼까요?

그림 13-14 마카로니를 이용한 액자 만들기 활동

③ 마무리

- 영아가 마카로니를 붙여 완성한 사진에 교사가 리본끈으로 테두리를 둘러 준다.

  교사: 우리 친구들이 만든 액자에 끈을 달아 주어야겠네요.

- 영아가 완성한 액자를 교실 벽면에 게시하여 작품을 감상해 본다.

  교사: 우리 친구들이 만든 액자를 함께 구경해 볼까요?

그림 13-15 마카로니를 이용한 액자 만들기 활동작품

활동의 확장 및 유의점

- 활동 진행 시 작은 마카로니는 영아들이 먹을 수 있는 위험이 있기 때문에 사전활동으로 모양이 큰 마카로니를 준비하여 먼저 탐색할 수 있도록 한다.
- 도입 전에 마카로니를 이용한 다양한 활동을 충분히 할 수 있도록 하여 영아들이 마카로니와 친숙해지도록 한다.
- 물감 사용 시 옷에 묻어도 잘 지워지는 수채물감을 이용한다.
- 물감이 손에 묻는 걸 싫어하는 영아를 위하여 붓을 준비해 둔다.
- 부모님의 사진을 준비하여 부모님의 얼굴을 그려 볼 수 있다.
- 친구 얼굴의 특징을 잘 표현할 수 있도록 이야기를 나눌 때 도움을 주어도 좋다.

2. 유아를 위한 탐색활동

(1) 전통탈 꾸미기

활 동 명 전통탈 꾸미기

활동수준 유아, 높은 수준

활동목표
- 전통탈 모양을 탐색해 본다.
- 다양한 표정과 모습의 탈을 여러 가지 색과 모양으로 표현해 볼 수 있다.

활동자료 다양한 표정의 전통탈, 종이탈, 굵은 유성펜, 한지, 물풀, 스팽글, 무독성 본드

활동준비

- 사전에 다양한 모양의 전통탈을 교실에 제시해 주어 유아들이 탈에 대해 자유롭게 살펴볼 수 있도록 한다.
- 한지는 사방 1cm 정도로 작게 잘라서 종이탈의 굴곡이 있는 면에도 잘 붙을 수 있도록 준비한다.
- 유성펜은 굵게 나오는 것이어야 짧은 시간에 유아들이 꼼꼼히 색칠할 수 있다.

활동방법

① 도입

- 유아가 『덩실덩실 탈춤』 그림책을 들고 "이렇게 이렇게 하는 거야." 하며 탈춤을 추자 다른 유아가 보자기를 흔들며 덩실덩실 춤을 춘다. 몇 명의 유아가 "같이 하자."라고 하며 억지웃음을 만들며 전통탈의 표정을 흉내 내며 모여든다. 전통탈에 대한 사전경험을 이야기하며 놀이하는 유아들이 전통탈을 친근하게 관찰하도록 충분한 시간을 준다. 유아가 전통탈의 다양한 표정을 따라 하는 등 관심을 보여 교사는 이야기를 나눈다.

  교사: ㅇㅇ이 표정이 ㅇㅇ탈을 닮았네요.

- 전통탈의 유래, 이름, 사용 방법 등에 관해 이야기 나눈다.

교사: 전통탈은 어떻게 만들어졌을까요?
전통탈도 이름이 있을까요?

- 전통탈의 표정을 흉내 내는 유아들과 이야기 나눈다.

교사: ㅇㅇ는 어떤 전통탈의 표정을 흉내 냈나요?
선생님 표정은 어떤 전통탈을 닮았나요?

- 전통탈의 색과 모양에 대해 살펴보고, 우리 얼굴 모습과 어떻게 다른지 이야기를 나누어 본다.

교사: 탈의 색과 모양은 어떤가요?
우리 얼굴 모습과 탈의 얼굴 모습은 어떻게 다른가요?

그림 13-16 전통탈 탐색활동

② 전개

- 종이탈을 소개하고 도입에서 소개한 전통탈과 어떻게 다른지 비교해 본다.

교사: 전통탈과 종이탈은 어떻게 다른가요?

- 여러 가지 재료를 사용하여 유아가 생각하는 탈의 표정, 색, 모양 등을 꾸며 볼 수 있음

을 알려 준다.

- 다양한 재료의 사용법에 대해 소개해 주고 이야기를 나눈다.
- 유아들이 꾸미고 싶은 탈과 재료를 선택하도록 한다.
- 종이탈에 여러 가지 표정, 색, 모양으로 자유롭게 꾸며 볼 수 있도록 격려해 준다.

그림 13-17 전통탈 꾸미기 활동

③ 마무리

- 유아들이 완성한 탈을 친구들과 함께 감상한다.
- 탈 이름을 말해 보고 어떤 재료를 사용했는지, 또 어떤 표정을 하고 있는 탈인지 다른 유아들에게 알려 준다.
- 유아가 만든 탈을 얼굴에 직접 써 보거나, 친구들과 바꾸어 써 보기도 한다.

그림 13-18 전통탈 꾸미기 활동작품

활동의 확장 및 유의점

- 유아들이 만든 탈을 쓰고 전래동요를 들으며 탈춤놀이를 해 본다.

- 여러 가지 탈을 만들고 역할놀이로 사용해 본다.
- 여러 가지 종류의 탈을 쓰고 동극활동을 해 본다.
- 본드를 사용할 때는 사용한 손을 입에 넣거나 눈을 비비면 위험함을 꼭 알려 주고 안전한 사용을 약속한다.

(2) 찰흙으로 동물 만들기

활 동 명 찰흙으로 동물 만들기

활동수준 유아, 높은 수준

활동목표
- 찰흙을 탐색해 본다.
- 찰흙에 힘을 가하여 변화되는 모양을 살펴본다.
- 다양한 모양의 동물을 만들어 본다.

활동자료 전지, 동물 사진이나 모형, 눈알, 찰흙, 찰흙주걱, 찰흙틀

활동준비

- 책상에 신문지나 전지를 깔아 놓는다.
- 찰흙은 충분한 양을 준비해 두고 여러 가지 모양의 동물을 자유롭게 표현해 볼 수 있도록 한다.

활동방법

① 도입

- 교사는 유아들과 함께 조각공원으로 현장학습을 다녀오고 나서, 현장학습 사진을 교실 벽면에 게시한다. 유아들은 게시된 사진 속 호랑이, 말, 양 등 조각 작품에 대한 이야기를 나누며 관심을 보인다. 며칠 동안 사진을 유심히 들여다보던 유아들이 동물 사진을 크게 인쇄해 달라고 교사에게 요청한다. 크게 인쇄된 동물 사진을 관찰하던 유아들이 찰흙으로 직접 만들 수 있을 것 같다고 이야기를 한다.

유아: 선생님 이 사진 속의 동물을 제가 직접 만들 수 있을 것 같아요.

교사: 어떻게 만들 수 있을 것 같아요?

유아: 찰흙으로 우선 다리를 만들고, 그 위에 몸통을 만들어 붙이고, 그 다음에는 머리를 만들어서 붙일 거예요.

- 찰흙을 소개하고 자유롭게 탐색해 본다.

  찰흙 냄새맡기, 주무르기, 눌러 보기, 두드리기, 자르기, 말아 보기 등의 다양한 방법으로 탐색해 본다.

교사: 찰흙을 만져 보니 느낌이 어떤가요?

- 찰흙의 성질에 대하여 이야기 나눈다.

  찰흙은 원하는 모양으로 빚을 수 있으며, 원하는 모양으로 떼었다 붙일 수 있는 성질을 갖고 있다.

  찰흙으로 모양을 만들어서 오랜 시간 말려 두면 딱딱하게 굳는 성질을 갖고 있다.

그림 13-19 찰흙으로 동물 만들기 활동

② 전개

- 유아가 좋아하는 동물에 대해 이야기를 나눈다.
- 사진이나 그림을 통해 동물의 특징을 살펴보고 이야기를 나눈다.

찰흙으로 어떻게 표현하면 유아가 원하는 동물 모양이 될 수 있을지 이야기를 나눈다.

- 찰흙을 자르거나 두드릴 때 안전한 사용방법에 대해 알려 준다.
- 유아들이 원하는 동물을 생각하고 만들어 본다.
  찰흙 덩어리를 작게 잘라 내어 몸통, 머리, 다리 등으로 구분한다.
  만들어진 동물 몸 부분들을 붙일 때 잘 다듬어 가며 붙이도록 알려 준다.
  교사는 유아들이 힘들어하는 부분을 찾아내어 잘할 수 있도록 알려 주거나 격려해 준다.
- 찰흙으로 눈을 표현하기 힘든 유아는 플라스틱 눈알을 사용해 표현할 수 있음을 알려 준다.
- 유아들이 만든 동물을 모아서 동물원을 꾸며 본다.

③ 마무리

- 유아들이 찰흙으로 만들어 놓은 작품을 감상한다.
- 시간이 지나면서 찰흙의 색과 만졌을 때의 느낌이 어떻게 변했는지 살펴보고 이야기를 나눈다.
- 유아가 만든 동물 이름은 무엇인지, 찰흙놀이를 할 때 좋았던 점과 힘들었던 점은 무엇이었는지에 대해 이야기를 나눈다.

그림 13-20 찰흙으로 동물 만들기 활동작품

활동의 확장 및 유의점

- 찰흙으로 집, 사람, 꽃 등 다양한 인물과 환경을 만들어 보고, 말려서 채색해 보는 활동을 할 수 있다.
- 찰흙으로 몸통을 연결할 경우 잘 다듬지 않으면 굳었을 때 찰흙 조각들이 서로 떨어져 버릴 수 있음을 알려 준다.

(3) 달팽이 만들기

활 동 명 달팽이 만들기

활동수준 유아, 낮은 수준

활동목표
- 달팽이를 관찰해 본다.
- 달팽이 모양을 표현해 볼 수 있다.

활동자료 달팽이, 상추, 돋보기, 골판지, 눈알, 빨대 주름진 부분조각, 큰 뽕뽕이, 작은 뽕뽕이, 수수깡 조각, 풀, 양면테이프, 무독성 본드

활동준비

- 달팽이를 관찰할 때에는 달팽이가 입을 내밀거나 움직이는 모습도 관찰할 수 있도록 상추 등 먹을 것을 같이 내어 준다.
- 낮은 수준의 유아는 골판지 말기를 힘들어할 수 있으므로 뽕뽕이 두 개 붙인 골판지를 처음 말 때부터 같이 넣어 돌돌 말도록 준비해 둔다.
- 골판지는 잘 말아지도록 결을 주의해서 준비한다.

활동방법

① 도입

- 산책길에서 보았던 달팽이를 기억한 유아들은 달팽이에 대한 이야기를 자주 나누었고, 교실에서 키우고 싶다고 교사에게 이야기를 한다. 교사는 달팽이를 교실로 데려와 기를

수 있도록 지원한다. 달팽이를 관찰하던 유아들은 책에 나와 있는 달팽이의 큰 더듬이, 작은 더듬이, 입, 등껍질, 배, 발 등을 실제 달팽이와 비교하며 궁금해한다. 교사는 유아들이 발견한 달팽이의 생김새와 특징에 대해 이야기를 나눈다.

그림 13-21 달팽이 탐색활동

> 유아: 선생님 달팽이의 입이 잘 안 보여요. 어디가 달팽이 입이에요?
> 교사: 달팽이의 입이 어디에 있을까요? 우리 함께 찾아볼까요?
> 달팽이 더듬이는 어떻게 움직이고 있나요?
> 달팽이 껍질 모양은 어떻게 생겼나요?

- 달팽이에 더욱 관심을 갖게 된 유아는 달팽이를 만들기로 한다.

② 전개

- 달팽이 모양을 만들어 보기 위해 어떤 미술재료를 사용하면 좋을지 생각해 본다.

> 교사: 동글동글 달팽이집 모양, 더듬이 모양, 입, 배, 발 모양은 어떻게 표현하면 좋을까요?

유아들이 생각해 본 재료와 교사가 준비한 재료를 이용하여 어떤 달팽이를 만들 수 있을지 이야기를 나눈다.

재료를 소개해 주며 재료의 안전하고 올바른 사용에 대해 이야기를 나눈다.

- 유아들이 달팽이를 직접 만들고 달팽이 껍질무늬를 다양하게 디자인해 볼 수 있도록 격려해 준다.

골판지를 큰 뽕뽕이에 대고 동글동글 말아서 달팽이집을 만들어 본다.

모루와 휘어지는 빨대조각으로 큰 더듬이, 작은 더듬이를 표현하고 눈을 붙여 준다.

수수깡 등으로 달팽이의 입을 표현해 준다.

나뭇잎도 만들어서 먹이를 먹는 달팽이의 모습도 표현해 본다.

그림 13-22 달팽이 만들기 활동

③ 마무리

- 유아들이 만들어 놓은 달팽이를 감상해 본다.
- 달팽이의 특징을 어떻게 표현했는지 친구들과 이야기를 나눈다.

교사: 이 모양은 달팽이의 어떤 부분을 표현한 것인가요?

- 달팽이를 처음 보았을 때의 느낌을 말해 보고, 지금 달팽이를 만들었을 때의 느낌도 이야기해 본다.
- 내가 만든 달팽이에게 이름을 지어 준다.

그림 13-23 달팽이 만들기 활동작품

활동의 확장 및 유의점

- 과학영역에 달팽이를 놓아 주어 달팽이가 먹은 음식의 색에 따라 배설물 색은 어떻게 변하는지 살펴본다.
- 달팽이가 점점 커졌다가 오므라드는 모양을 신체로 표현해 본다.
- 달팽이를 관찰하며 만졌을 때는 손을 꼭 씻도록 한다.
- 달팽이를 무서워하는 유아가 있을 때는 달팽이를 억지로 관찰하지 않도록 하고, 달팽이를 좋아하는 친구 옆에서 자연스럽게 관찰하도록 해 준다.
- 본드를 사용할 때는 사용한 손을 입에 넣거나 눈을 비비면 위험하다는 것을 알려 주고 안전한 사용을 약속한다.

(4) 계란판으로 동물 꾸미기

활 동 명 계란판으로 동물 꾸미기

활동수준 유아, 중간 수준

활동목표
- 닭, 병아리의 생김새를 관찰한다.
- 알껍데기를 깨고 나온 병아리가 자라서 닭이 되는 과정을 이해한다.
- 계란판을 이용하여 나만의 닭, 병아리를 만든다.

활동자료 닭, 병아리 동영상 및 사진, 슬라이드, 계란판(폐종이로 만들어 진 것), 색지(빨간색, 노란색, 주황색), 작업복, 작업 비닐, 물감(노란색, 파란색), 붓, 연필, 매직, 가위, 스티로폼 본드

활동준비

- 계란판은 유아가 탐색할 수 있는 계란판들을 준비하며, 닭, 병아리를 만들 수 있는 크기로 미리 잘라서 준비해 둔다. 다양한 색의 물감들을 제공하여 유아가 원하는 닭, 병아리의 색을 선택하여 사용할 수 있다.

- 유아가 색칠한 계란판 닭, 병아리의 물감이 잘 마르도록 그늘에 두며, 마른 상태를 수시로 탐색하면서 작품이 마를 때까지 자유롭게 볏, 눈, 부리를 만들 수 있다.
- 색지는 부리와 발을 표현하기 위한 것이므로 너무 크지 않은 크기로 제시하여 유아가 닭, 병아리의 부리와 발을 관찰하고, 색지에 연필로 그린 후 오려 준비할 수 있다.

활동방법

① 도입

- 주말에 할머니집에 다녀온 ○○가 교실에서 아침마다 울어대던 닭 울음소리를 흉내 낸다. 그걸 보며 유아들이 ○○의 주위로 모여들어 함께 이야기를 나누고, ○○는 할머니네 닭장에서 보았던 닭과 병아리, 알에 대해 친구들에게 자세히 설명해 준다. 유아들은 알이 어떻게 병아리가 되고 닭이 되는지 궁금해한다.

> 유아: 병아리는 작고 노랗고 귀여워. 근데 알을 막 깨고 나온 병아리는 진짜 못생겼어.
> 유아: 정말? 나도 보고 싶다. 선생님, 달걀이 어떻게 병아리가 되나요?
> 교사: 달걀이 어떻게 병아리가 되는지 궁금하다는 거지요? 우리 함께 찾아볼까요?

- 교사는 유아들과 함께 책과 인터넷 검색으로 병아리의 부화과정에 대해 자세히 알아본다.
- 교사가 닭과 병아리에 대해 충분히 탐색한 유아들에게 직접 닭과 병아리를 만들어 볼 수 있도록 자료들을 미술영역에 제시하자 유아들이 계란판에 관심을 갖기 시작한다.

② 전개

- 유아들과 만들기 재료를 관찰하며 이야기를 나눈다.

> 교사: 어디에 쓰는 물건인가요?
> (계란을 운반할 때 깨지지 않게 하기 위해 만든 물건임을 안다.)

그림 13-24 계란판 탐색활동

계란판을 자유롭게 탐색해 본다.

계란판을 둘러보며 관찰하기, 계란판에 장난감 담아 보기, 물건 옮기기, 계란판 위에 올라가기, 계란판 찢어 보기 등

만들기 재료로 무엇을 만들 수 있을지 생각하며 예측해 본다.

닭, 병아리의 생김새를 보며 다양한 재료로 몸을 어떻게 구성할 수 있는지 이야기해 본다(몸, 볏, 눈, 부리, 고기수염, 꽁지깃털, 날개, 발 등).

- 유아들에게 〈닭 만들기〉 활동방법을 소개한다.

1. 계란판을 닭 모양으로 2칸 조각으로 자른다.
2. 계란판에 유아가 원하는 물감을 채색한다.
3. 색지로 닭의 볏, 부리, 고기수염, 꽁지깃털을 그리고 가위로 오려서 준비한다.
4. 노란색 색지를 반으로 접은 후 가운데를 세모 모양으로 오려 닭의 부리를 만든다. 그리고 붉은 색지로는 닭의 볏, 고기수염을 만든다. 꽁지의 깃털을 오려 준비한다.
5. 닭 모양 계란판의 물감이 마르면 닭의 부리, 발 모양 색지를 스티로폼 본드를 이용하여 고정시킨다.
6. 닭의 눈에 눈알을 붙여 완성한다.

그림 13-25 〈닭 만들기〉 구성재료

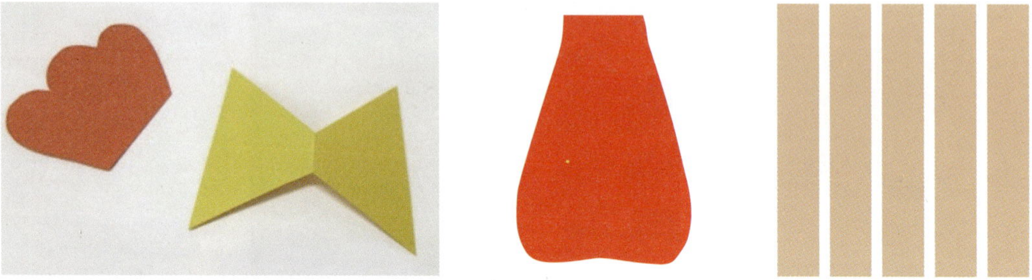

그림 13-26 계란판으로 〈닭 만들기〉 활동

- 유아들에게 〈병아리 만들기〉 활동방법을 소개한다.
  1. 계란판을 1칸씩 조각으로 자른다.
  2. 계란판 조각 2개를 열린 쪽으로 서로 마주 보게 붙인다.
  3. 붙인 계란판을 채색한다.

4. 노란색 색지를 반으로 접은 후 가운데를 세모 모양으로 오려 병아리의 부리를 만든다.
5. 병아리 모양 계란판의 물감이 마르면 부리, 날개, 발 모양 색지를 스티로폼 본드를 이용하여 고정시킨다.
6. 병아리 눈에 눈알을 붙여 완성한다.

그림 13-27 〈병아리 만들기〉 구성재료

그림 13-28 계란판으로 〈병아리 만들기〉 활동

- 유아들과 함께 닭, 병아리를 만든다.
- 활동이 끝나면 자리를 정리한다.

③ 마무리

- 유아들이 계란판으로 닭, 병아리를 만들어 본 느낌이 어떤지 이야기해 본다.
  또한 친구들이 만든 작품들의 느낌도 이야기하며 비교해 본다.

• 활동 후 느낌에 대해 이야기를 나눈다.

교사: 어떤 점이 재미있었나요?
어려운 점이 있었나요?

• 유아들이 완성한 닭, 병아리를 교실에 전시하여 감상하도록 한다.

그림 13-29 계란판으로 동물 꾸미기 활동작품

활동의 확장 및 유의점

• 완성된 닭, 병아리가 있을 수 있는 둥지도 마련하여 전시할 수 있다. 둥지를 어떻게 만들 수 있을지 이야기 나누며 유아들이 협동하여 구성하는 활동으로 연계활동을 진행할 수 있다.
• 유아가 닭, 병아리를 선택하여 만들 수 있으며, 닭, 병아리 둘 다 만들기를 원하는 유아를 위해 재료들을 넉넉히 제공해 준다.
• 접착제를 안전하게 사용하는 방법에 대해 충분히 숙지하고, 안전하게 활동하도록 지도한다.
• 계란판은 가정통신문을 통해 가정에서 미리 마련하여 교실로 보낼 수 있도록 협조를 부탁하여 진행할 수 있다.

(5) 물고기 액자 만들기

활 동 명 물고기 액자 만들기

활동수준 유아, 높은 수준

활동목표 물고기의 생김새를 천연나무로 표현하여 바닷속 풍경을 꾸며 본다.

활동자료 재활용 상자 또는 뚜껑, 색종이(반짝이, 무지), 풀, 가위, 바닷속 물고기 사진, 다양한 모양의 천연나무, 매직펜, 스티로폼 본드

활동준비

- 천연나무는 물고기에 필요한 모양들을 미리 구상하여 잘라서 준비해 둔다.
- 액자를 먼저 구상하면서 바닷속을 꾸며 보도록 한다. 바닷속의 시원한 느낌으로 액자를 꾸밀 수 있도록 파란색 계열의 색종이를 준비해 준다.
- 색종이 모서리를 상자 안쪽 구석에 맞추어 한쪽 끝을 접어서 오리거나 치수를 잰 후 색종이를 맞추어 오려 붙인다.

활동방법

① 도입

- 낚시터에 다녀온 유아와 아쿠아리움에 다녀온 유아가 함께 물고기에 대해 이야기를 나누다가 블록으로 낚시터를 만들어 낚시놀이를 하고 있다. 다른 유아들도 함께 참여하면서 낚시놀이가 확장되었고, 종이에 그림을 그려서 여러 가지 물고기를 만들어 놀이하고 있다. 교사는 유아들의 놀이가 더 깊어질 수 있도록 물고기를 본 경험에 대해 상호작용을 한다.

교사: 우리 친구들이 낚시놀이 하면서 물고기에 대해 이야기를 하고 있던데, 물고기를 어디서 봤나요?
유아: 저는 엄마랑 수산시장에 다녀왔는데 물고기가 많았어요.
유아: 엄마 아빠랑 캠핑을 갔었는데 아빠가 낚시를 해서 붕어를 잡았어요.
유아: 저는 아쿠아리움에 가서 상어, 가오리 같은 물고기를 아주 많이 봤어요.
유아: 우리 집에는 어항에 구피가 있어요. 그런데 아주 작아요.

• 다양한 물고기의 모습에 대해 이야기를 나눈다.

교사: 물고기는 어떤 모양이 있나요?

유아: 물고기가 길쭉한 모양이었어요.

유아: 시장에서 본 물고기는 바닥에 누워 있었어요. 아주 컸고 동그란 모양이었어요.

교사: 물고기가 정말 여러 가지 모양인가 봐요. 우리 함께 찾아볼까요?

• 다양한 물고기가 등장하는 동영상을 함께 보고 다양한 물고기의 모양에 대해 이야기를 나눈다.

교사: 그럼 한번 만들어 볼까요?

② 전개

• 유아들과 만들기 재료를 보며 이야기를 나눈다.
• 천연나무를 자유롭게 탐색한다.

천연나무의 냄새를 맡아 보기, 어떤 모양이 있는지 관찰하기, 같은 모양끼리 모아 보기, 길이 비교하기, 쌓아 보기, 모양 만들어 보기 등

물고기 생김새를 보며 다양한 모양의 천연나무로 몸을 어떻게 구성할 수 있는지 이야기해 본다(물고기 몸, 지느러미, 꼬리 등).

재활용 상자로 바닷속을 어떻게 꾸밀지 이야기를 나눈다.

그림 13-30 천연나무 탐색활동

- 유아들에게 〈물고기 액자 만들기〉 활동방법을 소개한다.
  1. 재활용 상자 안쪽 크기에 맞추어 색종이를 오린 후 풀을 발라 상자 안쪽 면에 반듯하게 붙인다.
  2. 액자 안쪽에 다른 색종이로 바닷속 모래처럼 꾸며 준다.
  3. 바닷속에 불가사리, 진주, 해초 등을 꾸며서 붙여 준다.
- 유아들에게 〈물고기 만들기〉 활동방법을 소개한다.
  1. 물고기, 오징어, 고래 등을 유아 나름대로 구성하여 붙인다.
     다양한 모양의 나뭇조각 2~4개를 모아 물고기를 구성하여 스티로폼 본드로 붙인다.
  2. 색연필, 매직펜, 네임펜 등으로 색칠하거나 그려 준다.
  3. 눈을 눈알로 붙이거나 그려 준다.
- 완성된 물고기를 물고기 액자에 붙여 준다.

그림 13-31 물고기 액자 만들기 활동

③ 마무리

- 작품을 소개하고 감상한다.

교사: 내가 만든 작품을 친구들에게 소개해 볼까요?
어떤 물고기를 만들었나요?
친구들이 만든 물고기들을 보니 어떤 느낌이 드나요?

- 활동 후 느낌에 대해 이야기를 나눈다.

교사: 어떤 점이 재미있었나요?
어려운 점이 있었나요?

- 유아들이 만든 물고기 액자를 전시한다.

교사: 우리가 만든 작품을 어디에 전시하면 좋을까요?

그림 13-32 물고기 액자 만들기 활동작품

활동의 확장 및 유의점

- 공원을 다녀오면서 다양한 굵기의 나뭇가지들을 주워 교실에 가져와 미리 모아 둔다. 사전에 수집한 나뭇가지들의 이물질을 깨끗이 씻어 낸 뒤 햇빛에 말린다. 말린 나뭇가지를 적당한 크기로 미리 잘라 준다.
- 더 만들고 싶은 물고기도 만들어 보도록 격려한다.

- 접착제를 안전하게 사용하는 방법에 대해 충분히 숙지하고, 안전하게 활동하도록 지도한다.
- 큰 전지에 바닷속을 꾸미고 물고기들을 구성한 후, 유아들이 협동하여 구성하는 활동으로 연계활동을 진행할 수 있다.
- 물고기를 색종이로 물고기 접기, 오리기 등을 활용하여 더 구성할 수 있으며, 바닷속의 작은 조개껍데기, 자갈 등을 이용하여 구성할 수 있다.
- 다양한 자연물들을 가정통신문을 통해 가정에서 준비물을 미리 교실로 보낼 수 있도록 협조를 부탁하여 진행할 수 있다.

(6) 양파로 꽃밭 구성하기

활 동 명 양파로 꽃밭 구성하기

활동수준 유아, 중간 수준

활동목표
- 꽃밭에 관심을 갖는다.
- 양파의 특징에 관심을 갖고 양파의 속겉껍질을 탐색한다.
- 양파를 이용하여 표현의 즐거움을 경험할 수 있다.

활동자료 양파 사진, 양파 3개, 쟁반 2개, 양파껍질 담을 그릇, 크레파스, 물감통, 수채물감, 그림종이, 신문지 또는 깔개 비닐, 미술 작업복

활동준비

- 유아가 직접 관찰할 양파, 양파껍질 모은 것, 양파 속을 빼낸 양파들을 미리 준비해 둔다. 다양한 색의 물감에 양파를 담글 수 있도록 넓은 그릇과 넉넉한 물을 준비한다.
- 원만한 미술활동을 위해 예시된 작품들을 미리 준비하고 전시하여 유아가 흥미를 갖고 감상할 수 있도록 기회를 제공한다. 양파의 매운 성분은 물에 담근 후 사용하면 물에 녹아 사라지기에 눈이 맵지 않게 활동을 진행할 수 있다.

활동방법

① 도입

- 산책길에 발견한 꽃의 이름을 알고 싶어 하던 ○○는 언어영역에서 꽃 백과사전을 보고 있고, 유아들이 ○○의 주위로 모여들어 함께 이야기를 나눈다. 교사는 꽃에 관심을 갖는 유아들을 보며 여러 가지 꽃들의 사진을 교실 벽면에 게시하여 꽃의 색깔이나 모양이 서로 같거나 다른 점을 비교하고 분류하는 탐색활동을 지원하기로 한다. 유아들이 벽면에 게시된 다양한 꽃들의 사진을 발견하며 관심을 보이자 교사는 유아들과 함께 꽃의 특징에 대해서 이야기를 나눈다.

유아: 와~ 꽃이다. 색깔이 많네! 노랗고, 빨갛고, 파랗고.
유아: 이 꽃은 가운데는 흰색인데 끝부분은 보라색이네.
유아: 이 분홍은 이 꽃의 색깔과 같아요.
교사: 그렇네요. 그럼 이 꽃과 같은 색깔의 사진은 어디에 있나요?

그림 13-33 다양한 꽃 참고자료

- 교사는 유아들과 꽃의 색깔에 대해 충분히 탐색하고 분류하고 나서, 꽃밭 꾸미기 재료로 양파와 물감을 소개하며 어떤 꽃밭을 표현할 수 있을지에 대해 이야기를 나눈다.

② 전개

- 양파를 탐색한다.

  양파를 만져 보고 냄새도 맡아 보고 색, 모양을 관찰한다.

양파의 껍질을 벗겨 보고 자유롭게 구기고 찢으며 탐색한다.

양파의 껍질을 벗기면 양파 속은 어떤 모습인지 탐색한다.

양파를 세로, 가로로 각각 다르게 자른 후, 양파의 무늬가 어떠한지 탐색한다.

자른 양파를 분리하여 나열하며 구성해 본다.

그림 13-34 양파 탐색활동

- 양파를 자른 단면에 물감을 묻혀 그림종이에 찍는다.
  무엇을 표현하였는지 이야기를 나눈다.
  꽃, 곤충 등을 나타낼 때, 더 필요한 부분이 무엇인지 알아본다.
- 양파 겉껍질을 풀로 붙인다.
  무엇을 표현한 것인지 알아본다.
  꽃, 곤충(잠자리, 나비) 등을 나타낼 때, 더 필요한 부분이 무엇인지 생각하며 꾸며 준다.

그림 13-35 양파 겉껍질 찢어 붙이기, 양파 찍기 활동

- 그림을 보며, 자른 양파들을 물감에 담가 물들인 후 그림종이에 자유롭게 나열하며 배치한다.

  무엇을 표현하였는지 이야기를 나눈다.

  꽃, 줄기를 자유롭게 표현한다.
- 양파를 이용하여 다양한 방법으로 꽃밭을 구성한다.

그림 13-36 양파 염색하여 구성하기 활동

③ 마무리

- 유아들이 완성한 그림은 무엇을 표현했는지 함께 감상하고 표현해 보도록 한다.
- 활동 후 느낌에 대해 이야기를 나눈다.

교사: 어떤 점이 재미있었나요?

어려운 점이 있었나요?

- 유아들이 완성한 작품들을 감상하며 사진으로 기록을 남겨 준다.

그림 13-37 양파로 꽃밭 구성하기 활동작품

활동의 확장 및 유의점

- 사전에 유아가 양파 찍기, 양파껍질 구성하기, 양파 속으로 구성하기 등을 경험한 후 진행하면 더 다양한 양파 작품이 나올 수 있다.
- 양파는 속을 빼내어 찍어도 재미있고, 양파를 세로로 자르느냐, 가로로 자르느냐에 따라 다른 모양이 나옴을 알고 다른 형태로 구성해 볼 수 있다.
- 종이가 움직이지 않도록 주의하면서 작품활동을 하도록 한다.
- 완성된 작품들은 고정이 아니라 움직일 수 있으므로 바닥에 두고 감상한다.
- 꽃밭을 어떻게 만들지, 어떤 재료로 만들지 이야기를 나누며, 유아들이 협동하여 전지에 구성하는 협동작품활동으로 진행할 수 있다.
- 작품을 고정하기 위해 접착제를 사용할 수 있다. 단, 미리 물감을 들인 양파가 마른 상태에서 구성하며 고정한다.
- 양파를 관찰할 수 있도록 측면과 단면으로 잘라 양파의 줄기를 관찰할 수 있도록 게시하며, 돋보기를 사용하여 유아들이 자세히 관찰할 수 있게 한다. 실험관찰표를 옆에 놓아 두어 유아들이 작성할 수 있게 한다.

(7) OHP필름 위에 친구 얼굴 그리기

활 동 명 OHP필름 위에 친구 얼굴 그리기

활동수준 영아, 높은 수준

활동목표 친구와 여러 가지 표정을 만들어 보며 친구 얼굴을 탐색하고, 친구 얼굴을 그림으로 표현할 수 있다.

활동자료 OHP필름, 유성매직(글라스 마카도 좋음), 흰 도화지, 고무줄, 거울, 양면테이프

활동준비

- OHP필름에 펀치로 구멍을 뚫어 고무줄을 연결해 둔다.
- 흰 도화지는 OHP필름 크기에 맞춰 잘라 둔다.
- 언어영역에 『누가 내 얼굴에 낙서했어』라는 그림책을 놓아둔다.

활동방법

① 도입

- 『누가 내 얼굴에 낙서 했어』 그림책을 언어영역에 모인 몇 명의 유아들이 함께 읽고 있다. 그림책에 나오는 주인공의 얼굴에 낙서된 걸 보면서 함께 웃다가, 갑자기 한 명의 유아가 거울 공간으로 간다. 거울 앞에서 자기 얼굴을 이리저리 탐색하는 유아를 보고 같이 책을 읽던 다른 유아들이 거울 공간으로 몰려간다. 서로의 얼굴을 바라보며 웃기도 하고 친구의 얼굴에서 특징을 찾아 이야기를 하며 놀이를 이어나간다.

> 유아: 난 입이 큰데, 너 눈이 진짜 크네.
> 유아: 너는 피부가 정말 하얗네.

그림 13-38 『누가 내 얼굴에 낙서했어』 그림책

➤ 출처: http://book.naver.com/bookdb/book_detail.nhn?bid=2736296

- 교사는 지속적으로 거울 공간에서 자신과 친구의 얼굴을 탐색하며 놀이하는 유아들을 발견한다. 교사는 유아들이 함께 손거울을 보면서 자신의 얼굴과 표정을 탐색할 수 있도록 상호작용한다.

교사: 지금 내 얼굴이 어떤지 궁금하지 않나요?
여기 거울로 내 얼굴을 살펴볼까요?
웃는 표정은 어떤 얼굴일까요? 그럼 화난 표정도 만들어 볼까요?
여러 가지 표정을 거울로 보니 어떤 생각이 들어요?

- 친구 얼굴도 탐색해 본다.

교사: 내 얼굴표정을 거울로 살펴봤으니, 옆 친구의 얼굴도 한번 살펴볼까요?
어떻게 살펴보면 될까요? 아, 마주 보고 앉아 볼까요?
친구의 웃는 표정은 어떤 얼굴일까요? 그럼 슬픈 표정도 만들어 볼까요?
친구의 얼굴표정을 한번 따라 해 볼까요?
친구가 어떻게 다양한 표정을 만들 수 있었는지, 친구 얼굴을 살며시 만져 볼까요?

그림 13-39 친구 얼굴 탐색활동

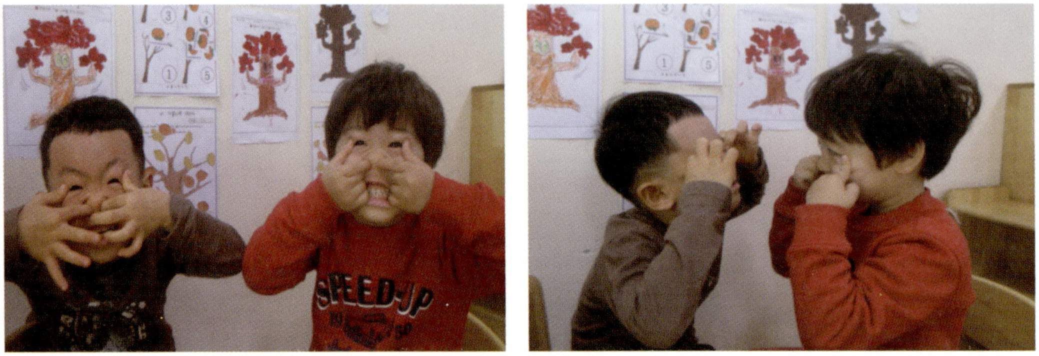

② 전개

• OHP필름을 관찰하고, 어떤 특징이 있는지 이야기를 나눈다.

교사: 이 속이 보이는 종이는 뭘까요?
이 종이의 이름은 'OHP필름'이라고 해요. 친구 얼굴에 가까이 대 보니 어때요?
이 OHP필름에는 고무줄이 연결되어 있네요. 이걸로 무얼 해 볼까요?

• 한 친구는 OHP필름을 얼굴에 가면처럼 쓰고, 옆 친구는 유성매직으로 친구 얼굴을 탐색하면서 그려 본다.

교사: 어떤 친구가 먼저 OHP필름을 가면처럼 쓸 것인지, 어떤 친구가 얼굴을 그릴 것인지 서로 정해 봐요.
친구 얼굴을 잘 살펴보면서 그려 봐요.

• 유성매직을 사용할 때의 주의점에 대해 이야기를 나누고, 옆 친구의 얼굴을 탐색하며 그림을 그리고 작품을 완성한다.

교사: 유성매직은 어떻게 사용해야 안전하게 사용할 수 있을까요?
다 그린 친구는 이번에는 바꿔서 얼굴을 그려 볼까요?

그림 13-40 OHP필름 위에 친구 얼굴 그리기 활동

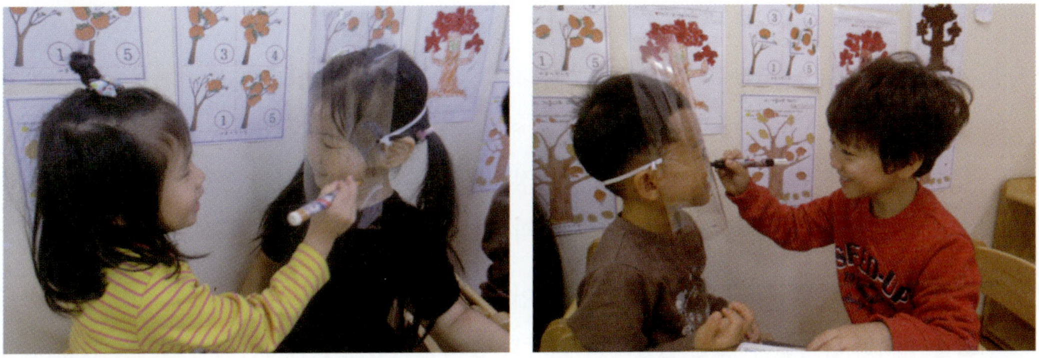

③ 마무리

- 완성된 작품의 고무줄을 풀고, 준비된 흰 도화지에 OHP필름을 붙인다.
- 친구 얼굴을 어떻게 그렸는지, 친구 얼굴 중에서 어느 곳이 가장 마음에 드는지 등에 대해 이야기를 나눈다.
- 작품을 교실에 전시하여 감상하도록 한다.

그림 13-41 OHP필름 위에 친구 얼굴 그리기 활동작품

- 탐색활동은 자연이나 주변 환경이 지닌 예술적 요소에 대해 호기심과 관심을 가지고 관찰하며 아름다움에 대한 심미적 태도를 증진시키며, 이는 풍부한 예술적 감성과 창의적 표현력과 감상 능력을 발달시켜 주는 활동으로 표준보육과정 예술경험영역의 '아름다움 찾아보기' 및 누리과정 예술경험영역의 '아름다움 찾아보기' 범주의 내용과 관련된다.
- 영아를 위한 탐색활동은 주변의 친근한 자연이나 사물의 색, 모양, 질감 등의 미술적 요소에 호기심을 가지고 탐색할 수 있는 활동으로 '화장지 심으로 모양 구분하기', '미역 탐색을 통한 꾸미기', '나뭇잎 곤충 만들기', '향기주머니', '조각천 염색하기', '마카로니를 이용한 액자 만들기' 등의 탐색활동을 실제로 유아교육현장에서 활용해 볼 수 있다.
- 유아를 위한 탐색활동은 여러 가지 재료와 도구를 적절하게 선택하여 자연과 사물에서 색이나 모양, 질감, 공간 등의 미술적 요소를 적극적으로 탐색할 수 있는 활동으로 '전통탈 꾸미기', '찰흙으로 동물 만들기', '달팽이 만들기', '계란판으로 동물 꾸미기', '물고기 액자 만들기', '양파로 꽃밭 구성하기', 'OHP필름 위에 친구 얼굴 그리기' 등의 탐색활동을 실제로 유아교육현장에서 활용해 볼 수 있다.

14

표현활동

학습개요

인간은 누구나 본능적으로 자기표현을 통해 자신의 생각이나 느낌을 타인에게 전달하고 싶어 하게 되는데, 언어나 문자의 사용이 미숙한 어린 아동에게 미술표현은 자연과 주변의 사물에 대한 풍부한 감성, 그리고 일상생활 속에서의 자신의 내면을 표출할 수 있는 중요한 수단이 된다. 이 장에서는 표준보육과정과 누리과정에서 제시한 표현활동과 관련, 영유아의 발달특성에 따른 수준별 교육내용을 참조하여 영아를 위한 표현활동과 유아를 위한 표현활동의 실제 사례를 살펴본다.

학습목표

1. 아동 자신의 생각이나 느낌을 자유롭게 창의적으로 표현할 수 있는 표현활동의 실제 사례를 살펴본다.
2. 영아를 위한 표현활동과 유아를 위한 표현활동의 차이를 이해하고 적용한다.
3. 표현활동의 실제 사례별로 교사의 적절한 역할에 대해 안다.

주요용어

표현활동 : 자연이나 주변 사물, 일상생활 속에서 오감을 통해 체험한 것에 대한 자신의 생각과 느낌을 그리기, 만들기, 꾸미기 등의 다양한 예술작품으로 창의적으로 표현하는 활동

1. 영아를 위한 표현활동

미술표현이란 자연이나 주변 사물, 일상생활 속에서 오감을 통해 체험한 것에 대한 자신의 생각과 느낌을 형상으로 나타내는 것이며, 표현활동은 자신의 생각과 느낌을 그리기, 만들기, 꾸미기 등의 다양한 예술작품으로 창의적으로 표현하는 활동을 의미한다.
이 장에서는 표준보육과정 예술경험영역의 '창의적으로 표현하기' 및 누리과정 예술경험영역의 '창의적으로 표현하기' 범주의 내용을 참조하였다. 영아를 위한 표현활동은 자연이나 다루기 쉬운 미술도구를 활용한 단순한 미술활동과정에 참여하여 즐길 수 있는 활동에, 유아를 위한 표현활동은 여러 가지 미술재료와 도구를 다양하게 사용하여 자신의 생각과 느낌을 독창적으로 표현하거나 협동적인 미술활동에 참여하며 즐길 수 있는 활동에 초점을 맞추었다.

(1) 플레이콘을 이용한 꽃밭의 애벌레 만들기

활 동 명 플레이콘을 이용한 꽃밭의 애벌레 만들기

활동수준 영아, 낮은 수준

활동목표 플레이콘을 일정하게 배열하여 애벌레를 표현할 수 있으며, 다양한 재료를 창의적으로 활용하여 꽃밭의 모습을 표현할 수 있다.

활동자료 플레이콘, 플레이콘 칼, 우드락, 꽃장식, 반짝이풀, 스팽글, 눈알

활동준비 영아들이 꽃밭을 꾸밀 수 있는 적당한 크기로 우드락을 자른다. 그리고 영아들이 꽃밭을 표현할 때 서로 싸우지 않도록 꽃장식과 스팽글, 반짝이풀 등을 보관할 통을 영아별로 하나씩 미리 준비해 둔다.

활동방법

① 도입

- 『배고픈 애벌레』 그림책에 관심을 보이는 영아에게 그림책을 읽어준다. 영아가 그림책에 나오는 애벌레를 손가락으로 가리키며 "이거, 이거"라고 말한다. 애벌레에 대해 관심을

보이는 영아의 놀이 확장을 위해 교사는 애벌레 관련 사진과 함께 애벌레를 표현할 수 있는 플레이콘을 제공해 준다.

② 전개

- 영아들에게 플레이콘을 4~5개 정도 나눠 준 후, 플레이콘 칼을 이용하여 플레이콘을 반으로 잘라 본다.
- 반으로 자른 플레이콘을 미리 잘라 놓은 우드락에 한 줄로 붙여 본다.
- 한 줄로 붙인 플레이콘 앞에 눈알을 붙여 본다.
- 꽃장식, 스팽글을 사용하여 애벌레 주변을 꽃밭으로 표현해 본다.

그림 14-1 플레이콘을 이용한 꽃밭의 애벌레 만들기 활동

③ 마무리

- 각자 자신이 완성한 애벌레를 손에 들고 서로 인사하며 친구들의 꽃밭을 구경해 본다.

활동의 확장 및 유의점

- 영아들이 꽃밭 꾸미기 재료로 서로 싸우지 않도록 개별적인 통을 미리 준비해 둔다.
- 꽃밭의 애벌레가 나비가 될 수 있는 것을 인지시키고, 다음에는 꽃밭의 나비를 만들어

보자고 제안한다.

(2) 나무껍질을 이용한 표현활동

활 동 명 나무껍질을 이용한 표현활동

활동수준 영아, 높은 수준

활동목표 다양한 나무에 관심을 갖고, 나무에 있는 줄기, 잎, 나무껍질의 특성을 안다.

활동자료 나뭇잎, 나무껍질, 나뭇가지, 풀, 물감, 사인펜, 붓

활동준비

- 영아들이 산책을 하며 주워 온 다양한 나뭇잎과 나뭇가지, 나무껍질을 준비한다.
- 여러 가지 색상의 물감을 풀어 놓는다.
- 나무껍질이 부서질 수 있으니 나무껍질은 조금 큰 것으로 준비해 영아들이 잘게 잘라 표현할 수 있도록 한다.

활동방법

① 도입

- 산책 중, 나무껍질에 흥미를 보는 영아에게 교사는 자세히 관찰할 수 있도록 루페를 지원하였다. 루페로 나무껍질을 살피던 영아가 "거북이 등처럼 보여요."라며 신기해한다. 교사는 다양한 표현활동을 위해 나무껍질을 모으자고 제안하고, 영아들과 함께 크기가 다양한 나무껍질을 담아서 교실로 가져온다.

② 전개

- 나무껍질을 탐색한다.
  나무껍질을 만져 보고 관찰해 본다.
  나무껍질을 잘라 본다.

• 나뭇잎, 나뭇가지, 물감을 제시해 주고 다양하게 표현해 볼 수 있도록 한다.

• 영아들에게 더 필요한 재료가 있는지 물어보고 준비해 준다.

• 활동을 끝낸 영아에게는 무엇을 표현했는지 물어본다.

③ 마무리

• 영아들이 완성한 그림으로 무엇을 표현했는지 함께 감상하고 이야기해 보도록 한다.

• 활동 후 느낌에 대해 이야기를 나눈다.

교사: 어떤 점이 재미있었나요?
어려운 점이 있었나요?

• 영아들이 완성한 작품들을 감상하며 사진으로 기록을 남겨 준다.

그림 14-2 나무껍질을 이용한 표현 활동작품

활동의 확장 및 유의점

• 사전에 충분한 산책을 통해 나무의 특징에 대해 이해하며 껍질을 만져 보고 탐색하는 시간을 갖는다.

- 영아들에게 미술활동에 사용할 재료를 스스로 준비해 볼 수 있도록 한다.
- 나무껍질이 바짝 마른 상태에서는 활동하기가 어려우니 사전에 물을 분무기로 뿌려 놓아서 잘 부서지지 않도록 어느 정도 물기를 유지한다.
- 나무껍질을 이용한 표현활동 후에 느낌이 어떤지 물어본다.

(3) 나뭇잎 스크래치

활 동 명 나뭇잎 스크래치

활동수준 영아, 높은 수준

활동목표 가을에 볼 수 있는 나뭇잎을 관찰하고 나뭇잎을 이용한 활동을 해 본다.

활동자료 '가을' 노래판, 여러 가지 모양의 나뭇잎, 얇은 화지류, 무독성 크레파스, 파스텔, 색연필 등 다양한 쓰기도구류(연질)

활동준비

- 실외놀이시간에 낙엽을 모아 본 후, 다양한 쓰기도구와 종이류를 준비하여 나뭇잎을 다양한 방법으로 긁어 보는 스크래치 활동을 한다.
- 가능한 한 잎맥이 잘 보이는 나뭇잎을 제공하도록 한다.

활동방법

① 도입

- 바깥놀이 시간에 수북하게 쌓인 단풍잎과 은행잎에 관심을 보이는 영아들에게 교사는 나뭇잎의 색깔, 모양, 냄새, 느낌을 탐색하며 함께 놀이한다. 같은 모양 찾기, 낙엽 날려 보기 등등 다양한 표현을 이어가는 교사는 영아들에게 교실로 낙엽을 가져갈 것을 제안한다.

② 전개

- 쓰기도구를 이용하여 나뭇잎 위에 끄적이기 활동을 자유롭게 할 수 있도록 돕는다.

교사: 나뭇잎 모양이 길쭉하네. 동그란 모양도 있어요.
종이 위에 나뭇잎을 깔고 그림을 그려 볼까요?
나뭇잎이 없어졌어요. 까꿍! 여기 있네요.
(종이 밑에 있는 나뭇잎을 번갈아 보여 주며 영아와 상호작용을 한다.)
선생님이 먼저 해 볼게요. 이렇게 종이를 색칠하면 와~ 신기하게 나뭇잎이 보여요.

- 영아가 관심을 보이면 교사는 영아의 행동을 묘사하며 상호작용해 준다.

교사: ㅇㅇ가 색칠한 나뭇잎이 나왔어요.
다른 색의 크레파스로도 해 볼까요?
ㅇㅇ가 그린 나뭇잎이 예쁘게 그려졌네요.
무슨 모양의 나뭇잎이 되었나요?
ㅇㅇ는 알록달록 색이 그려져 있네요.

- 영아가 나뭇잎에 관심을 갖고 나뭇잎 모양의 스크래치 활동을 할 수 있도록 상호작용 한다.

교사: ㅇㅇ야! 선생님은 다른 색깔의 크레파스로 그려 봤어요.
ㅇㅇ도 다른 색깔의 크레파스를 사용해 보고 있네요.
ㅇㅇ는 혼자서도 그림을 잘 그리네요.

③ 마무리

- 영아가 충분히 스크래치 활동을 할 수 있도록 반복적으로 활동한다.
- 다양한 종이와 쓰기도구에 따라 모양이 다르게 나타나는 것에 대해 확인할 수 있도록 돕는다.

그림 14-3 나뭇잎 스크래치 활동작품

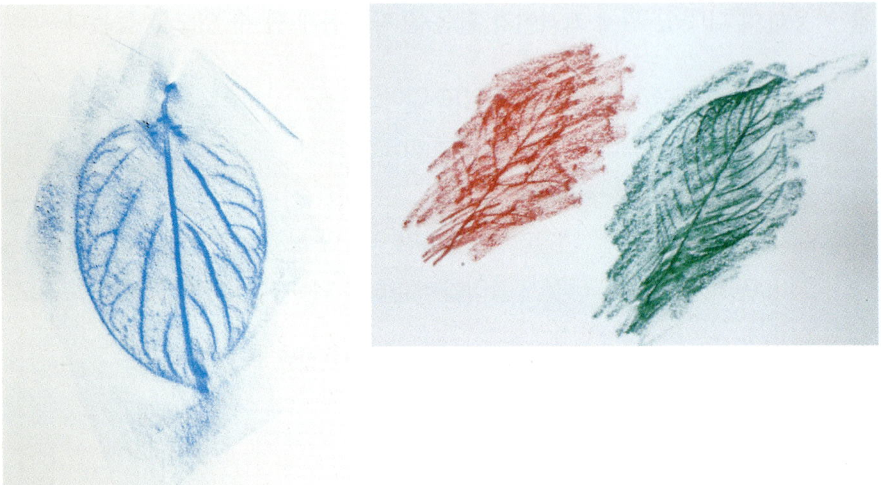

활동의 확장 및 유의점

- 나뭇잎을 가위로 오리거나 손으로 찢어 나뭇잎 뿌리기 활동이나 나뭇잎 왕관 꾸미기 등의 사후 확정활동으로 연계할 수 있다.
- 나뭇잎을 다양한 크기로 수집할 수도 있지만, 가장 중요한 것은 잎맥이 강하게 나타나는 나뭇잎을 제공하는 것이다.

(4) 종이를 찢어 얼굴표정 표현하기

활 동 명 종이를 찢어 얼굴표정 표현하기

활동수준 영아, 높은 수준

활동목표 찢어지는 재료와 찢어지지 않는 재료를 활용하여 얼굴표정을 표현한다.

활동자료 얼굴 그린 도화지, 사인펜, 풀, 김, 색종이, 휴지, 포일, 병뚜껑, 천, 우드락, 손수건, 낙엽

활동준비 얼굴표정에 대한 활동과 가족구성원에 대한 활동을 연계해서 진행할 수 있는 표현활동으로 어린 영아들에게 얼굴의 구조를 탐색하게 하고, 소근육 강화를 위해 종이를 찢어 보며, 그 외의 재료들에 대해 찢어지는 것과 찢어지지 않는 것에 대한 사전활동을 준비하는 것이 좋다. 또한 가족사진 등도 사전에 미리 수집해 놓으면 더 효과적인 활동이 진행될 것이다.

활동방법

① 도입

- 교실 벽면에 게시된 가족사진을 보고 있는 영아에게 교사가 다가가 상호작용을 시도한다.

> 교사: ○○야 가족사진 보고 있네요.
> 사진 속의 사람은 누구인가요?
> 표정은 어떤가요?
> ○○이 눈은 누굴 닮았나요?

- 동요 '요기 여기' 노래를 부르며 가족사진에 있는 인물의 눈, 코, 입을 찾아볼 수 있도록 지원한다.

> 교사: 엄마 눈은 어디 있나? (요기) 아빠 코는 어디 있나? (여기)
> ○○이 입은 어디 있나? (요기) ○○이 귀는 어디 있을까? (여기)

② 전개

- 교사는 다양한 미술재료를 준비하고 영아들이 자유롭게 탐색하도록 한다.
- 영아가 탐색하는 모습을 보며 같이 상호작용한다.

> 교사: 포일에 얼굴을 비춰 보고 있구나.
> 병뚜껑을 코에 끼워 보고 있네.
> 손수건을 구겨 보고 있구나.
> 그럼 우리 지금 손에 쥐고 있는 재료를 한번 찢어 볼까요?

• 영아가 탐색하며 찢어지는 것과 찢어지지 않는 것을 구분하고, 찢어질 때 나는 소리를 들어 보도록 한다.

• 도입활동 시 살펴본 다양한 얼굴사진들을 참고하여 얼굴 그린 도화지 위에 찢은 재료들을 올려 보게 하고, 얼굴표정을 다양하게 표현해 보도록 한다.

교사: 그럼 우리 가족 얼굴을 만들어 봐요. 얼굴에 머리카락이 없으니까 다양한 재료를 붙여서 머리카락을 만들어 봐요.
그럼 얼굴에 없는 게 뭐가 있을까요?
눈, 코, 입도 만들어 줘요. 떨어지지 않게 꼭꼭 붙여 봐요.

③ 마무리

• 다양한 재료를 붙여 얼굴을 완성해 본다.
• 완성한 얼굴을 어떻게 표현했는지 느낌을 이야기해 본다.

그림 14-4 종이를 찢어 얼굴표정 표현하기 활동작품

활동의 확장 및 유의점

• 찢어지는 재료로 표현한 후에, 찢어지지 않는 병뚜껑이나 그 외 재료를 활용하여 추가적인 꾸미기 활동이 이루어지도록 한다.

- 가족사진을 준비하여 도화지에 가족 얼굴을 오려 붙인다. 옷과 장식품은 신문과 잡지에서 찾아 붙여 보는 콜라주 활동으로 확장할 수 있다.
- 식빵이나 라이스페이퍼 등 얼굴을 표현할 수 있는 다른 재료를 찢어서 붙이기를 한다.

(5) 김으로 표현하기

활 동 명 김으로 표현하기

활동수준 영아, 높은 수준

활동목표 김을 오감으로 느끼며 김을 이용하여 자유롭게 표현해 본다.

활동자료 김, 물, 물통, 풀, 풍선, 바가지, 신문지, 골판지, 양면테이프, 까슬이, 보슬이, 색접시, 스티커

활동준비

- 김이라는 친숙한 소재를 제시할 때 오감을 고루 발달시키는 방식으로 경험을 소개하면서 제시하는 것이 좋다. 모양을 살피고, 맛을 보고, 촉감을 느끼고, 찢어 보는 등의 다양한 활동을 한다.
- 사전에 김이라는 소재에 대한 사전 탐색활동을 하고 난 후 사후활동으로 김으로 표현하는 활동으로 진행한다.

활동방법

① 도입

- 점심시간에 밥을 먹다가 얼굴에 김이 묻은 영아를 보고 다른 영아가 재밌어 하는 모습을 관찰하였다. 교사는 영아의 흥미를 확장시켜 주기 위해 김을 여러 장 잘라 바구니에 담아 제시하였고, 영아들은 김을 탐색하며 얼굴에 붙이기도 하고 날리기도 하며 함께 놀이한다.

> 교사: 김을 먹어 본 경험이 있나요?
> 김을 먹었을 때는 어떤 맛이 났나요?
> 구운 김을 먹었을 때는 고소한 맛도 있고, 소금이 많이 들어가면 짠맛도 느낄 수 가 있어요.

맛있는 김으로 원하는 모양을 자유롭게 표현해 봐요.

- 다양한 재료를 보여 준다.

교사: 풍선, 바가지, 신문지, 골판지, 색접시 등 다양한 재료를 사용해 김 꾸미기를 표현해 봐요.

- 영아들이 원하는 재료를 선택해 김으로 표현해 보자고 제안한다.

② 전개

- 다양한 재료를 이용하여 김으로 표현하기를 한다.
- 영아들이 김으로 표현하는 동안 돌아다니며 영아들에게 도움을 주거나 이야기를 해 준다.

③ 마무리

- 김으로 표현한 것을 마무리한다.

교사: 모두 다 만들어 봤나요? 우리 친구들이 모두 다양한 생각을 했네요.
모두 주변을 정리해 보도록 해요.

- 영아의 작품이 무엇을 표현한 것인지 이야기한다.
- 김으로 표현한 활동을 할 때, 어떤 느낌이 있는지 이야기해 본다.

그림 14-5 김으로 표현하기 활동작품

활동의 확장 및 유의점

- 김으로 수염이나 눈썹을 표현하여 얼굴을 꾸며 볼 수 있다. 이때 물로 붙일 수 있는 성질을 활용한다.

(6) 식빵으로 감정 표현하기

활 동 명 식빵으로 감정 표현하기

활동수준 영아, 높은 수준

활동목표 다양한 감정표현을 알 수 있고, 식빵을 통해 오감을 자극할 수 있다.

활동자료 식빵, 감정표현카드, 비닐, 개인 접시, 잼, 색종이, 테이프

활동준비

- 식빵을 찢어서 다양한 감정을 표현해 내는 활동이므로 표정을 다양하게 표현해 보는 사전활동을 충분히 하는 것이 좋다.
- 식빵을 찢거나 구멍 내는 활동으로 진행하면서 다양한 감정의 표현이 나타나도록 사전활동으로 표정놀이를 진행한다.

활동방법

① 도입

- 교실의 거울을 보며 자신의 모습을 관찰하는 영아에게 교사가 다가가 다양한 표정을 지으며 함께 놀이한다.

> 교사: ㅇㅇ이가 거울 속에서 활짝 웃고 있네요.
> 선생님도 ㅇㅇ처럼 웃으니 기분이 좋아요.

- 영아에게 웃는 모습, 화난 모습, 슬퍼 우는 모습 등 다양한 감정을 표정으로 표현해 보도록 격려한다. 다양한 얼굴표정(감정)카드와 손거울 등을 지원하고, 식빵을 활용하여 다

양한 감정표현을 해 보자고 제안한다.

교사: 식빵을 만져 보세요.~ 느낌이 어때요?
식빵을 만졌을 때 무슨 소리가 나는지 말해 볼까요?
식빵에서 어떤 냄새가 나는지 말해 볼까요?
식빵을 먹어 볼 거예요.

② 전개

- 사전활동으로 진행한 표정놀이에 대해 이야기를 나눈다.

영아: 웃는 표정이요~
슬픈 표정이요~
놀란 표정이요~
교사: 오늘은 우리가 했던 표정놀이를 식빵으로 표현해 봐요.

- 다양한 표정카드를 제시하고 식빵으로 자유롭게 그 표정을 따라서 표현해 보도록 한다.
- 영아들에게 잼, 식빵, 색종이를 나눠 주고 표정을 만들어 보게 한다.
- 잘 붙여지지 않는 빵은 테이프로 붙일 수 있도록 한다.

③ 마무리

- 식빵을 사용하여 만든 자신의 작품이 무엇을 표현한 것인지 이야기한다.

교사: 식빵으로 어떤 느낌(감정) 표현을 했나요?
영아: 놀란 표정이요. 그래서 입을 벌리고 있는 모습이에요.
울고 있는 모습이에요. 눈물이 주르륵주르륵 흐르고 있어요.

그림 14-6 식빵으로 감정 표현하기 활동작품

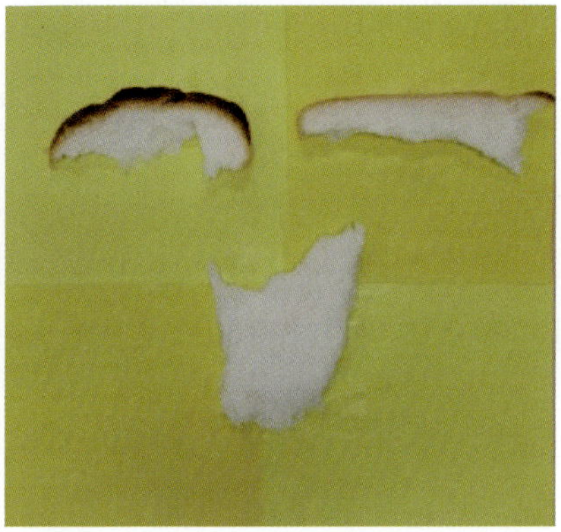

활동의 확장 및 유의점

- 식빵의 부드러움과 찢었을 때의 느낌을 충분히 느끼게 한다.
- 감정카드의 느낌대로 찢어서 표현해 내는 경험을 충분히 하게 한다.
- 먹을 수 있도록 접착제는 풀 대신에 잼을 활용하도록 한다.

(7) 내가 좋아하는 과일에 색종이 붙이기

활 동 명 내가 좋아하는 과일에 색종이 붙이기

활동수준 영아, 중간 수준

활동목표 다양한 과일의 종류 및 내가 좋아하는 과일에 대해 알아보고, 색종이 붙이기를 통해 소근육을 발달시킨다.

활동자료 다양한 과일사진, 스케치북, 색종이, 풀

활동준비

- 다양한 과일의 종류 및 내가 좋아하는 과일에 대해 알아보고, 과일사진을 제시하여 과일사진을 표현해 보는 활동으로 그리기, 색칠하기보다는 스케치북에 색종이를 붙여 완성

하는 표현활동에 집중한다.

- 풀을 사용하기 어려우면 양면테이프를 미리 붙여 두거나, 혹은 라벨지에 과일사진을 인쇄하여 스티커로 찢어 붙이기 형태로 진행할 수도 있다.

활동방법

① 도입

- 영아들이 오전 간식으로 바나나를 먹으며 좋아하는 과일에 대해 이야기를 나눈다.

> 영아: 선생님, 나 바나나 좋아해요. 맛있어요.
> 교사: ㅇㅇ는 바나나를 좋아하는군요.
> 영아: 나는 포도가 더 좋아요. 선생님 여기 포도랑 똑같은 장난감이 있어요.

- 영아가 소꿉 놀잇감의 포도 음식모형을 교사에게 가져오자 교사는 영아들과 과일의 색과 모양 등의 탐색을 돕는 상호작용을 한다. 교사는 영아들에게 좋아하는 과일을 탐색할 수 있도록 상호작용하고 색종이를 이용해 직접 꾸며보는 놀이를 제안한다.

② 전개

- 영아들이 자유롭게 색종이를 찢거나 구기면서 꾸미기를 시작한다.
- 교사는 아이들의 활동을 살피면서 상호작용하며 활동을 독려한다.

③ 마무리

- 다양한 색종이로 꾸민 완성된 자신의 작품이 무엇을 표현한 것인지 이야기한다.
- 색종이를 찢거나 구겨서 표현할 때 어떤 느낌을 주는지 이야기해 본다.

그림 14-7 내가 좋아하는 과일에 색종이 붙이기 활동작품

활동의 확장 및 유의점

- 그림카드 위에 색종이를 선택해서 찢어 붙일 수도 있다.
- 내가 선택한 과일카드와 과일을 표현한 작품을 나란히 전시해서 감상해 볼 수도 있다.
- 오감활동으로 사전에 과일 오감활동을 하고 난 후 표현활동을 제시할 수도 있다.

2. 유아를 위한 표현활동

(1) 가을나무 꽃병 꾸미기

활 동 명 가을나무 꽃병 꾸미기

활동수준 유아, 중간 수준

활동목표 다양한 가을 나뭇잎과 열매로 꽃병 꾸미기를 하며 표현활동을 즐겁게 한다.

활동자료 가을 관련 유아활동사진 ppt, 비밀상자, 가을에 볼 수 있는 카드, 핸디코트, 자연물(나뭇잎, 코팅나무, 솔방울, 도토리나무 조각, 꽃 말린 것, 꼬맹이 리본 등), 이름표, 유리병, 나뭇가지, 지끈, 스푼, 물티슈, 출발선, 오공본드

활동준비 가을을 표현할 수 있는 다양한 자료를 준비하며, 가능하다면 실물자료도 함께 준비한다.

활동방법

① 도입

- 유아들이 숲활동에서 나뭇가지, 솔방울, 단풍잎, 은행잎 등 자연물들을 관찰하고, 교사는 유아들과 함께 모아온 자연물들을 미술영역에 두고, 숲활동 사진과 동영상도 제시한다. 유아들은 사진과 동영상을 보면서 자연스럽게 숲에서 자연물을 관찰했던 경험을 떠올리며 서로 이야기를 나누고, 자연물에 갖는 관심을 갖는 유아들을 보며 교사도 상호작용을 시도한다.

유아: 솔방울 안에 들어 있던 씨 기억나?
유아: 맞아. 그 안에 있던 게 꼭 잠자리 날개 같았잖아.
교사: 지난번에 숲활동 갔던 걸 기억하네요. 그때 나뭇잎으로 만들었던 꽃이 기억나요?
유아: 네. 저는 그때 호박꽃을 만들었어요.
유아: 저는 솔방울로 꽃다발을 만들었어요.

- 교사는 어린이들이 숲에서 자연물을 탐색했던 경험이 이어지기를 바라며 자연물로 꽃병을 표현할 수 있도록 관련 자료들을 미술영역에 추가로 제공한다.

② 전개

- 가을에 볼 수 있는 것으로 게임으로 퀴즈를 내고 문제를 맞힌 친구가 그 카드를 찾아온다.
- 가을꽃을 표현하고 제작한 꽃으로 꽃병 꾸미기를 한다.
- 만드는 방법을 그림자료를 준비하여 알아본다.
- 핸디코트를 나무주걱으로 조금 떠서 준비한 병에 바르고 핸디코트 위에 꾸미기 자료로 꾸민 후 리본과 이름표를 달아 주면 예쁜 나뭇잎 꽃병이 완성된다.

③ 마무리

- 각자 만든 꽃병에 나뭇잎 꽃을 꽂아 본다.
- 친구에게 자신이 표현한 것은 무엇인지 이야기로 표현해 본다.
- 가을들판이 꾸며진 배경 앞에서 꽃병을 들고 사진을 찍는다.
- 핸디코트가 잘 마르도록 그늘에 두고 관람하며, 친구들의 작품과 비교하면서 이야기를 나눈다.

그림 14-8 가을나무 꽃병 꾸미기 활동작품

활동의 확장 및 유의점

- 핸디코트는 무독성 무향으로 준비하여 제공하고, 반드시 활동 전후로 환기에 신경을 쓴다.
- 핸디코트가 다 마르기 전까지 만지지 말아야 한다고 지도하고, 혹시 만졌을 때의 안전지도를 활동 전에 먼저 실시한 후 활동을 한다.

(2) 향기 나는 벽걸이 장식품 만들기

활 동 명 향기 나는 벽걸이 장식품 만들기

활동수준 유아, 낮은 수준

활동목표 미술재료를 적절히 사용하여 원하는 모양의 장식품을 만들 수 있으며, 완성한 장식품을 활용하는 경험을 가질 수 있다.

활동자료 종이접시, 말린 꽃, 과일껍질, 투명 비닐봉투, 사인펜, 스카치테이프

활동준비

- 말린 꽃은 방향제로 사용하기에 적합한 향기가 많이 나는 꽃잎들(예: 장미, 백일초, 밀짚꽃, 델피니움, 천일홍 등)을 골라 따뜻하고 바람이 잘 통하는 그늘에 말려서 준비한다. 향기가 좋은 과일껍질(예: 귤, 레몬 등)도 함께 말려서 준비한다.
- 말린 꽃을 담을 투명 비닐봉투를 유아 수만큼 준비하여, 향기가 바깥으로 묻어 나올 수 있게 송곳으로 작은 구멍을 곳곳에 뚫어 놓는다. 색종이 비닐봉투를 활용하면 좋다.

활동방법

① 도입

- 바깥놀이 시간에 교사는 땅에 떨어진 꽃잎을 줍는 유아들과 함께 만져 보고 냄새를 맡으며 이야기를 나누던 중 한 유아가 교실에 가져가고 싶다고 제안한다. 유아들은 다양한 꽃잎들을 찾아 주머니에 담아 교실로 가져온다. 며칠 후, 교사는 유아들이 주운 꽃잎을 잘 말린 후 포푸리 주머니에 넣어 벽걸이 장식물을 만들어 교실에 두었는데 유아가 발견하고 관심을 보인다.

> 유아: 이게 뭐예요?
> 교사: ㅇㅇ이가 바깥놀이 시간에 주워 말린 꽃잎으로 만든 향기주머니예요.
> 유아: 냄새가 좋아요. 나도 만들고 싶어요.

- 교사는 관심을 보이는 유아에게 직접 만들어 볼 수 있도록 말린 꽃과 다양한 과일 껍질을 함께 지원한다.

② 전개

- 비닐봉투에 원하는 꽃과 과일껍질을 적당량 담는다.
- 비닐봉투에 담은 꽃과 껍질이 쏟아지지 않게 스카치테이프로 입구를 막는다.
- 종이접시의 적당한 위치에 포푸리 봉투를 붙이고, 사인펜 및 색종이 등의 재료로 자유롭게 장식하여 벽걸이 장식품을 만든다.

③ 마무리

- 완성된 향기가 나는 벽걸이 장식품을 집 안의 어느 장소에 걸고 싶으며, 그 이유가 무엇인지 이야기한다.

그림 14-9 향기 나는 벽걸이 장식품 만들기 활동작품

활동의 확장 및 유의점

- 다양한 재료를 활용하여 우리 집에 어울리는 장식품 및 조형물 만들기로 활동을 확장할 수 있다.

(3) 공판화 찍기를 이용한 카드 만들기

활 동 명 공판화 찍기를 이용한 카드 만들기

활동수준 유아, 높은 수준

활동목표 공판화의 특징을 이해하고 이를 활용하여 원하는 모양의 카드를 꾸밀 수 있다.

활동자료 카드 표지 및 속지, 두꺼운 도화지, 스펀지 뭉치, 물감, 물감접시, 가위, 스카치테이프

활동준비

- 스펀지 뭉치는 먼저 스펀지를 10cm×10cm×2cm 정도의 직육면체 크기로 자른 후에 자른 스펀지의 네 귀퉁이를 모아 잡고 스카치테이프를 감아서 만든다. 스펀지 뭉치의 개수는 사용할 색의 수만큼 준비한다.
- 카드 표지는 종이류(머메이드지, 켄트지 등)를 이용하여 반으로 접었을 때 18cm×12cm 크기가 되게 만들며, 속지는 표지보다 가로, 세로 모두 0.5cm씩 작게 만든다. 카드는 유아 수만큼 준비한다.

활동방법

① 도입

- 교사가 환경자료로 지원한 다양한 공판화 기법의 그림을 보던 유아가 관심을 갖기 시작한다. 재료가 담긴 바구니를 꺼내어 책상으로 가지고 온 유아가 스펀지 뭉치, 카드 표지 등을 꺼내더니 카드 표지에 뚫린 구멍을 만진다.

> 유아: 여기에 구멍이 있어요.
> 유아: 선생님, 여기 구멍에다 그림을 어떻게 그려요?

- 주위에 있던 다른 유아들도 관심을 갖기 시작하였고, 유아들만의 방법으로 구멍 뚫린 곳에 그림을 넣을 방법에 대해 흥미를 보인다.

> 유아: 야, 여기에다 그림을 그려서 테이프로 붙이면 어떨까?
> 유아: 선생님, 나는 벽에 있는 그림처럼 물감으로 찍어서 만들고 싶어요.

• 교사는 흥미를 보이는 유아에게 공판화 만드는 방법과 재료를 소개해 준다.

② 전개

• 카드에 표현할 그림을 구상하고 18cm×12cm 크기의 두꺼운 도화지에 연필이나 사인펜을 사용하여 밑그림을 그린다. 이때 밑그림의 모양에 따라 오릴 것을 고려하여, 자신이 가위로 오리기에 편한 그림을 그리도록 지도한다.
• 가위로 밑그림의 선만 따라 오려 내며, 오릴 때 밑그림 선의 외곽 부분은 훼손하지 않도록 주의한다.
• 물감접시에 물감을 덜어 낸 후, 물감을 스펀지 뭉치에 골고루 묻힌다.
• 판화를 찍을 카드 위에 밑그림을 오려 낸 두꺼운 도화지를 올려놓고, 스펀지 뭉치로 두드려 찍어 낸다. 이때 두꺼운 도화지가 움직이지 않도록 주의한다.
• 두꺼운 도화지를 걷어 내고 밑그림의 모양이 제대로 찍혔는지 확인한다.

그림 14-10 공판화 찍기를 이용한 카드 만들기 활동

③ 마무리

- 완성된 카드에 찍힌 그림과 두꺼운 도화지에 그린 그림의 모양이 어떤지 비교한다.
- 공판화 기법을 이용해 꾸민 카드와 일반 카드의 느낌이 어떻게 다른지 이야기한다.

그림 14-11 공판화 찍기를 이용한 카드 만들기 활동작품

활동의 확장 및 유의점

- 연령이 낮은 유아들은 단순한 도형 모양을 반복해서 찍어 내는 활동이 적당하며, 연령이 높은 유아들은 꽃, 나무 등과 같이 특정 대상물의 전체 모양을 찍어 내는 활동도 가능하다.
- 카드 속지의 경우에도 다양한 재료를 활용하여 꾸미는 활동으로 확장해 볼 수 있다.
- 특정 모양을 반복해서 찍어 낼 수 있는 공판화 기법을 이용하여 포장지를 디자인해 보는 활동으로 확장할 수 있다.

(4) 한지를 이용한 스테인드글라스 꾸미기

활 동 명 한지를 이용한 스테인드글라스 꾸미기

활동수준 유아, 높은 수준

활동목표 한지를 이용하여 스테인드글라스와 같이 창의적으로 표현할 수 있다.

활동자료 여러 색깔의 한지 여러 장(흰색, 검은색 반드시 포함), 가위, 풀, 진한 색의 라인 테이프

활동준비 만드는 방법에 대한 설명자료를 만든다.

활동방법

① 도입

- 종이의 질감과 특성 등을 경험하기를 바라는 교사의 교육적 기대에 따라 다양한 종이를 미술영역에 준비해 준다. 종이의 다양한 질감을 탐색하던 ㅇㅇ는 특히 한지를 좋아해서 여러 가지 색깔의 한지를 가위로 자르며 놀이한다. ㅇㅇ는 다양한 모양으로 잘린 한지들을 이리저리 놓으며 놀이하다가 우연히 아름다운 모양이 만들어지고, 그 모습을 본 다른 유아들이 미술영역으로 모여들어 교사도 함께 지켜본다.

> 유아: 우와 예쁘다. 나 성당에서 이런 거 봤어.
> 유아: 맞아. 엄마랑 카페 갔었는데 이런 거 있었어.
> 유아: 나는 집에 글라스 데코라는 게 있는데, 저렇게 만들어 봤어.
> 교사: (스테인드글라스 사진을 보여 주며) ㅇㅇ랑 ㅇㅇ가 얘기하는 게 이거예요?
> 유아들: 맞아요. 선생님.

- 교사는 여러 가지 스테인드글라스 사진을 보여 주면서 이야기를 나누며 감상한 후에 다 함께 만들어 보기로 한다.

② 전개

- 한지로 스테인드글라스를 만드는 방법에 대해 자료를 보며 설명한다.

• 밝은 색의 한지(흰색, 밝은 노랑 등)에 연필로 밑그림을 그린다.
• 다양한 색깔의 한지를 각 조각 크기별로 자른다.
• 풀로 붙여서 스테인드글라스처럼 꾸민다.
• 진한 색의 라인 테이프로 조각들의 경계선을 따라 붙인다.

그림 14-12 한지를 이용한 스테인드글라스 꾸미기 활동

③ 마무리

• 다 만든 한지 스테인드글라스를 마를 때까지 그늘에 둔다.
• 유아들과 함께 주변을 정리한 후, 만들고 난 후의 느낌을 이야기한다.

그림 14-13 한지를 이용한 스테인드글라스 꾸미기 활동작품

활동의 확장 및 유의점

- 라인 테이프 대신 검은색이나 진한 색의 한지로 얇게 잘라 선으로 사용할 수 있다.
- 친구들의 작품전시회 및 감상활동을 할 수 있다.
- 한지 대신 OHP 필름이나 아크릴판에 스테인드글라스 물감으로 꾸밀 수도 있고, 낮은 수준의 유아들은 글라스데코를 사용할 수도 있다.

(5) 수면양말로 토끼인형 만들기

활 동 명 수면양말로 토끼인형 만들기

활동수준 유아, 높은 수준

활동목표 간단한 바느질로 토끼를 만들 수 있다.

활동자료 수면양말 한 켤레, 바늘꽂이, 실, 바늘, 골무, 가위, 네임펜, 솜, 단추 혹은 모형 눈, 강력접착제

활동준비

- 만드는 방법에 대한 설명자료를 만들고, 토끼인형을 교사가 미리 만들어둔다.
- 토끼인형의 목도리로 사용할 작은 조각의 천을 준비한다.

활동방법

① 도입

- 토끼인형을 들고 등원하는 동생들을 지켜보면서 유아들의 관심이 집중된다.

유아: ㅇㅇ이는 매일 토끼인형을 들고 다닌다.
유아: 우리 집에 엄마가 만들어주신 인형이 있어.
유아: 나도 인형 갖고 싶다. 선생님, 우리도 인형 만들 수 있어요?

- 교사는 유아들에게 인형 만들기에 필요한 자료들을 지원해 주고, 만드는 방법에 대해 유아들과 함께 찾아보며 이야기를 나눈다.

② 전개

- 양말에 네임펜으로 도안을 그리고, 도안대로 자른다.
- 뒤집어서 선을 따라 바느질한다.
- 다시 뒤집어서 솜을 넣는다.
- 몸통과 머리, 꼬리의 끝부분을 시침질한 후 솜을 넣고 잡아당긴다.
- 토끼인형 모양으로 틀을 잡은 후 몸통, 머리, 꼬리, 팔을 바느질로 연결한다.
- 몸통과 머리의 연결부분을 미리 준비해 둔 목도리로 감싼다.
- 단추나 모형 눈을 강력접착제로 붙여서 토끼 눈을 만든다.
- 바느질로 눈썹을 만들거나 네임펜으로 코와 입을 그려 얼굴을 꾸민다.

그림 14-14 수면양말로 토끼인형 만들기 활동

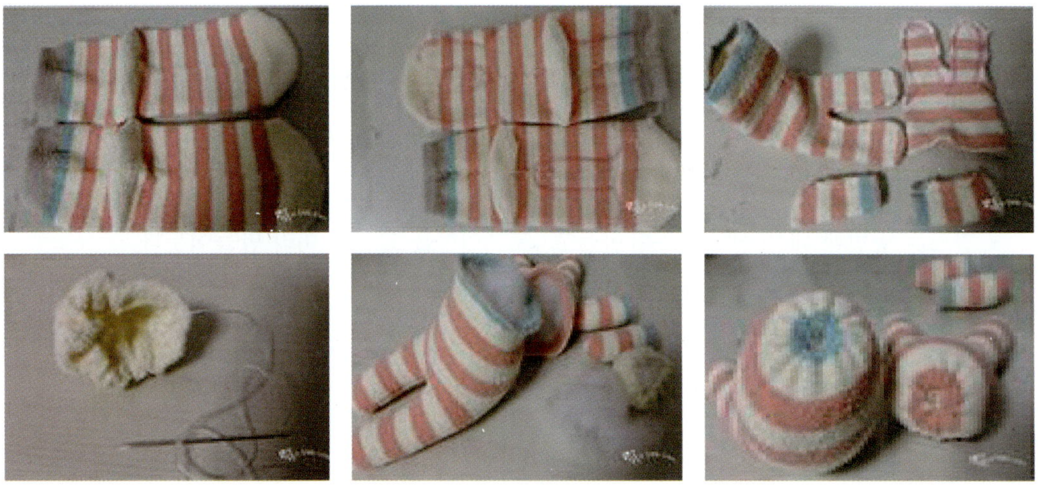

③ 마무리

- 유아들과 함께 주변을 정리한 후, 자신이 만든 토끼인형에 이름을 붙여준다.
- 만들고 난 후의 느낌을 이야기한다.

그림 14-15 수면양말로 토끼인형 만들기 활동작품

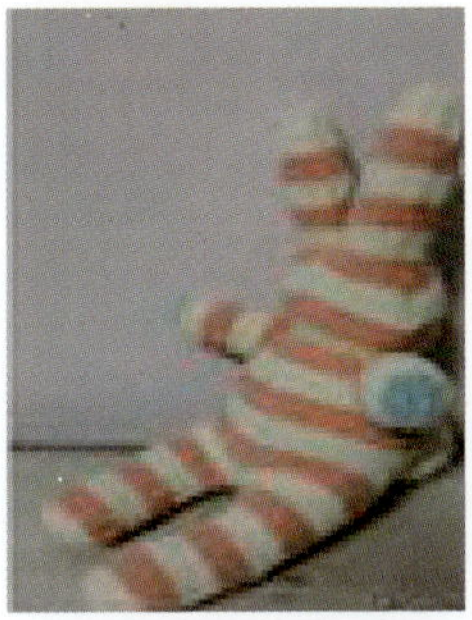

활동의 확장 및 유의점

- 바늘에 찔리지 않도록 주의하고 잃어버려서 다치는 일이 없도록 주의한다.
- 바늘을 사용하고 난 후 반드시 바늘꽂이에 꽂아 두도록 한다.
- 유아들의 손에 강력접착제가 직접 닿지 않도록 유의하고, 교사가 도와준다.
- 하루에 다 할 수 없다면 며칠에 걸쳐 천천히 만들기를 해도 된다.
- 토끼의 팔까지 만들기 어려우면 몸통과 머리를 연결한 후에 몸통의 양쪽 끝에서 살짝 안쪽으로 세로선을 박음질하면 팔이 만들어진다.

(6) 주변에 핀 꽃으로 그림 그리기

활 동 명 주변에 핀 꽃으로 그림 그리기

활동수준 유아, 낮은 수준

활동목표 주변에 핀 꽃을 말려서 창의적으로 그림을 그릴 수 있다.

활동자료 여러 가지 말려 둔 꽃들, 다양한 크기의 어두운 색의 색지, 밝은 색 색연필, 목공풀, 가위, 색종이, 다양한 끈

활동준비 유아들과 함께 산책활동에서 주워 온 꽃들을 정리한 후 그늘에서 잘 말려 둔다.

활동방법

① 도입

- 바깥놀이 시간에 활짝 핀 들꽃을 보며 유아들이 이야기를 나누고 있다. 교사는 유아들이 보이는 관심에 따라 꽃의 생김새와 색, 잎의 모양 등을 함께 탐색하며 상호작용한다.

유아: 여기, 꽃 많아. 예쁘다.

유아: 들꽃도 ㅇㅇ처럼 이름이 있어요. 저 노란 꽃 이름은 '애기똥풀'이래요.

유아: 우리 이모는 이렇게 꽃을 잡고, 드레스도 입고 결혼했어요.

- 유아가 결혼식장에 다녀온 경험을 이야기하며, 바닥에 그림을 그리더니 들꽃을 위에 올려놓는다. 이 모습을 관찰한 교사는 유아들과 함께 꽃을 주워온 후 그늘에서 잘 말려 둔다.

② 전개

- 말려 둔 꽃과 다양한 크기의 색지를 나눠 준다.
- 밝은 색 색연필로 원하는 밑그림을 그린다.
- 밑그림을 그린 색지 위에 목공풀로 말려 둔 꽃들을 붙여 완성한다.
- 색종이나 끈처럼 다른 재료를 가지고 꾸미기를 더 해도 된다.

그림 14-16 주변에 핀 꽃으로 그림 그리기 활동

③ 마무리

- 유아들과 함께 주변을 정리한 후, 그림을 그리고 난 후의 느낌에 대해 이야기를 나눈다.

그림 14-17 주변에 핀 꽃으로 그림 그리기 활동 작품

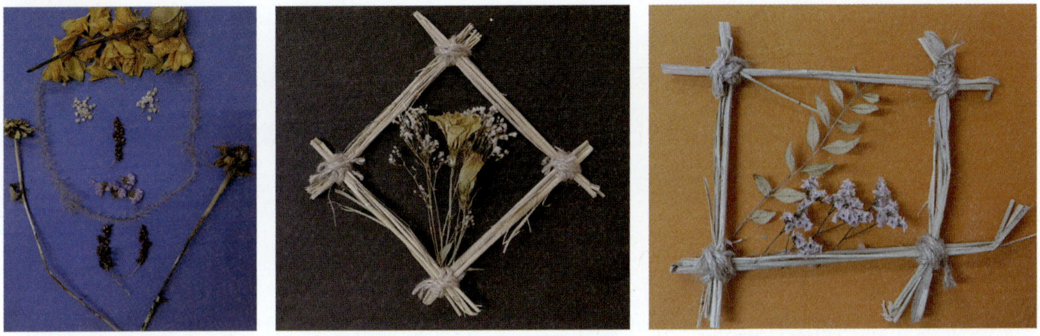

활동의 확장 및 유의점

- 색지의 크기를 다양하게 준비함으로써 미술활동에 두려움을 느끼는 유아들의 부담을 감소시켜 준다.
- 끈이나 색종이 등 다양한 재료를 제공하고 유아들에게 선택할 수 있도록 한다.
- 어두운 색지 위에서 밝은 색의 꽃이 더 잘 표현된다.

(7) 고무장갑을 이용한 가족인형 만들기

활 동 명 고무장갑을 이용한 가족인형 만들기

활동수준 유아, 중간 수준

활동목표 다양한 재활용품을 이용한 표현활동을 경험하며 가족구성원에게 관심을 갖는다.

활동자료 고무장갑, 사인펜, 스팽글, 오공풀, 눈알, 털실

활동준비

- 물기를 제거한 고무장갑을 준비한다. 고무장갑의 손가락이 달린 윗부분을 잘라 놓는다.
- 다양한 재료를 준비해 두고, 고무장갑에 가족구성원을 표현해 보도록 한다.

활동방법

① 도입

- 유아들이 역할놀이 영역에서 종이로 만든 막대인형을 가지고 엄마아빠 놀이를 하다가 막대인형의 종이가 찢어진다. 유아들은 자꾸 찢어지는 종이 막대인형이 마음에 들지 않는다.

유아: 왜 자꾸 찢어지지?
유아: 지난번에도 찢어져서 다시 만든 건데... 찢어지지 않는 건 없나?

- 이 모습을 지켜보던 교사는 유아들이 스스로 문제를 해결할 수 있도록 상호작용을 한다.

교사: 무슨 문제가 있는 거예요?
유아: 선생님. 엄마아빠 놀이를 하다가 막대인형이 자꾸 찢어져요. 어제는 할머니 막대인형이 찢어져서 놀이를 못하고 있어요.
교사: 그랬구나. 그럼 어떻게 하면 막대인형이 찢어지지 않을까요?
유아: 종이 말고 다른 걸로 만들어 보면 어때요?
교사: 그래요. 우리 함께 어떤 자료가 좋을지 찾아볼까요?

- 교사는 유아들과 함께 적절한 자료를 찾아보다가 고무장갑을 제안한다.

② 전개

- 고무장갑을 이용해 가족을 어떻게 만들지 이야기를 나누어 보도록 한다.
- 준비한 재료를 탐색할 시간을 갖는다(고무장갑, 스팽글, 사인펜, 오공풀, 눈알 등).
- 가족을 표현해 보도록 한다.
- 제시한 재료 외에 유아들이 더 원하는 재료가 있으면 준비하여 자유롭게 표현해 보도록 한다.

그림 14-18 고무장갑을 이용한 가족인형 만들기 활동

③ 마무리

- 가족인형을 만들어 친구들에게 소개하도록 한다.
- 유아들이 완성한 작품들을 감상하며 사진으로 기록을 남겨 준다.

그림 14-19 고무장갑을 이용한 가족인형 만들기 활동작품

활동의 확장 및 유의점

- 활동 후에는 만들어 놓은 가족인형으로 동극을 해 보도록 한다.
- 고무장갑을 이용한 다른 활동을 계획해 보도록 한다.

요약 및 정리

- 표현활동은 자신의 생각과 느낌을 그리기, 만들기, 꾸미기 등의 다양한 예술작품으로 창의적으로 표현하는 활동으로, 표준보육과정 예술경험영역의 '창의적으로 표현하기' 및 누리과정 예술경험영역의 '창의적으로 표현하기' 범주의 내용과 관련된다.
- 영아를 위한 표현활동은 자연이나 다루기 쉬운 미술도구를 활용한 단순한 미술활동과정에 참여하여 즐길 수 있는 것으로 '플레이콘을 이용한 꽃밭의 애벌레 만들기', '나무껍질을 이용한 표현활동', '나뭇잎 스크래치', '종이를 찢어 얼굴표정 표현하기', '김으로 표현하기', '식빵으로 감정 표현하기', '내가 좋아하는 과일에 색종이 붙이기' 등의 표현활동을 실제로 유아교육현장에서 활용해 볼 수 있다.
- 유아를 위한 표현활동은 여러 가지 미술재료와 도구를 다양하게 사용하여 자신의 생각과 느낌을 독창적으로 표현하거나 협동적인 미술활동에 참여하며 즐길 수 있는 활동으로 '가을나무 꽃병 꾸미기', '향기 나는 벽걸이 장식품 만들기', '공판화 찍기를 이용한 카드 만들기', '한지를 이용한 스테인드글라스 꾸미기', '수면양말로 토끼인형 만들기', '주변에 핀 꽃으로 그림 그리기', '고무장갑을 이용한 가족인형 만들기' 등의 표현활동을 실제로 유아교육현장에서 활용해 볼 수 있다.

15

감상활동

학습개요

유아교육현장에서 감상활동은 인식 부족과 적절한 감상활동 프로그램의 부족으로 탐색 및 표현활동에 비해 균형 있게 이루어지지 못하고 있는 실정이다. 그러나 미술감상은 자연이나 주변의 사물 혹은 다양한 예술작품들과 관계를 맺으며 아름다움에 대한 인식을 넓힘으로써 창의적인 미술표현의 원천이 되는 것은 물론 아동 자신을 정서적으로 풍요롭게 만드는 중요한 활동이므로, 탐색 및 표현활동 중심의 아동미술교육에서 벗어나 감상활동도 비중 있게 다룰 필요가 있다. 이 장에서는 누리과정에서 제시한 감상활동과 관련하여, 영유아의 발달특성에 따른 수준별 교육내용을 참조하여 영아를 위한 감상활동과 유아를 위한 감상활동의 실제 사례를 살펴본다.

학습목표

1. 자연과 사물 및 다양한 작품들을 접촉하여 오감을 통해 아름다움을 느끼며 작품의 가치를 이해할 수 있는 감상활동의 실제 사례를 살펴본다.
2. 영아를 위한 감상활동과 유아를 위한 감상활동의 차이를 이해하고 적용한다.
3. 감상활동의 실제 사례별로 교사의 적절한 역할에 대해 안다.

주요용어

감상활동 : 자연과 사물 및 다양한 작품들을 접촉하여 오감을 통해 아름다움을 느끼며, 작품의 미적 · 문화적 · 역사적 가치를 느끼고 판단하고 이해하는 활동

미술감상이란 자연과 사물 및 다양한 작품들을 접촉하여 감각과 지각을 통해 아름다움을 느끼고, 작품의 미적 · 문화적 · 역사적 가치를 느끼고 판단하고 이해하는 내면화 과정으로(한국미술교과교육학회, 2003), 감상활동은 예술작품이나 친구의 작품을 단순히 보고 즐기는 것에서 더 나아가 작품에 대한 생각과 느낌을 신체, 언어, 미술, 음악 등으로 자유롭게 표현해 보는 활동까지 포함한다.

이 장에서는 누리과정 예술경험영역의 '예술 감상하기' 범주의 내용을 참조하였다. 영아를 위한 감상활동은 자연과 사물에서 색이나 질감 등의 예술적 요소에 관심을 갖고 즐길 수 있는 활동에, 유아를 위한 감상활동은 예술작품이나 친구 작품의 아름다움을 접하고 작품에 대한 생각과 느낌을 다양하게 표상해 보는 활동에 초점을 맞추었다.

1. 영아를 위한 감상활동

(1) 테오 반 두스부르흐(Theo Van Doesburg)의 「암소」 작품을 감상하고 꾸며 보기

활 동 명 테오 반 두스부르흐의 「암소」 작품을 감상하고 꾸며 보기

활동수준 영아, 높은 수준

활동목표 도형으로 구성된 작품에 관심을 가지고 감상할 수 있다.

활동자료 도화지, 색상지, 풀, 가위

활동준비 테오 반 두스부르흐의 「암소」 작품을 교실 벽면에 게시해 주어 자연스럽게 작품에 대한 흥미가 유발될 수 있도록 환경을 제공해 준다.

그림 15-1 테오 반 두스부르흐의 「암소」 작품

➤ 출처: http://www.doopedia.co.kr/mv.do?id=101013000728831

활동방법

① 도입

- 영아들이 모여서 동물 그림책을 보고 있다. 그림책에 암소 그림을 보면서 암소 울음소리와 암소의 노란색에 관심을 보인다. 교사는 영아의 흥미를 확장시켜 우리 교실에 노란색이 어떤 것들이 있는지 찾아볼 수 있도록 상호작용한다. 영아들은 벽면에 붙여 둔 테오 반 두스부르흐의 「암소」 그림에서 노란색을 찾아내며 암소 작품에 관심을 보인다.
- 테오 반 두스부르흐의 「암소」 작품을 다양한 관점에서 감상할 수 있도록 상호작용한다.

교사: (테오 반 두스부르흐의 「암소」 작품을 보여 주며) 이 그림은 무엇을 그린 그림일까요?

영아: 블록이요. 레고블록 같아요.

교사: 블록처럼 보이는군요.
그런데 이 그림은 네덜란드의 화가 테오 반 두스부르흐가 '암소'를 그린 그림이란다. ㅁㅁ는 암소를 본 적이 있나요?

영아: 소를 본 적이 있어요. 시골 할머니 집에서 봤어요.

교사: 그렇구나! 소는 무슨 색이었는지 기억나나요?

영아: 네, 노란색이었어요.

교사: 그럼 그림에서 암소를 찾아볼 수 있을까요?

영아: 여기 노란색이요.

교사: 그렇구나! 그럼 여기 이것은 무엇일까요?

영아: 그건 꼬리구요. 그리고 이건 뿔이에요.

교사: ㅁㅁ는 암소에 대해 자세히 알고 있네요!

- 영아들도 직접 암소를 꾸며 보는 경험을 해 보도록 제안한다.

② 전개

- 무엇으로 꾸미고 싶은지 재료를 살펴보며 구상한다.
- 암소를 꾸며 주는 다양한 크기의 도형을 준비해 준다.
- 다양한 종이를 사용하여 꾸민다.

그림 15-2 테오 반 두스부르흐의 「암소」를 감상하고 꾸며 보기 활동

③ 마무리

- 친구들이 꾸민 암소 그림을 감상하며 전체적으로 어떤 느낌이 나는지 이야기를 나눈다.
- 완성된 작품을 어디에 걸어 두고 싶은지, 그 이유는 무엇인지 이야기한다.

그림 15-3 테오 반 두스부르흐의 「암소」를 감상하고 꾸며 보기 활동작품

활동의 확장 및 유의점

- 그림에서 암소의 모습을 신체로 표현하는 활동으로 확장할 수 있다.
- 미술전시관을 직접 방문해 보는 활동을 진행할 수 있다.
- 가위를 사용할 때 손을 다치지 않도록 조심하면서 오린다.

(2) 장 미셸 바스키아(Jean Michel Basquiat)의 「자화상」 따라 그리기

활 동 명 장 미셸 바스키아의 「자화상」 따라 그리기

활동수준 영아, 높은 수준

활동목표 자화상 콜라주 작품에 관심을 가지고 감상할 수 있다.

활동자료 도화지, 색상지, 물감, 풀, 가위

활동준비 장 미셸 바스키아의 「자화상」 작품을 교실 벽면에 게시해 주어 아이들이 자연스럽게 작품에 흥미가 유발될 수 있도록 환경을 제공해 준다.

그림 15-4 장 미셸 바스키아의 「자화상」 작품

➤ 출처: http://theredlist.com/media/database/fine_arts/artistes-contemporains/usa_1/jean-michel-basquiat/001-jean-michel-basquiat-theredlist.jpg

활동방법

① 도입

• 교실에서 거울을 보고 있던 영아가 자기 얼굴 모양을 따라 손가락으로 거울 속에 비친 얼굴을 그리고 있다. 교사가 다가가 "거울 속에 비친 얼굴을 그리고 있네요. 거울 속에 비친 것처럼 나의 얼굴을 내가 그리는 것을 자화상이라고 해요. 우리 교실에도 자화상 그림이 있는데 함께 찾아볼까요?"라고 한다. 영아가 벽면에 붙어 있는 장 미셸 바스키아의 「자화상」 작품을 찾아내고 그림을 보면서 상호작용한다.

교사: (장 미셸 바스키아의 「자화상」 작품을 보여 주며) 이 그림은 무엇을 그린 그림일까요?

영아: 사람이요. 울고 있는 것 같아요.

교사: 왜 울고 있다고 생각하나요?

영아: 눈을 보세요. 눈에서 빨간색 눈물이 나와요.

교사: 귀도 빨간색인데….

영아: 입도 빨갛고 옷도 빨개요.

교사: 그렇구나! 그런데 입 옆에는 뭐지요?

영아: 그건 수염이구요. 그리고 하얀색이에요.

교사: ㅇㅇ는 그림을 자세히 살펴봤군요!

- 영아들도 직접 「자화상」 작품을 보고 자유롭게 꾸며 보는 경험을 해 보도록 제안한다.

② 전개

- 무엇으로 꾸미고 싶은지 재료에 대해 이야기해 본다.
- 얼굴에 물감은 언제 어떻게 쓰면 좋을지 생각해 본다.
- 다양한 종이를 사용하여 꾸민다.

그림 15-5 장 미셸 바스키아의 「자화상」 따라 그리기 활동

③ 마무리

- 친구들이 꾸민 자화상 그림을 감상하며 전체적으로 어떤 느낌이 나는지 이야기를 나눈다.
- 완성된 작품을 어디에 걸어 두고 싶은지, 그 이유는 무엇인지 이야기한다.

활동의 확장 및 유의점

- 그림에서 자화상의 모습을 얼굴표정으로 표현하는 활동으로 확장할 수 있다.
- 미술전시관을 직접 방문해 보는 활동을 진행할 수 있다.
- 가위를 사용할 때 손을 다치지 않도록 조심하면서 오린다.
- 물감이 옷이나 몸에 튀지 않도록 주의한다.

(3) 오딜롱 르동(Odilon Redon)의 「웃음 짓는 거미」 작품을 감상하고 그려 보기

활 동 명 오딜롱 르동의 「웃음 짓는 거미」 작품을 감상하고 그려 보기

활동수준 영아, 높은 수준

활동목표 도형으로 구성된 작품에 관심을 가지고 감상할 수 있다.

활동자료 베이지색 머메이드지, 목탄

활동준비 오딜롱 르동의 「웃음 짓는 거미」 작품을 교실 벽면에 게시해 주어 자연스럽게 작품에 대한 흥미가 유발될 수 있도록 환경을 제공해 준다.

그림 15-6 오딜롱 르동의 「웃음 짓는 거미」 작품

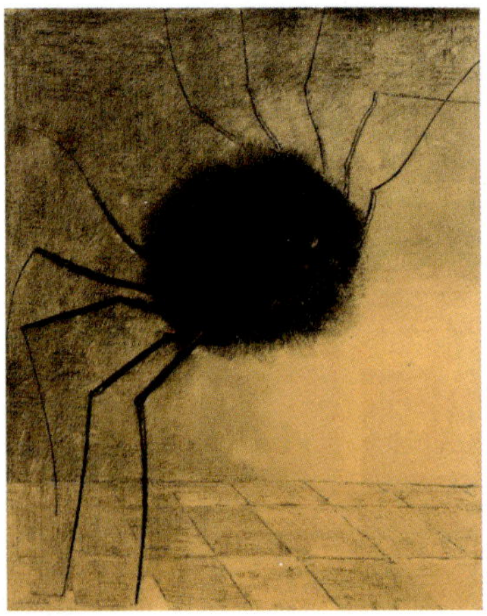

➤ 출처: http://www.escapeintolife.com/wp-content/uploads/2010/06/redon2.jpg

활동방법

① 도입

- 바깥 놀이터로 나가던 중 ○○이가 화단의 거미집을 발견하고 화단의 거미집을 가리킨다. 영아들이 ○○이 곁으로 모여들어, 거미집을 살펴보다가 거미집을 따라 움직이는 거미를 발견하고 거미에 관심을 가지고 관찰하였다.
- 산책을 마치고 교실로 들어와서 벽면에 게시된 오딜롱 르동의「웃음 짓는 거미」작품으로 관심이 확대되었고, 산책시간에 보았던 거미의 모습을 연상하여 "거미는 다리가 많아"라며 엎드려서 거미의 움직임을 표현하고, "거미가 이렇게 웃고 있어!"라며 거미의 표정을 몸짓과 언어로 표현한다.

교사: 그렇구나! 작품 제목도「웃음 짓는 거미」래요.
거미 몸에서 또 뭘 찾아볼 수 있을까요?
영아: 긴 다리요. 다리가 아주 많아요.
교사: 그렇구나! 그럼 저 길고 많은 다리는 언제 사용할까요?
영아: 먹이를 잡을 때요. 달려가서 먹이를 빨리 잡을 수 있어요.
교사: 그럼 우리도 우리만의 거미를 표현해 보면 어떨까요?

② 전개

- 무엇으로 거미를 그리고 싶은지 재료를 이야기하면서 구상한다.
- 거미를 그리는 다양한 미술도구를 준비해 준다.
- 베이지색 머메이드 종이를 사용하여 꾸민다.

그림 15-7 오딜롱 르동의 「웃음 짓는 거미」 작품을 감상하고 그려 보기 활동

③ 마무리

- 친구들이 그린 거미 그림을 감상하며 전체적으로 어떤 느낌이 나는지 이야기를 나눈다.
- 완성된 작품을 어디에 걸어 두고 싶은지, 그 이유는 무엇인지 이야기한다.

활동의 확장 및 유의점

- 그림에 나타난 거미의 모습을 신체로 표현하는 활동으로 확장할 수 있다.
- 실외활동에서나 탐색영역에서 거미관찰 활동으로 확장하여 진행할 수 있다.
- 목탄으로 거미를 그릴 때 세게 누르지 않도록 주의한다.

(4) 단풍나무를 감상하고 물감으로 표현하기

활 동 명 단풍나무를 감상하고 물감으로 표현하기

활동수준 영아, 낮은 수준

활동목표 단풍나무에 관심을 가지고 관찰하며, 손에 물감을 묻혀 단풍나무를 표현할 수 있다.

활동자료 물감(빨강, 노랑, 주황 등), 접시, 미술 가운, 카메라

활동준비 영아들이 물감으로 단풍나무를 자유롭게 표현해 볼 수 있는 벽면을 선정한 뒤, 교사가 미리 나뭇가지를 그려 놓는다.

활동방법

① 도입

- 바깥놀이 시 단풍나무를 탐색하던 영아가 단풍잎을 자기 손에 대 보기도 하고, 하늘에 비춰보기도 하는 등 단풍잎에 관심을 가지고 다양하게 탐색하고 있는 것이 관찰되었다. 교사는 영아의 흥미에 따라 단풍잎에 대해 상호작용을 해 준다.

> 교사: ㅇㅇ아, 나뭇잎을 보고 있었군요.
> 영아: 빨간색도 있고 노란색 나뭇잎도 있어요.
> 교사: 빨간색 나뭇잎들은 단풍나무에서 떨어진 단풍잎이고, 노란색 나뭇잎들은 은행나무에서 떨어진 은행잎이에요.
> 영아: 그런데 선생님, 이 나뭇잎은 빨간색이랑 초록색이 있어요.
> 교사: 그래요, 이 단풍잎은 빨간색이랑 초록색이 있네요. 색이 점점 변해가고 있어요.

- 자연물들을 탐색하며 색깔과 질감에 대해 자유롭게 말하는 표현의 기회를 제공한다.

② 전개

- 어린이집 주변을 산책하며 단풍나무를 감상한다.

> 교사: 나뭇잎이 어떤 색인가요?
> 나뭇잎 모양은 어떤가요?
> 나뭇잎을 만지면 어떤 느낌일까요?
> 나뭇잎이 떨어질 때 모습은 어떤가요?

- 떨어지는 나뭇잎의 모양을 신체로 표현해 보며, 나뭇잎이 되어 본 느낌을 나눈다.
- 교실로 돌아와 나뭇잎이 떨어지는 모습을 물감으로 표현해 본다.

교사: 나뭇가지에 달려 있는 나뭇잎은 어떻게 표현할까요?
떨어지는 나뭇잎은 어떻게 표현하면 좋을까요?
바람이 불어 나뭇잎이 많이 떨어지는 모습은 어떻게 표현할까요?

• 손가락과 손바닥에 물감을 묻혀 자유롭게 단풍나무를 표현해 본다.

그림 15-8 단풍나무를 감상하고 물감으로 표현하기 활동

③ 마무리

• 단풍나무를 감상하고 신체와 미술활동으로 표현해 본 느낌에 대해 이야기를 나눈다.

활동의 확장 및 유의점

• 산책활동 시 주워 온 나뭇잎을 이용하여 단풍나무 꾸미기 활동으로 확장할 수 있다.
• 물감으로 단풍잎을 표현할 때, 영아들이 자유롭게 표현할 수 있도록 격려해 준다.
• 물감을 입으로 불어서 바람이 불어 떨어지는 나뭇잎을 표현해 볼 수 있다.

(5) 가을 산책의 느낌을 전지 위에 표현하기

활 동 명 가을 산책의 느낌을 전지 위에 표현하기

활동수준 영아, 높은 수준

활동목표 가을 산책을 통해 가을산의 아름다움을 느끼며, 그 느낌을 전지 위에 표현할 수 있다.

활동자료 자연물을 담을 수 있는 바구니, 전지, 테이프, 별 모양 스티커, 크레파스

활동준비

- 전지를 바닥에 미리 고정해 두어, 영아가 전지 위에 누워 자유로운 포즈를 취할 수 있도록 돕는다.
- 산책활동 시 수집한 자연물은 영아들이 자유롭게 꾸미기 재료로 활용할 수 있도록 담아둔다.
- 스티커는 영아들이 쉽게 붙일 수 있도록 크기가 큰 것으로 준비하고, 적당한 크기로 잘라서 준비해 놓는다.

활동방법

① 도입

- 산에 가 본 경험에 대해 이야기를 나눈다.

> 교사: 최근에 산에 가 본 경험이 있는 친구가 있나요?
> 영아: 일요일 날 아빠랑 등산을 다녀왔어요.
> 교사: 그랬구나! 아빠랑 등산 가서 무엇을 보았나요?
> 영아: 은행잎, 단풍잎, 낙엽도 보고 밤이랑 솔방울이랑 도토리도 보았어요.
> 교사: 정말 많은 것을 보았네요.

- 가을이 되어 달라진 산의 모습을 상상해 보고, 산에 가며 살펴보아야 할 것들과 주의해야 할 것들에 대해 이야기를 나누어 본다.

② 전개

• 가을산을 걸어 보며 무엇이 보이는지, 어떤 소리가 들리는지, 냄새는 어떤지 오감을 활용하여 느껴 본다.

> 교사: 나무는 어떤 모습을 하고 있나요? 지금 무슨 소리가 들리는 것 같나요?
> 산에서 나는 냄새는 어떤가요?
> 나무를 한번 만져 볼까요? 어떤 느낌인가요?

• 가을산을 둘러보며 땅에 떨어진 솔방울, 밤, 낙엽, 열매 등을 찾아보고 준비해 간 바구니에 담아 본다.
• 교실로 돌아와 가을 산책의 느낌을 이야기해 본 뒤, 전지 위에 가을 산책의 느낌을 표현해 본다. 교사는 영아가 전지 위에 누워 있는 모습을 크레파스로 그려 준 뒤, 수집해 온 자연물로 자유롭게 꾸밀 수 있도록 도와준다.
• 별 모양 스티커는 영아가 그린 그림 안쪽으로 붙일 수 있도록 안내해 주고, 크레파스를 이용하여 스티커와 스티커를 선으로 연결해 본다.

그림 15-9 가을 산책의 느낌을 전지 위에 표현하기 활동

③ 마무리

- 가을 산책 후, 미술활동으로 표현해 본 느낌에 대해 이야기를 나눈다.
- 다른 친구의 작품을 감상하며 다른 친구 작품의 비슷한 점이나 다른 점, 재미있는 점 등에 대해 이야기를 나누어 본다.

활동의 확장 및 유의점

- 영아들이 안전하게 산책하며, 자연의 아름다움을 느낄 수 있는 곳으로 산책 장소를 정한다.
- 영아들이 자연의 변화에 관심을 갖고 아름다움을 느낄 수 있도록 교사가 적절한 질문을 한다.
- 완성된 작품을 사진으로 남겨서 사진전을 열어 보는 활동으로 확장할 수 있다.

(6) 수묵화를 감상하고 먹물로 그림 그리기

활 동 명 수묵화를 감상하고 먹물로 그림 그리기

활동수준 영아, 높은 수준

활동목표 수묵화에 관심을 가지고 감상할 수 있다.

활동자료 화선지, 먹물, 수묵화 붓, 접시, 수묵화 그림자료

활동준비 채색으로 표현된 그림에만 익숙해져 있는 영아들에게 먹만으로 그린 그림을 감상할 수 있는 기회를 제공하기 위해 수묵화 그림자료를 준비하되, 수묵화 그림을 사진으로 촬영하고 현상하여 카탈로그로 제작하면 좋다.

그림 15-10 수묵화로 그린 사군자 그림자료

활동방법

① 도입

• 전통 민속놀이를 진행하는데, 영아가 배경에 놓인 수묵화 병풍에 관심을 보인다. "꽃, 새, 나무"라며 사군자 그림 속의 대상을 찾아내었다. "꼭꼭 숨어라" 하며 병풍 뒤로 숨기도 하고 밀어서 접어 보기도 하는 등 병풍을 신기해하는 모습이 관찰되었다.

교사: ㅇㅇ는 병풍이 신기한가봐요?
　　이건 사군자라고 하는 병풍인데 먹물로 그린 그림이에요.
영아: 선생님, 먹물이 뭐예요?
교사: 먹물은 옛날 사람들이 글씨를 쓰거나 그림을 그릴 때 사용하던 검은색 물감 같은

거예요.
우리가 사용하는 물감과 어떻게 다른지 먹물로 그림을 그려 볼까요?

② 전개

- 무엇을 그리고 싶은지 주제를 구상한다.
- 수묵화 붓에 미리 갈아 놓은 먹물을 묻혀 화선지에 그림을 그린다.
- 먹물이 흐르지 않게 제자리에 놓고 마를 때까지 기다린다.

그림 15-11 수묵화를 감상하고 먹물로 그림 그리기 활동

③ 마무리

- 친구들이 그린 수묵화 그림을 감상하며, 전체적으로 어떤 느낌이 나는지 이야기를 나눈다.
- 완성한 작품을 어디에 걸어 두고 싶은지, 그 이유는 무엇인지 이야기한다.

활동의 확장 및 유의점

- 수묵화 그림을 보았을 때의 느낌을 신체로 표현해 보는 활동으로 확장할 수 있다.
- 다양한 수묵화를 감상할 수 있는 기회를 제공하기 위해 수묵화전이 열리는 미술전시관을 직접 방문해 보는 활동을 진행할 수 있다.
- 화선지 위에 먹물로 그림을 그릴 때 먹물이 얼굴이나 옷에 튀지 않도록 주의한다.

2. 유아를 위한 감상활동

(1) 명화의 표현기법 따라 해 보기

활 동 명 명화의 표현기법 따라 해 보기

활동수준 유아, 높은 수준

활동목표 새로운 표현기법의 명화를 감상하고 이를 자신의 작품표현에 활용할 수 있다.

활동자료 조르주 피에르 쇠라(Georges Pierre Seurat)의 「그랑드 자트 섬의 일요일 오후」 작품, 사인펜

활동준비 조르주 피에르 쇠라의 「그랑드 자트 섬의 일요일 오후」 작품이 탄생하게 된 배경을 알아본다.

| 조르주 피에르 쇠라의 작품세계 |

그림 15-12 조르주 피에르 쇠라의 「그랑드 자트 섬의 일요일 오후」 작품

➤ 출처: 한국미술문화연구회(2009), 『반갑다! 미술교과서』, p. 341.

조르주 피에르 쇠라(Georges Pierre Seurat, 1859~1891)는 여러 가지 물감을 팔레트에서 섞으면 색이 탁해져 원래의 색이 지닌 아름다움이 사라진다는 것을 깨닫고, 밝은 색을 얻기 위해 순색으로 조그만 점을 찍어 그림을 그렸다. 때문에 이 그림은 선으로 형태를 그리지 않고 모든 대상을 점으로 그려서 화면이 온통 색점으로 이루어져 있다. 이러한 기법을 사용하여 그림을 그리는 사람들을 점묘파라고 부른다.

조르주 피에르 쇠라는 「그랑드 자트 섬의 일요일 오후」를 그리기 위해 6개월 동안 매일 그랑드 자트 섬을 방문하여 스케치를 했고, 꼬박 2년에 걸쳐 그림을 완성했다. 쇠라는 2년 동안 이 그림을 완성하기 위해 최소한 20점 이상의 소묘와 40점 이상의 색채 스케치를 했다. 그는 이런 과정을 통해 사람과 나무, 동물, 잔디 등 각각의 색들이 가지고 있는 특징을 연구하고 그것을 종합하여 하나의 그림을 완성시켰다.

활동방법

① 도입

- 유아들이 미술영역에 마련해 둔 물감과 면봉을 이용하여 스케치북에 찍기 놀이를 하는 것을 관찰하고 미술영역 근처에 점묘법 기법을 활용한 미술작품들을 부착해 둔다. 유아들이 작품에 관심을 보이며 또래끼리 상호작용하는 것을 관찰하고 교사가 개입하여 상호작용을 시작한다.

유아: ㅇㅇ아, 이 그림들을 봐, 작은 점들이 많아.
유아: 여러 가지 색깔 점들이 콕콕 찍혀 있어.
유아: 왜 그림들은 점이 있지?
교사: 이 그림들은 점묘화 작품들이에요.
유아: 점묘화가 뭐예요?
교사: 점으로 그린 작품들을 말해요.
유아: 우와, 점으로도 그림을 그릴 수 있어요?
교사: (면봉에 물감을 묻혀서 도화지에 간단한 그림을 그려 본다) 자, 어때요?
유아: 신기해요, 저도 해 보고 싶어요.
교사: 먼저 재미있는 점묘화 작품을 같이 볼까요?

- 조르주 피에르 쇠라의 「그랑드 자트 섬의 일요일 오후」 작품을 감상한다.

교사: 이 그림을 보고 어떤 느낌이 들었나요?
이 그림에서 가장 마음에 드는 부분은 어디인가요?
여러분이 이 그림의 제목을 붙여 본다면?
이 그림은 어떤 방법으로 그렸을까요?
이 그림 속의 사람들은 어떤 생각을 하고 있을까요?
이 그림은 누구의 작품인가요?

- 조르주 피에르 쇠라가 「그랑드 자트 섬의 일요일 오후」 작품을 표현한 기법과 이 작품이 탄생하기까지의 배경에 대해 설명한다.
- 점묘법을 사용하여 그림을 그려 볼 것을 제안한다.

② 전개

- 주말 동안에 가장 즐거웠던 일을 주제로 연필을 사용하여 밑그림을 그린다.
- 밑그림을 그린 그림에 사인펜을 사용하여 점묘법으로 그림을 완성한다.

그림 15-13 명화의 표현기법 따라 해 보기 활동

③ 마무리

- 점묘법으로 완성한 서로의 작품을 감상한다.

> 교사: 점묘법으로 그림을 그리는 것과 물감이나 크레파스로 채색해서 그림을 그리는 것의 차이는 무엇인가요?
> 그림을 색칠하기 위해 모두 몇 가지의 색을 사용했나요?
> 그림에서 가장 잘된 부분과 잘 안 된 부분은 어디인가요?

활동의 확장 및 유의점

- 사인펜 이외에 쌀이나 작은 비즈 구슬 등을 이용하여 점묘법 그림을 그려 보는 활동으로 확장할 수 있다.
- 독특한 표현기법을 사용한 다른 화가의 작품을 감상하고, 기법을 활용하여 표현해 보는

활동으로 확장해 볼 수 있다.

(2) 재미있는 얼굴

활 동 명 재미있는 얼굴

활동수준 유아, 높은 수준

활동목표
- 작품 속에 나타난 재료, 색, 모양에 대해 알아본다.
- 사람들의 얼굴표정에 관심을 갖는다.

활동자료 주세페 아르침볼도(Giuseppe Arcimboldo)의 작품 사진

활동준비 주세페 아르침볼도의 「초상화」 작품을 준비하여 교실에 걸어 두어 감상할 수 있도록 한다.

그림 15-14 주세페 아르침볼도(Giuseppe Arcimboldo)의 「초상화」 작품

➤ 출처: https://en.wikipedia.org/wiki/Giuseppe_Arcimboldo

활동방법

① 도입

- 유아들이 도서영역에서 명화 그림책을 보며 주세페 아르침볼도의 그림에 관심을 보인다.

유아: 사람 머리 위에 포도가 주렁주렁 매달려 있어.
유아: 사과도 있어.
유아: 꽃으로 만든 목걸이도 하고 있네.
유아: 선생님, 그림 속 사람 얼굴에 과일이랑 꽃이 많아요.

- 교사는 유아들과 함께 명화 그림책 속에 있는 사물을 이용해 얼굴을 그린 그림을 보며 이야기를 나눈다.

② 전개

- 명화에서 미술적 요소 및 원리를 탐색한다.

교사: 그림에서 눈에 가장 띄는 부분은 무엇인가요?
그림에서 가장 밝게(어둡게) 보이는 부분은 어디인가요?
그림 속 입(눈, 코, 귀 등)은 무엇으로 표현했나요?

- 화가와 작품을 소개하고 내용에 대해 이야기를 나눈다.
- 작품 이름, 이름을 정한 이유, 사용한 재료 등을 소개한다.

교사: 주세페 아르침볼도는 왜 이런 그림을 그렸을까요?

③ 마무리

- 작품 감상 후 자신의 생각에 대해 이야기를 나눈다.

교사: 이 그림의 제목을 지어 볼까요?
내가 만약 화가라면 그림에서 다르게 표현하고 싶은 게 있나요?
그리고 싶은 얼굴표정이 있나요?

그림 15-15 재미있는 얼굴 활동작품

활동의 확장 및 유의점

- 점토에 다양한 재료를 사용하여 자신의 얼굴을 표현하는 활동으로 확장해 볼 수 있다.
- 전단지의 과일, 채소 사진을 이용한 콜라주 미술활동으로 확장해 볼 수 있다.

(3) 자연감상

활 동 명 자연감상

활동수준 유아, 높은 수준

활동목표
- 주변 자연환경의 아름다움을 느낀다.
- 자연물에서 색, 형태, 질감에 대해 관찰한다.

활동준비 야외활동이 가능한지 주변을 살펴보고, 산책경로를 정한다.

활동방법

① 도입

- 바깥놀이 도중 벚꽃 잎이 바람을 타고 눈처럼 휘날리는 모습을 보면서 유아들이 흥미를 보인다.

유아: 저것 봐. 눈이 내리는 것 같아! 분홍색 눈이야. 정말 예쁘다.
교사: 정말 그러네! 예쁘다. 벚꽃 잎이 바람에 날리는군요.
유아: 벚꽃 잎은 어디에서 오는 거예요?
교사: 우리 주변을 돌아볼까요? 벚꽃 잎은 어디에서 오는지 살펴볼까요?
유아: 나무에서 떨어지는 것 같아요.
교사: 그래 벚나무에서 떨어지고 있네요.
유아: (목련을 가리키며) 이 꽃은 모양이 달라요.
교사: 그래 모양이 어떻게 다른지 살펴볼까요?

- 유아들의 관심 방향에 따라 자연물들을 관찰하며 색, 형태, 질감에 대해 자유롭게 말하는 표현의 기회를 제공한다.

② 전개

- 다양한 자연물의 색에 대해 이야기를 나눈다.

교사: 주위에 있는 나무의 나뭇잎(꽃, 풀, 하늘 등)은 무슨 색인가요?

- 다양한 자연물의 형태에 대해 이야기를 나눈다.

교사: 둥근(세모, 네모) 모양을 닮은 것으로는 무엇이 있을까요?

- 다양한 자연물의 질감에 대해 이야기를 나눈다.

교사: 나뭇잎(꽃, 풀, 돌멩이 등)을 만져 본 느낌은 어떤가요?

• 자신이 마음에 드는 자연물을 친구에게 소개한다.

교사: 어떤 것이 가장 마음에 드나요? 그 이유는 무엇인가요?

③ 마무리

• 아름다운 자연에 대한 느낌을 이야기를 나눈다.

교사: 산책을 나오니 기분이 어떤가요?
아름다운 자연을 보호하기 위해 우리가 할 수 있는 일이 무엇일까요?

그림 15-16 자연감상 확장 활동작품

활동의 확장 및 유의점

• 야외 감상활동을 계획할 때 날씨를 고려하고 유아들의 안전사고가 발생하지 않도록 유의한다.
• 나뭇가지와 솔방울을 이용한 인형 만들기나 유아들이 직접 모은 나뭇잎을 활용하여 꾸며 보는 활동으로 확장해 볼 수 있다.
• 다양한 꽃잎을 말린 후 꽃 포푸리를 만들어 직접 사용할 수 있다.

(4) 이카루스의 날개

활 동 명 이카루스의 날개

활동수준 유아, 높은 수준

활동목표 예술작품을 감상하고, 명화의 뒷이야기를 상상하여 자유롭게 표현할 수 있다.

활동자료 앙리 마티스(Henri Matisse)의 「이카루스」, 마분지, 색한지(색종이), 백업(리본끈), 글루건, 풀(양면테이프), 가위

활동준비 날개 모양으로 마분지를 오린 후 색종이를 잘 붙일 수 있도록 선을 그어 놓는다.

활동방법

① 도입

- 최근 교사는 유아들이 '까치와 까마귀, 비둘기' 등에 대해 이야기를 나누는 모습을 자주 관찰하였다. 전날 유아들의 관심이 새의 날개에 집중되자 관심을 확장하기 위해 이카루스의 날개를 표현한 미술작품을 교실 벽면에 부착하였다. 도서영역에도 이카루스의 날개 그림책을 준비해 두고 양쪽 날개만 표현된 그림도 교실 한쪽 벽면에 부착해 두었다.

> 유아: (날개 그림을 보며) 선생님, 이건 뭐예요?
> 교사: 날개예요. 한번 ㅇㅇ이가 가운데 와서 서볼래요? 와 ㅇㅇ이도 이카루스처럼 보이네.
> 유아: 이카루스가 누구예요?
> 교사: 도서영역에 『이카루스의 날개』 그림책이 있는데 한번 볼까요? (그림책을 읽어 준다.)
> 유아: 선생님~ 저도 진짜 날개가 있었으면 좋겠어요.
> 유아: 새처럼 날아 보고 싶어요.
> 교사: 그래요? 그럼 우리 한번 날개를 만들어 볼까요?

- 교사는 날개를 만들고 싶어 모인 유아들에게 재료를 소개해 준다.

② 전개

- **재료를 나누어 주고 날개를 꾸며 볼 수 있게 한다.**

교사: '이카루스'가 아빠랑 갇힌 곳은 어디였을까요?
유아: 섬에 있는 미로 같은 동굴이에요~
교사: 맞아요, 우리 '이카루스'처럼 꼬불꼬불 길도 모르고 무서운 이런 섬에 갇혀 있으면 어떨 거 같아요?
유아: 무서워서 도망가고 싶을 것 같아요.
교사: '이카루스'도 너~무 무서워서 동굴을 빠져나오려고 어떻게 했지요?
유아: 아빠가 도와줘서 날개를 만들었어요.
교사: 날개를 붙여서 어떻게 했지요?
유아: 아빠가 태양 가까이 가지 말라고 했는데 계속 가다가 날개가 녹았어요.
교사: 그래서 마티스 화가 아저씨는 녹아 버린 날개를 이렇게 노란색으로 그렸대요. 그럼 '이카루스'는 어떻게 되었을까요?
유아: 바닷속으로 떨어졌어요.
교사: 바다에 떨어진 '이카루스'는 어떻게 되었을까요?
유아: 바닷속에서 수영하고 있을 것 같아요.
교사: 어떻게 하면 '이카루스'가 바다에서 나올 수 있을까요?
유아: '이카루스' 아빠가 날개를 다시 만들어 주면 될 것 같아요.
교사: 오늘은 우리가 '이카루스' 아빠 대신 '이카루스'의 날개를 만들어 주는 것은 어때요?
유아: 네, 좋아요.
교사: 선생님이 날개 모양의 마분지를 준비했어요. 이 날개에 뭐가 필요할까요?
유아: 깃털이 있었으면 좋겠어요.
교사: 우리 친구들이 선생님이 색종이에 미리 표시해 둔 선대로 한 장씩 오려서 깃털을 하나씩 붙이면 이카루스의 날개를 만들 수 있어요. 만들어 볼까요?
유아: 네~

그림 15-17 이카루스의 날개 활동

③ 마무리

- 완성한 이카루스의 날개로 표현해 보고 싶은 느낌을 이야기를 나눈다.

> 교사: 우리 모두 '이카루스'가 되어 날개를 달고 날아 볼까요?
> 유아: 네~
> 교사: '이카루스'처럼 내 몸에 날개가 있다면 어디로 가고 싶나요?
> 유아: 우리 아빠 회사에 가고 싶어요.
> 할머니, 할아버지 집에 가고 싶어요.

그림 15-18 이카루스의 날개 활동작품

활동의 확장 및 유의점

- 깃털의 입체감을 살리기 위해 깃털을 오린 다음, 절반을 접어 준 후 붙인다.
- 마티스의 다른 작품도 감상해 본다.
- 파란 물감을 칠한 바탕에 색 깃털을 붙여 본다.
- 양초나 흰색 크레파스를 이용해 비밀그림으로 표현해 본다.

(5) 풍속화를 감상한 후에 풍속화 그려 보기

활 동 명 풍속화를 감상한 후에 풍속화 그려 보기

활동수준 유아, 높은 수준

활동목표 김홍도의 풍속화를 감상하며 조선 후기 서민사회의 모습을 이해할 수 있고, 풍속도를 직접 표현해 볼 수 있다.

활동자료 김홍도의 「씨름도」, 켄트지, 그리기 재료

활동준비 김홍도의 「씨름도」 그림을 준비할 때, 그림 속 등장인물들의 살아 있는 표정이 눈에 잘 띨 수 있을 정도로 그림이 크고 선명한 것으로 준비한다.

활동방법

① 도입

- 우리나라의 전통에 대해 활동을 하던 중, 유아들이 우리나라의 전통놀이로 관심이 옮겨지는 것을 관찰한 교사는 '김홍도의 씨름도'와 '말풍선을 넣은 씨름도'를 준비하여 벽에 부착해 두었다.
- 다음 날 그림에 관심을 보이는 유아에게 다가가 질문을 한다.

> 교사: ㅇㅇ아, 그림 속의 사람들은 무엇을 하고 있나요?
> 유아: 두 사람이 싸우고 있는 거 같은데, 나머지 사람들은 구경하면서 웃고 있어요.
> 교사: 싸우고 있는 것처럼 보일 수도 있구나. 그런데 저 두 사람은 싸우는 게 아니라 씨름이라는 경기를 하고 있는 거예요. 씨름에 대해 들어 본 적이 있나요?
> 유아: TV에서 본 적 있는데 저 그림이랑은 다른 거 같아요.
> 교사: 이 그림은 아주 오래전에 조선시대에 김홍도라는 화가가 씨름하는 것을 보고 그린 거예요. ㅇㅇ이가 TV에서 보던 모습이랑 어떤 부분이 달라 보이나요?
> 유아: 옷이랑 머리 모양이 다른 거 같아요.
> 교사: 우리 ㅇㅇ이가 아주 자세히 잘 보았네요. 그럼 ㅇㅇ아(말풍선을 가리키며), 이 사람은 뭐라고 말했을 거 같나요?, 아니면 어떤 생각을 했을까요?
> 유아: "이겨라. 내가 이길 거야" 이렇게 얘기했을 거 같아요.

• 명화와 관련된 다양한 발문을 통해 유아의 흥미가 지속될 수 있도록 한다.

그림 15-19 김홍도의 「씨름도」(왼쪽)와 말풍선을 넣은 씨름도(오른쪽)

➤ 출처: http://terms.naver.com/entry.nhn?docId=960352&cid=47310&categoryId=47310

② 전개

• 관련 책이나 민속박물관 견학 등을 통해 우리 전통사회의 고유 풍속에 대해 알아본다.
• 전통사회의 고유 풍속 중에서 가장 인상 깊었던 것을 그림으로 표현한다.

③ 마무리

• 완성된 풍속화를 함께 보며 감상한다.

그림 15-20 풍속화를 감상한 후에 풍속화 그려 보기 활동작품

활동의 확장 및 유의점

- 김홍도의 「씨름도」 가운데 씨름 장면만 없애거나 씨름 장면은 그대로 두고 구경꾼들의 모습만 없앤 부분 그림을 제공하고, 자유롭게 상상하여 창의적으로 그림을 완성해 보는 활동으로 확장할 수 있다.

그림 15-21 풍속화를 감상한 후에 풍속화 그려 보기 확장활동

(6) 나의 자화상 감상하기

활 동 명 나의 자화상 감상하기

활동수준 유아, 높은 수준

활동목표 나의 모습을 그림으로 표현하고 감상할 수 있으며, 나와 다른 사람의 예술표현의 차이를 느낄 수 있다.

활동자료 얼굴사진, 손거울, 도화지, 연필, 초상화 그림

활동준비

- 빈센트 반 고흐, 클로드 모네, 한스 홀바인, 윤두서를 소개하고 화가들이 자기 얼굴이나 모습을 그린 자화상 작품 자료를 준비한다.
- 개별 유아의 얼굴을 클로즈업하여 촬영한 사진을 준비한다.
- 손거울은 유아 수만큼 준비하며 얼굴 전체를 한 번에 볼 수 있는 크기로 한다.

그림 15-22 유명 화가들의 자화상

귀에 붕대를 한 자화상–빈센트 반 고흐

자화상–한스 홀바인

베레모를 쓴 자화상–클로드 모네

자화상–윤두서

활동방법

① 도입

- 유아들이 자기 얼굴 사진이 붙어 있는 환경 게시판을 감상하며 관심을 보인다.

유아: 내 사진이 여기 붙어 있네. 네 사진도 여기에 있어. 너는 머리 모양이 달라졌다.

유아: 맞아, ㅇㅇ이는 막 웃고 있어.

유아: 여기 ㅇㅇ이도 있다. ㅇㅇ이는 입을 벌리고 있어, 재밌다.

교사: 친구들마다 머리 모양이나 눈썹, 눈, 코, 입 모양이 모두 다르게 생겼죠?

- 사전에 비치해 둔 유명한 화가의 자화상을 감상해 본다.

유아: 창작영역 바구니에 사람 얼굴 그림이 있어요.

교사: 그래요, 내 모습을 그린 그림을 자화상이라고 하는데, 유명한 화가가 그린 자화상을 보면서 어떤 느낌이 드나요?
얼굴 모습에서 가장 눈에 띄는 부분은 어디인가요?
그림은 어떤 색을 사용했나요?
어떤 그림이 가장 마음에 드나요? 그 이유는 무엇인가요?

- 자신의 자화상을 직접 그려 보고 싶어 하는 유아들을 대상으로 자화상 그리기를 해 본다.

② 전개

- 개별 유아에게 자신의 얼굴을 찍은 사진을 나눠 주고 얼굴 부분을 자세히 관찰하게 한다.
- 얼굴사진과 손거울로 보이는 얼굴 모습을 참조하여 자신의 자화상을 연필로 그린다.

③ 마무리

- 친구들이 그린 자화상을 감상한다.

교사: 자화상을 그린 그림이 실제와 닮았나요, 닮지 않았나요?
자화상을 그린 그림에서 가장 눈에 띄는 부분은 어디인가요?
자화상을 그린 그림에서 가장 마음에 드는 부분은 어디인가요?
고치고 싶은 부분은 있나요?

그림 15-23 나의 자화상 감상하기 활동작품

활동의 확장 및 유의점

- 회화작품뿐만 아니라 로댕의 「생각하는 사람」과 같은 조소작품을 감상하고 자신의 모습을 조소작품으로 표현해 보는 활동으로 확장할 수 있다.
- 깨진 거울을 통해 보이는 자신의 모습과 같이 추상적 자화상을 표현해 보는 활동으로도 확장해 볼 수 있다.

요약 및 정리

- 감상활동은 자연이나 주변의 사물 혹은 다양한 예술작품들과 관계를 맺으며 아름다움에 대한 인식을 넓힘으로써 창의적인 미술표현의 원천이 되고 아동 자신을 정서적으로 풍요롭게 만드는 중요한 활동으로, 누리과정 예술경험영역의 '예술 감상하기' 범주의 내용과 관련된다.
- 영아를 위한 감상활동은 자연과 사물에서 색이나 질감 등의 예술적 요소에 관심을 갖고 즐길 수 있는 활동으로 '테오 반 두스부르흐의 「암소」 작품을 감상하고 꾸며 보기', '장 미셸 바스키아의 「자화상」 따라 그리기', '오딜롱 르동의 「웃음 짓는 거미」 작품을 감상하고 그려 보기', '단풍나무를 감상하고 물감으로 표현하기', '가을 산책의 느낌을 전지 위에 표현하기', '수묵화를 감상하고 먹물로 그림 그리기' 등의 감상활동을 실제로 유아교육현장에서 활용해 볼 수 있다.
- 유아를 위한 감상활동은 예술작품이나 친구 작품의 아름다움을 접하고 작품에 대한 생각과 느낌을 다양하게 표상해 보는 활동으로 '명화의 표현기법 따라 해 보기', '재미있는 얼굴', '이카루스의 날개', '풍속화를 감상한 후에 풍속화 그려 보기', '나의 자화상 감상하기' 등의 감상활동을 실제로 유아교육현장에서 활용해 볼 수 있다.

| 참고문헌 |

한국미술문화연구회(2009). **반갑다! 미술교과서**. 서울: 미진사.

저 자

이소은

서울대학교 학사, 석사(아동학)
Univ.of North Carolina 박사(아동발달/유아교육)
충북대학교 아동복지학과 교수
현재: 한국방송통신대학교 유아교육과 교수
저서: 『보육학 개론』, 『보육과정』, 『영유아프로그램 개발과 평가』, 『아동생활지도』, 『아동복지』 외 다수

권기남

서울대학교 학사, 석사, 박사(아동학)
울산과학대학교 유아교육과 교수
현재: 오산대학교 유아교육과 교수
저서: 『보육과정』, 『영유아보육교육 프로그램의 이해』, 『영유아 수과학지도』, 『부모교육』, 『아동관찰 및 행동연구』 외 다수

제5판

아동미술

| 1판 1쇄 발행 ● 2017년 8월 26일 |
| 1판 3쇄 발행 ● 2019년 7월 25일 |
| 2판 1쇄 발행 ● 2020년 3월 5일 |
| 3판 1쇄 발행 ● 2020년 9월 1일 |
| 3판 2쇄 발행 ● 2021년 8월 30일 |
| 4판 1쇄 발행 ● 2023년 9월 1일 |
| 5판 1쇄 발행 ● 2025년 8월 30일 |

| 지은이 ● 이소은 권기남 |
| 발행인 ● 박철용 | 발행처 ● 도서출판 양서원 |
| 출판등록 ● 1987년 11월 24일 제 406-2003-037호 |
우편번호 10881	경기도 파주시 직지길 522 파주출판도시
전화 (031) 955-8000(代)	팩시밀리 (031) 955-8005
http://www.yswpub.co.kr	E-Mail/yswgroup@naver.com

ISBN 978-89-994-1587-6
정가 **24,000**원